普通高等教育经管类专业"十三五"规划教材

管理学理论与应用
（第三版）

郭占元　主　编

曹雪梅　吴玉萍　副主编

清华大学出版社

北　京

内 容 简 介

本书共分 11 章，具体包括：管理概述、管理思想与理论、决策、计划、组织、员工管理、领导、沟通、控制、管理创新、新创企业管理。在编写体系和内容上进行了大胆创新，在保留管理学核心内容的基础上，根据学生的需求和老师的讲课经验总结，将现代管理研究的前沿理论特别是管理创新和创业管理的内容纳入新教材体系中，做到与时俱进，适应经济社会发展的新常态。理论体系更加完善，概念更加清晰准确。注重培养学生的理论应用能力和创新与务实精神，充分响应了培养应用技能型人才的要求。各章的案例绝大部分采用最新的企业发生的真实事例，本土案例占 90% 以上，包括海尔集团、联想集团、阿里巴巴集团、万科公司、华为公司、新希望公司、中兴通信公司、苏宁集团、比亚迪公司、王老吉公司、小米公司、格力集团、蒙牛集团、巨人集团、三鹿集团、沃尔玛集团、麦当劳公司、苹果公司等 20 多个案例分析研究与思考，力求反映企业和社会的现实问题和管理的热点问题，有的放矢，使理论与实践有机结合，突出应用性。特别是增加了 6 个方面的技能训练与实践题，可以帮助学生在熟练掌握基本理论的基础上，提高管理技能和理论应用的能力，开启管理智慧思维，掌握解决管理问题之道，达到讲完一章就练习一章，巩固学习成果的目的，使学生通过讲练结合更深入地掌握管理理论和学习管理的成功经验。

本书对应的电子课件和习题答案可以到 http://www.tupwk.com.cn 网站下载。

图书在版编目(CIP)数据

管理学理论与应用/郭占元 主编. —3 版. —北京：清华大学出版社，2017(2019.12重印)
(普通高等教育经管类专业"十三五"规划教材)
ISBN 978-7-302-46977-3

Ⅰ. ①管… Ⅱ. ①郭… Ⅲ. ①管理学－高等学校－教材 Ⅳ. ①C93

中国版本图书馆 CIP 数据核字(2017)第 074287 号

责任编辑：胡辰浩 马玉萍
封面设计：周晓亮
版式设计：妙思品位
责任校对：成凤进
责任印制：杨 艳

出版发行：清华大学出版社
　　　网　　址：http://www.tup.com.cn, http://www.wqbook.com
　　　地　　址：北京清华大学学研大厦 A 座　　　　　　邮　　编：100084
　　　社 总 机：010-62770175　　　　　　　　　　　　邮　　购：010-62786544
　　　投稿与读者服务：010-62776969, c-service@tup.tsinghua.edu.cn
　　　质 量 反 馈：010-62772015, zhiliang@tup.tsinghua.edu.cn
　　　课 件 下 载：http://www.tup.com.cn, 010-62781730

印 装 者：北京富博印刷有限公司
经　　销：全国新华书店
开　　本：185mm×260mm　　　印　张：22.25　　　字　数：541 千字
版　　次：2011 年 10 月第 1 版　2017 年 5 月第 3 版　　印　次：2019 年 12 月第 3 次印刷
印　　数：9501～10000
定　　价：68.00元

产品编号：073994-03

前　言

自有人类历史以来，管理就产生了，人类社会每一次进步都伴随着管理活动。我国五千年的文明史在思想、文化、政治、军事、管理等方面都做出了卓越的贡献。随着现代工业的产生与发展，特别是近些年以互联网为中心的新技术的快速发展，要提高各类组织活动的效率和效益，必须要通过管理来实现。管理存在于各类组织中，具有普遍性的需求。因此，每一个人进入社会必须学会管理和适应管理。管理学是普通高校特别是工商管理类必修的核心课程。为适应和满足应用技能型本科学生的学习要求，有针对性地开展教育教学改革，在郭占元教授于2011年出版的《管理学理论与应用》教材的基础上，经过补充完善，2015年出版《管理学理论与应用(第二版)》，经过近两年不断积累新的理论与实践资料，结合教学改革经验、学生诉求、同行与专家建议，反复进行精细修改和补充、完善，最终形成了第三版的修订教材。修订和保留的内容包括以下几个方面。

(1) 教材结构进行了调整和优化。第一版是8章，第二版增加了员工管理、管理创新、新创企业管理3章，力争将现代管理研究的前沿理论特别是管理创新和新创企业管理的内容纳入体系中，概念更加清晰准确，做到与时俱进，适应经济社会发展的新常态。

(2) 对原有各章进行了补充和完善。比如，第二章第一节"中国的管理思想与理论"，在梳理中国古代管理理论思想的基础上，对现代特别是新中国管理理论发展与经验进行了总结，对具有中国特色的红色管理理论的内容进行了高度概括；第二节"西方管理理论概述"，既介绍了传统的管理理论，又精炼和新增加了近些年新的管理理论，比如学习型组织理论、核心能力理论、战略管理理论、蓝海管理理论、破坏性创新理论、长尾管理理论、定位管理理论、公司再造理论、知识管理理论、精益管理理论、创新思维理论等。

(3) 各章的案例绝大部分采用最新的企业发生的真实事例，有利于老师进行案例教学。有些案例是作者长期跟踪研究的对象，有些基础统计数据到2016年，系统分析、研究、总结他们管理的经验与教训，使理论与应用更加紧密结合。本土案例占90%以上，包括海尔集团、联想集团、阿里巴巴集团、新希望集团、中兴通讯公司、万科股份公司、华为股份公司、奇瑞股份公司、小米公司、格力集团、蒙牛集团、泰康人寿保险集团、苏宁集团、比亚迪股份公司、王老吉公司、巨人集团、三鹿集团等，力求反映企业和社会的现实问题和管理的热点问题，有的放矢。

(4) 章后复习题也随着章节内容的调整做了相应变动，针对性、应用性较强。特别是增加了 6 个方面的技能训练与实践题，可以帮助学生在熟练掌握基本理论的基础上，提高管理技能和理论应用的能力，达到讲完一章就练习一章，巩固学习成果的目的。我们建议带着问题学习，这样会更加有效率。

(5) 本次修订，其参考文献也做了调整，主要增加了近 5 年出版和发表的较为权威的相关文献资料和教材。

编著本书的目的，是把教学改革与教材建设有机地结合起来，有效地提高管理学课程的教学质量与水平，达到管理理论、管理知识、管理能力、企业家精神四位一体协同提高的教学目标，培养更多有能力的国家需要的管理人才，为实现中国梦、建设创新型国家打好基础。

本书由长春光华学院郭占元教授任主编，负责整体结构和内容设计及统稿、定稿；长春光华学院曹雪梅、吴玉萍副教授任副主编，负责初稿审定及编排等。长春光华学院张晓讲师、吉林医药学院李春梅讲师参加部分章节写作，长春光华学院刘英杰老师做了许多辅助方面的工作。参编人员及其分工如下：郭占元编写了第一章、第二章；曹雪梅编写了第三章、第四章；吴玉萍编写了第五章、第七章；李春梅编写了第六章、第八章；张晓编写了第十章；郭占元和张晓共同编写了第九章；郭占元和刘英杰共同编写了第十一章。

完成本书第三版的修订任务，是全体参加编著人员共同辛勤工作的成果。感谢学院领导、教务处和图书馆的大力支持，感谢清华大学出版社各位编辑的热情帮助和出版指导。本书在写作过程中参考和借鉴了国内外一些新公开发表的相关著作、论文和教材等文献资料，在此向有关作者表示感谢。同时，真诚希望各位专家同行与读者对本书的不足之处提出宝贵的意见与建议。我们希望本书能够成为应用型课程改革的优质教材，帮助学生及广大读者尽快掌握管理真谛，开启管理智慧之门。我们的电话是 010-62796045，邮箱是 huchenhao@263.net。

本书对应的电子课件和习题答案可以到 http://www.tupwk.com.cn 网站下载。

郭占元

长春光华学院·商学院

2017 年 4 月 12 日

目　录

第一章

管 理 概 述

【教学目标】

1. 管理的定义与内涵
2. 学习管理的重要性
3. 管理的特性与有效性
4. 管理者的角色与技能
5. 管理者与社会责任

【理论应用】

1. 描述你知道的管理者的角色，不同层级管理者体现出的重点角色差别，至少找出所承担的一个角色。

2. 描述你知道的管理者的管理技能，分析他或她是怎样在工作中运用的？

3. 列举出典型事例(优秀、最差)，并分析他或她承担了什么社会责任？为什么？怎样解决管理者不承担社会责任的问题？

【案例导入】

公平分粥是怎样做到的？

有几个人住在一起共同生活，每天分一桶粥喝，但是粥每天都供给不够。为了公平合理，他们采用了许多办法来分粥。开始他们抓阄决定谁来分粥，结果分粥人总为自己多分。后来换了一种方法，每人负责轮流一天分粥，结果只有一天是饱的，就是自己分粥的那一天。他们又推选出一位道德高尚的人主持分粥，这位道德高尚的人基本公平合理，但有了权力就会产生腐败，大家开始挖空心思去讨好、贿赂他，他开始为自己和溜须拍马的人多分，搞得大家都很有意见。后来，选举一个由3人组成的分粥委员会及由4人组成的监督委员会，形成监督和制约机制。公平基本上做到了，但两个委员会互相攻击、扯皮，等分粥完毕，粥早就凉了。最后想出一个方法来，每人轮流分粥，但分粥的人要等到其他人都挑完后才能取剩下的最后一碗。令人惊奇的是，在这种方法下，大家碗里的粥每次都分得均匀，大家都很高兴快乐。

思考：同样是几个人，不同的分配机制会有不同的结果，为什么？

第一节 管理与管理职能

一、管理的定义与内涵

(一) 管理的定义

管理的定义有多种。比如，管理是通过其他人来完成工作的艺术；管理是指和其他人一起，并且通过其他人来有效完成工作的过程；管理是指有效支配和协调资源，并努力实现组织目标的过程；管理是一个或多个管理者，单独或集体通过行使相关职能(计划、组织、人员配备、领导和控制)和利用各种资源(信息、原材料、资金和人员)来制定并实现目标的活动；管理是通过计划、组织、控制、激励和领导等环节来协调人力、物力和财力资源，以期更好地达成组织目标的过程；管理是组织中的管理者通过实施计划、组织、人员配备、指导与领导、控制、创新等职能来协调他人的活动，使他人同自己一起实现既定目标的活动过程；赫伯特·A. 西蒙认为，管理就是决策；等等。可见，从不同的角度研究管理会有不同的认识和定义。

我们认为，管理是指组织为了实现其目标，通过各项职能活动，合理分配、协调相关资源，努力达到投入最小、产出最大的经济和社会效益的过程。

(二) 管理的内涵

上述定义包含以下5个层次的含义。

(1) 管理是为组织目标服务的，是一个有目的、有意识的主体行动过程。

(2) 管理工作要通过运用组织中的资源，并努力达到各种内外资源的优化配置和组合，完成或超额完成组织的战略目标。

(3) 管理工作过程包括决策、计划、组织、领导、控制、创新等基本职能，这些职能是紧密相连的统一体。

(4) 管理工作处在一定的内外环境中，卓有成效的管理必须充分考虑并适应组织面临的内外环境。

(5) 管理要努力达到投入最少、产出最大的经济效益和社会效益。这里特别强调社会效益。因为在低碳经济社会，碳的排放已关系到人类社会可持续发展的问题。一个企业如果不重视以碳排放为核心的社会效益，这个企业是不可持续的，换句话说，就是会走向衰败的。因此，管理的核心目标之一就是把社会效益放在首位。

二、管理的重要意义

管理是普遍存在的人类行为。有文字记载的历史表明，管理活动贯穿于整个人类的历史过程，以及社会生活的各个方面。现代社会从个人、家庭、组织、国家乃至国际社会，在政治、经济、军事、科技、教育、文化的每一个方面，无不和管理紧密相连。管理时时处处都存在，体现了管理的普遍性。

在人的一生中，自进入社会就会有两个必然的角色，要不管别人，要不被人管，或两者兼而有之。因此，管理是不以人的意志为转移的客观事实，只能遵循管理的客观规律。只有学好、用好管理知识，才能在社会实践活动中，取得卓越的成果，做出比较突出的贡献。

管理的重要性体现在以下四句话。

第一，管理也是生产力。在同样的条件下，谁掌握或灵活运用好管理理论，谁就能创造更多的经济和社会价值。

第二，管理作为软实力，在个人、企事业和国家的发展中，发挥着越来越重大的作用。

第三，美国管理学家西里尔·奥唐奈提出，"管理是一个国家最重要的经济资源"。

第四，管理体现一个国家的经济社会发展水平和核心竞争力。

三、管理的职能

管理的职能是指领导者或管理人员为了进行有效的管理，所必须具备的基本功能。许多管理学家对管理的具体职能进行了研究，例如：法约尔(研究管理职能之父，1916)首次提出管理包括五大职能，即计划、组织、指挥、协调和控制；世界著名管理学家孔茨和奥唐内尔(1955)提出现代企业管理职能包括计划(规划)、组织、人员配备(任用)、指导(领导)和控制；南京大学管理学教授周三多对管理职能研究有新发现，提出现代管理的职能包括决策与计划、组织、领导、控制和创新。教授周三多认为，决策是计划的前提，计划是决策的逻辑延续；组织、领导和控制旨在保证决策的顺利实施；创新贯穿于各个管理职能和各个组织层次之中，这是他的一个学术观点或贡献。如图1-1所示。

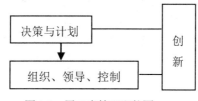

图1-1 周三多管理职能图

思考：管理者是如何运用管理职能进行管理的？如果一个组织缺少管理职能将会发生怎样的状况？

第二节 管理的特性

一、管理的一般特性

管理具有哪些特性,从不同的角度认识、评价,会有不一样的概括。一般说来,管理的特性包括:科学性、艺术性、经济性、动态性、创新性和实践性等。

(一) 科学性

科学性主要体现在一切从实际出发,不唯上,不唯书,只唯实;强调运用科学的方法进行研究,调查在前,结论在后,定量与定性相结合,用数据说话;要把90%以上的精力用于调查研究,充分发挥集体的智慧,按科学管理规律办事。管理学所研究的对象,是人类社会中各种组织在内外环境变化时的管理活动。它是运用科学知识、科学手段和方法,探求和适应管理的客观规律,从而取得新的管理成果。违背或破坏管理的客观规律,其结果一定是以失败而告终的。任何人在社会生活中,都必须遵守管理的客观规律,在规律面前,我们只能遵照执行。

例如,许多企业都宣传"顾客是上帝,热情对待顾客"等,但实际不是这样的,宣传的和实际做的有很大的差距,主要是宣传的都没有可操作性,没有具体的可测量的标准,难以实行。但是,如果提出"3米之内,露出你的上8颗牙微笑",哪个更科学、更容易操作呢?用数据要求就是科学管理。

(二) 艺术性

怎样理解管理的艺术性?有人认为,管理不可能与艺术创作相比,艺术是创新、创造的过程,管理怎么能是创造呢?其实,管理是从实际组织活动中的创新、创造,是一种"独门艺术",也是一种"技术诀窍"。试想,如果高层管理者不掌握管理科学,不能运用管理理论指导管理实践,那就只能靠"拍脑袋"、凭过去的经验直观地进行管理,凭"机遇吃饭",这恐怕是"吃了上顿缺下顿"。管理好像在一张白纸上作画,对于艺术家来说,可以画出最美丽的图画,甚至成为伟大的流传千古的艺术品(百年品牌)。而对于不懂艺术的人来说,却不能画出优美的图画。再比如,懂得人际关系沟通艺术的人,说出的话悦耳动听,比较容易办成事,而有人说话、办事处处碰钉子。因此,要管理好,不但应有管理知识,还应有管理艺术,二者不是对立的,而是相互补充、相互促进的。

(三) 经济性

管理的经济性体现在用最少的投入,产出最大的价值。作为一个经济组织,追求经济效益是题中应有之义。没有经济效益的企业,是不能实现良性发展的。但这种体现企业经济效益还有更深层次的含义,即不能单纯或唯一追求经济效益,而要使经济效益与社会效益统一起来,使企业利益与利益相关者(顾客、员工、股东和供应者等)的利益统一起来,才能不断提高企业的经济效益。

(四) 动态性

任何组织都是在一定的外部环境下进行活动的，内部条件和外部环境的变化始终对组织产生重大影响，在一定条件下具有决定性的影响。因此，任何管理活动都不是静止不动的，恰恰相反，管理活动必定处在动态的环境中，必须随外部环境的变化而进行调整。那种不变的管理模式，在管理活动中是不会有所前进、发展和创造的，甚至会把企业拖进"亏损陷阱"。因此，优秀的企业管理者都奉行一条基本原则，那就是"不进则退"。

(五) 创新性

卡尔·马克思是最早研究创新理论的伟大思想家之一，在他的著作中进行了创新，特别是技术进步、技术创新对社会生产力发展及其重大作用的研究。他提出了技术有机构成及科学技术是生产力的论断，他的观点对约瑟夫·熊彼特的创新理论产生了深远的影响。熊彼特的创新理论主要体现在《经济发展理论》这本名著中，他提出创新不仅包括技术创新和技术革新，新产品、新工艺、新的组织方法和新的服务等都是创新的重要内容。管理创新的实质是要不断突破旧的条条框框，闯出一条新的发展之路。

(六) 实践性

要管理就要实践，实践是第一位。任何管理理论的形成和发展，都是从管理实践中来的，实践是理论的源泉。任何成功的企业家都是管理的实践者，没有管理的实践，就不会有创造社会财富的企业家。

二、管理的两重性

马克思、列宁对管理的科学阐述和评价，是从自然属性和社会属性两重性角度进行的。马克思指出："一切规模较大的直接社会劳动或共同劳动，都或多或少地需要指挥，以协调个人的活动，一个单独的提琴手是自己指挥自己，一个乐队就需要一个乐队指挥。"这充分体现了大机器工业时代管理的自然属性。马克思认为，管理者好像是交响乐队指挥一样，只有通过协调各个乐手配器演奏，才能奏出美妙动听的和谐音乐。

列宁在分析泰罗制时指出，"一方面是资产阶级剥削工人的最巧妙的残酷手段；另一方面是一系列的最丰富的科学成就，即按科学来分析人在劳动中的机械动作，省去多余的笨拙的动作，制定最精确的工作方法，实行最完善的计算和监督制度等"，管理的根本目的是"为掠夺而管理，借管理来掠夺"。列宁深刻地阐述了管理的自然属性与社会属性的统一性，在资本主义社会制度下，管理的社会属性具有本质的特征。

三、管理的有效性

在外部环境变化的情况下，怎样提高管理的效果或者说有效性，这是一个重要课题。有些管理者的管理效率低，造成很大的损失浪费，甚至破产。管理活动是以组织为载体的，讲求管理效率和效果。任何组织在活动中都要投入一定的资源，包括人力、物力、资金和信息等，通过对各种资源的组合与协调，努力争取投入最小、产出最大的经济与社会效益，完成组织确定的发展目标。

评价管理的有效性主要是看是否完成组织的发展目标。组织的目标可分为投入产出目标(投入各种资源而产生的效果，完成组织确定的目标情况)、组织的绩效目标(强调投入的各种资源所产出的经济效果或经济效益。组织的绩效目标高低，反映了管理的效率和效果)和组织的最终目标或使命(不同的组织有不同的最终目标)。营利性组织特别重视经济指标的完成情况，衡量管理效果的有销售收入、利润、成本和资金等方面的指标。而非营利性组织特别重视社会指标的完成情况，强调社会发展、社会利益。无论是经济组织或非经济组织，都要强调管理过程的有效性，既要强调管理效率，更要强调管理效果。

实践管理学派的代表人物德鲁克认为，管理的有效性是可以学会的，要成为有效的管理者必须养成良好的心智习惯，包括：有效的管理者会系统的工作，善于利用有限的时间，把时间用在该用的地方；有效的管理者重视工作成果，不是为工作而工作，他们是为工作成果而管理的；有效的管理者善于利用自己和他人的长处或优势，扬长避短，绝不会做自己做不了的事；有效的管理者能集中精力做重要的领域，而不是面面俱到，他们会按优先次序进行管理工作，抓住管理方面的主要矛盾，会有效提高管理效率和效果；有效的管理者能够做出正确的战略决策，保证组织发展方向的正确，方向对了，管理的有效性就有了可靠的保障。

第三节 管理者的角色与技能

一、管理者的角色

一般说来，不同的管理者有不同的角色，对于高层管理者来说，是做正确的事(决策)；对于中层各级管理者来说，是把事做正确(执行)；对于基层员工来说，是正确地做事(具体操作)。

研究管理者的角色具有代表性的是加拿大管理学家亨利·明茨伯格(1939年—)，他的理论贡献是：研究发现了管理者在管理过程中的正式权力和地位，扮演着10种不同的角色，由于每个人所处的管理层次有高有低，因而扮演的角色也有所侧重。这10种角色可被归入三大类：人际角色、信息角色和决策角色。

(一) 人际角色

人际角色归因于管理者的正式权力。管理者所扮演的3种人际角色是代表人角色、领导者角色和联络者角色。

1. 代表人角色(挂名首脑)

代表人角色是时常参加一些具有象征性的、礼仪性的、社会性的和法律性的例行活动。比如，参加庆典活动、应酬性活动和接待来访者活动等。

2. 领导者角色

领导者角色是管理者在行使管理职责时，常常扮演领导者的角色，包括雇佣员工、分配任务、激励和惩戒员工等。

3. 联络者角色

联络者角色是管理者在工作过程中，必须进行与相关部门人员的沟通协调工作，需要与上下级人员、同层次的横向人员、组织外部的个人或机构发生联系。比如，顾客、供应商、竞争对手、政府部门和大众传媒机构等。

(二) 信息角色

在信息角色中，管理者扮演监督人、传播者和发言人3种角色。管理者负责确保和其一起工作的人具有足够的信息，处理信息并得出结论。如果信息不用于决策，就会丧失其应有的价值。管理职责的性质决定了管理者既是所在单位的信息传递中心，又是其他单位的信息传递渠道。

1. 监督人(监听者)角色

监督人(监听者)角色是管理者为了做好工作，经常通过各种渠道寻找和获取各种有价值的信息，为做出正确决策提供可靠的依据。比如，从报纸杂志、广播电视、网络以及与别人谈话或调查研究等，了解掌握外部环境特别是竞争对手的状况，以便适时调整，进而采取有效的行动方案。

2. 传播者角色

传播者角色是管理者在管理工作中，向组织成员传递信息，确保信息传递准确、及时，保证完成组织规定的目标任务。

3. 发言人角色

发言人角色是管理者代表组织向外界发布有关政策、行动、规划、方案和说明等，其目的是让外界了解组织的状况，提高组织的影响力和公信力。

(三) 决策角色

在决策角色中，管理者扮演企业家(创业者)、冲突管理者(障碍排除者)、资源分配者和谈判者4种角色。

1. 企业家角色

管理者扮演企业家角色主要是在组织及其环境中寻求机会，制定"改进性方案"来从事变革，对某些方案的设计进行监督。

2. 冲突管理者角色

冲突管理者角色主要是管理者在组织面临重大的、未预料的故障或矛盾时，负责排除故障，采取补救行动，使问题得到解决。

3. 资源分配者角色

资源分配者角色主要是管理者负责对组织的各种资源进行科学、合理的调配，以保证决策方案的实施，实现组织的目标。

4. 谈判者角色

谈判者角色主要是管理者在管理过程中，代表组织负责一些重大事项的谈判。谈判是管理者重要的职务责任之一。

亨利·明茨伯格代表作是1973年发表的《管理工作的性质》，在管理学界引起了巨大的反响，对管理水平的提升产生了积极的推动作用。

二、管理者的技能

根据美国管理学家罗伯特·卡茨在1955年发表的代表作《高效管理者的三大技能》的研究中认为，成功的管理者的关键因素是具备基本技能而不是个人特质。这里的技能是指一种能被开发而不是天生的，并且能够用绩效证明而不仅仅是潜在的能力。管理者要具备三类技能。

(1) 技术技能。指掌握和熟悉特定专业领域中的过程、惯例、技术和工具的能力。

(2) 人际技能。指成功地与别人打交道，并与别人沟通的能力。

(3) 概念技能。指产生创新想法并加以处理，以及将有关内容抽象化的逻辑思维和概括能力、综合提升与决策能力。

但是，随着信息技术的快速发展，地球变成了"地球村"，如果一个管理者不掌握信息技能，就会变成"盲人""聋哑人"，是很难在事业上取得成功的。因此，管理者除上述三类技能外，还应具备信息技能。郭占元教授认为，在信息社会，管理者的信息技能对事业的成功起着越来越重大的作用。信息技能是指搜集、加工、整理和使用信息的能力。

各种层次的管理者需要的技能比例如图1-2所示。

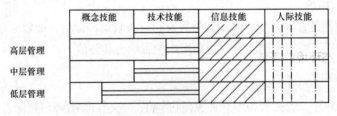

图1-2　管理者技能

第四节　企业管理的社会责任

一、社会责任的内涵

企业管理的社会责任是指企业在自身生存发展的过程中，面对社会的需要和各种社会问题，为维护国家、社会和人类的利益，应该承担的义务和应该履行的职责。

企业作为一个商品生产者和经营者，它的义务就是为顾客、社会发展提供各种所需的商品和服务。它的身份和地位，决定了它在国民经济体系中必须对国家、社会、用户、员工、投资者和债权人等各方面承担它应该承担的责任和义务。在现实社会中，有的企业为追求短期利益而牺牲社会的长远利益，破坏生态环境。一个好的企业必须将社会利益与企业的经济效益结合起来，不能以牺牲社会利益为代价追求企业的经济效益，不能为追求企业的短期利益而牺牲人类社会可持续发展的长远利益。

二、企业管理社会责任的内容

企业管理社会责任的内容主要包括以下6点。

(一) 对员工的责任

人是生产力中最具活力的因素，是推动经济社会、企事业发展的主体。企业在生产经营活动中，雇佣员工的同时，要肩负起保护劳动者的人身安全、身体健康，培养和提高职工政治、文化和技术等方面的素质，保护劳动者的统筹养老保险、社会医疗保险和失业保险等合法权益的责任(如富士康事件、三氯氰胺事件)。

(二) 对国家的责任

企业对国家负责，就是对人民负责。企业对国家的责任涉及社会生活中的政治、法律、文化和经济等各个领域，如遵守国家的大政方针、法律政策，遵守国家关于财务、劳动工资和物价管理等方面的规定，接受财税、审计部门的监督；自觉遵章纳税；管好、用好国有资产，使其保值、增值。

(三) 对社会的责任

企业对所处的社会有维护社会正常环境、参与社会教育文化发展、保护环境、维护社会治安和支持社会公益事业等责任。

(四) 对生态环境的责任

企业应当为所在地的社区、区域、国家或社会，乃至全人类的长远利益负责任，要维护人类的生态环境，以适应经济社会的可持续发展。企业作为自然资源(如能源、水源、矿产资源等)的主要消费者，应当承担起节约自然资源、开发资源和保护资源的责任。企业应当防止对环境造成污染(如空气污染、水污染和噪音污染等)和破坏，要整治被污染和破坏了的生态环境。

(五) 对消费者的责任

"顾客是上帝"，对顾客负责就是对企业自己负责。企业应向消费者提供更多、更好、更安全的以及物美价廉的产品和服务，使消费者满意，并重视消费者及社会的长期利益，致力于社会效益的提高。如向消费者提供商品及服务信息、强调广告责任和维护社会公德等，都是企业对消费者应尽的责任和义务。

(六) 对投资者的责任

任何企业的发展都离不开社会资本的进入，企业对投资者的责任主要体现在给予投资者回报。提高企业经济效益可以保证可持续发展，履行给予投资者回报的义务和责任。

企业应该注重承担社会责任和社会效益，凡是能够勇于承担社会责任的企业家，有利于促进企业的发展，取得良好的社会声誉。在解决社会问题方面，企业应该站在长远的社会利益角度出发，而不应以牺牲社会利益来谋取短期经济效益。

【参考阅读】

海尔集团勇于承担社会责任

目前海尔集团已经成为社会公益事业发展进程中最为活跃的社会力量，至今用于社会公益事业的资金和物品总价值已达5亿余元。

作为全球家电第一品牌，海尔长期致力于儿童和教育等公益事业的推进，自1995年起至今在全国建成了206所希望学校，覆盖全国26个省、市、自治区，帮助了数以万计的儿童就学，累计投入金额超过8000万元人民币，成为团中央希望工程中捐建希望小学最多的中国企业。海尔集团在创业30周年之际与联合国儿童基金会达成共识，成为联合国儿童基金会家电类首家企业合作伙伴，未来三年双方将在"爱生学校社会情感学习项目"上实现深度合作，在西部3个省3个县开展关爱行动，共同关注农村地区留守儿童的教育及心理健康问题。海尔还先后通过拍摄《海尔兄弟》动画片、关爱留守儿童、成立"海尔爱心救助基金"、联手联合国儿童基金会合作伙伴等多种途径关注儿童健康成长。

在互联网时代，海尔构建了可持续发展的公益生态圈。例如，海尔"爱心直通车"项目借助团委直接对接希望小学需求，充分整合海尔粉丝、优秀员工、媒体记者、大学生志愿者等多方资源，开展"爱心图书室""爱心厨房""爱心音乐室"等丰富多彩的活动，让各界爱心人士和儿童们心连心，并进行互动，为儿童成长提供全面支持和贴心关怀。

海尔探索互联网时代的管理创新，打造开放式创客平台这件事本身，也是极具社会公益价值的行为。在海尔的"平台化企业生态圈"里，海尔为创业小微企业提供了设计、制造和销售等方面的必要支持，以及对接外部资源、吸纳外部人才等配套服务，由此建立起适合创业者及小微公司生长的土壤。在这里已经诞生了470个项目，汇聚了1322家风投，吸引了4000多家生态资源，孵化和孕育着2000多家创客小微公司。海尔创建的创业生态系统已为全社会提供超过100万个就业机会。"大众创业，万众创新"的局面在海尔的"平台化企业生态圈"中已初步成形。

思考：
1. 怎样评价海尔集团勇于承担社会责任？
2. 阐述社会责任与企业发展的关系。

【本章小结】

管理的重要性体现在：管理也是生产力；管理作为软实力，在个人或企业的发展中发挥着越来越重大的作用；管理是最重要的经济资源；管理体现发展水平和核心竞争力。

管理是指组织为了实现其目标，通过各项职能活动，合理分配、协调相关资源，努力达到投入最小、产出最大的经济和社会效益的过程。

管理的内涵包括：管理是为组织目标服务的，是一个有目的、有意识的主体行动过程。管理工作要通过运用组织中的各种资源，并努力达到各种内外资源的优化配置和组合，完成或超额完成组织的战略目标。管理工作过程包括决策与计划、组织、领导和控制等基本职能，这些职能是紧密相连的统一体。管理工作处在一定的内外环境中，卓有成效的管理必须充分考虑并适应组织面临的内外环境。管理要努力达到投入最少、产出最大的经济效益和社会效益。

管理的职能是指领导者或管理人员为了进行有效的管理，所必须具备的基本功能。管理职能主要包括：决策、计划、组织、领导、沟通和控制。

管理的特性一般指：科学性、艺术性、经济性、动态性、创新性和实践性等。马克思、列宁是从自然属性和社会属性概括管理的特性的。

管理者承担三类共10种角色：人际角色(代表人、领导者、联络者)、信息角色(监督人、传播者、发言人)和决策角色(企业家、冲突管理者、资源分配者、谈判者)。

管理者要具备四类技能：技术技能、人际技能、概念技能和信息技能。

管理的社会责任是指企业在自身生存发展的过程中，面对社会的需要和各种社会问题，为维护国家、社会和人类的利益，应该承担的义务及责任。企业管理社会责任包括：对员工的责任、对国家的责任、对社会的责任、对生态环境的责任、对消费者的责任和对投资者的责任。

【复习思考题】

1. 何谓管理？如何理解管理的内涵？

2. 管理通常包括哪些职能？每种职能活动的相互关系是什么？

3. 怎样理解管理的特性？结合实际谈谈管理的两重性。

4. 明茨伯格研究的管理者应扮演哪些角色？

5. 管理者应具备哪些管理基本技能？

6. 企业管理的社会责任包括哪些内容？

【技能训练与实践】

训练一：单项选择题

1. 管理追求的目标是(　　)。

　　A. 经济效益　　　　　　　　B. 社会效益　　　　　　　　C. 经济与社会效益

2. 管理职能包括创新职能，是由(　　)提出的。

　　A. 马克思　　　　　　　　　B. 泰罗　　　　　　　　　　C. 周三多

3. 管理就是决策，是由( )提出的。

  A. 梅奥   B. 赫伯特·西蒙   C. 罗伯特·卡茨

4. ( )首先提出管理者要承担三类共10种角色。

  A. 赫伯特·西蒙   B. 罗伯特·卡茨   C. 亨利·明茨伯格

5. 在工业社会，罗伯特·卡茨首次提出管理者要具备3项技能；而在信息社会，( )提出应具备4项技能。

  A. 周三多   B. 郭占元   C. 张瑞敏

6. 作为高层管理者需要重点掌握的管理技能是( )。

  A. 人际技能   B. 信息技能

  C. 概念技能   D. 技术技能

7. 作为基层管理者需要重点掌握的管理技能是( )。

  A. 人际技能   B. 信息技能

  C. 概念技能   D. 技术技能

8. 以下不属于管理职能的是( )。

  A. 计划与决策   B. 组织与控制

  C. 领导与沟通   D. 有效获取资源

9. 下列属于基层管理人员职位的是( )。

  A. 厂长   B. 部门经理

  C. 地区经理   D. 工长或车间主任

10. 管理者作为组织的领导者，在解决冲突分配资源时，他扮演的角色是( )。

  A. 人际角色   B. 信息角色   C. 决策角色

训练二：多项选择题

1. 法约尔首次提出管理职能包括( )。

  A. 计划   B. 组织   C. 指挥

  D. 协调   E. 控制   F. 决策

2. 周三多首次提出管理职能包括( )。

  A. 决策与计划   B. 组织   C. 领导

  D. 控制   E. 创新   F. 人员配备

3. 管理的科学性体现在( )。

  A. 从实际出发   B. 调查研究   C. 定性与定量结合

  D. 遵循管理客观规律   E. 使用资源

4. 管理的两重性是指( )。

  A. 艺术性   B. 实践性   C. 创新性

  D. 社会属性   E. 自然属性

5. 亨利·明茨伯格提出的管理者三类角色包括(　　)。
   A. 人际角色　　　　　　　　B. 领导者角色　　　　　C. 信息角色
   D. 决策角色　　　　　　　　E. 企业家角色

6. 在信息社会，管理者需要具备的4项技能包括(　　)。
   A. 技术技能　　　　　　　　B. 概念技能　　　　　　C. 综合技能
   D. 人际技能　　　　　　　　E. 信息技能

7. 企业管理的社会责任包括(　　)。
   A. 对国家的责任　　　　　　B. 对员工的责任　　　　C. 对消费者的责任
   D. 对社会的责任　　　　　　E. 对生态环境的责任　　F. 对利益相关者的责任

8. 亨利·明茨伯格提出的管理者决策角色包括(　　)。
   A. 企业家　　　　　　　　　B. 冲突管理者　　　　　C. 资源分配者
   D. 谈判者　　　　　　　　　E. 代表人

9. 以下组织(　　)是属于非营利组织。
   A. 企业或公司　　　　　　　B. 社会培训机构　　　　C. 政府机构
   D. 政法机构　　　　　　　　E. 高等教育机构

10. 在现代信息化社会，国际教育领域的创新教学组织方式包括(　　)。
   A. 案例教学　　　　　　　　B. 课堂教学　　　　　　C. 互动式教学
   D. 慕课教学　　　　　　　　E. 翻转课堂教学　　　　F. 精品课视频教学

训练三：选择填空题

A. 基本职能　　　B. 技术技能　　　　C. 高层管理者　　　D. 周三多
E. 法约尔　　　　F. 马克思、列宁　　G. 领导者角色　　　H. 信息技能
I. 社会责任　　　J. 约瑟夫·熊彼特

1. 世界上第一部系统研究创新理论的名著《经济发展理论》是(　　)的作品。
2. 管理工作过程侧重于概念技能的是(　　)。
3. 基层管理者要侧重掌握(　　)。
4. 管理工作过程包括决策、计划、组织、领导、控制等，管理人员是在履行(　　)。
5. 从社会性质角度研究管理的两重性的是(　　)。
6. 首次提出管理职能包括计划、组织、指挥、协调、控制的是(　　)。
7. 首次提出管理职能还应包括创新职能的是(　　)。
8. 企业的管理者经常要雇佣员工、分配任务和奖惩员工等，他们扮演的是(　　)。
9. 管理者经常要搜集、加工、整理和使用信息，必须要掌握的是(　　)。
10. 富士康的员工多次跳楼的事件，国内外影响极坏，这反映它是一个极端不负
(　　)的企业。

训练四：判断题(判断对的用√，判断错的用×)
1. 管理的最终目标是追求经济效益。(　　)
2. 所有的管理工作都是在某一特定的组织中进行，并为实现组织目标服务的。(　　)

3. 可以不用决策与计划、组织领导和控制等职能,照样进行有效的管理,取得成效。

( )

4. 管理只适用于经济组织,对非经济组织比如行政机关、军队等不起作用。( )

5. 基层管理者用在概念技能的时间是最多的。( )

6. 管理者和干部都是一样的,都是要对他人进行计划、组织、领导、控制的,都是为实现组织目标工作的人。( )

7. 优秀管理者的技能是稀缺资源,必须用较高的薪酬体现这种稀缺资源的价值。

( )

8. 管理是科学性和艺术性的统一。( )

9. 管理重要的是解决内部条件的问题,不必考虑外部环境的变化。( )

10. 学习经济、商业和工业企业管理等专业的,必须把管理学作为各专业的必修的基础理论课程。( )

训练五: 案例分析

某企业业务骨干王学代理车间主任的管理

王学是吉林某企业装配车间的业务骨干,还带了5名徒弟。他技术能力强,乐于助人,群众威信比较高,领导和同事对他评价较高,有时车间主任还派他参加厂里会议。有一次厂里派车间主任到外地参加会议,临时任命王学管理车间工作,从周一开始行使主任权力,保证装配车间各项管理工作的正常运转。厂领导要求正在装配的X1型大电机必须在周三完成并发货,他亲自参加装配并加班到晚上10点多钟,他要求班长抢时间完成。周二厂计划处又来紧急装配B2小型电机的任务,用户要求必须在周四完成并发货。为此,他又到B2小型电机组参加装配任务。到周三上午班长告诉他X1型大电机主轴发现质量问题,他立即到车间协调解决主轴质量问题,到下班前也没有解决,这时厂领导打电话询问X1型大电机装配完成情况及是否发货,听说因质量问题没完成,批评了王学,明确要求他在周四完成,写出管理工作汇报材料。这几天代理车间主任的管理工作,让他感到能力不够,但他做具体技术工作很好,得心应手。

思考题:

1. 试分析造成这种工作局面的原因。

2. 从管理职能角度分析,管理者与具体技术人员的区别有哪些?

3. 从管理技能角度分析,王学需要解决什么问题?如果你是厂级领导,该如何解决这个问题?

训练六: 课外调研与实践

1. 寻找一家企业或学校,调查了解高层管理者、中层管理者、基层管理者他们分别承担的管理角色,在具体管理实践中,是怎样运用所掌握的管理技能的,其效果如何,还存在哪些问题需要经过学习培训来解决,写出调研报告,并与同学交流调研心得,分享你的调研成果。

2. 与同学一起选择对社会不负责任的企业，了解有哪些典型的历史事件，研究不负责任的原因，以及造成了哪些恶劣的社会影响，怎样才能从根本上解决这个问题，写出你们的建议。

【海尔集团案例分析的研究与思考】

海尔集团是21世纪中国出现的，具有鲜明的管理特色和国际竞争力的卓越企业之一。1958 年在手工业合作社的基础上合作成立青岛电机厂，1984 年又称为青岛电冰箱总厂，同年张瑞敏调到该厂任厂长，当时该厂是亏损 147 万元。经过 30 多年艰苦卓绝的奋斗，其成长为一个国际知名的跨国企业集团，被国际上多家媒体评为全球同行业企业增长速度之首、最具信誉企业等称号。海尔的跨越式发展体现了当代具有中国特色的管理理念，涵盖了现代管理的新内容，它既是中国的，也是世界的，代表了当代最高的管理境界和水平。海尔品牌被联合国评为全球 100 个世界知名品牌之一。2014 年，海尔集团全球销售收入超过 2007 亿元，同比增长 11%；实现利润 150 亿元，同比增长 39%，利润增幅是收入增幅的 3 倍；同时线上交易额实现 548 亿元，同比增长 2391%。2014(第 20届)中国最有价值品牌研究揭晓，海尔的品牌价值 1038 亿元，位居全国百强品牌之首，连续 13 年蝉联最有价值品牌榜第一名，成为最具国际竞争力、影响力的跨国企业集团。2016 年中国 500 强排名海尔集团提升到第 66 位。

一、海尔跨越式发展及管理创新的基本经验

海尔在发展过程中，始终结合实际，在学习、引进和消化国内外先进管理理论的基础上，不断进行管理创新，提出新的管理发展目标，攀登新的高峰。海尔现代企业管理及创造的基本经验概括如下。

(一) 坚持技术与质量高起点，打造海尔冰箱名牌

海尔在实施名牌战略的过程中，坚持技术、质量上的高起点，强化全员质量意识和产品质量管理，坚持技术进步，通过狠抓产品质量，创立了海尔冰箱名牌。

(1) 坚持技术、质量上的高起点。1984年在海尔刚开始生产冰箱时，就提出了"名牌战略"的口号。核心是产品的高质量。很快海尔便以高新技术和高质量的产品赢得了广大消费者的信任，1988年一举夺得了中国冰箱行业史上的第一枚国优金牌，1991年获得了全国首批"十大驰名商标"称号。

(2) 树立全员质量意识，强化全面质量管理。海尔认为，人是质量中最关键的因素，第一流的产品是第一流的人做出来的，产品质量实质上是员工整体素质的体现，抓质量应该首先从人抓起。1985年，集团总裁张瑞敏毅然决定，将76台存在一定质量问题的冰箱，由责任者亲自用大锤砸毁，张瑞敏带头砸下了第一锤，还带头扣了自己一个月的工资。这次事件在员工中造成了极大的震动，员工的质量意识从此有了质的提高，从此海尔树立起了"有缺陷的产品就是废品"的质量观念。

(3) 技术进步不停顿，勇于承担企业的社会责任。海尔在发展过程中十分注重技术开发，坚持技术创新，确保了市场上的技术领先地位。其产品被世界环保组织誉为"世界多一个海尔，地球多一分安全"。

(二) 以市场为坐标导向, 实行多元化的发展战略

1992年我国经济进入一个新的发展时期, 海尔抓住时机先后兼并青岛电冰柜总厂等18个企业, 并投资兴建海尔园, 开始二次创业。现在海尔产品涉及冰箱、冷柜、空调、洗衣机、彩电、计算机和手机等领域, 形成46个系列、8600多个品种规格的多元化产品群。

(1) 立足市场, 发展名牌。海尔的市场理念是: "市场唯一不变的法则, 就是永远在变; 有效供给才能创造市场; 市场是每一个人的上级。"以市场规律为依据, 在质和量的矛盾面前, 以质取胜, 以名牌取胜。每当一个新产品问世后, 就不断寻找其不足之处, 了解市场的需求和用户的心理, 以此设计新的产品, 开拓新的消费需求领域。

(2) 强化管理, 巩固名牌。以基础管理和现场管理为重点, 把IE、6S活动、网络技术、全面质量管理、系统工程和价值工程等引入企业管理中, 结合实际创造了许多很有特色的管理方法, 深化了OEC管理(OEC的意思是日事日毕, 日清日高), 丰富了OEC管理的内涵。

(3) 联合舰队, 延伸名牌。在市场竞争中, 海尔提出了"联合舰队"的管理模式, 即海尔集团的模式不应是一列火车, 而应是一支联合舰队, 每一舰队既有自己很强的战斗力, 又可联合作战, 整体大于部分之和。这样就能以一个名牌产品发展成为一个名牌群, 延伸了名牌的范围。

(4) 技术创新, 确立品牌地位。海尔在进行技术创新时遵循三条原则: 课题市场化、成果商品化、目标国际化。

原则一: 课题市场化。海尔认为, 市场是所有企业一切工作的起点和归宿, 因而技术创新的课题要从市场中来, 又要服务于市场。如, 为解决西北农村清洗土豆问题, 仅用3个月时间, 开发出国内乃至世界上第一台既能洗衣又能洗土豆的双功能洗衣机, 受到广大农村消费者的欢迎。为解决消费者难题而开发的"小小神童"冰箱, 在两年多的时间里"繁衍"了9代, 产销量突破100万台, 并出口到不轻易进口家电产品的日本、韩国等国家, 在世界家电市场引起了巨大的轰动。

原则二: 成果商品化。创新开发的新技术、新产品, 最终要通过商品化回到市场。截至2008年, 海尔累计申请专利8795项, 其中发明专利2261项; 平均每个工作日申请2项发明专利。在自主知识产权的基础上, 海尔已参与15项国际标准的制定; 主持或参与了192项国家标准的编制、修订, 其中8项获得了国家标准创新贡献奖; 海尔制定行业及其他标准439项, 是参与国际标准、国家标准、行业标准最多的家电企业。

原则三: 目标国际化。目标国际化就是要求企业的技术创新成果, 在所属技术领域内要达到国际先进水平。技术创新工作绝不能闭门造车, 必须立足高起点, "站在巨人的肩膀上", 利用最新的科技手段来保障技术创新成果的生命力和竞争力。目前海尔已进入影响集团及行业发展的关键技术领域, 开展了以CFC(不含氯氟)替代、节能、静音化、数字化、信息、生物工程、高分子材料等为主的多方面超前研究。

(三) 走先难后易的市场路径, 争创国际一流海尔品牌

海尔集团全面实施国际化战略, 争创国际化的海尔。海尔提出的"国门之内无名牌"的思想, 实质是在国际市场上树立自己良好的品牌形象。海尔实施了"三步走"战略, "走出去"进入国际主流市场, "走进去"进入主流渠道销售主流产品, "走上去"成为当地主流品牌。

(1) 先难后易，打开国际市场。海尔采取"先难后易"的出口战略，即首先进入发达国家建立信誉，创出牌子，然后再以高屋建瓴之势占领发展中国家的市场。现在海尔产品先后通过了UL、CSA、SAA、VDE、CE、SASO等15个种类、48个国家的国际认证，先后打入了美国、德国等西方发达国家市场。目前海尔冰箱、冷柜、空调、洗衣机等都已通过了国际质量保证体系最高认证——ISO 9001认证和国际环保体系最高认证——ISO 14001认证，促进了海尔的对外出口，打开了国际市场，站稳了脚跟。

(2) 构建国际营销网络，进入全球市场竞争。目前，海尔已在国外发展了49个经销商，销售网络达3000多个，并在中东和德国分别建立了"国际物流中心"。经过多年的努力，海尔产品出口海外市场的布局日益合理，欧美地区占60%，东亚地区占16%，表现出市场多元化的特点。海尔产品受到当地消费者的欢迎。

(3) "三个三分之一"生产、营销管理，使海尔成为国际化的跨国集团。"三个三分之一"，也就是海尔全球市场的发展规划——海尔产品1/3国内生产，国内销售；1/3国内生产，国外销售；1/3国外生产，国外销售。海尔先后在菲律宾、印度尼西亚和土耳其等国输出技术并设厂生产，产品实现了当地生产、当地销售。海尔在美国南卡罗莱纳州建立大型独资家电生产基地，形成了海尔产品在美国的设计、生产、销售一条龙系统，创本土化世界名牌。海尔建立了全球的电话服务体系，让自己的用户无论身处世界何地，都能享受到海尔的星级服务。

(4) 构建国际化的信息、技术开发网络系统。海尔要在国际市场上同欧美、日本等国家的知名品牌竞争，国际化的信息、技术开发网络是海尔产品取胜的保证。国际化信息网络由内部机制与由首尔、东京、里昂、洛杉矶、蒙特利尔、阿姆斯特丹、旧金山、悉尼及中国台湾和中国香港等地建立的10个信息分中心组成的外部网络构成。通过内外部的信息流统一使用，获得并利用最新的信息开展技术创新工作，满足国内外市场不断变化的需求。

(四) 以人为本的人力资源管理，培养具有国际竞争力的人才

(1) "国际化的企业，国际化的人"，是海尔人力资源开发的战略目标。海尔清醒地认识到，要想成为国际化的名牌，每一个员工首先应成为国际化的人才。海尔集团人力资源开发的目标，必须适应企业实施国际化战略的大目标，为企业培养真正具备国际化素质和国际竞争力的人才。

(2) "挑战满足感，经营自我，挑战自我"，形成市场链的人才发展思路。海尔认为，人是保证创新的决定性因素，为此海尔设计了人力资源开发市场链的思路。企业内、外部有两个市场，内部市场就是怎样满足员工的需要，调动他们的积极性；外部市场就是怎样满足用户的需求。在海尔内部，下道工序就是用户(他就代表用户，或者他就是市场)，每位员工最主要的不是对他的上级负责，而是对他的市场即下道工序负责。同时，海尔提倡即时激励，以此来充分挖掘和发挥内部员工的积极性。

(3) 创立"不进则退"的斜坡球体人才发展论。海尔认为，每一个人恰似在斜坡上上行的球体，市场竞争越激烈，企业规模越大，这个斜坡的角度越大。员工的惰性是人才发展的阻力，只有提高自己的素质，克服惰性，不断向目标前进，才能发展自己，否则只能滑落和被淘汰。海尔全方位地对每天、每人、每件事进行了清理、控制，"日事日毕，日清日高"，以求把问题控制在最小的范围内，解决在最短时间内，把损失降低到最低的程度。这就是海尔管理模式，即"OEC管理"。

(4) 创立"变相马为赛马"人才竞争机制。海尔认为，企业不缺人才，人人都是人才，为了把每个人最优秀的品质和潜能充分开发出来，海尔提出新的人才选拔机制——"变相马为赛马"，并且在全体员工高度认同的情况下，不断实践、提高。具体表现为：在竞争中选人才、用人才，就是要将人才推到属于他的岗位上去比赛，去发挥最大的潜力，去最大限度地选出优秀人才。这是一个有利于每一个人充分发挥自己特长的机制，使每一个人都能在企业里找到适合自己价值的位置。"变相马为赛马"的用人选拔机制体现在公司内部实行"三工转换制度"上。该制度是将企业员工分为试用员工—合格员工—优秀员工，3种员工实行动态转化。通过细致、科学的赛马规则，进行严格的工作绩效考核，使所有员工在动态的竞争中提升、取胜、降级、淘汰。如此一来，人人都有危机感。赛马时遵循着"优胜劣汰"的铁的规律，任何人不能满足于已有的成绩，只有创业，没有守业。谁守业、不进取，谁就要被严酷的竞争所淘汰。"三工并存"实际上是斜坡球体人才发展理论的一种体现、一种保证，二者是相辅相成的。

(五) 构建了员工收入由市场决定价值的分配体系

海尔构建了员工收入由市场决定价值的分配体系，将外部市场的竞争效应内部化。具体体现为3个转化：外部指标转化为内部指标；内部指标转化为个人指标；个人指标转化为个人收入。就是把企业的总负债表转化成5万份每个员工的小负债表，细化分解，落实到每个人，千斤重担人人担，使每个人得到发展。实行市场工资后，企业的主要目标由过去的利润最大化转向为以用户为中心、以市场为中心，每个人的利益都与市场挂钩。

(六) 海尔为员工发展搭建立体化人才培训平台

1. 海尔企业文化观的重要内容是立体化人才培训

海尔培训工作的原则是"干什么学什么，缺什么补什么，急用先学，立竿见影"。鼓励新员工说出自己的想法，给新员工每人发放"合理化建议卡"，员工有什么想法，关于制度、管理、工作、生活等任何方面都可以提出来。

2. 海尔多种多样的培训形式

(1) 岗前培训。对所有的新人进行业务知识、企业文化、经营哲学、组织目标、价值观的培训。建立员工组织归属感、集体主义、合作精神，为以后的高效管理奠定基础。

(2) 岗位培训。半年到一年之后进行岗位培训。岗位培训主要是业务能力培训，对工作中容易出现的问题、解决方法及应尽的责任进行培训。

(3) 个人职业生涯规划培训。海尔所有的管理干部都有责任为下一级的干部及员工设计个性化的培训计划。所有人员包括管理人员、专业人员和员工，需要根据自己的情况每人定出一个升迁、发展的个人规划，要有目标地工作。

(4) 转岗培训。为培养复合型人才，海尔采用转岗培训使员工适应新的工作需要。

(5) 半脱产培训。对于骨干员工和管理人员，有计划地安排各类人才以半脱产的方式参加各种培训班。

(6) 出国考察培训。为了掌握国际高科技发展的新动向，利用各种机会，派出有关人员出国进修或到国内外参加各种专业研讨会、学术会议、科技博览会等。

(七) 海尔目标管理与绩效管理相统一，当天的目标必须当天完成

海尔的绩效管理与经营战略、人力资源政策和战略相匹配。海尔绩效管理的关键点是当天的目标必须当天完成。20%的管理层要对80%的业绩负责任，出了事故，当事者的责任是20%，主管承担80%的责任。在海尔，个人的业绩与资源相匹配。以业绩为例，第一年考核如果是最后10%，公司送你去培训；第二年考核如果还是最后10%，你自己花钱去培训；第三年考核如果还是最后10%的话，你就得走人了。海尔绩效评估的指导原则是公平、公正、公开。公平是赛马的原则，员工每个月的管理绩效评估全部公开。海尔有内部的"法庭"，你如果觉得绩效评估不合理可以申诉。

绩效管理有一个"市场链"原则，评估一个单位绩效的是其内部客户和外部客户。海尔内部的人际关系非常简单，每一个员工都能感觉到市场的压力，客户反应是它最终的目标。为什么海尔的客户服务是最好的？因为它的客户服务概念是从里到外、从上到下、从高到低，全部贯穿其中的。

海尔绩效的成功在于其可执行性。它的绩效评估系统简单和易于执行，持之以恒。根据下属员工早上的目标、晚上的汇报，主管通过观察当时就给出一个红、绿或者是黄的评估，这就是员工绩效评估的结果，整个过程很简单实用，成效比较显著。

如果总结海尔成功的经验，可以用"七个一"来概括：一种精神(敬业爱国，追求卓越。2005年又提出"创造资源，美誉全球")；一个好的带头人(张瑞敏)；一个好的执行团队(联合舰队)；一个科学的战略规划和发展路径；一个好的管理体制和运行机制(基础管理+创新管理+激励机制)；一个世界知名品牌(品牌的影响力超过青岛地区)；一个高效益企业集团(经济效益+社会效益)。目前，海尔正在实施新的发展战略，进入新能源领域，抢占太阳能市场，海尔又进入一个新的发展期，必将为中国经济社会发展做出更大的贡献。

二、海尔云时代的管理创新

海尔为适应以互联网为核心的高新技术的发展，提出以自主经营体为基础的"人单合一双赢"的理念、方法和管理体系。"人"指的是员工，"单"是指市场用户需求。人单合一双赢管理是指以快速满足用户需求和用户价值为目标，依托海尔自有的"云平台"技术，通过构建三级三层自主经营体，形成倒三角自主经营网络；将员工与市场及用户紧密联系在一起，从而建立起由市场需求驱动的全员自主经营、自主激励的经营管理模式。这是在云时代的管理变革与创新，这一新的管理模式，有效促进了海尔集团的发展。他们采取的主要变革措施有如下几方面。

(一) 建立新的适应云时代的管理模式，必须首先要变革管理理念

海尔认为，在互联网时代企业的生存和发展不取决于企业本身，而取决于用户。用户向企业购买的不再是产品，而是服务，所以企业必须从"卖产品"向"卖服务"转型。海尔追求搭建一个能够将用户需求、员工价值自我实现和企业发展有效融合的崭新管理模式，即人单合一双赢管理。基于这一思考，海尔在战略、组织、核算、流程和文化等方面提出了具体的变革思路。

在战略层面，海尔认为，要实现从原来的先造产品再找用户，转变为先创造出用户价值再制造产品，通过虚网即互联网与用户建立互动平台，挖掘用户需求，通过实网即营销、配送、服务网络快速满足用户需求，实现从大规模制造转为大规模定制，使海尔真正从制造型企业转变为服务型企业。

在组织层面，海尔决心从原来的大事业部制经营组织形式，转变为以自主经营体为基本创新单元的三类三级倒三角形网状有机组织架构，将企业原来所有部门按照线体、

型号、市场以及一级、二级、三级划分为2000多个自主经营体，实现以自主经营体为单元的快速反应的组织架构，使员工通过自主经营体与客户直接对接，由自主经营体直接决策和满足用户需求，彻底改变决策流程链条太长、执行迟缓、员工被动的缺陷。

在核算机制上，海尔大胆改变传统的财务核算体系和薪酬管理体系，设计自主经营体的三张表，即战略损益表、日清表、人单酬表。第一张表表明创造用户价值的正确方向；第二张表精确到任务完成的流程时效；而第三张表就是员工和自主经营体自我经营的最终结果，直接决定了自主经营体和员工的薪酬。

在流程上，海尔重视充分利用信息技术，从原来的信息孤岛变为开放的信息化系统。企业通过信息化平台与用户互动，及时把握用户需求，并以最优方案满足用户需求；企业也能够通过信息化系统及时掌握经营体的绩效和问题，通过提供资源和专业服务帮助经营体达成目标。

在文化上，海尔致力于建立开放、公平的人单合一双赢文化氛围，以目标为导向，鼓励员工不断创新，不断挑战自我，每个员工都能成为自己的CEO。

(二) 变革管理体制，建立以自主经营体为基本创新单元的倒三角形组织体系

海尔变革管理体制，打造倒三角形的组织结构。这种结构的转变是为了实现两个"零"的目标：员工内部协同的零距离，以及组织与外部用户的零距离。为此，海尔建立了自主经营体架构，把8万多名员工变成了2233个自主经营体。自主经营体改变了海尔原来事业部制，打破了传统的层级结构，全员都直接面向市场。所谓自主经营体，是以创造并满足用户需求为目标，以相互承诺的契约关系为纽带，以共创价值并共享价值为导向的组织。自主经营体拥有用人权、分配权和决策权及自己独立的核算报表。自主经营体实现"自主"，最主要是赋予"三权"：用人权、分配权和决策权。经营体能不能拿到薪酬，就看最终有没有为用户创造价值，而不是像以前根据职务和等级发放薪酬。

自主经营体要具备三要素：端到端；同一目标；形成倒逼体系。端到端是指自主经营体要围绕用户需求，从用户难题开始到用户满意为止，从用户端到用户端。同一目标是指整个自主经营体团队只有一个共同目标，即为所负责的用户群创造价值。自主经营体团队虽然是由以前不同部门的人员所组成，但都是围绕共同的目标从不同的方面来承担分解的工作目标。倒逼体系是指自主经营体从满足用户需求出发，通过契约的形式倒逼到内部全流程的人员互相承诺，制定预算和预案，保证目标的达成。

海尔总结出了自主经营体要具备3个典型特征：自创新；自驱动；自运转。自创新是指自主经营体要根据用户需求的改变不断进行创新，不断满足用户的需求，同时能够不断挑战更高的目标。自驱动是建立日清预算体系，将工作目标和预案分解到每天，能够自主地按照每天的预算驱动完成任务。自运转是指流程和机制不断优化升级，即流程化和制度化，形成一个良性的螺旋式上升的闭环优化体系。

海尔的自主经营体分为三级，即一级为一线经营体；二级为平台经营体；三级为战略经营体。一线经营体直接面对用户，每个一线自主经营体直接面对市场，为所负责的用户群创造价值。一线经营体要求缴足企业利润，挣够自己的经营费用，剩余超利分成。根据在创造价值的过程中所起的作用不同，一线经营体又可以划分为三类经营体，包括市场经营体、型号经营体和线体经营体。市场经营体提供差异化的用户解决方案，创造用户需求；型号经营体创造差异化的产品和服务来满足用户需求；线体经营体提供即需

即供的供应链服务，将差异化、零缺陷的产品快速送达用户手中。二级平台经营体为一线经营体提供资源和专业的服务支持。三级战略经营体负责制定战略方向和发现新的市场机会，同时为经营体配置资源，帮助一级和二级经营体达成目标。三类经营体之间依靠"包销契约"的方式实现价值协同，依靠"服务契约"的方式实现资源协同。

这些机制有效运行的前提必须体现"高效率、高增值、高薪酬"。员工在明确的战略与有效机制的驱动下，凭借"三预"构建经营体("三预"是指预算、预案与预酬，即拿出"如何做、如何防范风险及需要多少资源"的方案)。员工在机制驱动下为了体现效率、实现增值、获取更高的薪酬，积极主动地挑战自我、挑战大目标。每个经营体都有自己的损益表与人单酬表并市场化，当虚拟公司经营不善将会被同级经营体兼并与重组，完全地实现企业内部市场化运作。

自主经营体的数量和单个经营体内成员的构成并非一成不变，而是根据市场不断进行调整。自主经营体的成员确定后，也可以通过"官兵互选"的方式进行更换，团队长可以选成员，成员也可以选团队长，但无论怎么选，其前提必然是有竞争力的"三预"做保障。同时，经营体成员是动态的，而非固定不变的，有能力进入经营体的员工有可能因为中间过程不能很好地达成目标而退出，在海尔内部叫作"进、上、出"的竞争机制。

三类经营体之间是通过"包销定制"契约实现联结的，市场经营体与型号经营体之间是"包销"，销售前就通过契约关系相互承诺该型号在市场的销售量，而型号经营体、市场经营体与线体经营体之间是通过"定制"契约实现联结的，生产前就通过契约关系相互承诺定制该型号的数量。

改变传统的金字塔形组织架构，形成倒三角形的自主经营体网络。通过设置三类自主经营体，海尔集团的组织架构从以前的N层机构扁平化为三级架构，即三级经营体架构。企业将以用户为中心，而不再以领导为中心。企业人人都面对市场，在创造用户价值中体现自己的价值。管理者最重要的任务不是下指标，而是按照经营体中一线员工的需求，去帮助整合资源。管理者最重要的职责也不再是考核员工的指标和效益，而是考核创造了多少自主经营体，为多少员工成为自主经营的CEO提供平台。在这个管理模式中，海尔希望让每个人都成为自己的CEO。

(三) 创新管理方式，建立自主运营管理体系

海尔在人单合一的管理模式下，创造性地建立了全新的自主经营体运营管理体系，核心为三张表：战略损益表、日清表和人单酬表。海尔认为，战略损益表是纲，决定了战略方向；日清表上接战略损益表，下接人单酬表，是对战略落地执行的纠偏过程；人单酬表是果，是对自主经营体及其成员承接战略结果的显示。

1. 战略损益表

战略损益表要驱动每个经营体始终以用户为中心，通过经营表外资产实现表内资产的增值，同时分享价值。因此，海尔的战略损益表不仅包含了传统企业的三张表(资产负债表、现金流量表、利润表)反映的经营绩效，还体现出人单合一的双赢模式下，表外资产"人"的增值，即自主经营体如何通过创造用户价值来实现自身价值并分享增值。这种核算体系以员工为中心，力求将用户的最大价值与员工的最大利益紧密结合在一起，大大提高了一线员工的活力和创新力，以更好地适应互联网时代营销碎片化和需求个性化的特点。此外，战略损益表改变了企业资产管控掌握在少数高官手中，员工与上级博弈的现象，实现了2233个自主经营体共同经营公司资产，大大降低了企业的经营风险。

海尔把传统的财务损益表转变成每个自主经营体的战略损益表。传统损益表是以数字损益为导向的，主要内容是，收入减去成本和费用等于利润。战略损益表是以用户价值为导向的，其中的收入项是指为用户创造价值而获得的收入；有些收入如果不能与用户需求挂钩，不能持续创造用户资源，尽管产生了收入也不能计算在收入项。例如有些经营体为了完成任务，把库存里能耗高且毛利低的旧型号通过降价促销形式卖给消费者，这样尽管收入有所增加，但并不是真正给用户提供满意的产品服务，不属于战略绩效，因而收入也不能计入战略损益表。

2. 日清表

日清表上接战略损益表，下接人单酬表。日清表就是要关闭业务执行中的差距，保障怎么样把工作落实到每一天，每天进行创新，把差距背后的问题预先采取措施加以解决，保证目标落地。海尔通过建立信息化的日清平台，包括短信日清平台，帮助员工形成每天的预算，并进行日清总结提升；每天产生的收益和差距会以短信的形式通知员工，并提供产生差距的原因分析与建议的服务支持来帮助员工改变差距，保证员工最终都可以顺利完成目标。显示绩效结果并与个人的损益挂钩，制定新的预算，周而复始，螺旋上升。

3. 人单酬表

第三张表是人单酬表，经营的结果直接落实到每个人身上，其宗旨是"我的用户我创造，我的增值我分享"。根据业绩完成情况及与集团整体目标的达成效果确定经营体的总体薪酬，把员工的报酬和他为用户创造的价值紧密结合，是员工自我经营的最终结果，体现了员工自主运营、自负盈亏的原则。比如费用问题，一般企业都是按照职务决定享受的待遇，海尔则是根据创造了多少用户价值来决定开销，对自主经营体的要求是缴足利润、挣够费用、超利分成、自负盈亏；这样，员工不会浪费时间等待领导审批应该乘坐什么样的交通工具、住什么样的宾馆，员工自己都会按照自己的损益来衡量和解决，人单酬表把员工的报酬和他为用户创造的价值紧密结合起来。

人单酬表中个人所拿工资的多少，是由为用户创造多少价值来实现的。给用户创造的价值，按竞争力水平分为5个区间，依次为分享区、提成区、挣工资区、亏损区和破产区。这5个区分别对应相应的竞争力水平。

(四) 构建人力资源管理战略机制，为"人单合一"运行提供人才保障

传统企业的人力资源管理，将用人权牢牢地掌握在人力资源管理部门的手中，一线的经营单位几乎没有任何用人权。在人单合一的管理模式中，海尔集团的人力资源管理打破了传统的管理模式，构建起将用人权下放到各级自主经营体中，集团的各级人力资源管理部门则成为资源的提供者和支持者的管理机制。

明确自主经营体用人的标准和原则。经营体自主用人的前提：锁定经营体人工成本预算标准(如：人工成本占经营体销售收入的比)，经营体在能挣够用人成本的前提下，用多少人，用什么岗位的人，经营体可自主决定。

经营体用人标准：经营体引进的人是诚实可信的，能够完成第一竞争力目标并能持续优化的人。经营体可以使用人才漏斗来筛选人才，其主要步骤如下：认同人单合一双

赢的文化；认同集团战略；认同岗位第一竞争力的目标；有承接第一竞争力目标的预算和预案；敢于承诺第一竞争力的目标。

在人工成本充足的情况下，自主经营体可聘用高级人才或专业人员，高素质人才创造更大的价值，更大的价值产生更高的薪酬，更高的薪酬又吸引更高级的人才加入海尔，周而复始，螺旋上升。这就是海尔提倡的正反馈循环、引入负熵的人才理念。

建立全球开放的一流人才储备池。海尔集团建立了即需即供的人才梯队，即人才储备池。集团各级人力资源管理部门和经营体明确责权利，通过各类渠道获取全球人才资源，实施人才池的三级蓄水管理，即备用水(基本可以直接聘用的人才)、活水(已锁定、须定期沟通吸引的人才)、蓄水(初选通过的目标人选)。人力资源管理部门通过持续跟踪，不断优化目标人选，并适时对人才进行分类管理，针对不同类型的人才，实施差异化的分别吸引，经过长期的不断沟通，让候选人清晰了解并认同企业文化和企业战略，从而保证经营体人才需求的即需即供，大大缩短了人才配置的周期，且保证了人才配置的质量，使全球一流人才皆为我所用。

完善制度，提供机会安置被淘汰员工。进入经营体的员工，经营体长要进行定期的绩效辅导和沟通，经营体成员也必须根据实际绩效动态优化，以保持经营体的整体竞争力，对未能进入经营体或进入经营体因绩效等原因又被经营体退出的员工，海尔集团采取了几项措施来安置这些员工：整合资源提供多元化的再竞岗机会(如：新项目、新工厂需要的岗位；终端市场岗位；直接生产岗位以及自主创业的机会等)；员工也可在集团内自主选择岗位意向，通过竞聘上岗，期间如有需要，企业会提供培训的机会。如通过以上两种渠道，员工在限期内均不能再上岗，双方协议终止劳动合同。

(五) 再造企业新文化，为人单合一管理模式的推行保驾护航

成功实施组织变革的企业往往需要再造企业文化。海尔的企业文化建设由海尔企业文化中心具体实施和执行，集团总裁进行指导和纠偏。随着集团人单合一双赢自主经营体的建设，整个集团被分为包括近2000多个自主经营体在内的五大战略板块，每个战略板块下设价值观经营体，人员近30人，全部为专职，负责本部门的企业文化建设工作。各价值观经营体之间打破部门与部门之间的"墙"，互为资源，与企业文化中心纵向打通，共同助推集团战略的实施。

企业文化建设工作在海尔最根本的功能就是统一价值观，消灭次文化，通过文化宣传工作引导全体海尔人正确认识集团的变革与转型，找到差距的根源，从而主动承接集团战略。

为了让内部员工认同人单合一管理模式，海尔企业文化建设通过以下载体经营：集团及各经营体各自的周报，集团层面的报纸《海尔人》报；海尔电视新闻；企业文化手册；手机报；对高级经理人的调研与沟通；漫画(《海尔员工的画与话》)；现场文化看板；海尔核心能力素质模型主题演讲等。通过这些方式给员工搭建一个表达意愿、提出意见的平台，特别是在新管理模式实施之初，有很多员工不了解、不理解人单合一管理模式，各部门通过上述方式及时沟通，使新模式深入人心。

在企业文化诊断、塑造与提炼的过程中，海尔分别采用讲故事、连续剧式跟踪(直到问题得到解决)、参与法、树典型等方式和手段。

在对企业文化的测评中，海尔主要是"从绩效的差找到人的差；从人的差找到观念的差"。通过集团会议、财务数据等了解到各部门的预实差，然后展开采访、调研；将了解到的信息进行整理，与主编进行沟通，确定报道的角度和方式；进行补充采访后组稿。目前我们发现，云管理从价值主张、客户关系、客户细分、渠道通路、收入来源、关键业务、核心资源、成本结构、重要伙伴等9要素方面，影响与优化企业的商业模式。海尔再造企业新文化，为人单合一管理模式的推行起到了保驾护航的作用。

海尔用破坏性创新实现了跨越式发展，他们认为，"没有成功的企业，只有时代的企业"，在云时代，将建立企业平台化、员工创客化、用户个性化的发展理念，为打造卓越的国际化集团努力奋斗。

思考：

1. 通过对海尔案例的分析，你认为现代企业管理应该包括哪些内容？

2. 概述海尔集团跨越式发展的历程及发展的基本经验，有哪些启示？

3. 海尔在管理创新方面做了哪些探索？你怎样认识和评价？

4. 在海尔集团跨越式的发展过程中，张瑞敏提出了许多现代管理的新观点，这些理论观点对其他企业有何借鉴意义？

5. 你对海尔集团未来的发展有哪些思考和建议？请谈谈你的看法。

第二章

管理思想与理论

【教学目标】

1. 我国古代管理思想的源泉
2. 新中国管理理论发展经过的3个阶段，每个阶段的特征
3. 当代红色管理理论的主要内容
4. 西方在不同的发展阶段的管理理论及其代表人物的理论贡献
5. 新管理理论的内容及特征

【理论应用】

1. 举例说明企业怎样运用古代管理思想(比如孙子兵法等)取得竞争优势并走向成功的。
2. 举例说明企业怎样运用老一辈无产阶级革命家的管理思想并取得成功的。
3. 西方科学管理(泰罗制等)是否过时，举例说明现代企业怎样运用科学管理进行管理的。
4. 举例说明其他管理学派的理论怎样应用于现代企业管理的。
5. 举例说明西方新管理理论怎样指导企业管理实践，有何特征。

【案例导入】

数字游戏中的创新思维

培养创新思维的最重要的前提，首先就是要打破条条框框，突破传统常规，建立起"一切都是可能的"这样一种哲学观念。让我们来看一道有趣的测试题：1+1=1；2+1=1；3+4=1；5+7=1；……

怎样才能得出这样的结果呢？一语就可道破天机，只要给这些数字加上适当的单位名称，那么这个结果就成立了，而且还完全正确。

1(里)+1(里)=1(公里)

2(月)+1(月)=3(月)=1(季度)

3(天)+4(天)=7(天)=1(周)

5(月)+7(月)=12(月)=1(年)

简单的数字游戏告诉我们：在生活中，有些东西看似不可思议，看似复杂难解，但

只要我们换一个思考问题的角度，跳出传统习惯的思维框框，就会得出异乎寻常的正确答案，这就是创新思维。这种思维让我们看到了将不可能变为可能，将可能变成伟大的科技发明和创造，并产生新的伟大的理论思想和科学规律。许多伟大的发明、发现和理论，都是从生活、生产和社会实践中产生的。比如，牛顿定律、爱因斯坦相对论、马克思的唯物辩证法、剩余价值理论、科学社会主义等。

思考： 如何理解创新思维方式？对我们的生活、工作有哪些重要的意义？

第一节　中国的管理思想与理论

一、中国古代管理思想

管理实践活动是管理思想的根基。管理思想来自管理活动中的经验概括，是管理理论的基础。管理理论是管理思想的提炼、概括和升华。管理理论对管理活动有重要的指导意义，同时又要经受管理实践活动的检验。理论来源于实践，实践是检验真理的唯一标准。

我国是有五千年历史文明的伟大国家，文化与管理博大精深，有光辉灿烂的思想文化圣典，如《易经》《孙子兵法》《论语》《道德经》《庄子》等。这些古代著作无不闪耀着丰富的管理思想，指导着管理及其战争的社会实践，并取得了巨大的社会成果。时至今日，国内外的各方面专家仍在挖掘他们的思想和管理理论价值，我国先贤为管理理论做出了重大贡献。总体而言，我国古代管理思想主要来源于以下4个方面(见表2-1所示)。

表2-1　中国古代管理思想的来源、主要代表人物、典籍与观点

来源		主要代表人物	主要典籍	主要观点
古代治国之道及其实践	《易经》	姬昌等	《易经》	讲究"阴阳相济""刚柔有应"，提倡"自强不息""厚德载物"
	儒家	孔丘、曾参、子思、孟子、荀子、朱熹等	《论语》《大学》《中庸》《孟子》《尚书》《礼记》《荀子》等	主张"仁政"，以"仁"为"仁政"的基本内涵，以"礼"为"仁政"的外在表现，强调"为政以德"，崇尚"中庸之道"，注重人与人之间的伦理关系
	道家	李耳、庄周等	《老子》《庄子》等	主张"道法自然"，崇尚"返璞归真"，强调"无为而治"，用系统、辩证的视角看待问题

(续表)

来源		主要代表人物	主要典籍	主要观点
古代治国之道及其实践	法家	商鞅、慎到、申不害、韩非等	《商君书》《韩非子》等	基于"好利勿害"的人性论，主张"以法治国"，强调"不法古""不循今"，提出法、术、势结合的治国方略
	墨家	墨翟	《墨子》等	主张"兼爱""非攻""尚贤""尚同""天志""明鬼""非命""非乐""节用""节葬"
	杂家	管仲、吕不韦、刘安等	《管子》《吕氏春秋》《淮南子》等	兼收并蓄，汇集不同学派的观点，融合诸子百家的思想，通过采集各家言论，贯彻其政治意图和学术主张
	史书	左丘明、司马迁、司马光等	《左传》《史记》《资治通鉴》等	记载历史上相关时期政治、军事、外交、文化、民族等方面的重大事件和有关言论，《左传》《史记》《资治通鉴》均表现出"民本"的思想，同时用宗法伦理强调等级秩序
古代兵书及经典战略		孙武、司马穰苴、孙膑、吴起、尉缭、刘基等	《孙子兵法》《司马法》《孙膑兵法》《吴子》《尉缭子》《六韬》《将苑》《百战奇略》《三十六计》等	主张因势、任势，注重奇正结合，讲究权变与创新，包含丰富的朴素唯物论与辩证法思想
古代生产经营实践与总结		范蠡、白圭、桓宽、沈括、宋应星、明清的徽商及晋商等	《史记·货殖列传》《盐铁论》《梦溪笔谈》《天工开物》等	主张发展工商业，国家经济政策用生产经营、技术管理之首，注重对市场供求规律及价格规律的总结与运用
古代文学作品		罗贯中、冯梦龙、曹雪芹等	《三国演义》《东周列国志》《红楼梦》等	蕴含着丰富的战略管理、竞争谋略与领导艺术等方面的管理思想

资料来源：刘刚. 中国传统文化与企业管理——基于利益相关者理论的视角[M]. 北京：中国人民大学出版社，2010.

第一，古代治国管理之道及其实践。中国古代的思想家为后世留下了许多有关治国管理之道的经典论著，而历代政治家在实践中不断检验并深化这些治国管理之道。作为"群经之首"，《易经》是一部教人如何做人、如何做事的经典论著，内容极其丰富，对中国几千年来的政治、经济、军事、文化等各个领域都产生了深刻的影响，无论是儒家学说，还是老庄之道，抑或是《孙子兵法》，无不受到《易经》的影响。以孔子、孟子为代表的儒家，以老子、庄子为代表的道家，以商鞅、韩非子为代表的法家，以墨子为代表的墨家，其经典著作中蕴含着大量的管理思想。这些管理思想成为历代帝王将相治理国家的智慧来源，他们以亲身的实践不断丰富着传统文化中的治国思想，撰写出了一系列有影响力的阐述治国管理之道的经典论著，如唐朝李世民的《帝范》、宋朝范祖禹的《帝学》、明朝张居正的《帝鉴》等。史学家们编撰的《左传》《史记》《资治通鉴》等史书，则详细地记录了这些治国之道的实施背景、具体策略及实施效果，为后世发掘、考察、弘扬这些管理思想提供了丰富的历史来源。

第二，古代兵法及经典战例。中国古代产生了许多具有重要影响的兵家人物，如春秋时期的孙武、司马穰苴，战国时期的孙膑、吴起、尉缭、白起，汉朝的韩信，三国时期的曹操、诸葛亮，唐朝的李靖，宋朝的岳飞，明朝的刘基、戚继光等，为后人留下了一系列宝贵的研究战争的规律、战略战术的兵书，如《孙子兵法》《司马法》《孙膑兵法》《吴子》《尉缭子》《六韬》《将苑》《百战奇略》《三十六计》等，不仅就用兵的原则与方法展开了深入的讨论，而且分析、总结了历史上众多的战例。军事战争与企业竞争有许多相似之处，古代兵书为现代企业提供了许多可供吸取的智慧。特别是《孙子兵法》，不仅享有"兵学圣典"的美誉，而且被众多企业家奉为竞争制胜的宝典，在日本甚至形成了兵法经营管理学派。

第三，古代经营管理实践及经验总结。春秋时期的范蠡、战国时期的白圭、明清时期的徽商及晋商等，在各自的商业实践中总结出了许多有用的经营管理之道。以范蠡为例，在辅助越王勾践灭吴国之后，他认为"大名之下难以久居"，几经辗转，最终定居于陶(今山东定陶之北)，将自己的老师计然提出的计策用于经商，积累了许多财富，被后世称为"陶朱公"。范蠡采用的经商之策，如"务完物，无息币""论其有余不足，则知贵贱""贵出如粪土，贱取如珠玉""旱则资舟、水则资车"等，至今依然有很强的现实意义。西汉司马迁的《史记·货殖列传》、桓宽的《盐铁论》等著作，则集中记载了当时国家的经济政策以及商人的经商之道。宋朝沈括的《梦溪笔谈》、明朝宋应星的《天工开物》等百科全书类著作，也有许多关于生产经营管理之道的论述。

第四，古代文学作品的竞争谋略与管理思想。中国古代产生了许多优秀的文学作品，给后人留下了宝贵的精神财富。在《三国演义》《东周列国》《红楼梦》等优秀的文学作品中，蕴含着丰富的战略管理、竞争谋略与领导艺术等方面的管理思想。

研究管理思想发展史的国内外专家及发表的学术专著，都把《孙子兵法》作为源头，其可以称之为管理思想第一源。《孙子兵法》大约于公元760年被引入日本，日本将军把它奉为"兵典""圣典"，运用到战争中，取得了很好的战果。日本等国家有《孙子兵法》研究会，运用孙子思想指导管理实践，靠《孙子兵法》打败竞争对手，取得市场竞争的胜利。在西方，《孙子兵法》于1772年首次在欧洲出现，被许多军事人才、政治领导人奉为经典读物，并将其用于指导战争及管理实践活动，取得了许多战略战役的胜利。

《孙子兵法》的原则不仅运用在军事领域，而且也延伸到工商领域的竞争中，取得了卓越的管理成效。较早把《孙子兵法》等古代典籍与现代管理相结合进行研究的有中国人民大学的李世俊、杨先举、覃家瑞等专家学者，他们在1984年先后出版了《孙子兵法与企业管理》《孙子管理学》《老子管理学》《孔子管理学》等学术专著，为我国现代企业管理的"古为今用"做出了重要贡献。2009年3月，德国有个专家叫维尔纳·施万费尔德，先后在中国出版了《无敌兵法：孙子管理学》《以静制动：老子学管理学》《以人为本：孔子管理学》3本学术著作，他把中国古代的管理思想运用于现代企业管理中。他认为，孙子在公元前500年总结了中国的战争艺术，"这位远古时代睿智的将军对现在的我们也还有很多启示，我发现它们比我们现在的每一本新式管理学教科书都更实用……我们现在必须要做的无非就是学习、思考和模仿。"

2010年1月，中国人民大学出版社出版了中国人民大学商学院副教授刘钢博士的学术著作《中国传统文化与企业管理——基于利益相关者理论的视角》。该书旨在构建一个"修己"(管理者的自我修养)、"安人"(队伍建设与管理)、"谋政"(战略管理、市场营销与市场竞争)与"定邦"(企业社会责任)一体的传统管理思想，进而与西方现代管理理论在理论体系、语言范式上对接，形成具有中国特色的管理理论逻辑框架，以更好地指导中国企业管理的实践。

第一篇"修己"，将传统管理思想运用于指导企业管理者自我修养的提升过程，从思想意识、品德修养、言行举止、修养途径等方面，弥补了西方现代管理理论对管理者自我修养关注不够的不足。

第二篇"安人"，将传统管理思想运用于指导企业员工队伍的建设与管理过程，从领导艺术、管理方式、团队协作、创新与权变等方面，不断完善西方管理理论中人力资源管理与领导学等方面的内容。

第三篇"谋攻"，将传统管理思想运用于指导战略管理、企业竞争与市场营销的过程，从环境分析、战略选择、竞争方式、系统思考、危机管理等方面，与西方现代管理理论中的战略管理、市场营销等学科进行了有效对接。

第四篇"定邦"，将传统管理思想运用于指导企业社会责任建设过程，强调企业应正确处理义利观，重视社会资本的积累，确保与各种利益相关者建立和谐互动的良好关系，为企业的可持续发展创造了宽松的环境。

可见，中国古代的管理理论和管理思想仍对今日管理实践有重大的指导意义，我们应认真系统地学习、总结古代管理理论，把我国优秀的管理遗产传承下去，结合实际，不断发扬光大。

【案例】

中国古代经典管理解读

1. 万里长城：古建筑工程管理典范

万里长城是我国古代伟大的标志性建筑，也是世界历史上最伟大的建筑工程之一。据说，在宇宙空间看地球，唯一能看到的就是中国的万里长城。它东起山海关，西到嘉峪关，横跨河北、天津、北京、山西、内蒙古、陕西、宁夏、甘肃等省市，全长6700公里。中国万里长城兴建历史久远，早在公元前4世纪的春秋战国时期，各国为防止外族侵犯，在边境险要地段开始修建规模较大的长城。秦始皇灭六国后，为巩固北方边疆，于公元214年派大将蒙田率兵30万，北逐匈奴，并将分段长城连接起来，成为西起甘肃临洮，经阴山直至辽宁鸭绿江边的万里长城。秦以后历代封建王朝，都在秦长城的基础上进行维修构筑，其中以明王朝修建规模最大，前后修筑18次，将原土筑长城改为砖石结构，修建许多烽火台。工程计划周密，施工组织严密，工程质量严格，采用防务与施工相结合的办法，实行分区分段责任制。修筑后的长城气势磅礴，景象壮观，工程浩大，世界罕见，体现了古代劳动人民的聪明才智和高超的管理建筑能力。

2. 修复皇宫：系统工程思想的运用

北宋真宗皇帝(公元1000年)建都汴梁(今河南开封)皇宫被焚毁，朝廷命宰相丁谓主持修复皇宫，他面临三大问题：取土、运输、废料处理。他提出综合统筹方案，取土就近，利用挖开取土的沟渠做运送材料的航道，工程完成后将废料填回沟渠，变成四通八达的道路。这个方案省时、省工、省钱，共节省费用数以亿万计，收到了"一举三得"的效果。20世纪40年代才产生系统工程理论，但我国古代先贤就运用系统工程理论思想统筹兼顾，很好地完成了修复皇宫的任务。可以说，我国是最早实践系统工程的国家。

二、新中国管理理论发展与经验总结

20世纪初，管理学作为一门科学逐步兴起并迅速发展，我国开始向西方学习管理学。我国最早的本科层次的管理学教育，可以追溯到1929年上海交通大学铁道管理学院的成立。新中国成立后，我国一方面学习和引进苏联的管理模式和管理理论知识，另一方面我国的企业也探索出许多有中国特色的企业管理经验和模式。但中国现代管理学的建立和发展是以中国改革开放、市场经济体制的建立，高速工业化进程为背景的。尤其自20世纪90年代以来，随着我国市场化、工业化、国际化和信息化进程的加快，无论是管理创新实践，还是以探索市场经济条件下管理活动规律为己任的管理学术研究，以及以培养管理人才为目标的管理学教育，都取得了很大发展。新中国管理理论的发展是和经济社会的发展紧密结合在一起的，大体可以划分为3个阶段。

第一阶段(1949—1978年)：管理理论的学习和探索阶段

从1949年新中国成立到1978年党的十一届三中全会召开之前的这段时间里，我国主要实行高度集中的计划经济体制。这个时期的管理，基本是以社会主义企业管理为核心，体现了计划经济条件下的生产导向型企业管理的基本特征，从无到有，通过学习探索，逐步建立阶段。新中国成立后，中国企业管理主要以学习借鉴苏联模式为主。新中国成立的初期，主要是变革企业组织机构和管理制度，没收和接管了官僚资本主义企业，在企业推行工厂管理委员会和职工代表会议制度。当私营经济出现了困难，国家调整公营与私营企业的关系，也为私营企业发展寻求出路。在管理上突出经济核算，强调降低成本，提高劳动生产率。在国有企业总结推广了郝建秀工作法等以及一批先进班组管理的经验，如马恒昌小组等，但这只是工作总结还没有上升为理论。在"第一个五年计划"时期(1953—1957年)，在全国范围内全面系统地学习引进了苏联的整套企业管理制度和管理方法，强调集中统一领导，推行"一长制"管理模式，重点是计划管理、技术管理、生产管理和财务管理，建立经济核算等各种管理制度，这为生产管理奠定了基础。1956年9月，党的"八大"会议决定实行党委领导下的厂长(经理)负责制和党委领导下的职工代表大会制。这一时期，我国理论工作者对管理理论的贡献表现在管理科学与工程学方面，推进了运筹学的研究与实践运用。中国科学院许国志、刘源张编著了中国最早的《运筹学》，华罗庚编著了《统筹法》，向全国推广数量管理，取得了较好的效果和经济效益。在企业经济学方面，中国经济学界出现了孙冶方等大胆探索商品经济(市场经济)的少数理论先驱，他们强调价值规律的作用，为企业内部进行经济核算提供了理论基础。

从20世纪60年代开始，为扭转完全照搬照抄苏联管理体制的缺点，针对管理存在的问题，结合国情，我国开始对国民经济实行"调整、巩固、充实、提高"的八字方针，探索与建立社会主义企业管理模式，总结实行《鞍钢宪法》[①]及《工业七十条》[②]。1964年，由马洪主持编写了60万字的《中国社会主义国营工业企业管理》，由人民出版社内部出版发行。该书是中国社会主义企业管理学的奠基之作，表明经过探索，我国社会主义企业管理的理论学科开始形成。1964年，毛泽东发出"工业学大庆"的号召，大庆创造了"三老四严"[③]经验，具有很大的影响，体现了科学管理和精细管理的要求。

20世纪60年代至70年代期间，中国的经济和管理处于严重混乱状态，管理的重要性被否定，财经院校的管理学高等教育被迫取消，中国管理学的发展处于停滞阶段。

党的十一届三中全会后，各项工作逐步恢复，企业管理和管理学的发展也逐步得到重视。1978年3月，全国科学大会审议通过的《1978—1985年全国科学技术发展规划纲要(草案)》，为中国管理学的发展破除了坚冰。该纲要将"技术经济和生产管理现代化的理论和方法的研究"列为第107项，新中国第一次在操作层面正式提出要推进管理学研究工作。

---

① 《鞍钢宪法》的主要内容是：坚持政治挂帅，加强党的领导，大搞群众运动，两参一改三结合(即干部参加劳动，工人参加企业管理，改革不合理的规章制度，在生产、技术、管理等改革改进上实行领导干部、技术人员和工人相结合，这是企业的管理制度)大搞技术革新和技术革命，这"五项基本原则"，被称为管理社会主义企业的"根本大法"。

② 《工业七十条》的主要内容是：计划管理、技术管理、劳动管理、工资奖励、经济核算和财务管理、协作、责任制度、党委领导下的厂长负责制、工会和职工代表大会、党的工作。

③ "三老四严"指对待革命事业，要当老实人、说老实话、办老实事；干革命工作，严格的要求、严密的组织、严肃的态度、严明的纪律。

第二阶段(1979—1992年): 我国向西方学习管理理论的"恢复转型"阶段

1979—1992年, 我国企业的管理模式开始从计划经济下的生产型转向市场经济下的生产经营型, 强调企业经营环境、经营能力、经营战略三者的统一, 实行企业盈亏责任制, 主要以提高经济效益为中心, 学习国外管理理论知识的重点从苏联转向美、日、欧等发达国家, 管理学在学科建设、学术研究、教育培训等方面都有了很大发展, 我国的管理理论进入全面"恢复转型"阶段。

这一阶段管理理论的发展始于对国外管理理论知识的引进吸收。比如, 将全面质量管理(TQM)从美国、日本引入中国; 20世纪80年代初, 由马洪主编出版了《国外经济管理名著丛书》, 其包括37本管理学名著, 成为最早系统介绍国外管理思潮的系列著作, 影响了一大批管理学者; 1983年, 国家经济贸易委员会主任袁宝华, 提出我国企业管理理论发展的16字方针, 即"以我为主, 博采众长, 融合提炼, 自成一家", 为建立有中国特色的管理理论和管理模式指明了方向。

这个时期, 一批管理研究机构、期刊陆续涌现, 一些重要文献对管理理论发展起到了重要的推动作用。先后成立了中国管理现代化研究会、中国企业管理协会、中国管理科学研究会、中国数学会运筹学会、中国系统工程学会、中国工业企业管理教育研究会等。我国第一本管理学学术刊物即《经济管理》创刊, 由国务院发展研究中心主管、主办的《管理世界》创刊。

这个时期也是中国管理学教育全面恢复和发展时期。在这一阶段, 管理学教育从"恢复元气"走向"生机勃勃"。从1979年3月, 国家经委举办企业管理培训干部研究班, 这是新中国企业管理培训史上首次以国家层次命名的企业管理培训班, 标志着企业管理培训的开始, 之后在全国各省普遍开展起来。一些大学和研究机构相继恢复了管理学教育, 开始管理学专业的本科和研究生教育。1986年2月, 国家自然科学基金委员会成立, 并设置管理科学组。1990年, MBA教育获得国务院学位委员会批准, 我国9所大学开始试办MBA。1992年11月, 中国技术监督局颁布国家标准的《学科分类与代码》(GB/T1374592), 管理学被列为一级学科。

这个时期的企业也在不断尝试管理创新实践, 尤其是应用现代化管理方法。1984年初, 国家经委推广18种在实践中应用效果较好、具有普遍推广价值的现代化管理方法, 这对提高我国企业管理现代化水平具有重要意义。

第三阶段(1993年至今): 我国管理理论与实践相结合的"整体提高"阶段

1993年党的十四届三中全会以后, 中国进入建立和完善社会主义市场经济体制的新时期, 这也开启了中国管理理论"整体提高"发展的新阶段。这一时期, 社会主义市场经济体制逐步建立和完善, 中国日益融入全球发展浪潮, 管理实践者和研究者能够接触到更多国外先进管理实践和管理学研究前沿, 提升了中国管理理论的水平, 也推动其在学习、吸收的基础上结合中国实际不断创新。总体上这是一个管理学学科体系不断完善、研究水平不断提高的阶段。2000年9月, 中国工程院正式成立了由32位首批院士组成的工程管理学部, 诞生了我国首批工程管理院士; 2002年8月, 国务院学位委员会批准30所高等院校开展EMBA教育; 2003年, 管理科学与工程领域的新学位——项目管理工程硕士学位(MPM)设立。

在管理理论研究方面, 我国学者开始追踪国外管理理论的研究前沿, 中国管理理论发展仍表现了中国特色。其在管理理论的研究上不断创新。我国企业结合自己的情况,已创新了很多好的管理实践经验，在国际管理学界产生了较为广泛的影响。自1990年开始的第一届，到2008年的第十五届，我国国家级企业管理现代化创新成果项目总数达到1200多项，其中海尔集团公司的《以"市场链"为纽带的业务流程再造》、邯郸钢铁有限责任公司的《模拟市场、成本否决为核心的集约经营》等创新成果都有很大的影响，海尔集团张瑞敏登上哈佛大学讲台的案例也被收入到重要文献中。

新中国走过了60年的辉煌之路，我国的管理经过了"学习探索""恢复转型""整体提高"3个阶段，不断发展壮大和成熟，但要认识到，我国的管理理论还需要进一步推进自主创新、全面发展。中国管理发展还存在很多问题，如管理理论基础不牢固，学科积累不充分、体系不完善，管理学教育质量还有待提高，管理研究方法规范性和学术水平还存在差距，尤其是面对高速发展的中国经济，还没有形成中国特色的社会主义市场经济条件下的中国管理理论，对丰富、活跃的中国企业管理实践还缺乏理论归纳和指导。尤其重要的是，我国管理学还没有独立提出来自于中国管理实践，但又能有国际影响、被国际管理学界所接受、对指导管理实践具有一定普遍意义的管理理论。未来要进入一个管理理论"创新发展"的新阶段。新阶段的核心任务是，形成具有中国特色的世界水平的管理理论模式和完善的学科体系。我们相信，经过不懈努力，一定会产生具有中国特色的管理理论。

三、当代中国红色管理理论简介

新中国成立后，虽然我国缺少管理现代国有企业的经验，但积极学习和引进苏联的管理模式和管理理论知识，同时积极探索、总结企业管理改革的经验，尤其是20世纪90年代以来，我国在管理创新实践及管理学术研究，以及培养管理人才等方面都取得了很大发展，有了新的突破。新中国管理理论的发展是和经济社会的发展紧密结合在一起的，尤其是在管理实践基础之上提出的红色管理，体现了当代有中国特色的核心管理理论，推进了马克思主义中国化的管理实践经验总结，实现了可持续的传承和发展，给我们新的启示，这就是：红色管理理论能够指导我们走向成功，走向卓越，走向辉煌。

(一) 中国红色管理理论的探索

从1949年新中国成立到1978年党的十一届三中全会召开之前的这段时间，我国主要实行高度集中的计划经济体制。这个时期的管理基本是以社会主义国营企业管理为核心，体现计划经济条件下的生产导向型企业管理的基本特征。新中国初期，中国企业管理主要以学习借鉴苏联模式为主。强调集中统一领导，推行"一长制"管理模式。从20世纪60年代开始，针对苏联管理体制、模式的缺点和问题，从企业管理实际情况出发，探索与建立社会主义企业管理模式，总结管理经验，先后总结提出了"鞍钢宪法"、《工业七十条》以及在工业企业推广大庆企业管理的经验，这是从中国企业管理实际出发总结出来的基本管理经验，至今仍具有重大的指导作用。

(二) 中国红色管理理论的提出与内涵

中国有没有管理学或管理理论，许多专家学者给予否定的回答。他们认为，管理理论或学说产生并发展于西方大工业革命时期，而我国是在半殖民地半封建社会基础上建立的社会主义国家，缺少现代工业管理的实践和基础，因而没有产生系统的有创新性的管理理论。改革开放以后，我国管理学界和高等院校大量翻译和使用国外管理学教材，追踪学习西方管理学，但许多管理实践者遇到的管理中的难题，还是无法得到有效解决，甚至造成重大损失，这让中国本土企业家们陷入了迷茫状态，当他们认真学习了以毛泽东思想为核心的管理理论思想和科学发展观，并运用到管理实践中的时候，许多管理中的难题迎刃而解。这说明，在当代中国，许多管理问题可以在毛泽东思想中找到答案，中国离不开毛泽东思想，中国的发展离不开邓小平理论及新的理论创新。毛泽东思想和邓小平理论已经成为许多成功企业家的精神支柱和解决问题的钥匙，成为当代有中国特色管理的核心理论，是指导我国经济社会发展的管理基础理论。

红色管理理论是指中国共产党在完成新民主主义历史任务，特别是在建设社会主义尤其是在构建有中国特色的社会主义发展模式中，是治党、治国、治军和企业管理经验的概括总结；是对管理实践和本质认识和规律性的正确反映，从感性认识飞跃到理性认识的结果；是进入新的发展阶段后，在纠正错误的脱离实际的管理理论中比较系统地归纳出来的；是总结了我国新时期发展的基本管理经验，特别是在西方管理理论不能有效解决中国本土实际的管理难题，而采用我党构建的行之有效并被实践证明了的管理理论。中国当代许多企业家能深刻领会毛泽东思想和邓小平理论的原理精髓，并将其理论思想和原则灵活运用到企业经营管理中，指导企业管理工作，使企业不断发展壮大。阿里巴巴集团主席马云说："毛泽东的管理运动，对于企业管理变革而言是最为有效的。"巨人集团董事长史玉柱说："毛泽东思想和搞企业是有共性的，十大军事原则一多半对办企业有用。"许多著名企业家在领导企业走向成功的过程中，都运用了毛泽东思想和邓小平理论指导企业经营管理的实践，并取得了丰硕的成果。这说明，红色管理的理论和原则基本适用于现代企业管理，并能有效解决管理中的疑难问题、推动企业科学发展，是马克思主义中国化的科学的管理理论。我们不应抛弃或否定红色管理巨大的理论和实践价值，恰恰相反，这是一座巨大的待开发的管理理论的"金矿"，是我们用之不竭的管理核心能力产生的源泉，我们要认真学习、深刻领会、努力继承、发扬光大，让中国的红色管理理论立于世界管理理论之丛林中。

以毛泽东思想和邓小平理论为核心的红色管理理论的科学内涵主要内容有如下几方面。

1. 以人为本，通过信仰教育调动员工的创造性、积极性，为实现企业的宗旨目标共同奋斗

毛泽东等老一辈无产阶级革命家始终坚信：历史是人民创造的，人民，只有人民才是创造历史的动力。"只要我们依靠人民，坚决地相信人民群众的创造力是无穷无尽的，信任人民，和人民打成一片，那就任何困难也能克服，任何敌人也不能压倒我们，而只会被我们所压倒，"人是生产力中最活跃、最具创造力的核心动力。以人为本，更主要的是依靠人、尊重人、团结人去实现组织目标。毛泽东在《论联合政府》中指出："紧紧地和中国人民站在一起，全心全意地为中国人民服务，就是这个军队的唯一宗旨。"在这个宗旨下，人民军队战无不胜，攻无不克，最终夺取了伟大的胜利。

如何能把员工的积极性调动起来，管理者应该教育员工树立精神信仰，从根本上调动积极性，这也是管理学发展的一个趋势。在革命战争时期，人们的物质需求是极其匮乏的，但工作热情却非常饱满，勇于奉献，不计个人得失，这就是精神信仰的力量。因为精神信仰是人的最高价值需求，也符合马斯洛需求层次理论的自我实现价值的最高需求。精神信仰可以将平凡的工作，与一个远大的目标联系起来，使人们从全新的角度看到平凡工作的意义和价值。有些经营失败者，其重要原因是无信仰目标教育，宗旨不清，使命不明，使其企业很快就衰败下去甚至破产。华为公司总裁任正非在谈到企业成功的经验时说："精神信仰教育产生'垫子文化'，调动起员工的创造性、积极性，为实现企业的宗旨目标共同奋斗。"这是他们成功的秘诀之一。

2. 要树立全心全意为人民服务的思想，这是办企业的崇高使命和核心价值观

毛泽东鲜明地指出："我们这个队伍完全是为着解放人民的，是彻底地为人民的利益工作的"，"我们应该谦虚、谨慎、戒骄戒躁，全心全意地为中国人民服务"。管理的核心价值是为顾客价值服务。管理大师德鲁克认为："企业的目标只有一个，那就是创造顾客，为顾客服务。"世界营销大师科特勒认为："企业的目标是为顾客让渡价值。"这与毛泽东全心全意为人民服务的宗旨表述是一致的，企业为人民服务实质就是为顾客服务。企业选择以利润最大化为宗旨，还是以为顾客服务为宗旨，这与企业家的崇高使命和核心价值观有很大的关系。有些企业领导认为，企业就是追求利润最大化。确实，企业如果没有利润是不能良性发展的，但单纯追求利润而忽视社会效益或其他相关者的利益尤其是顾客的利益，不但赚不到钱，反而会失去发展的机会。海尔集团总裁张瑞敏认为，企业由个人组成，没有个人能力和积极性的发挥，组织就不会有活力，组织的宗旨和目标就无法实现。一个基于个人利益增进而缺乏合作价值观的企业，在文化意义上是没有吸引力的，在经济上也缺乏效率。管理者所要做的，就是明确组织的宗旨、崇高使命和核心价值观，然后将员工个人的价值与组织的宗旨挂起钩来，引导员工在履行组织宗旨的同时，实现个人的价值，获取人生的意义。海尔集团正是坚守全心全意为人民服务，为顾客服务的崇高使命和核心价值观，才创造了海尔发展的奇迹。

3. 领导要带头学习理论，通过思想教育提高职工的思想觉悟，将企业的宗旨目标真正落地生根、开花结果

如何让党的宗旨目标真正实现，毛泽东提出主要是通过学习和思想教育提高官兵的思想觉悟，将思想教育与管理融为一体。学习理论是开展思想教育的逻辑前提。领导干部要带头联系实际并系统地学习理论。毛泽东率先垂范，做到了活到老学到老。他指出："学习的敌人是自己的满足，要认真学习一点东西，必须从不自满开始。"特别是在中国革命和建设出现重大转折的时期，其反复告诫全党重点是抓好中、高级领导干部学习。他强调，"学习革命导师的理论，必须将马克思主义的普遍真理和中国革命的具体实践完全地、恰当地统一起来，就是说，和民族的特点相结合，通过一定的民族形式，才有用处，决不能主观地、公式地应用它"。这些光辉的理论思想，对指导今天的建设有中国特色的社会主义、与时俱进、搞好管理工作，仍具有重大的现实意义。

思想教育是核心，要让组织发挥出最大效力，就要做好思想工作，统一思想，让人们劲往一处使，只有步调一致才能取得胜利。毛泽东认为："掌握思想教育，是团结全党进行伟大政治斗争的中心环节。如果这个任务不解决，党的一切政治任务是不能完成的。"邓小平同志曾明确提出："党的领导机关除了掌握方针政策和决定重要干部的使用外，要腾出主要的时间和精力来做思想政治工作，做人的工作，做群众工作。否则党的领导既不可能改善，也不可能加强。从我军成长发展的经验看，环境越是艰难困苦，越要发挥政治思想工作的威力。"海尔集团总裁张瑞敏认为："提高人的素质是根本，这是管理哲学的核心。如果一个员工思想不通，你派十个人都管不住他；如果思想通了，你不用管他，他都会努力工作的。"海尔集团成功兼并了一个又一个企业的主要原因是，把海尔的思想文化移植到这些企业中去了。在新的形势下，领导干部要带头学习理论，注重和加强思想教育工作，这是提高职工素质、贯彻落实组织宗旨目标的有效途径。

4. 充分发挥团队的力量，必须要依靠群众实行民主管理

我们党的领导集体是强有力的，主要是依靠群众，实行民主管理。毛泽东认为，人民群众是战争胜负的决定力量。领导干部讲民主，是关系组织生死存亡的重大问题。只有实行民主管理，才能调动和发挥人们工作的积极性，才能不断消除雇佣思想。毛泽东指出："所谓发挥积极性，必须具体地表现在领导机关、干部和党员的创造能力，负责精神，工作的活跃，敢于和善于提出问题、发表意见、批评缺点，以及对于领导机关和领导干部从爱护的观点出发的监督作用。没有这些，所谓积极性就是空的。而这些积极性的发挥，有赖于党内生活的民主化。"每一家企业发展到一定规模，都有"过五关、斩六将"的辉煌历史。以往的成功很容易使企业家的自信心膨胀，产生骄傲自大的情绪，认为自己高人一等、无所不能、老子天下第一，实行"顺者听者昌，逆者说者亡""一言堂"，排挤不同意见且被实践证明了意见是正确的人，这往往为日后的失败埋下了伏笔。在市场竞争越来越激烈的时代，企业要想获得生存和发展，就要最大限度地集中群众智慧，形成团队的力量。张瑞敏认为："企业说到底就是人，管理说到底就是借力。你能够把许多人的力量集中起来，这个企业就成功了。一个人的智慧总是有限的，通过民主管理这种形式，把他们的合理意见集中起来，许多困扰管理者的难题都可以迎刃而解，千难万难，充分发动群众，把群众智慧集中起来就不难。"

5. 加强纪律性，提高执行力、战斗力

纪律是解放军战斗力的重要保证。毛泽东说："这个军队之所以有力量，是因为所有参加这个军队的人，都具有自觉的纪律。"党的纪律是带着强制性的；但它又必须是建立在党员与干部的自觉性上面，绝对不是片面的命令主义。从著名的"三大纪律，八项注意"到现在形成的以《内务条令》《纪律条令》《队列条令》三大共同条令为基础的、相当完备的管理制度，做到了有章可循、严格执行，这就是部队执行力、战斗力高的根本原因。许多企业家都羡慕部队的执行力，主要原因是建立起了严格的问责制。概括起来是严格检查，严明奖惩。毛泽东于1937年10月，旗帜鲜明地支持陕甘宁边区高等法院判处黄克功死刑。他说："根据党与红军的纪律，处他以极刑。正因为黄克功不同于一个普通人，正因为他是一个多年的共产党员，是一个多年的红军，所以不能不这样办。共产党与红军，对于自己的党员与红军成员不能不执行比一般平民更加严格的纪律。"海尔集团发展是从制定并严格执行13条规章制度起步的。张瑞敏非常重视经常性纪律教育，下细功夫、慢功夫、长功夫进行养成教育，使员工在规范化的工作和生活中，逐步

养成遵守纪律的习惯。他说："好的企业就像一支军队，令旗所到之处，三军人人奋勇，攻无不克，战无不胜。"

6. 艰苦奋斗永不过时，是企业永葆进取精神的法宝

人民军队的成长史，就是一部艰苦奋斗史。优秀企业之所以长盛不衰，始终保持艰苦奋斗是重要原因，是我们需要传承的宝贵的精神财富。柳传志回忆创业初期时说："困难无其数，只是不动摇。克服一个又一个困难，才取得一个又一个胜利，积小胜而取得大胜。"但是，有些企业规模和实力逐渐扩大，变得财大气粗以后，就很难再保持创业时艰苦奋斗的好作风了。由俭入奢易，由奢入俭难。丢掉艰苦奋斗的作风，处处摆阔气、讲排场，骄奢淫逸，不仅增加了经营成本，更严重的是削弱了人的奋斗精神。古人讲玩物丧志、逸豫亡身，是非常有道理的。巨人集团最红火的时候，浪费十分惊人，花巨资装潢中国"第一办公室"，建中国第一高楼，因决策失误，转瞬间就垮塌了，教训深刻。华为总裁任正非认为："艰苦奋斗是华为文化的魂，是华为文化的主旋律，任何时候都不能因为外界的误解或质疑动摇我们的奋斗文化，任何时候不能因为华为的发展壮大而丢掉了我们的根本——艰苦奋斗。"毛泽东在党的七届二中全会上告诫全党："因为胜利，党内的骄傲情绪，以功臣自居的情绪，停顿起来不求进步的情绪，贪图享乐不愿再过艰苦生活的情绪，可能生长。务必使同志们继续地保持谦虚、谨慎、不骄、不躁的作风，务必使同志们继续地保持艰苦奋斗的作风。"艰苦奋斗永不过时，是企业永葆进取精神的法宝。

7. 正确处理好上下级关系，坚持"官兵一致"的原则

能否处理好上下级关系，直接关系到一个组织的战斗力，古今中外的任何组织都概莫能外。毛泽东提出处理上下级关系要坚持"官兵一致"的原则。毛泽东认为，我们的一切力量来自战士。正确处理上下级关系是"根本态度问题，这态度就是尊重士兵和尊重人民。离开了这态度，政策、方法、方式也一定是错误的，官兵之间、军民之间的关系便决然弄不好"。毛泽东坚决反对把管理者和被管理者之间的关系搞成"父子关系和那样一种威压性的关系"。他认为："人们的工作有所不同，职务有所不同，但是任何人不论官有多大，在人民中间都要以一个普通劳动者的姿态出现，决不许摆架子。一定要打掉官风。"海尔集团总裁张瑞敏在领导企业跨越式发展的过程中，从小到大、从弱到强、从优秀到卓越，他认为：企业的主人是员工，管理者心里装着员工，员工心里就装着企业。他说："企业对员工忠诚，员工反过来就会对企业忠诚；企业对员工负责，员工反过来就会对企业负责。"毛泽东认为："群众是真正的英雄，而我们自己则往往是幼稚可笑的，不了解这一点，就不能得到起码的知识。""你的架子越大，越像个'英雄'，越要出卖这一套，群众就越不买你的账。你要群众了解你，你要和群众打成一片，就得下决心，经过长期的甚至是痛苦的磨炼。""如果把自己看作群众的主人，看作高居于'下等人'头上的贵人，那么，不管他有多大的才能，也是群众所不需要的，他们的工作是没有前途的。"国内外优秀企业的领导都注重向群众学习，和群众做朋友，汲取智慧和力量，才能把企业管理好。许多世界顶级企业，将"尊重个人，尊重员工"列为企业核心价值观之首。国际著名跨国公司IBM总裁沃森制定了著名的"三大准则"，

第一准则便是"必须尊重员工",他认为公司最重要的资产不是金钱或其他东西,而是由每一位员工组成的人力资源。排世界500强首位的沃尔玛公司所倡导的企业文化,第一条是"尊重员工,以员工利益为重","员工是最大的股东"。他们认为,如果员工生活在恐惧压迫中,那他们就不会有创造力。我们应该认真学习这些优秀企业成功的管理经验。

8. 在实践中学习锻炼,将组织变成一个大学校

怎样才能把企业真正建成学习型组织?这是管理者需要解决的一个重大课题。毛泽东在育人方面所创造的许多成功经验,值得企业管理者学习效仿。一切从实际出发,注重调查研究,理论联系实际,提高解决实际问题的能力,是毛泽东育人思想的精髓。强调在实践中学习,在学习中提高。毛泽东有一段名言:"从战争中学习战争,这是我们的主要办法。没有进学校机会的人,仍然可以学习战争,就是从战争中学习。"特别强调"实践出真知,离开实践的认识是不可能的"。国内有些学校教育教学脱离实际,学管理的不懂管理,不会管理,其事业发展并不理想。有的领导者有一定的理论知识,但不能运用理论解决或说明问题,理论与实际严重脱节。留洋回来的MBA解决不了本土的管理问题,学用分离,洋和尚念不了本土经或念错经。很多成功的企业家也是从底层一步一步打拼出来的,例如松下幸之助、李嘉诚、王永庆、牛根生等著名企业家都出身寒门,因无钱上学,不得不参加工作,然后靠在工作岗位上刻苦自学努力拼搏而成功的。所以,高明的管理者在选择和培养人才方面,不能唯学历是举,而是注重发现和培养普通员工中的佼佼者,努力创造良好的用人机制,使优秀人才能够脱颖而出。海尔集团将组织变为一个培养育人的大学校,总裁张瑞敏提出的培训原则是:"选准母本、清楚目标、找出差距、需什么学什么、缺什么补什么、急用先学、立竿见影。"在培训形式上,他强调"现场、案例、即时、互动""求是、创新"。成功的企业一定是理论联系实际的学习型组织。华为公司新员工上岗前的培训,就被称之为"魔鬼训练"。时间长达5个月,包括训练、企业文化、实习、技术培训、市场演习5个部分。有人形容这5个月培训就像是炼狱,有一种获得"新生"的感觉,"华为人"3个字开始渗入血液之中,并转化为新的精神状态和实际行动。

9. 加强骨干人员的选拔培养,充分发挥他们的带头作用

毛泽东指出:"政治路线确定之后,干部就是决定的因素。"骨干是上情下达的纽带,是支撑事业的柱石栋梁,所以,选拔培养和使用好骨干是决定事业成功的核心要素。凡是有战斗力的部队,必定有一大批不怕流血牺牲,关键时刻能够冲得上、顶得住的战斗骨干。骨干的重要价值就在于此。邓小平对骨干的作用是这样评价的:"过去我们党的威力为什么那么大?打仗的时候我们总是说,一个连队有百分之三十的党员,这个连队一定好,战斗力强。为什么?就是党员打仗冲锋在前,退却在后,生活上吃苦在前,享受在后。这样他们就成了群众的模范,群众的核心。就是这么个简单的道理。"共产党员是很光荣的称号,也担负着很重的责任,意味着时时处处都要做出好的榜样。榜样的力量是无穷的。在企业发展的过程中也是如此。当一家企业快速发展时,新招大批新员工,骨干队伍没有培养出来,企业经营一旦遇到危机,很容易出现"兵败如山倒"

的局面。有的企业破产倒闭的失败教训是，员工多而杂，没有培养出能打硬仗的骨干队伍。有的企业老板喜欢使用亲属或关系密切的人充当骨干，这种做法会产生很大的负面效应，会引出一些新的矛盾。骨干人员的选拔培养应从实际工作中的优秀人员中挑选。海尔集团运用"赛马机制"选拔、培养和使用骨干，取得了显著效果。培养骨干有多种方式，柳传志经常说："最好的认识人才和培养人才的方法就是让他去做事，在实际工作中充分发挥他们的带头作用，保证组织战略目标的实现。"他在总结企业发展成功的基本经验时，概括为"建班子、带队伍、定战略"。培养出杨元庆等核心骨干人员，顺利实现了交接班，确保了可持续发展。

10. 加强组织建设，构建精干高效合理稳定的组织结构

建立怎样的组织结构，才能稳定发挥组织的效能，毛泽东提出军队必须听从党的指挥，坚持组织原则和纪律，从而成功解决了组织巩固发展问题。毛泽东在军队中建立了政委制度，其主要职责是领导党的工作和政治工作，与军事主官同为所在部队的首长，在同级党的委员会领导下，对所属部队全面建设和各项工作实施领导。在市场竞争中，一个重要方面是人才竞争。有的挖掘人才使企业出现"集体叛逃"事件，给企业造成很大的损失。阿里巴巴董事长兼总裁马云，学习并运用了军队的管理模式，在管理体制构建中引入了"政委体系"，从组织结构上分三层，这些"政委"要懂业务，要进行公司使命、价值观等方面的宣导，要观察、了解、掌握企业管理业务之外的情况，评估员工的工作、思想、心理等状态是否良好，以及上下级的沟通是否到位，采取有效措施解决问题，这样的"政委体系"保证了企业稳定、快速发展。事实证明，"一长制"决策速度快，出了问题能明确责任，找到责任人，但权力一旦失控，就会出现大问题，有些企业经营失败正是由于"一人"决策错误造成的，缺少控制与制约。而引入"双首长制"，集体决策，构建精干高效、合理稳定的组织结构，往往能够最大限度地避免这种问题的发生。当然，企业不可能完全照搬部队的做法，但可以汲取其中有用的、成熟的管理经验和原则，根据这些原理来设计组织的运行机制，会有利于加强对组织的管理和控制，提高管理的效率和效益。

(二) 红色管理理论的历史地位与启示

我国坚持走有中国特色的社会主义道路，是从我国的国情出发，与人民当家做主的社会主义国家政权性质相联系的。我们党在马克思主义、毛泽东思想的指导下，完成了新民主主义革命，进行了社会主义建设的探索，特别是改革开放以后，在邓小平理论和"三个代表"重要思想及科学发展观的指导下，取得了举世瞩目的伟大成就，充分证明了红色管理理论的正确性和在我国经济社会发展中的主体地位及主导作用。红色管理给我们的启示是：必须坚持从实际出发的思想路线，实事求是，以人为本，和谐管理、民主管理、科学管理，把为人民服务、为顾客创造价值作为企业的宗旨和使命，主要通过思想教育提高职工的综合素质，调动职工的积极性和创造性，把个人的发展目标与组织目标有机地结合起来，通过建立精干、高效的学习型组织，实现组织管理目标。红色管理理论已经成为指导企业走向成功、追求卓越的法宝，是有中国特色的管理的核心理论，必将对中国可持续发展产生更大的作用。我们相信，经过不懈努力，进行系统的整理挖

掘和提炼综合，一定会产生具有中国特色和气派、适用"中国"的有独特价值的红色管理理论和管理学科体系。

【参考阅读】

《为人民服务》（节选）

我们的共产党和共产党所领导的八路军、新四军，是革命的队伍。我们这个队伍完全是为着解放人民的，是彻底地为人民的利益工作的。张思德同志就是我们这个队伍中的一个同志。人总是要死的，但死的意义有不同。中国古时候有个文学家叫作司马迁的说过："人固有一死，或重于泰山，或轻于鸿毛。"为人民利益而死，就比泰山还重；替法西斯卖力，替剥削人民和压迫人民的人去死，就比鸿毛还轻。张思德同志是为人民利益而死的，他的死是比泰山还要重的。因为我们是为人民服务的，所以，我们如果有缺点，就不怕别人批评指出。不管是什么人，谁向我们指出都行。只要你说得对，我们就改正。你说的办法对人民有好处，我们就照你的办。"精兵简政"这一条意见，就是党外人士李鼎铭先生提出来的；他提得好，对人民有好处，我们就采用了。只要我们为人民的利益坚持好的，为人民的利益改正错的，我们这个队伍就一定会兴旺起来。

我们都是来自五湖四海，为了一个共同的革命目标，走到一起来了。我们还要和全国大多数人民走这一条路。我们的同志在困难的时候，要看到成绩，要看到光明，要提高我们的勇气。中国人民正在受难，我们有责任解救他们，我们要努力奋斗。要奋斗就会有牺牲，死人的事是经常发生的。但是我们想到人民的利益，想到大多数人民的痛苦，我们为人民而死，就是死得其所。不过，我们应当尽量减少那些不必要的牺牲。我们的干部要关心每一个战士，一切革命队伍的人都要互相关心，互相爱护，互相帮助。

一九四四年九月八日

第二节　西方管理理论概述

早期西方在管理实践的基础上，就提出过适应经济社会发展的管理思想和重要理论。公元前1792年，古巴比伦王国建立了中央集权国家，并颁布了《汉谟拉比法典》，以法律的形式处理各种社会管理问题。古埃及建造了世界七大奇迹之一的金字塔，体现了高超的组织管理水平。古罗马颁布了《罗马法》，在共和时期建立了行政、立法、司法相分离的管理体制。在18世纪中后期，英国古典政治经济学家亚当·斯密在《国富论》中首次提出了"劳动分工""看不见的手""经济人"的理论观点，对推动资本主义的发展起到了非常重要的作用。1769年，英国的企业家理查·阿克莱特，把棉纺织业的各种生产活动集中在一个工厂中，进行有效的协调与控制，他是科学管理实践的先驱者。英国著名的数学家、机械工程师查尔斯·巴贝奇进行了作业和报酬制度的研究。英国著名的空想社会主义者罗伯特·欧文进行了工厂制度下，改善工人的劳动条件和生活水平的实验，开创了企业中重视劳动者地位和作用的先河，学界称之为"人事管理之父"。

应该说，西方科学管理的产生，与早期这些理论思想家们和管理实践者有直接的关系，是他们加快催生了科学管理理论的诞生，为科学管理的形成和发展做出了重大贡献。

现代西方管理理论形成于大机器工业时代，随着生产力的高速发展，管理理论也逐渐系统地发展起来。哈罗德·孔茨在1961年和20世纪80年代初分别发表了《管理理论的丛林》和《再论管理理论的丛林》的论文，概括了管理理论的学派，把管理理论划分了11大学派。时至今日，管理理论探讨研究仍在进行中，仍处于"百花齐放、百家争鸣"的过程中，我们这里重点介绍西方具有代表性的有重要影响的管理理论。

一、科学管理理论

科学管理理论形成于19世纪末和20世纪初的美欧，正是工业革命的发生、发展时期。科学管理理论着重研究如何提高工人的生产率，着重研究管理职能和整个组织结构。代表人物主要有：费雷德里克·温思洛·泰罗、吉尔布雷斯夫妇、甘特、亨利·法约尔、马克斯·韦伯和切斯特·Z. 巴纳德等。

泰罗(1856—1915)(在他的墓碑上刻有"科学管理之父"，这也是世界管理学界达成共识的评价)对管理研究所做的贡献有：工作定额；标准化；能力与工作相适应；差别计件工资制；计划职能与执行职能相分离。他为美国劳动生产率的提高做出了重大贡献。他认为，他的理论"将为全世界带来最高的收益"。但他的理论不为当时劳资双方所认可，多次传唤在美国国会作证词，阐述科学管理的实质"是一场伟大的思想革命，只有劳资双方都参加才能都得到益处"。其代表作为《科学管理原理》(1911)和《计件工资制》《工厂管理》等。泰罗在现代企业管理思想史上起着奠基性的重要作用，被后来的研究实践者称为"科学管理之父"。

泰罗在伯利恒钢铁公司工作时，用他提出的4条管理原则指导工人劳动。这4条原则是：一是为每项工作的每一组成要素研究开发一种科学的方法，以代替陈旧的经验的方法；二是科学地挑选、培训、教育工人；三是与工人合作，确保工人的劳动任务按制定的管理原则完成；四是在管理者与工人之间尽量划分相等的工作与职责，管理者要承担比工人更全面的管理工作。这4条原则执行的结果是，大幅度地提高了工人的劳动生产率，工人也获得了应得的劳动报酬。

泰罗科学管理的核心是提高管理效率，提高工人的劳动效率，这对西方资本主义的发展起到了巨大的促进作用，在某种意义上说，可与蒸汽机的发明相媲美。例如，在搬运生铁的劳动试验中，经过制定标准、劳动工具的改进，选择和训练工人，每人每天的搬运量从12.5吨提高到47.5吨。泰罗的科学管理打破了上百年的凭经验管理的传统模式，将科学分析运用于管理过程，创立了一套具体的科学管理方法来代替传统的凭个人经验进行管理的旧方法。通过科学管理可以有效地大幅度地提高劳动生产率，加快了西方社会生产力的发展，也为科学管理研究和实践开辟了新的发展道路。

吉尔布雷斯夫妇(吉尔布雷斯，1868—1924，泥瓦匠出身的工程师；吉尔布雷斯的妻子，1878—1972，被称为"管理学第一夫人"，是美国第一位心理学女博士，她长期担任美国管理协会等组织主席。他们是动作研究之父。他们有12个孩子，应用管理原则和技巧来管理这个大家庭。他们其中的两个孩子写作了《儿女一箩筐》名著，书中描述了他们与孩子们的生活故事)对管理研究所做的贡献是动作研究和工作简化。他对劳动基本动作的次序和方向的研究分析，使他将垒砌墙的动作从18个减少到4.5个，提高了效率。他的动作研究贡献可与泰罗科学管理媲美，代表作为《动作研究》。此外还进行了制度管理研究，管理人员发展计划研究，工作、工人和环境之间相互影响的研究，企业管理中人的因素研究，并在这些领域都做出了杰出的贡献，也对行为科学的出现产生了重要影响。

亨利·甘特(1861—1919)与泰罗一起工作，是紧密的合作者，他为创建和推广科学管理做出了重大贡献。他是非金钱论的创始人之一，认为提高效率最重要的源泉是管理人员的专门知识和工作方法，企业生产的目的是为人们服务，而不应是以利润为目的，他的思想是不为企业所接受的。他创造了"甘特图表"，即生产计划进度图，时至今日，许多企业仍在使用或在甘特图表基础上创新，他对推进和控制生产作业起了非常积极的作用。他还提出了"计件奖励工资制"、培训工人、工业民主、领导方式的研究等，重视生产中的人的因素，是人际关系理论的先驱者之一。

亨利·法约尔(1841—1925)(管理职能研究之父，是法国一家大型煤矿的总经理)被公认为是第一位概括和阐述一般管理理论的管理学家，代表作为《工业管理与一般管理》(1916)，理论贡献主要体现在他对管理职能的划分和管理原则的归纳上，他提出企业经营活动包括6个方面，即技术活动、商业活动、财务活动、安全活动、会计活动、管理活动。管理活动居于核心地位，是最重要的企业经营活动。他提出管理活动具有5种职能和管理的14条原则，其中，5种职能是计划、组织、指挥、协调和控制职能；14条管理原则是分工、权限与责任、纪律、命令的统一性、指挥的统一性、个别利益服从于整体利益、报酬、集权、等级链(系列)从高到低的权利线(还有横向联系的法约尔之桥)、秩序、公平、保持人员稳定、首创精神和集体精神。法约尔还特别强调管理教育的重要性，认为可以通过教育使人们学会进行管理并提高管理水平。

马克思·韦伯(1864—1920，组织理论之父，出生于德国中产阶级家庭，曾担任过教授、编辑等职务。在哲学、经济学、社会学、历史学、宗教学、政治学、古典管理理论方面有非常重要的影响，均做出了杰出的理论贡献)在古典管理理论中，第一次提出了"理想的行政组织体系"理论，等级、权威和行政制是一切社会组织的基础。只有理性、合法的权威，才是理想组织形式的基础。高度结构化的非人格化的、正式的、理想行政组织体系是官僚化、强行控制的合理手段，是达成目标、提高效率的最有效形式。韦伯认为，这种理想的行政组织体系能提高工作效率，在精确性、稳定性、纪律性和可靠性方面优于其他组织体系。目前，许多大型的组织在设计组织结构时，还在采用他的理想的行政组织体系。但他的行政组织体系忽视了人的主体作用，忽视了组织之间、组织与个人之间、个人与个人之间的相互协调的作用。他从静态角度研究组织结构和管理，强调法规制度在组织管理过程中的决定作用，以及人从属于法规制度的工具化的性质。他是社会学的创始人之一，代表作是《新教伦理与资本主义精神》(1904)和《社会组织与经济组织理论》《一般经济史》《经济与社会》等。

巴纳德(1886—1961)对管理研究所做的贡献是，认为经理的基本职责是为协同活动奠定基础，而雇员的合作程度取决于给他们的经济和非经济奖励的总和与贡献是否相称。依靠权力使下级服从命令，取决于是否把组织目标与个人目标结合起来。他把组织分为正式组织和非正式组织，为"社会系统学派"理论奠定了基础，代表作为《经理人员的职能》(1938)。

科学管理理论从产生到今天，依然起着重要的指导作用。许多劳动密集型企业继续使用劳动定额、计件工资制等管理制度，几乎全部的组织都在采用或部分采用法约尔提出的一般管理理论的原则与方法，这证明，科学的管理理论之树是常青的，是有巨大的理论价值和应用价值的。

二、行为管理理论

乔治·埃尔顿·梅奥(1880—1949)，原籍澳大利亚的美国管理学家，主持了著名的霍桑试验，是早期行为科学—人际关系学说的奠基人。他在1926年进入哈佛大学从事工业研究，不久就参加了霍桑试验，直到1936年才结束。他概括了霍桑试验的成果，认为解释霍桑试验秘密的关键因素是小组精神状态的巨大变化。霍桑试验的结论是：工人是社会人，而不是经济人；企业中存在着非正式组织；生产率主要取决于工人的工作态度以及他和周围人的关系。理论局限性在于：过分强调非正式组织和感情的作用；忽视经济报酬、工作条件、外部监督、作业标准对工人的生产效率的影响。其代表作为《工业文明的人类问题》(1933年)和《工业文明的社会问题》(1945)。

马斯洛(1908—1970)，美国心理学家，代表作有《激励与个人》等。他认为，人类价值体系存在两类不同的需要：一类是沿生物谱系的上升方向逐渐变弱的本能或冲动，称为低级需要和生理需要；一类是随生物进化而逐渐显现的潜能或需要，称为高级需要。人类潜藏着5种不同层次的需要，但在不同时期表现出来的各种需要的迫切程度是不同的。一般来说，某一层次的需要相对满足了，就会向高一层次发展，追求更高一层次的需要就成为驱使行为的动力，相应地，获得基本满意的需要就不再是一股激励力量。

需要可以分为低级和高级两种，其中生理需要、安全需要及归属和爱的需要都属于低一级的需要，这些需要通过外部条件就可以满足；而尊重的需要和自我满足的需要是无止境的。同一个时期，一个人可能有几种需要，但每一时期总有一种需要占支配地位，对行为起绝对作用。任何一种需要都不会以因为更高层次需要的发展而消失。各层次的需要相互依赖和重叠，高层次的需要发展后，低层次的需要仍然存在，只是对行为影响的程度大大减小。马斯洛和其他的行为科学家认为，一个国家多数人的需要层次结构，同这个国家的经济发展水平、科技发展水平、文化和人民受教育的程度是直接相关的。在不发达国家，生理需要和安全需要占主导的人数比例较大，而高级需要占主导的人数比例较小；在发达国家则刚好相反。在同一国家的不同时期，人们的需要层次会随着生产水平的变化而变化。马斯洛的五层次需要理论，如图2-1所示。

图2-1　马斯洛的五层次需要理论

在行为科学理论中，还有麦克雷戈的X、Y理论；威廉·大内的Z理论；斯金纳的强化理论；赫茨伯格的激励与保健双因素理论；费罗姆的期望理论等。

三、数量管理理论

数量管理理论指主要运用运筹学等数理知识，研究在既定的物质条件下，为达到一定目标，通过建立数学模型如何最经济、最有效地使用人、财和物等资源。解决管理问题要从全局出发进行分析和研究，以充足的事实为依据，按照事物的内在联系对大量的资料和数据进行分析和计算，遵循科学的程序，进行严密的逻辑推理，从而做出正确决策。

宏观数量管理理论有代表性的学术著作是列昂节夫的《投入产出分析》，这本标志性的著作使他成为1977年诺贝尔经济学奖获得者。

微观的数量管理理论要求企业内部的管理应运用数学模型，比如，盈亏平衡分析、运输分析、经济订购批量等。伯法等人认为，管理就是运用数学模型求出最优解，代表作有《生产管理基础》等。

四、系统管理理论

系统管理理论指运用系统理论中的范畴、原理，对组织中的管理活动和管理过程，特别是组织结构和模式进行分析的理论。组织是一个系统，是由相互联系、相互依存的要素构成的。系统在一定的环境下生存，与环境进行物质、能量和信息的交换。系统管理在20世纪60年代盛行，代表人物有卡斯特等，代表作有《系统理论和管理》等。

钱学森是中国最伟大的现代科学家之一，他为中国的国防事业做出了重大贡献，是中国研制"两弹一星"的功勋人员之一。他认为，在各项事业特别是工程项目中，应运用三论思想，即系统论、信息论、控制论作指导，才能产生很好的工作效果。他热爱祖国，关注祖国的现代化建设，在弥留之际，向国务院总理提议要加快人才特别是国际一流人才的培养，这是中国从大国迈向世界强国的重大战略。有人把他提出的这一问题称为钱学森之问，成为21世纪必须解决的难题。

五、权变管理理论

权变管理理论的核心是力图研究组织与环境的联系，并确定各种变量的关系和结构类型。其强调管理要根据组织所处的环境随机应变，针对不同的环境寻求不同的管理模式；着重考察有关的环境变量与各种管理观念和技术之间的关系；把环境对管理的作用具体化，并使管理理论与管理实践紧密结合。权变管理理论学派的代表人物是美国学者路桑斯，代表作是其在1976年出版的《管理导论：一种权变学》。

六、质量管理理论

20世纪50—60年代，日本从美国引进戴明和朱兰博士的全面质量管理并进行实践(即TQC，他们被尊为TQC之父)。其本质是由顾客需求和期望来驱动企业持续不断改善的管理理念。质量管理理论强调一切工作都围绕保证和提高产品质量，实行全员、全过程、全方位、全面的质量管理；制定质量政策和目标；保护顾客利益；注重质量效益和质量成本的分析，运用质量工具(因果分析图即鱼刺图、排列图、直方图、控制图等)不断改善质量，达到PDCA循环(计划、实施、检查、处理)；实行质量控制；注重员工培训；调动员工参与质量工作的积极性，使员工成为提高质量的主人。其代表作有《质量控制手册》《质量控制管理》《质量计划和分析》等。

七、经验管理理论

经验管理理论是以世界著名的管理学家彼得·德鲁克(美国，1909—2009)为代表，认为古典管理理论和行为科学都不能完全适应企业发展的实际需要，应从企业管理的实际出发，以大企业的管理经验为主要研究的对象，通过理论概括和经验总结，向管理人员提供具体、实用的对策建议。德鲁克的代表作有《管理：任务、责任和实践》《管理实践》《有效的管理者》《目标管理》等。在我国，德鲁克的著作被翻译成多种版本。

八、管理理论新发展

(一) 学习型组织理论

20世纪90年代以来，知识经济的到来，使信息与知识成为重要的战略资源，相应诞生了"学习型组织"理论。学习型组织理论是美国麻省理工学院教授彼得·圣吉在其著作《第五项修炼》中提出来的。彼得·圣吉认为，有两个加速的趋势在加速管理的变革：一是全球一体化的竞争增加了变化的速度；二是组织技术的根本变化促进了管理的变化。传统的组织设计是用来管理以机器为基础的技术；而新的组织设计是用来处理思想和信息的技术。从而认为，传统的组织类型已经越来越不适应现代环境发展的要求，现代企业是一个系统，这个系统可以通过不断学习来提高生存和发展的能力。这一理论的提出，受到了全世界管理学界的高度重视，许多现代化大企业乃至其他组织(包括城市)，纷纷采用这一理论，努力建成"学习型企业""学习型城市"，中共中央提出建立"学习型政党"。

"学习型组织"的基本思想：未来真正出色的企业，将是能够设法使各阶层人员全心投入，并有能力不断学习的组织。这种组织由一些学习团队组成，有崇高而正确的核心价值、信心和使命，具有强韧的生命力与实现共同目标的动力，不断创新，持续蜕变，从而保持长久的竞争优势。

彼得·圣吉提出的5项修炼如下。

(1) 追求自我超越。指不断突破自己的成就、目标和愿望给自己设定新的目标、愿望的过程。

(2) 改善心智模式。指一个人在思想、心理、思维方式诸方面比较趋于定型化，并且外显为习惯性的行为方式。由于过去的经历、习惯、所受教育、价值观等形成的固有的思维、认识方式和行为习惯，必须改变思考方式才能超越自己。

(3) 建立共同远景目标。指组织中所有成员共同持有的认识、愿望、使命并为之奋斗，大家心往一处想，劲往一处使，努力学习，追求卓越。

(4) 开展团队学习。指充分发挥团队的智力，协调一致，为实现共同目标提升能力的过程。

(5) 系统思考。它是5项修炼的核心，是指用发展的、联系的、动态的、互动的观点，全面、整体地认识事物，融合整体大于各部分简单加总的效果。

(二) 核心能力理论

核心能力理论代表了战略管理理论在20世纪90年代的最新进展，它是由美国学者普拉哈拉德和英国学者哈默于1990年首次提出的，他们在《哈佛商业评论》所发表的"公司的核心能力"一文已成为最经典的文章之一。此后，核心能力理论成为管理理论界的前沿问题之一，并被广泛关注。尽管对于核心能力的界定有各种不同的说法，但无一例外地都认为核心能力是企业获取竞争优势的源泉，是在企业资源积累的发展过程中建立起来的企业特有的能力，是企业的最重要的战略资产。

归结起来，核心能力具有以下特性。

(1) 价值性。核心能力对于提高最终产品的用户价值起着至关重要的作用，是用户价值的来源。

(2) 独特性。这种能力是企业所特有的，是"独一无二"的。

(3) 难以模仿性。由于核心能力是企业特定发展过程中的产物，具有路径依赖性和不可还原性，因而原因模糊，其他企业很难模仿。

(4) 延伸性。核心能力可以给企业衍生出一系列新的产品/服务，使企业得以扩展到相关的新的业务领域。

(5) 动态性。企业的核心能力虽是其资源长期积累的结果，但它并非一成不变的，随着时间与环境的演变和市场需求的变化，以及随之而来的企业战略目标的转移，企业的核心能力必须予以重建和发展。

(6) 综合性。核心能力不是一种单一的能力,而是多种能力和技巧的综合。从知识角度来看,它不是单一学科知识的积累,而是多学科知识在长期交叉作用中所累积而成的。正是这一特性,决定了核心能力是一种综合性的能力。

核心能力理论是组织内的集体知识和运用整合资源的能力。企业内部核心资源同外部资源相比,对获取竞争优势更具有重要意义。核心资源具有价值、稀缺、不完全模仿、不完全替代的特征。在企业内部,依赖于企业的异质性的、非常难以模仿的、效率高的专有资源,并且企业有不断产生这种资源的内在动力,保持企业的竞争优势在于不断形成、利用这些专有的优势资源。企业在实施企业战略的时候,首先是确定公司的独特专有资源;而后确定在何种市场上可使这些资源获得最优效益;最后确认实施的方法,进入该领域或是出售这些专有资源给该领域的相关企业。

核心能力是企业拥有的关键技能和隐性知识,是企业拥有的一种智力资本,是企业决策和创新的源泉。企业是一个能力体系或能力的集合。能力决定了企业的规模和边界,也决定了企业多元化战略和跨国经营战略的广度和深度。核心能力来自于组织内的集体学习,来自于经验规范和价值观的传递,来自于组织成员的相互交流和共同参与。现代市场竞争与其说是基于产品的竞争,不如说是基于核心能力的竞争。

(三) 战略管理理论

1965年安索夫的《公司战略》一书的问世,到1976年《从战略规则到战略管理》的出版,标志着现代战略管理理论体系的形成。他认为,战略管理注重的是动态的管理,是对决策与实施并重的管理。他被称为"现代战略管理之父"。

迈克尔·波特是美国哈佛大学商学院的教授,兼任一些大公司的咨询顾问。他出版的《竞争优势》《竞争战略》《国家战略》等在世界管理学界都是有重要影响的,并把战略管理的理论推向了顶峰。理论上的重要贡献有三大方面:①提出对产业结构和竞争对手进行分析的一般模型,即5种竞争力(新进入者的威胁、替代品威胁、买方砍价能力、供方砍价能力和现有竞争对手的竞争)分析模型。②提出企业构建竞争优势的3种基本战略。即寻求降低成本的成本领先战略;使产品区别竞争对手的差异化战略;集中优势占领少量市场的集中化战略。③价值链的分析。波特认为企业的生产是一个创造价值的过程,企业的价值链就是企业所从事的各种活动——设计、生产、销售、发运以及支持性活动的集合体。价值链能为顾客生产价值,同时能为企业创造利润。

SWOT分析是对组织的优势、劣势、机会、威胁的简称。S代表内部优势,W代表内部劣势,O代表外部机会,T代表外部威胁。SWOT分析是用来评估一个组织的内部优势和劣势及其外部机会和威胁的技术。使用SWTO分析的一个主要优点是它能提供总体情况是否健康的一般概述。SWOT分析暗含的假设是在仔细审查组织的优势和劣势以及考虑环境显示的威胁和机会之后,管理者能更好地制定一个成功的战略。

一个组织的优势和劣势通常是经过对组织的一次内部分析来识别的。进行一次内部分析的基本理念是客观地评估组织现有的优势和劣势。组织在哪些方面做得好?组织在哪些方面做得很糟糕?从资源的视角来看,组织的优势和劣势是什么?

表2-2列出了当评估组织的优势和劣势以及环境所带来的威胁和机会时,管理者应该考虑的一些因素。

表 2-2　SWOT 分析时应该关注什么

潜在的内部优势	潜在的内部劣势
关键领域的核心能力	没有明确的战略指导
充足的财务资源	陈旧的设备
良好的品牌形象和美誉	由于……导致的低标准能力
被广泛承认的市场领导地位	缺乏管理的深度和才能
深思熟虑的科学发展战略	缺乏某些关键技能和用途的能力
获得规模经济	在实施战略方面有糟糕的记录
完全免于(至少在一定程度上免于)强烈的竞争压力	内部运营的困境
专利技术	研发方面的落后
成本优势	过于狭窄的生产线
强势广告	在市场想象能力方面较弱
生产创新技术	分销网络较差
已被证实的管理能力	低于平均水平的营销技能
不断增长的经验	无法满足战略变化所需的财务要求
更强的制造能力	单位总成本比主要竞争对手高
卓越的技术能力	其他
其他	
潜在的外部机会	**潜在的外部威胁**
	成本较低的外国竞争者的进入
能服务其他顾客的群体或扩张新的市场、细分部门	替代性产品销售的崛起
扩大生产线以满足更大范围内的顾客需求的办法	市场增长放缓
能把技能和专门技术转变为新的产品或业务	外汇汇率和外国政府贸易政策的不得变化
前后、上下的整合	增加成本的规则要求
消除外国市场的贸易壁垒	经济衰退和商业周期的脆弱性
竞争对手的自满情绪	顾客和供应商不断增长的议价能力
由于市场需求的强势增长而能够迅速扩张	正在改变的购买者的需求和品味
新技术的涌现	不利的人口变化
	其他

(四) 定位管理理论

　　1969年杰克·特劳特首次提出"定位"概念，同年发表《定位：今天"ME-TOO"市场中的竞赛》一文。1972年，艾·里斯和杰克·特劳特发表《定位时代的来临》系列文章，开创了营销史上著名的"定位理论"。1994年，艾·里斯发表《公关第一广告第二》《聚焦》《品牌之源》等，杰克·特劳特写了《与众不同》《什么是战略》《重新定位》等。他们两人被称为"定位理论"之父。

杰克·特劳认为,所谓定位,"就是令你的企业和产品与众不同,形成核心竞争力;对受众而言,即鲜明地建立品牌"。艾·里斯认为,"定位就是在顾客头脑中寻找一块空地,扎扎实实地占据下来,作为'根据地',不被别人抢占"。

定位理论的两个基本假设:一是大竞争时代的来临;二是要从长期效应来看。这是定位理论发挥作用的前提和条件。

定位理论中对品牌的定义与传统科特勒营销有所不同。以科特勒为代表的传统营销理论认为:品牌是"一种名称、术语、标记、符号或设计,或是它们的组合运用";品牌的目的是"借以辨认某个销售商或某群销售者的产品或服务,并使之同竞争对手的产品和服务区分开来";品牌的要点是"销售者向购买者长期提供的一组特定的产品价值、利益和服务"。上面的品牌概念曾被大多数人接受;但这是一个自内而外的品牌概念,不能体现品牌的实质,即如何在顾客认知中与众不同,应对竞争,赢得顾客。

定位理论认为,品牌就是某个品类的代表或者说是代表某个品类的名字。建立品牌就是要实现品牌对某个品类的主导,成为某个品类的第一。当消费者一想到要消费某个品类时,立即想到这个品牌,我们就说你真正建立了品牌或强势品牌。

我们这里说的强势品牌,即具有制定标准、左右市场价格、主导某个品类的品牌。传统意义上还有一些所谓的跨品类的大品牌,它们在没有与某个品类紧密联系的专业品牌出现时是强势品牌,但在大竞争时代,它们更多时候只是一个二流品牌,除了知名度外,不代表任何东西,在竞争中更多地依靠价格取胜。

找到定位的基本方法有3种,它们是聚焦、对立和分化。建立定位的方法主要是公关和广告。公关塑造品牌,广告保护品牌。

定位理论协助中国企业打造强势品牌的案例越来越多,著名的有王老吉、江中健胃消食片、乌江榨菜、香飘飘奶茶、长城汽车、东阿阿胶、真功夫快餐、九阳豆浆机、劲霸男装、九龙斋酸梅汤、会稽山黄酒、雾里青绿茶等。定位理论超越科特勒营销理论,把营销从战术提升到战略的高度,有可能重新整合传统的管理思想。定位理论必将对中国从"制造大国"到"创造大国"发挥巨大而深远的作用。

(五) 蓝海管理理论

蓝海战略是由W.钱·金和勒尼·莫博涅在研究太阳马戏团成功的秘诀时提出的。他们指出,太阳马戏团的成功秘诀在于,打破马戏表演与舞台剧之间的界限,二者融为一体,开发新的市场,创造新的顾客需求。为了更好地理解太阳马戏团的成功,他们设想市场空间由两种海洋组成:红海和蓝海。所谓红海,代表当前已存在的所有行业,这是一个已知的市场空间,因为供给远远大于需求,企业竞争存在血拼,就如一片战斗的血海,故此称为红海。红海就是血腥竞争的已知市场空间。而蓝海则是指尚未开发,或者尚未被大部分企业重视的市场领域,竞争压力比较小。蓝海就是尚未开发的市场空间。

在红海中,产业边界是明晰和确定的,游戏的竞争规则是已知的。身处红海的企业试图超过竞争对手,以攫取已知需求下的更大市场份额。当市场空间变得拥挤,利润增长的前景很小,产品的恶性竞争使红海变得更加血腥。与之相反,蓝海则意味着未开垦的市场空间、需求的创造以及利润高速增长的机会。尽管有些蓝海是在现有的红海领域之外创造出来的,但绝大多数蓝海是通过扩展已经存在的产业边界而形成的,正如太阳马戏团所做的那样。在蓝海中与竞争无关,因为游戏规则还有待建立。在红海领域中击败竞争者始终是重要的。因为红海是一直存在的,并将始终是现实商业社会的一部分。但随着越来越多的行业出现供大于求的现象时,对市场份额的竞争虽然必要,但不足以维持良好的业绩增长。企业需要超越竞争。为了获得新的利润和增长机遇,企业必须开创蓝海。过去的战略研究主要集中于以竞争为基础的红海战略上,通过分析现有的产业结构,选择降低成本、细分市场或重点突破策略,人们对在红海里开展有效竞争已经相当了解,但对蓝海还需要重建、开发新的市场或产业边界。红海与蓝海的区别,见表2-3所示。

表2-3　红海与蓝海的区别

红海	蓝海
已存在的行业	未出现的行业
已知的市场空间	尚未开发的市场
游戏规则已确立	没有游戏规则
竞争激烈	没有竞争或规避竞争
千军万马过独木桥	天高任鸟飞,海阔凭鱼跃
过去的、固有的战略	新的、有发展前景的战略

制定蓝海战略要遵循以下原则:重建市场边界;注重全局而非数字;超越现有需求;遵循合理的战略顺序;执行战略原则;克服关键组织障碍;加强战略管理。

(六) 破坏性创新管理理论

哈佛商学院教授克莱顿·克里斯坦森通过对硬盘产业的研究,确定了破坏性创新模式的定义。克里斯坦森在1997年出版的《创新者的窘境》一书中说:当竞争围绕着改进产品的传统性能,并将改进后的产品推销给主要消费者时,市场领先企业几乎总是最后的赢家。克里斯坦森将这种改进称为"持续性创新",因为这种创新延续了企业以往的商业模式。克里斯坦森还发现,当竞争围绕着降低产品的传统性能(例如硬盘容量),但要提高其他不同方面的性能(例如尺寸)来进行时,市场领先企业几乎总是最后的输家。这些创新总是根植于与传统市场完全不同的,特别注重新型性能层面的市场。克里斯坦森将这种创新称为"破坏性创新"。因为这种创新彻底颠覆了旧的质量体系,并重新定义了质量标准。后来开展的研究和实地调查发现,在过去的50年间,各个产业共发生过200多次破坏式发展。其中的一些颠覆性产品,例如折扣零售业(沃尔玛)、低成本汽车业(丰田)、微型钢铁厂(约柯)和电子音乐(苹果)重新改变了当时的市场格局。其他的颠覆性产品,例如个人电脑、在线广告(谷歌)和在线拍卖(eBay),则创造了一个全新的市场。

成功企业的管理者从始至终都认识到,而且也遵循了五大基本的企业管理原则:①资源依赖性;②小市场并不能解决大企业的增长需要;③破坏性技术的最终用户或应用领域是无法预知的;④一个机构的能力体现在其流程和价值观中;⑤技术供应可能并不等于市场需求。那么,成功的企业是如何利用这些原则来建立它们的竞争优势的呢?

(1) 它们在消费者具有相关需求的机构内设立项目来开发和推广破坏性技术。当管理者为破坏性创新找到"适宜的"消费者时,消费者的需求就能提高企业的盈利能力,这样创新也能得到所需要的资源。

(2) 它们在小机构内设立项目来开发破坏性技术，而且这些机构的规模足够小，很容易满足于小机遇和小收益。

(3) 它们在为破坏性技术寻找市场的过程中，会利用一些节省成本的方式来降低失败的可能性。它们的市场通常都会在不断尝试、学习和再尝试的过程中得以形成。

(4) 它们会利用主流机构一些资源来应对破坏性变革，但它们会对主流机构的流程和价值观避而远之。在价值观与成本结构主要针对当前破坏性变革的机构中，它们建立了一条不同的企业运行方式。

(5) 它们在展开破坏性技术的商业化运作时发现或者说是发展了重视这种破坏性产品的属性的新市场，而不是寻求技术突破，使破坏性产品能够作为一种延续性技术参与主流市场竞争。

(七) 企业(公司)再造理论

企业(公司)再造理论又称为"业务流程再造"(BPR)，是20世纪90年代在美国兴起的管理变革浪潮。1993年，美国麻省理工学院教授迈克·哈默与詹姆斯·钱皮合作出版了《再造企业》一书，系统阐述了企业再造的思想。他们认为，为适应新的竞争环境，企业必须抛弃旧的运营模式和管理方法，以工作流程为中心，创新设计企业的运营模式和管理方式，对原有的业务进行根本性的变革。他们认为，要改变原有的组织架构，从协作的角度出发，用整体思想重新塑造企业的所有流程，使企业模式与信息时代、全球化相适应，才能形成竞争优势，大幅度提高企业的生产力。显然，这是对传统的管理体制、运行机制的一次变革。企业再造理论强调3种观念：一是由过去的职能观念变为流程观念；二是推倒原有的管理理念和行为规范，树立重新设计的观念；三是绩效第一的观念。

企业再造理论对管理变革起到了积极的推动作用，也为企业带来了比较显著的经济效益。当然，有些企业因脱离实际，盲目变革，对企业人力资源管理和组织发展也带来了很大的负面影响甚至损失。1997年和2001年先后出版了《超越再造工程》和《企业行动纲领》，对再造工程的得失进行了系统的总结，特别是从9个方面对企业管理的前沿问题进行深入的探讨，提出了新的管理思想和管理模式。2001年詹姆斯·钱皮出版了《企业X再造》一书，X表示跨组织之间的各种界限。其核心理论观点是：企业如何运用互联网等信息技术，突破企业内部业务流程的界限，将企业与客户、合作伙伴、竞争对手等相关组织的业务流程整合在一起，重新规划和构造企业管理的运营体系。他认为，企业实施X再造，将会产生客户的拉动效应和跨越组织界限的业务流程的推动效应。

(八) 知识管理理论

知识管理一般是指在组织中构建一个知识系统，让信息与知识，通过获取、创造、分享、整合、记录存取、使用更新等过程，达到知识更新并创造价值的目的。最早提出知识管理概念的是实践管理学派的代表人物彼得·德鲁克。在20世纪60年代他提出了知识管理和知识工作者的概念，并指出，在知识社会中，最基本的经济资源不再是资本、自然资源和劳动力，而是知识。知识工作者将发挥主要的作用，这些以知识为基础的专家将进行自主决策和自我管理。

卡尔·爱立克·斯威比博士于1986年首次提出了知识型企业的概念，1990年，世界上第一本《知识管理》问世，为此，他获得瑞典特别管理书籍奖。他把知识资本分为雇员能力、内部结构和外部结构3个部分。雇员能力是指企业掌握的人力资源状况；内部结构是指企业内部条件、生产和管理体系；外部结构是指市场与客户、供应商和合作伙伴在内的企业外部资源。企业知识管理的目的，是对三类结构进行有效的开发利用，为企业创造更大的经济效益，实现可持续发展。他因在知识管理领域的杰出贡献，被美国《财富》杂志称为"世界知识管理之父"。

20世纪90年代中后期，美国波士顿大学教授托马斯·H.达文波特提出知识管理分为两个阶段理论：第一个阶段，知识管理像管理其他有形资产一样进行管理，并将知识资产储备起来；第二个阶段，使用知识资产，并进行更新、改进，提高知识资产的质量，知识管理要贯穿企业管理的始终。

知识管理对公司发展有什么作用？日本管理学教授野中郁次郎在深入研究了索尼、松下、佳能等成功企业的经验基础上，1995年出版了《知识创造公司》一书。他认为，公司优秀的原因是充分调动员工的知识能力的开发与创造，进而获得竞争优势。知识是创新之源。最有价值的知识是自己创造的，而不是从别人那里获得的。他将知识分为显性知识和隐性知识。他对西方普遍认为知识是通过教育和培训进行传递的看法提出了挑战。他被国际学术界称为"知识创造理论之父"和"知识管理的拓荒者"。知识管理已经成为管理领域研究的热点问题之一，是企业创新发展的主要内容。知识管理工作一般包括：建立知识库；促进员工的知识交流；建立内部尊重知识的环境与条件；知识作为最重要的资产进行有效的管理。

(九) 精益管理理论

精益管理产生于日本20世纪70年代初，是丰田汽车公司大野耐一副社长总结提出的丰田生产方式，并于1978年出版《丰田生产方式与现场管理》一书。美国学者詹姆斯·P.沃麦克等出版《改变世界的机器——精益生产之道》一书，提出精益生产管理的理念，将日本丰田生产系统称为精益管理。

精益管理的核心就是使用最少的资源以及消除各种形式的浪费，达到最大的产出和高效率。最少的资源包括更少的工人、库存、空间、设备和时间等。各种浪费包括过多的延误、过高水平的库存、过多的工人或零件的移动距离、过长的设备设置时间、不必要的空间、有缺陷产品的返工、空闲的设备、废品等。即时制(JIT)是丰田生产方式中最主要的组成部分。

精益管理的产生与日本的历史和文化密切相关。日本人均占有的空间和自然资源是世界最少的国家之一，要与欧美国家竞争，取得竞争优势，必须细心地避免各种资源浪费，努力从有限的资源中获得最大的收入或产出，由此诞生了精益管理。大野耐一在自序中说："从1973年能源危机开始，在低成长经济下，为了抗衡欧美已经确立的汽车工业大量生产而求生存，经过多年试错总算找到了生产方式和生产管理方式，目的是彻底消除各种浪费，提高生产效率。"

实施精益管理有 5 个重要的原则。

(1) 从需求为先出发，快速对接市场。

(2) 坚持丰田生产方式的两大支柱，即及时化和"自动化"。及时化是指在生产系统中是顺畅的生产流程运作过程，达到零库存，没有任何浪费，消除生产不均等不良现象的效果。自动化的"动"字是强调人的主观能动性，运用人的智慧、技能与团队合作达到乘数效果。最终达到防止不良品发生，降低成本的目的。看板管理是生产方式的一个工具。

(3) 通过 5W1H(做什么？为什么做？在哪里做？什么时间做？谁去做？怎样做？)进行浪费的彻底分析，消除加工、搬运、待工待料、制造过多的浪费，持续性改进，保证生产过程有效增值。

(4) 让顾客拉动价值，识别并消除非价值增长，保证价值流的增加。

(5) 生产过程精益求精，追求完美无缺或尽善尽美。

一般说来，实施精益管理可达到以下 4 种效果。

一是降低成本，效益增加。成本节约有许多途径，比如：废品减少，缺陷减少，人员减少，材料浪费减少，空间更小，工时更少，返工减少，设备利用率提高，管理费用降低等。效益增加主要是通过为顾客提供更好的产品和服务的质量来实现的。不断满足和更快地适应顾客的需要，给顾客带来更多的价值，就能带来更多的利润。

二是资源利用充分，投入产出比高。在资源一定的条件下，精益管理可以充分使用资源，不浪费任何资源。同样的产能只需要占用更少的空间，各种材料利用率高，库存周转水平低，在同样的设备设施上，工作产出显著增加，投入产出比高。

三是培养"工匠精神"，团队合作效果更好。精益管理非常有利于培养职工的"工匠精神"，在工作中养成精益求精、一丝不苟、追求完美的使命精神，职工对其工作更加满意。他们喜欢精益方式所要求的团队合作，乐于合作。他们在精益合作工作中得到了更好的训练，有效提升了职工队伍的专业能力和素质，享受着在工作成果中获得的成长快乐。

四是主动揭示问题，寻求解决问题之道。达到精益管理必然需要不断持续地、主动积极地揭示问题，寻找问题点，分析问题产生的原因，并找到解决这些问题的"良方"，每一次找出问题，解决问题，都会给企业带来新的发展机会，促进企业可持续发展，在市场竞争中成长壮大。

【案例】

联想的精益生产管理系统

联想于2000年开始学习引进精益管理理论，经过引进、吸收、结合、创新，形成了联想的精益管理生产系统。他们提出构建精益管理生产系统以绩效为导向，以消除所有类型的浪费为目的，并与六个西格玛相结合，达到持续改进促进发展的目标。为此，提出符合自身特点开展精益管理的12个步骤，具体包括：开展5S活动；标准化生产；培养员工的技能；实行看板管理；保证连续流；符合节拍时间；运用拉式系统；可视化管理；实行TPM管理；流水线合理布局；科学排程；库存管理，最终达到精益管理的目标。在进行精益管理时，还与项目管理、信息管理、质量管理、成本管理、文化建设和团队建设紧密结合起来，使精益管理真正落地，促进了企业跨越式发展。

思考：联想开展精益管理的指导思想与步骤是什么？

我们在学习西方管理理论时，要紧密结合我国实际，从实际出发，有取有舍，融合提炼，为我所用，不能完全照抄照搬。注重管理创新，注重继承和总结我国古代和现代管理的经验，逐步建立起具有中国特色的管理理论体系。这个历史任务是光荣而又伟大的，是需要较长时间的总结探索的，也是繁重而又艰巨的，是一定能够完成构建具有中国特色的现代管理理论大厦的历史任务。

【本章小结】

我国古代管理思想是现代管理理论的源泉。其来源包括4个方面：古代治国之道及其实践；古代兵法及经典战例；古代经营管理实践及总结；古代文学作品。

新中国管理理论建设经过了3个发展阶段(即探索、转型、提高)，并结合中国实际提出了新的管理思想及经验总结，包括鞍钢宪法、工业七十条、工业学大庆等。

红色管理理论是具有中国特色的管理理论，内容丰富、易学、易用，实效大。虽然在不断总结、凝练、提升过程中，但已对现代企业管理产生了巨大的效用和价值，是一座待开发的"理论金矿"。红色管理理论包括10个方面：①以人为本，通过信仰教育，把员工的创造性、积极性最大限度调动起来，为实现企业的宗旨目标共同奋斗；②要树立全心全意为人民服务的思想，这是办企业的崇高使命和核心价值观；③领导要带头学习理论，通过思想教育提高职工的思想觉悟，将企业的宗旨目标真正落地生根，开花结果；④充分发挥团队的力量，必须要依靠群众实行民主管理；⑤加强纪律性，提高执行力、战斗力；⑥艰苦奋斗永不过时，是企业永葆进取精神的法宝；⑦正确处理好上下级关系，坚持"官兵一致"的原则；⑧在实践中学习锻炼，将组织变成一个大学校；⑨加强骨干人员的选拔培养，充分发挥他们的带头作用；⑩加强组织建设，构建精干、高效、合理、稳定的组织结构。

西方古代管理思想及其实践，为现代管理理论的产生与发展奠定了基础。西方管理理论分为若干学派，是在管理实践或科学研究中提出的，不同学派的理论观点对当代企业管理仍具有理论与实践指导意义。尤其是新的管理理论思想更具有现实意义，包括："学习型组织"理论、核心能力理论、战略管理理论、定位管理理论、蓝海管理理论、破坏性创新管理理论、企业再造理论、知识管理理论、精益管理理论等。我们要结合中国的实际，吸收借鉴，融合提炼，为我所用，努力构建起具有中国特色的现代管理理论。

【复习思考题】

1. 我国古代管理思想有哪些？试举例说明。
2. 新中国管理理论建设经过哪几个阶段？主要内容有哪些？
3. 试概括当代中国红色管理理论的主要内容、历史地位与作用。

4. 西方管理理论的发展经过了哪几个阶段？

5. 简述不同发展阶段的代表人物的理论贡献。

6. 西方新管理理论的内容与特征是什么？

【技能训练与实践】

训练一：单项选择题

1. "以人为本"体现了中国古代(   )学派的管理思想。

    A. 道家   B. 儒家   C. 兵家

2. 世界古代第一部兵书《孙子兵法》是由(   )写出的。

    A. 李耳   B. 孔丘   C. 孙武

3. 中国社会主义企业管理学的奠基之作《中国社会主义国营工业企业管理》在什么时间由谁主持编写的？(   )

    A. 1960年、孙冶方   B. 1964年、马洪   C. 1968年、吴敬琏

4. 《为人民服务》这篇文章在什么时间由谁写的？(   )

    A. 1944年、毛泽东   B. 1946年、刘少奇   C. 1948年、邓小平

5. 在什么时间由谁把棉纺织业的各种生产活动集中在一个工厂中，进行有效的协调与控制，后人称他为"科学管理实践的先驱者"？(   )

    A. 1765年、亚当·斯密   B. 1767年、罗伯特·欧文

    C. 1769年、理查·阿克莱特

6. 被称为"科学管理之父"的是(   )。

    A. 泰罗   B. 亨利·法约尔   C. 亨利·甘特

7. 首次提出五大管理职能概念的是(   )。

    A. 亨利·甘特   B. 亨利·法约尔   C. 泰罗

8. 五层次需求理论是由(   )提出的。

    A. 梅奥   B. 马斯洛   C. 麦格雷戈

9. "学习型组织"理论是由(   )提出的。

    A. 迈克·哈默   B. 彼得·圣吉   C. 彼得·德鲁克

10. 被美国《财富》杂志称为"世界知识管理之父"的是(   )。

    A. 彼得·德鲁克   B. 卡尔·爱立克·斯威比   C. 中郁次郎

训练二：多项选择题

1. 亚当·斯密在《国富论》中首次提出了(   )。

    A. 分工理论   B. 看不见的手理论

    C. 经济人的理论   D. 协调与控制理论

2. 泰罗在科学管理的贡献包括(   )。

    A. 工作定额与标准化   B. 能力与工作相适应

    C. 差别计件工资制   D. 计划职能与执行职能相分离

    E. 人是社会人   F. 制度研究

3. 梅奥领导霍桑试验的结论是(　　)。

    A. 工人是社会人，而不是经济人

    B. 企业中存在着非正式组织

    C. 生产率主要取决于工人的工作态度以及他和周围人的关系

    D. 靠制度管理

    E. 合理使用资源

4. 马斯洛提出五层次需要理论是指(　　)。

    A. 生理需要　　　　　　　　　B. 安全需要

    C. 社交需要　　　　　　　　　D. 尊重的需要

    E. 自我价值实现的需要　　　　F. 人际关系需要

5. 彼得·圣吉提出建立"学习型组织"的5项修炼是(　　)。

    A. 追求自我超越　　　　　　　B. 改善心智模式

    C. 建立共同远景目标　　　　　D. 开展团队学习

    E. 系统思考　　　　　　　　　F. 加强协调与沟通

6. 经验管理理论是以世界著名的管理学家彼得·德鲁克为代表，他在世界上发表的有重要影响的管理方面著作是(　　)。

    A. 《管理：任务、责任和实践》B. 《管理实践》

    C. 《有效的管理者》　　　　　D. 《目标管理》　　　　　E. 《公司战略》

7. 企业核心能力具有的特性有(　　)。

    A. 价值性　　　　　　　B. 独特性　　　　　　　C. 难以模仿性

    D. 延伸性　　　　　　　E. 动态性　　　　　　　F. 综合性

8. 企业再造理论强调3种观念，即(　　)。

    A. 流程观念　　　　　　B. 重新设计观念　　　　C. 绩效第一观念

    D. 改革发展观念　　　　E. 成本观念

9. 迈克尔·波特提出企业构建竞争优势的3种基本战略是(　　)。

    A. 成本领先战略　　　　B. 差异化战略　　　　　C. 集中化战略

    D. 替代战略　　　　　　E. 联合战略

10. 蓝海的含义是指(　　)。

    A. 已经开发的市场　　　　　　B. 现有竞争的市场

    C. 尚未开发的市场　　　　　　D. 已经占有的市场

    E. 新出现的行业

训练三：选择填空题

    A. 科学管理原理　B. 梅奥　　　C. 孙武　　　D. 亚当·斯密

    E. 学习型组织　　F. 核心能力　G. 马斯洛　　H. 知识管理

    I. 企业再造　　　J. 权变管理

1. 泰罗发表的世界上第一部现代管理学名著是(　　)。

2. 《国富论》或叫《国民财富性质的研究》是由(　　)完成的。

3. 知彼知己，百战不殆是( )提出的。

4. 霍桑实验的结论证明，人不是经济人，而是社会人的观点是由( )领导完成的。

5. 彼得·圣吉认为，成功的企业必须建立( )。

6. 行为科学理论中的五层次需求理论是由( )提出的。

7. 美国学者普拉哈拉德和英国学者哈默于1990年首次提出企业最重要的战略资产是( )。

8. 1993年美国麻省理工学院教授迈克·哈默与詹姆斯·钱皮合作出版了( )一书。

9. 卡尔·爱立克·斯威比博士1990年出版的世界上第一本( )问世。

10. ( )理论学派代表人物之一是美国学者路桑斯。

训练四：判断题(判断对的用 √，判断错的用×)

1. 《科学管理原理》是泰罗发表的。( )

2. 孙武是《孙子兵法》的作者。( )

3. 马斯洛是X、Y理论的提出者。( )

4. 蓝海是指竞争激烈的市场。( )

5. 彼得·圣吉提出了五力竞争模型，用于分析行业、企业的竞争能力关系。( )

6. 迈克尔·波特论证了成功的企业必须建立学习型组织。( )

7. "看不见的手"是指政府管理的过程。( )

8. 日本管理学教授野中郁次郎在1995年出版了《知识创造公司》一书，他认为，公司优秀的原因是充分调动员工的知识能力的开发与创造，进而获得竞争优势。知识是创新之源。( )

9. 20世纪60年代，我国总结了鞍山钢铁公司企业管理的经验，叫作"鞍钢宪法"，又被称为管理社会主义企业的"根本大法"。( )

10. 美国朱兰与戴明博士提出全面质量管理理论并在日本进行实践。( )

训练五：案例分析

中国是否有管理理论？

在中国管理学界，有的专家学者认为，中国没有管理理论，原因是中国不是工业革命的发源地及其现代工业管理理论的产生地，因此，在现代管理理论丛林中，没有中国的一席之地。但也有一些专家学者认为，中国不但有而且从古代、近代到现代，都有许多经典的管理理论与思想，目前，有的专家、学者提出了"红色管理理论"，结合书中的教材论述，做以下理论分析。

思考题：

1. 什么是管理理论与思想？

2. 我国有没有管理理论？有哪些被实践证明了正确的管理理论与思想？试举例说明。

3. 在管理实践中，怎样进行管理理论创新，并能概括新的管理理论与思想？

训练六：课外调研与实践

1. 使用图书馆的文献资源，查找最新国内外管理学方面的著作论文，归纳整理管理理论观点，并运用这些理论观点说明管理实践，在未来的5至10年内，管理实践还会发生哪些变化，还会产生哪些新的理论思想观点，把自己的所思所想写下来，与同学交流分享。

2. 与同学一起访问一家经营好、有特色的企业，经过调查研究和理论思考，写出有理论观点的小论文或调研报告，要求有创新性的理论思想，在课内外进行理论思想交流，提高理论概括能力和思想水平。

【联想集团案例分析研究与思考】

一、联想控股公司发展历程简介

1984年11月1日，柳传志响应中科院科技体制改革的号召，靠中科院计算所20万元投资起家，在一间传达室里，成立了中国科学院计算所新技术发展公司。公司成立早期，其实是一家贸易公司，为了赚钱做过很多的产品，如小电器、衣服等。上过当，受过骗。

1985年开始，公司开始代理IBM的微机销售、技术服务和咨询等劳务工作，他们用汗水积累了70万元。通过代理IBM产品赚到第一桶金。1986年倪光南工程师设计出联想汉卡。柳传志意识到这个产品的前景性，于是连人带技术把倪光南请了过来，经过不断开发、完善，联想形成了8个软件版本、6个型号的联想汉卡系统，广泛应用于六大领域。联想汉卡拿下了国家科技进步一等奖。1988年6月23日，香港地区的香港联想电脑有限公司(计算所公司与香港导远公司、中国技术转让公司合资)隆重开业。1989年底，IBM公司为了垄断市场，推出了兼容机，此时的联想汉卡用不着了，使柳传志下定决心做自己的微机。

1990年，拿到国家许可生产5000台微机的生产许可证，联想系列微机通过技术鉴定和国家"火炬计划"验收；同年，联想公司计算机及软件产品纳入国家计划，完成了2100台的销售任务，1991年完成了8500台的销售任务。1993年，国际PC巨头纷纷抢滩中国市场，一大批国内PC厂商处境艰难，联想经受住了市场考验，在逆境中前行。联想集团推出了我国第一台586电脑。1994年1月1日，国务院证券委员会同意北京联想新技术发展公司控股的香港联想控股有限公司在香港地区发行股票并申请上市，标志着联想集团公司已正式成为一个集研究、生产和销售于一身的技工贸一体化的大型企业。股份制改造对联想的发展起到重大作用。1994年3月19日，联想集团成立微机事业部。柳传志大胆起用年轻人杨元庆，他以市场为导向，改变管理体制，精减人员，改直销为分销，一举扭转了联想微机的颓势，在他的带领下联想的业绩连续4年增加100%以上，并实现了"让中国人用得起先进的国产电脑"的愿望，第一个将当时市价1.5万元以上的奔腾电脑标价9999元，并在一年内连续4次把更高档的奔腾PC定位在用户可接受的价位上。这在业界迅速引起轰动，一举改变了国内计算机市场的格局。1995年，联想推出第一台联想服务器。1996年，联想笔记本问世。1997年，联想MFC激光一体机问世。1998年5月6日，联想第一百万台电脑走下生产线，联想电脑第一个一百万台用了8年。1999年11月24日，联想在北京推出了天禧家用电脑，首开了国内因特网电脑的先河。天禧的推出标志联想已经把PC从"个人电脑"升华为"门户电脑"，这在全世界都是一个创举。

2000年，联想将业务分为互联网相关业务及电子商务相关服务两个方向，分拆重组为新的联想集团和神州数码集团，杨元庆和郭为不负公司领导的期望，都取得了很高的成就。2001年6月1日，神州数码控股有限公司在香港地区成功上市。至此，香港联合交易所主板上共有两家由联想控股有限公司控股的企业：联想集团和神州数码。标志着联想分拆上市工作完全成功。2003年12月，联想收购IBM，当时这个蛇吞象的故事在行业成为一段神话，联想以年收入30亿美元的公司的身份收购了当时年收入130亿美元的公司，通过IBM这个平台，联想走向了国际化，在国际上商业微机里面成为家喻户晓的品牌，品牌价值翻了30万倍，这不能不说是一个奇迹！

2004年，联想是第一家成为国际奥委会全球合作伙伴的中国企业，为2006年都灵冬季奥运会和2008年北京奥运会独家提供台式电脑、笔记本、服务器、打印机等计算技术设备以及资金和技术上的支持。联想推出为乡镇家庭用户设计的圆梦系列电脑以发展中国乡镇市场。联想和 IBM 宣布达成协议，联想将收购 IBM 全球个人电脑(台式电脑和笔记本电脑)业务。新联想将成为全球个人电脑行业的第三大供应商。

2008年，联想年度总营收达到167.88亿美元，首度进入全球500强企业排行榜，排名第499位。联想控股已经制定出了一个拓展新领域的发展战略，即将投资赚来的一部分资金投入到大农业、化工产业、综合服务业和能源环保等领域。同时还推出了"联想之星"培训计划，把自己在高科技产业化过程中发展的经验向科研院所和一些高科技企业进行推广，引领中小高科企业走产业化道路。联想在守住核心业务的同时，不断扩展新的产业领域，实行多元化、国际化经营，追求卓越，提升国际竞争力和影响力。目前，联想已发展成为国内外知名的国际化企业，世界500强排名329位。拥有19家国内分公司、21家海外分支机构、46个世界一流实验室，拥有包括众多世界级技术专家在内的一流研发人才，拥有全球7800余项发明专利，已获得100多项全球知名设计大奖，开创了诸多业界第一。其已经成为包括投资、IT、房地产、化工、消费类产品等在内的多元化发展的大型跨国产业集团。

2013年，联想电脑销售量升居世界第一，成为全球最大的个人PC生产厂商。2014年1月30日，联想以29.1亿美元的价格从谷歌手里买走了摩托罗拉移动，其3500名员工、2000项专利、品牌、商标，以及与全球50多家运营商的合作关系都归入联想移动业务集团。2014年，联想控股公司销售收入2894亿元，位居中国民营企业首位。2016年8月，全国工商联发布"2016中国民营企业500强"榜单，联想名列第四。联想为全球PC技术的进步做出了重要贡献，成为在国内外有重要影响力的国际化集团。

二、联想集团跨越式发展的基本经验

联想的成功原因是多方面的，柳传志曾概括为9个字即"建班子、定战略、带队伍"，综合起来主要有以下几个方面的经验。

(一) 重视班子建设，培养能打硬仗的高素质的接班人

柳传志概括联想发展的基本经验第一条是建班子。无论是创业时期，还是发展时期，班子的思想建设、组织建设都放在重要的位置来抓，把培养接班人作为第一事项工作，培养了一批领军人物，拓展了新的业务领域，坚强有力的领导才能保证联想的可持续发展。

(二) 狠抓队伍建设，构建学习型组织

联想是高科技企业集团，针对知识分子的特点，采用压担子、传帮带等方式，带出来一支专业能力和综合素质双高的职工队伍。他们建立了善于全方位学习理论的学习型组织，能顺应环境的变化，从总结经验中学习，及时转变发展方式，调整组织结构和管理方式，从而稳定健康成长。联想是一个立体的学习型组织，从董事长到一般员工，从职能部门、技术开发研究到生产一线，建立起常规的系统的学习运行机制，自我组织学习，在学习中创新，在创新中学习，不断提升学习、开发、创造、管理的能力和水平。并从与众多国际大公司的合作中学习技术和管理经验，善于从竞争对手、本行业或其他行业优秀企业以及顾客等各种途径学习。柳传志有句名言：要善于"复盘""要想着打，不能蒙着打。"这句话的意思是说，善于总结，善于思考，善于学习，不能盲目去干，这是他们成功的秘诀之一。联想拥有一支强大的、多元化的、不断追求更高目标的队伍，并且在全球范围内建立起以主人翁精神为核心的"联想之道"。

(三) 建立创新发展的运行机制和发展模式

联想集团从第一个拳头产品联想式汉卡到技工贸一体的运营体制以及第一个自有品牌电脑的诞生，直至今日发展成为一个全球化的大型企业集团。为实现创新发展，联想每年研发投入超过25亿元，多项技术领先业界，拥有全球7800余项发明专利，已获得100多项全球知名设计大奖。2012年，联想对研发的投资已超过4.5亿美元，拥有46个世界一流实验室。在传统PC产品上，联想致力于让PC产品更加时尚，更加轻薄，拥有更长的电池时间，更容易连线。联想还在智能手机和平板电脑上不断创新，在设计、用户体验和生态系统上做到与主要的竞争对手势均力敌的同时，做出具有自己特色的、具有突破性的产品。根据行业客户和消费客户的不同特点，联想创造性地将业务模式分为关系型和交易型两大模式。收购IBM的PC后，联想把"双模式"成功地复制到全球市场，取得非常好的成效。

(四) 盯住市场，适时调整发展的战略方向

转变经济发展方式首先要转变思维方式。联想在可持续发展过程中，比较理性地抓住了机遇，适时调整了自己的战略方向，才使得联想有了今天的局面。2009年之后，联想明确了"保卫+进攻"的双拳战略。一手保卫核心业务，让联想在保持公司整体利润水平的同时，有充分的资源投入于高增长领域的业务拓展之中；另一手进攻增长业务，快速提升在新兴市场、全球消费市场和MIDH(移动互联和数字家庭)领域的规模，培育新的核心业务和利润池子。转变经济发展方式首先要转变思维方式。

(五) 学习和研究客户，建立紧密型的客户关系管理模式

在实施大联想理念下的"整合分销"战略，强调联想和渠道一起挖掘和界定客户，双方分工协作，最大限度地提升大联想体系开发经营客户的能力，从过去的"经营产品"变成"经营客户"。

细分客户群：把PC客户分成了中小企业客户、政府教育行业客户、成长型及大中企业客户、家庭和SOHO客户4类，针对不同客户，整合联想和渠道的资源，为客户提供更好的产品和服务；强调整合大联想在各方面已经形成的优势。

分工与合作：针对不同客户，联想和渠道、渠道和渠道之间进一步清晰分工、优势互补；培养各自的核心能力；推进深度一体化运作(共享客户信息、商机信息、进销存信

息、工作模式); 强调通过一体化运作, 形成新的优势; 提升大联想体系经营开发的能力, 实现从经营产品向经营客户的转变; 增强大联想体系的获利能力, 实现可持续发展。

(六) 建立共同遵循的核心价值观

成就客户——致力于客户的满意与成功。

创业创新——追求速度和效率, 专注于对客户和公司有影响的创新。

精准求实——基于事实的决策与业务管理。

诚信正直——建立信任与负责任的人际关系。

思考:

1. 联想是一个什么样的公司? 其公司管理及发展经验你如何概括?

2. 在追求卓越管理的过程中, 给我们哪些启示?

第三章

决 策

【教学目标】

1. 掌握决策的定义与内涵
2. 理解决策的原则与依据
3. 了解决策类型
4. 理解决策过程
5. 了解影响决策的因素
6. 掌握定性决策方法和定量决策方法

【理论应用】

1. 运用决策基本程序做出一个创业决策和工作决策。
2. 运用定性决策的方法创造出一个新的工作思路或方案。
3. 运用定量决策的方法从若干备选方案中选择合理方案。

【案例导入】

开发新产品与改进现有产品之争

袁经理从21世纪初以来，一直担任A农机公司的总裁，这家公司是一家生产和销售农业机械的企业。2008年产品销售额达到4000万元，2009年达到4200万元，2012年达到4450万元，2017年预计达到4600万元。袁先生每当坐在办公桌旁，翻看这些统计数字和报表时，常常为这些业绩感到颇为自豪。

一天下午，又是办公会议时间，袁先生召集了公司在各地的经销负责人，分析目前和今后的销售形势，在会议上，有些经销负责人指出：农业机械产品总体看来，尚有一定的市场潜力，但消费者的需求和趋向已经发生了重要的改变，公司应针对用户的需求，增加和改进新的产品，淘汰一些老化的产品，以满足现在用户和潜在用户的新需求。

身为机械工程师出身的袁先生，对新产品的研制、开发应当说是行家。因此，他听完了各地经销负责人的意见之后，心里很快就做出了盘算，新产品的开发首先需要增加研究与投资，之后，又要花钱改造公司现有的自动化生产线，这两项工作大约耗时3～6月。增加生产种同时意味着必须储备更多的备用零件，并根据需要对工作进行新技术培训，投资还会进一步增加。

袁先生一直有这样一种看法：从事经销工作的人总是喜欢从自己的业务方便来考虑，不断提出对各种新产品的要求，却不会考虑品种更新以及开发新产品必须投入的成本情况，这些意见不足以作为决策的依据。袁先生还认为，公司目前的这几种产品，经营的效果还不错。经过认真盘算，他决定暂不考虑新品种开发的建议。目前的市场策略仍然是确保现有产品品种的地位和稳步发展。袁先生认为，只要不断提高现有产品的质量并通过改进产品的成本，制定出具有吸引力的价格，就不怕用户不走上门来，并坚信质量是产品制胜的法宝，他相信用户实际上也是这样考虑的。

袁先生虽然按照自己的想法做出了决策，但是仍然表示听一听下级人员和专家顾问的意见对自己是有益的。

思考：袁经理的管理决策给人们带来哪些启示？

第一节　决策概述

一、决策的定义

许多中外学者从不同的研究角度出发，对决策做出了不同的解释。比如，我国学者杨洪兰认为，"从两个以上的备选方案中选择一个的过程就是决策"；我国学者周三多把决策定义为"决策是组织或个人为了实现某种目标而对未来一定时期内有关活动的方向、内容及方式的选择或调整过程"；美国学者赫伯特·西蒙认为，"管理就是决策"；美国学者亨利·艾伯斯曾说，"决策有狭义和广义之分。狭义地说，决策是在几种行为方案中做出选择；广义地说，决策还包括在做出最后选择之前必须进行的一切活动"；管理学教授里基·格里芬指出，"决策是从两个以上的备选方案中选择一个的过程"。

随着管理科学的发展，人们对现代决策的认识越来越趋于一致。所谓决策，就是为了实现某一目的而制定行动方案，并从若干个可行方案中选择一个满意方案的分析判断过程。这一定义表明决策应包括如下几方面。

(一) 决策要有明确的目的

决策或是为了解决某个问题，或是为了实现一定的目标，没有问题就无须决策，没有目标就谈不上决策。因此，决策所要解决的问题必须是十分明确的，要达到的目标必须有一定的标准可以衡量、比较。

(二) 决策要有若干可行的备选方案

如果只有一个方案，就无法比较其优劣，更没有可选择的余地，因此，"多方案抉择"是科学决策的重要原则。决策时不仅要有若干个方案相互比较，而且决策所依据的各方案必须是可行的。

(三) 决策要进行方案的分析评价

每个可行方案都有其可取之处，也存在一定的弊端，因此，必须对每个方案进行综合分析与评价，确定各方案对目标的贡献程度和所带来的潜在问题，比较各方案的优劣。

(四) 决策的结果是选择一个满意的方案

决策理论认为，最优方案往往要求从诸多方面满足各种边界的条件，只要其中有一个条件稍有差异，最优目标便难以实现。在现实中，不存在完全符合各种边界条件的方案。所以，决策的结果应该是从诸多方案中选择一个合理的满意方案。

(五) 决策是一个分析判断过程

决策有一定的程序和规则，同时它也受价值观念和决策者经验的影响。在分析判断时，参与决策的人员的价值准则、经验和知识，会影响决策目标的确定、备选方案的提出、方案优劣的判断及满意方案的抉择。管理者要做出科学的决策，就必须不断提高自身素质，以提高自己的决策能力。

二、决策的原则

决策的核心是选择，而要进行正确的选择，就必须利用合理的标准对各种可行方案进行评价。西蒙认为，决策遵循的是满意原则，而不是最优原则。决策要达到最优必须满足下列条件：

(1) 容易获得与决策有关的全部信息；
(2) 真实了解全部信息的价值所在，并据此拟订出所有可能的方案；
(3) 准确预测每个方案在未来的执行结果。

由于决策者在认识能力上和时间、经费及情报来源上的限制，现实中实现最优的条件往往难以达到，也是不可能达到的。所以，人们在决策时，不能坚持要求最理想的解答，常常只能满足于"足够好的"或"令人满意的决策"。

三、决策的依据

管理者在决策时离不开信息，信息的数量和质量直接影响决策水平。这要求管理者在决策前及决策过程中尽可能地通过多种渠道收集适量的、可靠的、及时的、有价值的信息，作为决策的依据。当然，收集信息时要注意成本—收益分析。

四、决策的类型

由于决策是人们工作和生活中普遍存在的一种活动，它在政治、经济、军事、文化等领域中占有非常重要的地位，甚至与每个家庭、每个人都有着非常密切的关系。一个人的活动如果没有决策，他的行动就是没有依据的盲目的行动；一个组织如果没有决策，它的各种职能活动就无法协调配合，就无法合理解决发展过程中存在的各种问题，最终会停滞不前。

决策的广泛应用及人类活动的复杂多样性，使得决策的种类较多。为了便于研究和掌握决策的特点和规律性，有助于人们正确地选择决策方法，做到决策的科学化，理应从不同的角度对决策进行分类。

(一) 群体决策与个人决策

根据决策的主体划分，可把决策分为群体决策与个人决策。

1. 群体决策

群体决策是指多人一起做出的决策。组织中的许多决策，尤其是那些对组织有重大影响的决策，往往是由集体来决定的。如股东大会、董事会、薪酬委员会等做出的决策就是群体决策。据调查，管理者在决策时，需要调查研究、分析研究问题、提出方案、评价决策方案及决定如何实施方案，故群体决策是普遍存在的。

1) 群体决策的优点

尽管人们并不一致认为群体决策是最佳的决策方式，但群体决策之所以广泛流行，正是在于群体决策具有以下几个明显的优点：

第一，群体决策有利于集中不同领域专家的智慧，应对日益复杂的决策问题。通过这些专家的广泛参与，专家们可以对决策问题提出建设性意见，有利于在决策方案得以贯彻实施之前，发现其中存在的问题，提高决策的针对性。

第二，群体决策能够利用更多的知识优势，借助于更多的信息，形成更多的可行性方案。由于决策群体的成员来自于不同的部门，从事不同的工作，熟悉不同的知识，掌握不同的信息，容易形成互补性，进而挖掘出更多的令人满意的行动方案。

第三，群体决策还有利于充分利用其成员不同的教育程度、经验和背景。具有不同背景、不同经验的各个成员，在选择收集的信息、要解决问题的类型和解决问题的思路上往往都有很大差异，他们的广泛参与有利于提高决策时考虑问题的全面性，提高决策的科学性。

第四，群体决策容易得到普遍的认同，有助于决策的顺利实施。由于决策群体的成员具有广泛的代表性，所形成的决策是在综合各成员意见的基础上形成的对问题趋于一致的看法，因而有利于与决策实施有关的部门或人员的理解和接受，在实施中也容易得到各部门的相互支持与配合，从而在很大程度上有利于提高决策实施的质量。

第五，群体决策有利于使人们勇于承担风险。据有关学者研究表明，在群体决策的情况下，许多人都比个人决策时更敢于承担更大的风险。

2) 群体决策的缺点

群体决策虽然具有上述明显的优点，但也有一些特殊的问题，如果不加以妥善处理，就会影响决策的质量。群体决策的缺点主要表现在以下 5 个方面：

第一，速度、效率可能低下。群体决策鼓励各个领域的专家、员工的积极参与，力争以民主的方式拟订出最满意的行动方案。在这个过程中，如果处理不当，就可能陷入盲目讨论的误区之中，既浪费了时间，又降低了速度和决策效率，从而限制了管理人员在必要时做出快速反应的能力。

第二，在群体决策过程中，决策者存在从众压力。群体成员希望被群体接受和重视的愿望可能会导致不同意见被压制，在决策时使群体成员都追求观点的统一。

第三，群体决策还会出现少数人控制的现象。群体讨论可能会被一两个人控制，如果这种控制是由低水平的成员所致，群体决策的结果就会受到不利影响。

第四，群体决策往往责任不清。对于个人决策，谁来承担风险是很明确的。但群体决策中，任何成员的责任都被冲淡了。

第五，很可能更关心局部或部门的目标。在实践中，不同部门的管理者可能会从不同的角度对不同的问题进行定义，管理者个人更倾向于对与自己部门相关的问题做出非常敏感的反应。例如，市场营销经理往往希望较高的库存水平，而把较低的库存水平视为问题的征兆；财务经理则偏好于较低的库存水平，而把较高的库存水平视为问题发生的信号。因此，如果处理不当，很可能发生决策目标偏离组织目标而偏向局部或部门的目标的情况。

2. 个人决策

个人决策是指决策机构的主要领导成员通过个人决定的方式，按照个人的判断力、知识、经验和意志所做出的决策。个人决策一般用于日常工作中程序化的决策和管理者职责范围内的事情的决策。

1) 个人决策的优点

第一，使人们对事物的感知更迅速、更有效；

第二，有助于人们透过事物的表面现象来抓住事物的本质；

第三，有助于人们从不完全的情报中获取重要的变化信息；

第四，有助于人们形成决心，做出果断而大胆的选择。

2) 个人决策的缺点

个人决策的缺点主要表现为：容易使人们在情况发生变化时固守过时的观点，因循守旧，错失成功的良机以及固执先入为主的成见等。

(二) 战略决策、管理决策和业务决策

根据决策所要解决问题的性质，可将决策划分为战略决策、管理决策和业务决策。

1. 战略决策

战略决策是指组织机构为了适应外部环境的变化和谋求长期、整体发展的决策。这种决策是为了解决全局性、长远性和根本性的问题。例如，企业经营方向与目标的确定、产品结构的调整、新产品的开发、新市场的开拓等。企业只有在这些重大战略上决策正确，才能达到与外界环境(如国家的政策法律、社会政治经济情况、科学技术的发展以及竞争对手的状况等)之间的动态平衡，以求不断发展壮大。

2. 管理决策

管理决策是为了实现既定战略而进行的计划、组织、指挥与控制的决策。如企业的管理决策是企业为了实行其战略决策，对企业内具体的生产经营目标、机构设置、人员配备、资源调配、故障排除等问题进行的决策。

3. 业务决策

业务决策是具体业务部门为了提高工作质量及日常业务效率而进行的决策。例如，企业的业务决策包括日常生产安排、存货控制、财务收支管理等一般日常性决策。

(三) 程序化决策和非程序化决策

根据问题出现的重复性及决策程序的规范性，可以将决策划分为程序化决策和非程序化决策。

1. 程序化决策

程序化决策又称为常规决策或规范性决策，是指一些经常重复进行的、决策目标明确的，而且判断完成目标的标准也非常明确的决策。它解决的是经常出现的问题，对于这类问题，人们已经有了处理经验，可以依据系统化的程序、规则或政策来制定决策，即我们通常所说的"照章办事"。这类问题的例子很多，比如，企业日常按规章制度进行管理、消费者在百货商场的退货、供应商重要货物交付的延迟、学院处理学生退课的程序等。

2. 非程序化决策

非程序化决策又称为非常规决策或非规范化决策，是指一些不经常发生的、无例可循或者无法可依的决策。它要解决的是一些不经常发生的、新颖的、复杂的、信息模糊的和不完整的决策问题，而这些问题往往又是非常重要的。企业的战略决策多属于这类问题，如新技术的引进、新产品的开发、新市场的进入等。由于没有规定的处理办法，解决这类问题就主要依靠决策者自身的经验、智慧、判断和创造力等。

(四) 确定型决策与非确定型决策

根据决策问题所处的自然状态不同，可以将决策划分为确定型决策与非确定型决策。

1. 确定型决策

确定型决策是指只存在唯一的一种自然状态的决策。决策者对这类决策的自然状态已掌握了充分的、完全的信息，所以在开始之前就能确定属于该类决策的某一具体决策的结果。由于这种决策的自然状态只有一种，则各种备选方案只有一种结果，只要通过比较各方案的结果，即可挑选出满意方案。例如，某企业想把库存材料生产成尽可能多的产品，那么只要计算一下现有的材料数及每件产品所需要的材料数，就可以确定能生产的数量。

2. 非确定型决策

非确定型决策是指存在两个或两个以上可能的自然状态而何种状态终将发生又不确定的决策。非确定型决策又可分为以下三类：竞争型决策、风险型决策和不确定型决策。

1) 竞争型决策

当决策问题的自然状态之一是决策者不能控制的竞争对手时，这样的决策称为竞争型决策。如企业营销策略的选择，通常是存在竞争对手的情况下做出的，它要根据竞争对手的策略选择其应对策略，或者相应改变其原有的策略以求在竞争中处于优势。

2) 风险型决策

又称随机型决策，是指可供选择的方案存在着两种以上的自然状态，即多种自然状态，究竟哪一种自然状态出现不能确定，决策者对未来的情况无法做出肯定的判断，但其出现的概率可知。在这类问题的决策中，企业决策者可以根据概率进行计算并做出决策，但无论采用何种方案都存在风险问题。

3) 不确定型决策

不确定型决策是指某一行动方案可能出现几种结果，即多个自然状态，且各种自然状态的概率也不确定。由于企业是在完全不确定的情况下，所以这种决策主要取决于决策者个人的喜好及其价值取向，如新技术研发、估计新产品的市场需求等。

(五) 单目标决策和多目标决策

按决策所要求达到的目标的数量，可以将决策划分为单目标决策和多目标决策。

1. 单目标决策

单目标决策是指所达到目标只有一个的决策。这种决策目标单一，制定和实施较为容易，但多数带有片面性。如企业单纯地追求自身经济利益的最大化，或者家长单纯地追求学生成绩好，其他方面都不顾及。而这些现象通常并不是社会所提倡的。

2. 多目标决策

多目标决策是指所欲达到的目标是多个的决策。一般来说，这些目标之间具有相互联系、相互制约的关系。如消费者总是希望其购买的商品既"物美"又"价廉"，企业总是希望以较少的投入获得较多的产出，这些都是多目标决策问题。从中我们可以看出这些决策所要求实现的目标大多是相互矛盾、相互制约的。在这种情况下，就需要决策者全面考虑各个目标之间的综合平衡，以求做出总体满意的决策。在管理决策过程中，多目标决策比单目标决策更具有实用价值，单目标决策向多目标决策的发展是必然的趋势。

(六) 定性决策和定量决策

按决策问题的量化程度，可以将决策分为定性决策和定量决策。

1. 定性决策

定性决策是指决策问题的诸因素不能用确切的数量表示，只能进行定性分析的决策。如组织机构的设置与调整、企业文化的塑造、价值理念和企业使命的确定等都属于定性决策。由于这类问题不能量化成数学模型，通常只能进行定性分析，所以解决这类问题主要依靠决策者自身的素质，如逻辑思维能力和判断推理能力等。但任何决策的结果都要通过定性来表述确定。

2. 定量决策

定量决策是指决策问题能量化成数学模型并可进行定量分析的决策。如计划年产量、成本预算、资源配置等均属于这种决策。由于能进行定量分析，所以这种决策比较容易找出相对满意的方案。

一般的决策分析都介于两者之间，即定性中有定量，定量中有定性，两者在决策分析中所占的比重会随着决策问题的量化程度的不同而不同。

【案例】

沙漠中的抉择

有一个探险者在沙漠里行走，水越来越少，他必须有计划地使用这些水。他抬头望天，烈日高照，四周都是滚烫的沙子，他舔了舔因缺水而干裂的嘴唇，一丝绝望油然而生。他只剩下一壶水了，而这壶水仅能维持他3天的生命，他必须尽快找到水源。当他精疲力竭的时候，终于在一排破乱的石墙边，发现一口压力水井。他高兴至极，奔过去压水，却一无所获，他失望透顶。正要离开，却发现断墙上写着一行字：先倒一壶水进去，才能打上水来。他恍然大悟，压力水井是先倒入水才能抽上水来的呀。可是他只剩下这一壶水了，倒进去了如果打不上来水怎么办？他实在不愿意这样做，必须拿生命作为赌注，犹豫再三，他还是照着做了，他将仅剩下的一点水倒进水井里，开始吃力地压，一会儿，果然压出了汩汩的流水。

思考：

1. 请问案例中该探险者所做的决策是属于什么类型的决策？说明理由。
2. 你从本案例中能得到哪些启示？

第二节　决策的过程及影响因素

一、决策的过程

决策是一个提出问题、分析问题和解决问题的完整的动态过程，遵循科学的决策程序，才能做出正确的决策。决策的过程一般包括确定决策目标、方案设计、方案选择和执行方案4个阶段。其基本程序如图3-1所示。

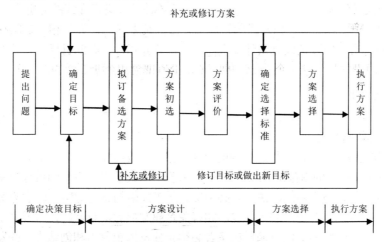

图3-1　决策的基本程序

(一) 确定决策目标

确定目标是决策程序的第一阶段，主要包括提出问题和确定目标两个环节。这一阶段的工作成效直接关系到整个决策的成败。

1. 提出问题

企业决策是为了解决企业经营管理中出现的问题。对问题的判断影响着决策的正确性，所以十分关键。企业面临的经营问题主要有两个方面：一是指在企业经营管理中现存的问题。这种问题主要是企业在经营管理中实际达到的状况与应当或期望达到的目标之间的差异。二是指有关企业的发展问题。随着社会经济的发展，企业应发现企业经营现状与社会实际需要的差距，需要调整自己的经营方针与对策。在管理实践中经常存在着企业管理者要么对问题不能做出正确判断，要么浮于表面，触及不了问题的实质。要解决这个问题，首先应确定企业是否存在需要解决的问题，这是企业管理者敏锐的洞察力和高度的预见性的综合体现；其次是确定问题究竟出在什么地方，透过现象发现问题的本质，找出原因，只有在找出原因的基础上才能找出解决问题的有效办法。

2. 确定目标

决策是为了解决问题，而解决问题程度的预期，就是明确决策目标。确定决策目标是决策的前提。所谓目标是指在一定外部环境和内部条件下，在市场调查和预测的基础上，所希望达到的结果。目标确定十分重要，由于目标不同，对同样的问题采用的决策方案是不同的。决策目标可分为两类：一是必须达到的，对必须达到的目标，在资源使用上要明确最高限度，在此范围内尽可能放开；二是希望达到的，在取得成果上设立一个最低限度(边界条件)。

在确定决策目标时，要注意以下几个问题：

(1) 目标应建立在需要与可能的基础上。即企业经营管理是否真正需要的，而企业是否具备达到目标的条件。

(2) 目标应明确具体，并尽可能数量化。这主要是为了更好地衡量决策的实施效果。

(3) 约束条件要明确。对与实现目标相关的各种条件进行详细的分析。

(4) 把握主要目标。在日常经营管理中，目标是多元的，而且相互之间存在矛盾。确定决策目标时，应取消没有条件实现的目标，放弃相互矛盾的目标，合并相似的次要目标，分清主次，让次要目标服从主要目标，以保证主要目标的实现。

(二) 方案设计

1. 拟订备选方案

备选方案是指可供进一步选择用的可能方案，其数量和质量对于最后做出合理的选择有重大影响。企业应根据内外条件，拟订出若干个具备实施条件的可行方案。为保证备选方案的质量，防止遗漏，决策者必须拟订尽可能多的备选方案，注意方案的整体详尽性和相互排斥性。对于一些新问题，如有关企业发展的决策问题，一般属于非程序化决策，没有任何经验和案例可循，决策者必须充分发挥想象力和创造力，并发挥集体智慧，集思广益，才能取得最佳效果。

2. 方案初选

方案初选主要是通过对一些比较重要的限定因素的分析，比较各备选方案实现的可能性和效果，淘汰掉那些对解决问题基本无用或用处很小的方案以及那些客观条件不允许的方案，减少可行方案的数目，以便进行更深入的分析和比较。

3. 方案评价

方案评价是对方案执行结果的估计。进行方案评价时，需要从经济、社会、技术和环保等多角度进行定性与定量的综合性评价。

(三) 方案选择

方案选择是决策的关键阶段。

1. 方案选择标准

标准是衡量方案优劣的尺度，对方案的取舍关系极大。一个具有共性的标准是价值标准。在单目标决策情况下，价值标准是十分明确的，而对于多目标决策的情况，价值标准只有当各个目标的重要性明确后才能确定。

2. 方案的选择

方案选择是在方案评价的基础上，按选择标准，进行执行方案的选择。进行方案选择时主要依据满意准则，即选择在目前情况下比较满意的适宜可行的方案。方案选定后，必须注意决策带来的影响，采取一些预防性措施或制订应变计划，以保证决策方案能按计划组织实施。

(四) 执行方案

一旦做出决策，就要实施决策方案。如向下属宣布决策方案、解释决策的原因、分配企业资源和层层落实任务等，使企业决策真正成为全体员工的共识。执行已选择的决策方案，是将决策变为现实的关键。决策好坏要由实施的结果来判别。控制、监督和反馈对决策成败起决定性的作用。在实施中及时发现情况，及时反馈，查明原因，修正方案，进行有效控制，保证原定目标的实现。此外，在执行中还会发现新问题，从而需要做出调整后再付诸实施，这就开始一个新的决策过程。

二、影响决策的因素

决策的影响因素包括以下几个方面。

(一) 环境

环境对组织决策的影响是双重的。

首先，环境的特点影响着组织的活动选择。组织决策要面临的环境包括企业经营的微观环境和宏观环境。其中，微观环境是指与企业产、供、销、人、财、物、信息等直接发生关系的客观环境。它是决定企业生存和发展的基本环境。

其次，对环境的习惯反应模式也影响着组织的活动选择。环境发展趋势基本上分为两大类：一类是环境威胁，另一类是市场机会。企业的管理者可以利用"环境威胁矩阵图"和"市场机会矩阵图"来加以分析、评价，见图3-2所示。

由图3-2中的机会矩阵可知：1的机会最好，实现的概率大，对企业具有吸引力；2的机会也好，但发生的概率小，需要创造条件来实现；3、4的机会影响弱，但发生的概率大，企业应注意加以利用；5、6的机会影响弱，发生的概率也小，企业可以不予考虑。同样，由图3-2中的威胁矩阵可知：在7、8位置处，威胁程度强，发生概率大，企业应特别重视；9的威胁虽强，但发生的概率小；10的影响小，但极有可能发生，企业要加以关注；11、12、13的威胁程度与概率都小，企业就可以不考虑。

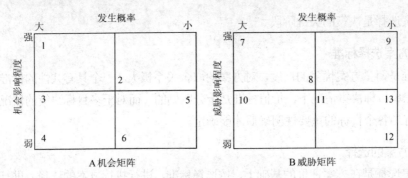

图 3-2　市场机会与环境威胁矩阵

由此可见，市场机会和环境威胁因素对组织决策具有重要的影响。

(二) 过去决策

在大多数情况下，组织决策不是在一张白纸上进行初始决策，而是对初始决策的完善、调整或改革。组织过去的决策是目前决策过程的起点。过去选择的方案的实施，不仅伴随着人力、物力、财力等资源的消耗，而且会给管理者心理和情感上带来变化，甚至会伴随着内部状况的改变，带来了对外部环境的影响。过去决策所带来的良好效果和记忆必然给未来的决策以有益的借鉴，过去失败的决策必然给未来的决策带来心理的阴影和消极影响。正所谓良性循环和恶性循环。"非零起点"的目前决策，不可能不受到过去决策的影响。

过去的决策对目前决策的影响程度，与决策和现任决策者的关系密切程度相关。如果过去的决策是由现任决策者制定的，而决策者通常要对自己的选择及其后果负管理上的责任，因此，决策者一般不愿对组织活动进行重大调整，而倾向于仍把大部分资源投入到过去方案的执行中，以证明自己的决策的正确和避免不必要的对自身形象的伤害。相反，如果现任决策者与组织过去的主要决策没有很深的关系，则愿意接受改变。

(三) 决策者对风险的态度

未来条件并不总能事先预料。现实生活中，许多管理决策是在风险条件下做出的。所谓风险是指那些决策者可以估计某一结果或概率的情形。如何对各种各样的行动方案进行概率估计呢？如果情形相似的话，决策者可以依靠过去的经验或是对各种有用资料的分析。

风险(risk)是指一个决策所产生的特定结果的概率。根据决策者对风险的态度可以将其分为3种，即风险喜好型、风险中性与风险厌恶型。不同的决策者对风险的态度，决定了其决策的方式。风险喜好型的决策者敢于冒风险，敢于承担责任，因此有可能抓住机会，但也可能遭到一些损失。风险厌恶型决策者不愿冒风险，不敢承担责任，虽然可以避免一些无谓的损失，但也有可能丧失机会。风险中性的决策者对风险采取理性的态度，既不喜好也不回避。由此可见，决策者对风险的态度影响了决策活动。

(四) 组织文化

文化通常指人民群众在社会历史实践过程中所创造的物质和精神财富的总和。它是一种历史现象，每一个社会都有与其相适应的文化，并随着社会物质生产的发展而发展。

组织受其文化特征的影响。企业组织的管理人员应该把握其文化特征，同时还应思考从组织决策的角度研究组织文化与决策的关系。一个新决策要求原有的组织文化的配合与协调，而企业组织中原有的文化有它的滞后性，很难马上对新的决策做出反应，所以，组织文化既可能成为实施组织决策的阻力，又可能成为实施组织决策的动力。

在进行管理决策和实施时，组织内部的新旧文化必须相互适应、相互协调，这样才能为组织决策取得成功提供保障。虽然决策时要考虑所做出的决策尽量与组织文化相适应，不要破坏企业已有的组织文化，但是当企业环境发生重大变化时，企业的组织文化也需要做出相应的调整。企业应考虑到自身长远利益，不能为了迎合企业现有的组织文化，而将组织新决策与现行组织文化相一致，因为这有可能损害组织的长远发展。

(五) 时间

决策受时间的制约。决策是在特定的情况下，把组织的当前情况与组织未来可能的行动联系起来，并旨在解决问题或把握机会的管理活动。这就决定了决策必然受时间的制约，一旦超出了时间的限制，情况发生了变化，再好的决策也不可能达到预期目标。寓言"刻舟求剑"的故事就充分地说明了随着时间、条件的改变，决策也必须随之变化的道理。

一个方案可能涉及较长的时间，在这段时间里，形势可能发生变化，而初步分析建立在对问题或机会的初步估计上，因此，管理者要不断对方案进行修改和完善，以适应变化了的形势。同时，连续性活动因涉及多阶段控制而需要做定期的分析和控制。

【案例】

王厂长的会议

王厂长是佳迪饮料厂的厂长，回顾8年的创业历程真可谓是艰苦创业、勇于探索的过程。全厂上下齐心合力、同心同德、共献计策为饮料厂的发展立下了不可磨灭的汗马功劳。但最令全厂上下佩服的还数4年前王厂长决定购买二手设备(国外淘汰生产设备)的举措。饮料厂也因此挤入国内同行业强手之林，令同类企业刮目相看。今天王厂长又通知各部门主管及负责人晚上8点在厂部会议室开会。部门领导们都清楚地记得4年前在同一时间、同一地点召开的会议上王厂长做出了购买进口二手设备这一关键性的决定。在他们看来，又有一项新举措即将出台。

晚上8点会议准时召开，王厂长庄重地讲道："我有一个新的想法，我将大家召集到这里是想听听大家的意见或看法。我们厂比起4年前已经发展了很多，可是，比起国外同类行业的生产技术、生产设备来，还差得很远。我想，我们不能满足于现状，我们应该力争世界一流水平。当然，我们的技术、我们的人员等诸多条件还差得很远，但是我想为了达到这一目标，我们必须从硬件条件入手——即引进世界一流的先进设备，这样一来，就会带动我们的人员、我们的技术等一起前进。我想这也并非不可能，4年前我们不就是这样做的吗？现在工厂的规模扩大了，厂内外事务也相应地增多了，大家都是各部门的领导及主要负责人，我想听听大家的意见，然后再做决定。"

会场一片肃静，大家都清楚记得，4年前王厂长宣布他引进二手设备的决定时，有近70%的成员反对，即使后来王厂长谈了他近三个月对市场、政策、全厂技术人员、工厂资金等厂内外环境的一系列调查研究结果后，仍有半数以上人持反对意见，10%的人持保留态度。因为当时很多厂家引进设备后，由于不配套和技术难以达到等因素，均使高价引进的设备成了一堆闲置的废铁。但是王厂长在这种情况下仍采取了引进二手设备的做法。事实表明这一举措使饮料厂摆脱了企业由于当时设备落后、资金短缺所陷入的困境。二手设备那时价格已经很低，但在我国尚未被淘汰。因此，饮料厂也由此走上了发展的道路。王厂长见大家心有余悸的样子，便说道："大家不必顾虑，今天这一项决定完全由大家决定，我想这也是民主决策的体现，如果大部分人同意，我们就宣布实施这一决定；如果大部分人反对的话，我们就取消这一决定。现在大家举手表决吧"。

于是会场上有近70%的人投了赞成票。

思考：

1. 王厂长的两次决策过程合理吗？为什么？
2. 如果你是王厂长，在两次决策过程中应做哪些工作？
3. 影响决策的主要因素是什么？

第三节　决策方法

随着社会经济和科技活动的飞速发展，带来决策理论与方法的不断创新发展。一般说来，根据决策目的，可分为定性决策方法和定量决策方法两大类。定性决策方法主要用于决定一些难以完全进行定量分析的问题，往往靠决策者个人的主观判断能力。定量决策方法主要是通过分析决策问题各相关因素之间的数量关系来做出正确的判断。

一、定性决策方法

(一) 头脑风暴法

头脑风暴法也叫思维共振法，即通过有关专家之间的信息交流，引起思维共振，产生组合效应，从而导致创造性思维。通常是将对解决某一问题有兴趣的人集合在一起，在完全不受约束的条件下，敞开思路，畅所欲言。

用头脑风暴法进行决策时必须遵守以下原则：

(1) 严格限制决策对象范围，明确具体要求；

(2) 不能对别人的意见提出怀疑和批评，要认真研究任何一种设想，而不管其表面看起来多么不可行；

(3) 鼓励专家对已提出的方案进行补充、修正或综合；

(4) 解除与会者的顾虑，创造自由发表意见而不受约束的气氛；

(5) 提倡简短精练的发言，尽量减少详述；

(6) 与会专家不能宣读事先准备好的发言稿；

(7) 与会专家人数一般为5～6人，会议时间一般为1～2小时；

(8) 选择环境较好，易于放松的会议地点。

头脑风暴法一般分为3个阶段：第一阶段是对已提出的每一种设想进行质疑，并在质疑中产生新设想，同时着重研究有碍于实现设想的问题。第二阶段是对每一种设想编制一个评价意见一览表和可行性设想一览表。第三阶段是对质疑过程中所提的意见进行总结，以便形成一组对解决所论及问题的最终设想。

实践证明，通过头脑风暴法可以提出若干个创新性方案，经过客观分析可最终确定一组切实可行的方案。

(二) 名义群体法

名义群体是社会心理学的一个术语。名义群体法是指群体每一个成员不允许进行任何口头语言交流，群体的交流方法是纸和笔。和召开传统会议一样，群体成员都出席会议，但群体成员首先进行个体决策。

名义群体法的步骤如下：

(1) 成员集合成一个群体，但在进行任何讨论之前，每个成员独立地写下自己对问题的看法。

(2) 经过一段沉默后，每个成员将自己的想法提交给群体组织者；然后一个接一个地向大家说明自己的想法，直到每个人的想法都表达完并记录下来为止(通常记在一张活动挂图或黑板上)。所有的想法都记录下来之前不进行讨论。

(3) 群体在收到每个成员的意见后开始讨论，以便把每个想法搞清楚，并做出评价。

(4) 每一个群体成员独立地把各种想法排出次序，最后的决策是综合排序最高的想法。

这种方法的主要优点在于，使群体成员正式开会但不限制每个人的独立思考，而传统的会议方式往往做不到这一点。

(三) 德尔菲法

德尔菲法(Delphi Technique)是一种更复杂、更耗时的方法，除了并不需要群体成员列席外，它类似于名义群体法。德尔菲法是在20世纪40年代由赫尔姆和达尔克首创，经过戈尔登和兰德公司进一步发展而成的。德尔菲这一名称起源于古希腊有关太阳神阿波罗的神话。传说中阿波罗具有预见未来的能力，因此这种方法被命名为德尔菲法。德尔菲法是20世纪60年代初，美国兰德公司的专家们为避免集体讨论存在的屈从于权威或盲目服从多数的缺陷而提出的一种有效的群体决策的方法。

为消除成员间的相互影响，参加的专家可以互不了解。它运用匿名方式反复多次征询意见和进行背靠背的交流，以充分发挥专家们的智慧、知识和经验，最后汇总得出一个能比较反映群体意志的预测结果。

德尔菲法的一般程序如下：

(1) 确定调查目的，拟定调查提纲。首先必须确定目标，拟定出要求专家回答问题的详细提纲，并同时向专家提供有关背景材料，包括预测目的、期限、调查表填写方法及其他希望要求等说明。

(2) 选择一批熟悉本问题的专家，一般为20人左右，包括理论和实践等各方的专家。

(3) 以通信方式向各位选定专家发出调查表，征询意见。

(4) 对返回的意见进行归纳综合、定量统计分析后再寄给有关专家，每个成员收到一本问卷结果的复制件。

(5) 看过结果后，再次请成员提出他们的方案。第一轮的结果常常是激发出新的方案或改变某些人的原有观点。

(6) 重复4、5两步的操作，直到取得大体上一致的意见。

该种方法的优点主要是简便易行，具有一定的科学性和实用性，可以避免会议讨论时产生的害怕权威随声附和，或固执己见，或因顾虑情面不愿与他人意见发生冲突等弊病；同时也可使大家发表的意见较快收敛，参加者也易接受结论，具有一定程度综合意见的客观性。但缺点是，由于专家一般时间紧，回答往往比较草率，同时由于决策主要依靠专家，因此归根到底仍属于专家们的集体主观判断；此外，在选择合适的专家方面也较困难，征询意见的时间较长，对于快速决策难于使用等。尽管如此，本方法因简便可靠，仍不失为一种人们常用的有效的群体决策的方法。

(四) 电子会议法

电子会议法(Electronic meeting)是将名义群体法与计算机技术相结合的一种最新的群体决策方法。

目前，电子会议法所需要的技术已经比较成熟，概念和操作也比较简单。它要求人数众多的人(可多达50人)围坐在一张马蹄形的桌子旁。这张桌子上除了一系列的计算机终端外别无他物。主办者将问题显示给决策参与者，决策参与者把自己的回答打在计算机屏幕上。个人评论和票数统计都投影在会议室内的屏幕上。

电子会议法的主要优点是匿名、诚实和快速，而且能够超越空间的限制。IBM召开全球电子会议，参会人员可以运用互联网进行交流、发表意见和看法。决策参与者能不透露姓名地输入自己所要表达的任何信息。它使人们充分地表达了他们的想法而不会受到惩罚。它消除了闲聊和讨论偏题，多数参与者可以同时进行"谈话"而且不必担心打断别人的讲话。然而，与所有其他形式的群体活动一样，电子会议也存在一些缺点。打字快的人使得那些口才好却打字慢的人相形见绌。由于这些原因，那些拥有最佳创意的人未得到应有的重视，并且这一过程也不及面对面地口头交流信息丰富。不过，由于此项技术尚处于起步阶段，未来的群体决策很可能会广泛地使用电子会议技术。

电子会议的一种延伸形式是多媒体会议。这种会议将处于不同地方的人员连接起来，即使在数千里之外，与会人员也能面对面的接触。这种方式提高了成员的反馈程度，节约了大量商务旅行的时间和费用，提高了决策的效率。

二、定量决策方法

按照决策问题所面临的自然状态，决策可以划分为确定型决策和非确定型决策，而非确定型决策又划分为风险型决策、不确定型决策和竞争型决策。其中竞争型决策的方法属于博弈论研究的范畴，我们这里不再讲述。本节主要介绍确定型决策、风险型决策和不确定型决策。

(一) 确定型决策

1. 确定型决策的概念及条件

确定型决策是指只存在一种完全确定的自然状态的决策。构成一个确定型决策问题必须具备4个条件：

(1) 存在一个明确的决策目标；

(2) 存在一个明确的自然状态；

(3) 存在可供决策者选择的多个行动方案；

(4) 可求得各方案在确定状态下的损益值。

由于确定型决策的自然状态只有一种，决策环境完全确定，问题的未来发展只有一种确定的结果，决策者只要通过分析、比较各个方案的结果就能选出满意方案。例如，企业经过市场调查发现其生产的产品供不应求，并且预计在今后5年内需求量持续上升。则企业在这种确定的自然状态，只要拟订多个可行的生产方案，然后通过分析、评价，从中选出生产量最大的那个决策方案并投产即可。

2. 确定型决策方法

确定型决策的方法很多，如盈亏平衡分析、线性规划法、目标评分法、效益费用法等。这里我们主要介绍盈亏平衡分析。

盈亏平衡分析又称保本分析或量本利分析，是在一定的市场、生产能力的条件下，研究拟建项目成本与收益的平衡关系的方法。项目的盈利与亏损有个转折点，称为盈亏平衡点(Break Even Point，表示为BEP)。在这一点上，项目既不盈利，也不亏损。如果低于这一点所对应的生产水平，那么项目就会发生亏损；反之，则会获得盈利。盈亏平衡分析的目的是为了掌握企业的盈亏界限，正确规划企业生产发展水平，合理安排生产能力，及时了解企业经营状况，提高企业经济效益。

1) 盈亏平衡分析的应用条件

盈亏平衡分析法比较简单，具有较大的实用性，但其应用要满足一定的前提条件：

(1) 只研究单一产品。

(2) 产品销售量等于产量。

(3) 生产产品的成本分为固定成本和变动成本两部分。固定成本不变，单位可变成本与生产量成正比例变化。

(4) 产品的售价不变。

2) 盈亏平衡分析中销售收入、成本与产量的关系

(1) 销售收入与产量的关系。盈亏平衡分析的前提是按销售组织生产，产品销量等于产品产量。由于其销售价格不变，销售收入与产量之间的关系为

$$TR = PQ \qquad\qquad (3\text{-}1)$$

式中：TR代表销售收入，P代表单位产品价格(不含税)，Q代表产品产量或销售量。

(2) 成本与产量的关系。方案或项目投产后，生产和销售产品的总成本可分为固定成本和可变成本两部分。固定成本指在一定的生产规模限度内不随产量的变动而变动的成本，如机器、设备、厂房等；可变成本指随产品的变化而变动的成本，如原材料消耗、直接生产用辅助材料、燃料、动力等。因此，总成本与产量之间的关系为

$$TC = F + C_V Q \qquad\qquad (3\text{-}2)$$

式中：TC代表总成本，F代表固定成本，C_V代表单位产品可变成本，Q代表产品产量或销售量。

3) 盈亏平衡点的确定

盈亏平衡点可以通过图解法和代数法确定。

(1) 代数法。

根据盈亏平衡点的含义，当项目达到盈亏平衡状态时，总成本等于总销售收入，即

$$TR = TC \qquad\qquad (3\text{-}3)$$

若以Q_E表示方案或项目盈亏平衡点产量，则在盈亏平衡点上有

$$PQ_E = F + C_V Q_E$$

于是得

$$Q_E = \frac{F}{p - C_V} \qquad\qquad (3\text{-}4)$$

如果产品是含税的，r为产品销售税率，p为含税价格，则方案或项目的盈亏平衡点产量为

$$Q_E = \frac{F}{(1-r)p - C_V} \qquad\qquad (3\text{-}5)$$

(2) 图像法。

为了便于直观分析项目盈亏平衡的情况，常把销售收入与产量的关系以及生产总成本与产量的关系画在同一坐标图上，称为盈亏平衡图，如图3-3所示。

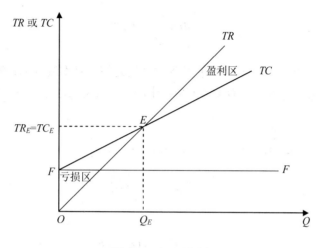

图3-3　盈亏平衡图

图3-3中的点E是项目销售收入与产品总成本相等时的盈亏平衡点。Q_E表示与盈亏平衡点相对应的项目产销量。$TR_E(TC_E)$表示与盈亏平衡点相对应的项目销售收入(总成本)。在FOE区域中，成本高于收入，项目处于亏损状态；在$TRETC$区域中，收入高于成本，项目处于盈利状态。图3-3可以清楚地看出项目的盈利及亏损区域。

4) 盈亏平衡点的参数

由于一个项目的盈亏平衡点受多因素制约，为保证项目经济评价的可靠性，有必要根据不同因素对盈亏平衡点的影响做多方面分析。

(1) 盈亏平衡点产量(保本销售量)Q_E。

根据盈亏平衡的条件可得出

$$Q_E = \frac{F}{p - C_V} \tag{3-6}$$

令$K = \dfrac{C_V}{P}$，即变动成本率。变动成本率的经济意义是每单位产品的销售收入中含有多少单位变动成本。K越大，说明变动成本占销售收入的比重越大，表明产品的直接消耗越大，是项目经营中的不利因素。

(2) 盈亏平衡时的销售额TR_E。

盈亏平衡时销售收入与产量之间的关系为

$$TR_E = PQ_E \tag{3-7}$$

(3) 盈亏平衡时的生产能力利用率Φ。

若已知项目设计生产能力为Q_g，平衡点产量为Q_E，则有

$$\Phi = \frac{Q_E}{Q_g} \times 100\% \qquad (3\text{-}8)$$

盈亏平衡点的生产能力利用率的经济意义是为使项目不致亏本时的最低生产能力利用率。Φ值越小，说明只占有少许的项目生产能力就可以达到平衡点产量，意味着项目的风险越小。

(4) 盈亏平衡销售单价P_E。

令P_E为盈亏平衡销售单价，根据盈亏平衡条件可得出

$$P_E Q_E = F + C_V Q_E$$

于是得

$$P_E = \frac{F + C_V Q_E}{Q_E} = \frac{F}{Q_E} + C_V \qquad (3\text{-}9)$$

式中：$\dfrac{F}{Q_E}$代表平衡点产量时的单位固定成本；$\dfrac{F}{Q_E} + C_V$代表平衡点产量时产品平均成本(单位产品成本)。因此，$P_E = \dfrac{F}{Q_E} + C_V$的意义可以表述为：当销售单价与单位产品成本相等时，项目达到盈亏平衡。

(5) 实现目标利润π时的产量Q。

根据盈亏平衡条件可得出

$$Q = \frac{F + \pi}{p - C_V} \qquad (3\text{-}10)$$

5) 盈亏平衡分析应用举例

【例3-1】某企业的生产线设计能力为年产100万件，单价450元，单位产品可变成本为250元，年固定成本为8000万元，年目标利润为700万元。试进行盈亏平衡分析，并求销售量为50万件时的保本单价。

解：(1) 求平衡点产量。

根据盈亏平衡点产量$Q_E = \dfrac{F}{p - C_V}$，得$Q_E = \dfrac{80000000}{450 - 250} = 40$(万件)

(2) 求平衡点销售额。

$TR_E = PQ_E = 450 \times 400000 = 18000$(万元)

(3) 求平衡点生产能力利用率。

$$\Phi = \frac{Q_E}{Q_g} \times 100\% = \frac{40}{100} \times 100\% = 40\%$$

(4) 求实现目标利润时的产量。

$$Q = \frac{F + \pi}{P - C_v} = \frac{80000000 + 7000000}{450 - 250} = 43.5\,(万件)$$

(5) 求年销售量为50万件的保本售价。此时，应把50万件视为平衡点时的产量。

根据盈亏平衡销售单价公式，求得 $P_E = \frac{F}{Q_E} + C_v = \frac{80000000}{500000} + 250 = 410\,(元/件)$

(二) 风险型决策

1. 风险型决策的概念及条件

风险型决策是在状态概率已知的条件下进行的，一旦各自然状态的概率经过预测或估算被确定下来，在此基础上的决策所得到的最满意方案就具有一定的稳定性。只要状态概率的测算切合实际，风险型决策就是一种比较可靠的决策方法。

风险型决策一般包括以下条件：

(1) 存在着决策者希望达到的目标(利益最大或损失最小)；
(2) 存在着两个或两个以上的行动方案可供决策者选择；
(3) 存在着两个或两个以上的不以决策者的主观意志为转移的自然状态；
(4) 不同的行动方案在不同的自然状态下的相应益损值(利益或损失)可以计算出来；
(5) 决策者预先估计或计算出各种自然状态的概率。

2. 风险型决策方法

风险型决策方法主要有最大可能法、期望值法、约当系数法、正态分布法和决策树法。以决策树法应用最为广泛。以下仅介绍决策树法。

决策树法是一种直观的图解决策方法，是在已知各种情况发生的概率的前提下，通过构造决策树，求取净现值的期望值来评价项目风险，并判断其可行性的决策分析方法。

决策树的结构如图3-4所示。图中的方框表示决策点；由决策点向右方引出若干直线，每条直线代表一个方案，亦称"方案枝"；用圆圈表示状态节点；状态节点左方与某一方案枝连接，右方引出若干条直线，亦称"概率枝"，每条概率枝上标明了自然状态及其发生的概率；概率枝末端的三角形叫结果节点，标注各方案在相应状态下的损益值。

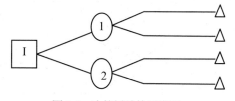

图3-4　决策树结构示意图

决策的过程是从右向左逐步进行分析。根据右端的损益值和概率枝的概率，计算出期望值的大小，确定方案的期望结果，然后根据不同方案的期望结果做出选择。方案的舍弃叫作剪枝，被舍弃的方案用"//"的记号来表示，最后的决策点留下一条树枝，即为满意方案。

利用决策树进行决策，有单级决策和多级决策之分。只需要一次决策活动便可确定满意方案的决策称为单级决策；需要经过两次及两次以上的决策活动才能确定满意方案的决策称为多级决策。下面分别通过单级风险型决策和多级风险型决策的例子来介绍决策树的运用。

1) 单级风险型决策

单级风险型决策是指在整个决策过程中，只需要做出一次决策方案的选择，就可以完成决策任务。

【例3-2】某企业为了生产一种新产品，有3个方案可供决策者选择：方案一是改造原有生产线；方案二是从国外引进生产线；方案三是与国内其他企业协作生产。该种产品的市场需求状况大致有高、中、低3种可能，据估计，其发生的概率分别是0.3、0.5、0.2。表3-1给出了各种市场需求状况下每一个方案的效益值。试问该企业究竟应该选择哪一种方案？

表3-1 某企业在采用不同方案生产某种新产品的效益值

单位：万元

自然状态 方案　　概率 效益值　　率	高需求 0.3	中需求 0.5	低需求 0.2
方案一：改进生产线	200	100	20
方案二：引进生产线	220	120	60
方案三：协作生产线	180	100	80

解：该问题是一个典型的单级风险型决策问题，现在用决策树法求解这一问题。

第一步：画出该问题的决策树，如图3-5所示。

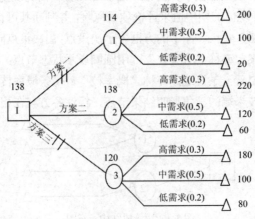

图3-5 决策树

第二步：计算各方案的期望效益值，并剪枝。

结点1的期望效益值为$E_1 = 200 \times 0.3 + 100 \times 0.5 + 20 \times 0.2 = 114$(万元)

结点2的期望效益值为$E_2 = 220 \times 0.3 + 120 \times 0.5 + 60 \times 0.2 = 138$(万元)

结点3的期望效益值为$E_3 = 180 \times 0.3 + 100 \times 0.5 + 80 \times 0.2 = 120$(万元)

因为$E_2 > E_1$，$E_2 > E_3$，所以剪掉状态结点1和3所对应的方案枝，保留状态结点2所对应的方案枝。

第三步：选择方案。该问题的满意方案是从国外引进生产线。

2) 多级风险型决策

多级风险型决策，是指在整个决策过程中，需要做出多次决策方案的选择，才能完成决策任务。

【例3-3】为了适应市场的需要，某厂提出了扩大电视机生产的两个方案。方案一：建大厂。建大厂需要投资600万元，可使用10年。销路好时每年获利200万元，销路差时每年亏损40万元。方案二：建小厂。建小厂需要投资280万元，可使用10年。若销路好，每年获利80万元。3年后考虑是否扩建，若扩建，需要投资400万元，可使用7年，每年获利190万元。若销路不好，每年可获利60万元。经预测，销路好时概率为0.7。试用决策树法选出合理的建设方案。

解： 该问题是一个典型的多级风险型决策问题，现在用决策树法求解这一问题。

第一步：画出该问题的决策树，如图3-6所示。

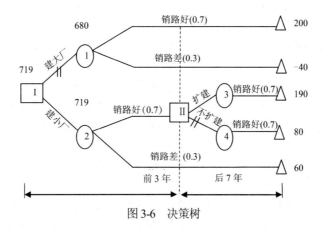

图3-6 决策树

第二步：计算各方案的期望效益值，并剪枝。

结点1的期望效益值为$E_1 = 0.7 \times 200 \times 10 + 0.3 \times (-40) \times 10 - 600 = 680$(万元)

结点3的期望效益值为$E_3 = 1.0 \times 190 \times 7 - 400 = 930$(万元)

结点4的期望效益值为$E_4 = 1.0 \times 80 \times 7 = 560$(万元)

比较结点3和结点4的期望效益值，由于$E_3 > E_4$，因此应采用扩建的方案，而舍弃不扩建的方案，即结点3的期望效益值为930万元。

结点2的期望效益值为$E_2 = 0.7 \times 80 \times 3 + 0.7 \times 930 + 0.3 \times 60 \times (3+7) - 280 = 719$(万元)

由于$E_2 > E_1$,因此取结点2而舍结点1。

第三步:选择方案。该问题的满意方案是前3年建小厂,若销路好,后7年再进行扩建。

(三) 不确定型决策

1. 不确定型决策的概念及条件

不确定型决策是指在知道可能出现的各种自然状态,但又无法确定各种自然状态发生的概率的情况下所进行的决策。

不确定型决策应满足以下5个条件:

(1) 存在着一个明确的决策目标;

(2) 存在着两个或两个以上的行动方案可供决策者选择;

(3) 存在着两个或两个以上的不以决策者的主观意志为转移的自然状态;

(4) 不同的行动方案在不同的自然状态下的相应益损值(利益或损失)可以计算出来;

(5) 决策者不能预先估计或计算出各种自然状态出现的可能性(概率)。

2. 不确定型决策方法

不确定型决策方法主要包括悲观法、乐观法、折中法、后悔值法和等概率标准法等。

1) 悲观法

悲观法又称为最大最小准则。持这种标准的决策者,对客观环境总是抱悲观态度,万事总觉得不会如意,所以为了保险起见,总是从最不利处估计事情的结果,而从最坏的情况中选择最好的方案。采用这种决策标准,首先从每一个方案中选择一个最小的收益值,然后选取与最小收益值中的最大值相对应的方案为满意方案。

2) 乐观法

乐观法又称为最大最大准则。持这种标准的决策者,对客观环境总是抱乐观态度,不放弃任何一个获得最好结果的机会。决策时,首先把每一个方案在各种自然状态下的最大收益值求出来,再选取与最大收益值中的最大值相对应的方案为满意方案。

3) 折中法

折中法又称为乐观系数准则。它是对悲观法和乐观法进行折中的一种决策方法。

按折中法进行决策的具体步骤如下:

首先,确定介于0和1之间的乐观系数a。当决策者对未来持有偏向乐观的看法时,a的取值范围在0.5~1之间;而当决策者对未来的估计比较悲观时,a的取值范围在0~0.5之间。通常a的取值分布在0.5±0.2的范围内,而1或0作为极端值一般不会被选作系数或权数。从一定意义上说,折中系数的取值范围,反映着决策者对风险的认知程度。

其次,再找到每个方案在各种自然状态下的最大收益值和最小收益值,则每个方案的折中收益值为

$$折中收益值 = a \times 最大收益值 + (1-a) \times 最小收益值$$

最后,比较各个方案的折中收益值的大小,则折中收益值最大的方案为满意方案。

4) 后悔值法

后悔值是指某种自然状态下可能获得最大收益与采用某一方案实际获得的收益的差值。即应当得到，但由于失去机会未能得到的那一部分收益。采用这种决策标准，须先找出每个方案的最大后悔值，再选取与最大后悔值中的最小值相对应的方案为满意方案。

5) 等概率标准法

悲观法实际上就是认为对每个行动来说，出现最坏状态的概率是1，其他状态的概率是0；乐观法认为对每个行动来说，出现最好状态的概率是1，其他状态的概率是0；折中法虽然克服了上述两种极端思想，引进了系数，调整了对最好状态和最坏状态的概率估计，但是不难看出，折中法认为最好状态发生的概率为a，最坏状态发生的概率是$1-a$，而其他中间状态发生的概率则为0，因此折中法没有充分利用所提供的全部信息。为了克服这一缺点，产生了等概率标准法。其基本思想是假定未来各种自然状态发生的概率相同，然后，求各行动方案的期望收益值，其计算公式为

$$期望收益值 = \frac{1}{n}\sum_{i=1}^{n} x_i$$

具有最大期望收益值的方案就是等概率标准法下的满意方案。

【例3-4】某公司欲进行一项风险投资，有5种方案备选，但各方案的预期前景难以把握，可能存在很好、好、一般、较差和差5种自然状态，每种自然状态发生的概率无法预知，经测算，这5种方案在不同的自然状态下的收益值如表3-2所示。请问，投资者如何进行这项投资方案的决策？

表3-2 5种方案自然状态下的收益值

单位：万元

收益值 方案 \ 自然状态	很好	好	一般	较差	差
方案 I	1200	680	320	-200	-880
方案 II	900	590	280	50	-350
方案 III	1500	850	460	-400	-1210
方案 IV	1400	920	380	-270	-790
方案 V	1850	1020	460	-660	-1600

解： 这是典型的不确定型决策问题，在难以准确估计事件发生概率的条件下进行决策，主要取决于决策者对风险的偏好程度，可以根据决策者对风险持有的态度，进行5种决策方式的选择。

第一种方法：悲观态度者的决策(悲观法)。排列各方案在自然状态下的最小收益值，如表3-3所示。

表3-3 各方案的最小收益值

单位：万元

方案Ⅰ	方案Ⅱ	方案Ⅲ	方案Ⅳ	方案Ⅴ
-880	-350	-1210	-790	-1600

筛选出方案中最小收益值中相对最大的方案Ⅱ，即收益值为-350万元，方案Ⅱ为满意方案。

第二种方法：乐观态度者的决策(乐观法)。排列各方案在自然状态下的最大收益值，如表3-4所示。

表3-4 各方案的最大收益值

单位：万元

方案Ⅰ	方案Ⅱ	方案Ⅲ	方案Ⅳ	方案Ⅴ
1200	900	1500	1400	1850

筛选出方案中最大收益值中相对最大的方案Ⅴ，即收益值为1850万元，方案Ⅴ为满意方案。

第三种方法：对风险所持态度介于乐观与悲观之间的决策(折中法)。设$a=0.6$，折衷收益值$=a\times$最大收益值$+(1-a)\times$最小收益值，计算各方案的折中收益值，如表3-5所示。

表3-5 各方案的折衷收益值

单位：万元

方案Ⅰ	方案Ⅱ	方案Ⅲ	方案Ⅳ	方案Ⅴ
368	400	416	524	470

取折中收益值最大的为满意方案，方案Ⅳ的折衷收益值最大，为524万元，方案Ⅳ为满意方案。

第四种方法：对决策后果持有遗憾态度的决策(后悔值法)。计算各方案遗憾值，即将每种状态下的最大收益值减去该方案的收益值，如表3-6所示。

表3-6 各方案的后悔值

单位：万元

后悔值 \ 自然状态 \ 方案	很好	好	一般	较差	差	方案最大后悔值
方案Ⅰ	650	340	140	250	530	650
方案Ⅱ	950	430	180	0	0	950
方案Ⅲ	350	170	0	450	860	860
方案Ⅳ	450	100	80	320	440	450
方案Ⅴ	0	0	0	710	1250	1250

取方案最大后悔值中的最小的为满意方案，方案Ⅳ符合评价标准，其值450万元在5个方案的最大后悔值中最小，方案Ⅳ为满意方案。

第五种方法：当预测者不能预知未来事件发生的概率，只能按等概率原则估算各方案可能出现的各种状态，以及这种状态下的收益预期时的决策。按等概率计算各方案的期望收益值=$\frac{1}{n}\sum_{i=1}^{n}x_i$，计算结果如表3-7所示。

表3-7　等概率计算的各方案期望收益值

单位：万元

方案Ⅰ	方案Ⅱ	方案Ⅲ	方案Ⅳ	方案Ⅴ
224	294	240	328	214

比较各方案的收益值，以方案Ⅳ的收益值328万元为最大，方案Ⅳ为满意方案。

结论：从决策方案的选择看，分歧比较大，其折中方案应为选择较多的方案Ⅳ。

【本章小结】

决策是一个过程，即人们为了实现某一目的而制定的行动方案，并从若干个可行方案中选择一个满意方案的分析判断过程。

决策准则是决策者在决策全过程中应该遵循的原则。最优原则就是人们总是希望通过对各种可行方案进行比较，从中选择一个最好的方案作为可行的方案。现实生活中，没有能满足实现最优方案的各种边界条件，因此只能遵循满意原则。满意原则就是寻找能使决策者感到满意的决策方案的原则。决策遵循的是满意原则，而不是最优原则。

管理者在决策时离不开信息，信息的数量和质量直接影响决策水平。这要求管理者在决策前及决策过程中尽可能地通过多种渠道收集信息，作为决策的依据。

从不同的角度，按不同的标准，可以把决策分为个人决策和群体决策，战略决策、管理决策和业务决策，程序化决策和非程序化决策，确定型决策和非确定型决策，单目标决策和多目标决策，定性决策和定量决策等多种类型。

决策工作是一项动态的完整的过程，一般包括确定决策目标、方案设计、方案选择和执行方案4个阶段。

决策者决策时受环境、过去决策、风险偏好、组织文化和时间等因素的影响。

集体决策与个人决策各有各的特点与优势，也各有各的不足，在不同场合发挥各自无法替代的作用。常见的集体决策的方法有头脑风暴法、名义群体法、德尔菲法和电子会议法。

盈亏平衡分析是在一定的市场、生产能力的条件下，研究拟建项目成本与收益的平衡关系的方法。项目的盈利与亏损有个转折点，称为盈亏平衡点(Break Even Point，表示为BEP)。在这一点上，项目既不盈利，也不亏损。如果低于这一点所对应的生产水平，那么项目就会发生亏损；反之，则会获得盈利。盈亏平衡分析的目的是为了掌握企业的盈亏界限，正确规划企业生产发展水平，合理安排生产能力，及时了解企业经营状况，提高企业经济效益。

决策树法是一种直观的图解决策方法，是在已知各种情况发生的概率的前提下，通过构造决策树，求取净现值的期望值来评价项目风险并判断其可行性的决策分析方法。

不确定性决策的分析方法主要包括悲观法、乐观法、折中法、后悔值法和等概率标准法等。

【复习思考题】

1. 什么是决策？西蒙认为"管理就是决策"应如何理解？
2. 为什么我们很难选择到最优的方案？
3. 程序化决策和非程序化决策有何不同？
4. 群体决策有何优缺点？你认为个人决策和群体决策相比，哪个更有效？
5. 你认为决策一般要经历哪几个步骤？是否每一项决策都要经过这些步骤？
6. 影响决策过程的因素有哪些？
7. 确定型决策方法、风险型决策方法和不确定型决策方法各有哪些？
8. 某产品生产线设计能力为8万件，固定成本为3500万元，单位产品售价2500元，单位产品变动成本为1800元，总变动成本、总销售收入均与产品产量成正比关系。不考虑税金，求以产量、生产能力利用率和销售价格表示的盈亏平衡点。
9. 某企业准备投产一种新产品，现有新建和改建两个方案，分别需要投资140万元和80万元。未来5年的市场状态和年度收益情况如表3-8所示。

表3-8　该公司未来五年的市场状态和年度收益

单位：万元

自然状态 方案　收益值　概率	畅销	一般	滞销
	0.4	0.4	0.2
新建	120	50	-30
改建	100	30	10

画出该问题的决策树，并用决策树的方法选择方案。

10. 某企业打算生产一种新产品，有4种方案可供选择：方案A是改造原有生产线；方案B是新建一条生产线；方案C是把一部分配件包给外厂；方案D是从市场上采购一部分配件。此种产品投放市场后可能出现3种自然状态：销路好，销路一般和销路差。这种产品在各种方案和各种自然状态下每年的收益情况如表3-9所示。

表3-9　各方案在各自然状态下每年的收益

单位：万元

方案 收益值 自然状态	方案A	方案B	方案C	方案D
销路好	550	750	300	350
销路一般	450	300	270	240
销路差	-100	-200	50	90

请问，投资者如何进行这项投资方案的决策？

【案例】

董事会的决策

某贸易公司是一家进出口集团公司控股的下属公司，专门从事有色金属的进出口业务。为扩大业务领域，该公司的铜矿进出口业务部打算通过招投标方式参与某重点公路工程的沥青进口采购工作。经过艰苦努力，该业务部的招标方案和另外几家公司的招标方案同时中标，分配给该公司的是2000万元人民币左右的沥青供应任务，资金通过银行贷款能够解决，这一业务可使公司获利60万元。这一方案提交董事会讨论时由于资金需要量大、收回投资周期长且风险大(待工程验收合格期满后才能收回货款)而被否决。方案被否决后，从事这项工作的员工的积极性受到重创，情绪低落；因中标而不做，其信誉在公路工程中受到损害，以后想再进入公路工程建设项目的可能性极小。此外，还损失了为参与投标而交的28.9万元押金(这28.9万元押金最后以新产品开发费入账)。

思考：

1. 该公司董事会的决策是否正确？为什么？
2. 该案例给人们带来哪些启示？

【技能训练与实践】

训练一：单项选择题

1. 下列选项中不属于定性决策方法的是(　　)。
   A. 头脑风暴法　　　　　　　　　B. 名义群体法
   C. 德尔菲法　　　　　　　　　　D. 决策树法
2. 下列选项中不属于群体决策优点的是(　　)。
   A. 集中不同领域专家的智慧，应对日益复杂的决策问题
   B. 利用更多的知识优势，借助于更多的信息，形成更多的可行性方案
   C. 提高了决策的速度和效率
   D. 充分利用其成员不同的教育程度、经验和背景，提高决策的科学性
   E. 群体决策容易得到普遍的认同，有助于决策的顺利实施
3. 下列选项中属于个人决策缺点的是(　　)。
   A. 个人决策使人们对事物感知得更迅速、更有效
   B. 个人决策使人们从不完全的情报中获取重要的变化信息
   C. 个人决策使人们在情况发生变化时固守过时的观点，错失成功的良机
   D. 个人决策有助于人们形成决心，做出果断而大胆的选择
4. 下列选项中属于企业管理决策的是(　　)。
   A. 产品结构的调整　　　　　　　B. 故障排除
   C. 新产品的开发　　　　　　　　D. 新市场的开拓
5. 下列选项中属于企业非程序化决策的是(　　)。
   A. 消费者的退货　　　　　　　　B. 供应商重要货物交付的延迟
   C. 学院处理学生退课的程序　　　D. 新技术的引进

6. 保本产量是(　　)交点所对应的产量。
    A. 总固定成本曲线和总成本曲线
    B. 总收入曲线和总成本曲线
    C. 总固定成本曲线和总收入曲线
    D. 总变动成本曲线和总收入曲线

7. 喜好风险的人往往会按照(　　)选择方案。
    A. 悲观法　　　　　　　　B. 乐观法　　　　　　　C. 折衷法
    D. 后悔值法　　　　　　　E. 等概率标准法

8. 悲观主义者往往会按照(　　)选择方案。
    A. 悲观法　　　　　　　　B. 乐观法　　　　　　　C. 折衷法
    D. 后悔值法　　　　　　　E. 等概率标准法

9. 下列选项中不属于头脑风暴法实施的原则的是(　　)。
    A. 不能对别人的意见提出怀疑和批评
    B. 鼓励专家对已提出的方案进行补充、修正或综合
    C. 解除与会者顾虑，创造自由发表意见而不受约束的气氛
    D. 鼓励专家讨论

10. 下列选项中不属于企业业务决策的是(　　)。
    A. 人员配备　　　　　　　B. 日常生产安排
    C. 存货控制　　　　　　　D. 财务收支管理

训练二：多项选择题

1. 通过(　　)等方法可以提出富有创造性的方案。
    A. 独自思考　　　　　　　B. 头脑风暴法
    C. 名义群体法　　　　　　D. 德尔菲法

2. 常用的不确定型决策方法有(　　)。
    A. 悲观法　　　　　　　　B. 乐观法　　　　　　　C. 盈亏平衡分析
    D. 后悔值法　　　　　　　E. 等概率标准法　　　　F. 折中法

3. 集体决策的缺点包括(　　)。
    A. 速度、效率可能低下
    B. 决策者存在从众压力
    C. 产生的备选方案较少
    D. 责任不清
    E. 很可能更关心局部或部门目标

4. 决策者追求最优必须满足的条件包括(　　)。
    A. 容易获得与决策有关的全部信息
    B. 真实了解全部信息的价值所在
    C. 拟订出所有可能的方案
    D. 准确预测每个方案在未来的执行结果

5. 风险型决策方法主要有(　　)。
　　A. 德尔菲法　　　　　　　　　B. 期望值法
　　C. 正态分布法　　　　　　　　D. 决策树法

6. 头脑风暴法实施的原则有(　　)。
　　A. 不能对别人的意见提出怀疑和批评
　　B. 鼓励专家对已提出的方案进行补充、修正或综合
　　C. 解除与会者顾虑，创造自由发表意见而不受约束的气氛
　　D. 提倡简短精练的发言，尽量减少详述

7. 过去的决策会影响现在的决策是因为(　　)。
　　A. 过去的决策是正确的
　　B. 过去的决策是目前决策的起点
　　C. 过去的决策都是现在的管理者制定的
　　D. 过去的决策给组织内外部的环境带来了某种程度的变化

8. 个人决策的优点包括(　　)。
　　A. 它能使人们对事物感知得更迅速、更有效
　　B. 有助于使人们透过事物的表面现象抓住事物的本质
　　C. 有助于人们从不完全的情报中获取重要的变化信息
　　D. 有助于人们形成决心，做出果断而大胆的选择

9. 决策者只寻求满意结果的原因有(　　)。
　　A. 只能满足于在现有方案中寻找
　　B. 决策者能力的缺乏
　　C. 选择最佳方案需要花大量的时间和金钱
　　D. 决策者只需要满意的结果

10. 下列选项中属于企业的战略决策的是(　　)。
　　A. 企业经营方向与目标的确定
　　B. 产品结构的调整
　　C. 企业日常营销
　　D. 新产品的开发

训练三：选择填空题

A. 信息　　　　B. 战略决策　　　C. 多目标决策　　　D. 满意原则
E. 方案选择　　F. 个人决策　　　G. 组织文化　　　　H. 非确定型决策
I. 定量决策　　J. 程序化决策

1. 西蒙认为，决策遵循的是(　　)，而不是最优原则。

2. 管理者在决策时离不开(　　)，信息的数量和质量直接影响决策水平。

3. 根据决策的主体划分，可把决策分为群体决策与(　　)。

4. 根据决策所要解决问题的性质，可将决策划分为(　　)、管理决策和业务决策。

5. 根据问题出现的重复性及决策程序的规范性，可以将决策划分为(　　)和非程序化决策。

6. 根据决策问题所处的自然状态不同，可以将决策划分为确定型决策与(　　)。

7. 按决策所要求达到的目标的数量，可以将决策划分为单目标决策和(　　)。

8. 按决策问题的量化程度，可以将决策分为定性决策和(　　)。

9. 决策的过程一般包括确定决策目标、方案设计、(　　)和执行方案4个阶段。

10. 决策者决策时受环境、过去决策、决策者对风险的态度、(　　)和时间等因素的影响。

训练四：判断题(判断对的用√，判断错的用×)

1. 没有问题就无须决策。(　　)

2. "多方案抉择"是科学决策的重要原则。(　　)

3. 决策的核心是选择。(　　)

4. 信息是决策的依据。(　　)

5. 风险喜好型的决策者对风险采取理性的态度。(　　)

6. 变动成本率越大，说明变动成本占有销售收入的比重越大。(　　)

7. 盈亏平衡时的生产能力利用率越小，意味着项目的风险越小。(　　)

8. 方案选择是决策的关键阶段。(　　)

9. 遵循科学的决策程序，才能做出正确的决策。(　　)

10. 程序化决策解决的是经常出现的问题。(　　)

训练五：案例分析

新希望：战略决策的"三否定"模式

坊间流传一个笑话：在新希望，下属公司的总经理们到集团开会，董事长刘永好根本认不过来他们。如果刘永好每天去一个下属公司开会，一年都轮不完。拥有将近 400 家下属公司，囊括饲料、乳制品、肉食品、房地产和化工业的新希望，无疑是一艘庞大的战舰，但这艘庞大战舰却克服了中国民营经济普遍发展的不稳定性，罕见地保持了 26 年的持续快速增长。基业长青的秘诀在哪里？刘永好给出的答案是，"改革开放的机会、中国巨大的农业市场以及国家对农产业的支持、勤奋拼搏。当然还有战略的正确"。事实上，新希望26年的脚步，每一步都是建立在正确的战略决策上。而正是在这种坚持中，形成了自己独到的战略决策模式即"三否定"模式。

1980年，刘氏兄弟进入农产业。国家大力强调发展农业，精明的刘永好正是因为瞄准了机会优势，才和农业结缘。此后，农业增长放缓，利润降低，给他们带来相当的风险。转向还是坚持？刘永好选择的恰恰是多元化发展战略。最困难的时候，新希望杀入金融和房地产，赚了个盆满钵满，但农业也不放弃，反而依靠前者的积累对农业形成支持。在多年来争执不休的专业化和多元化孰是孰非中，他成功地找到一条融合之路。那就是打造产业链，整合资源，寻求链条利益的最大化，建立系统综合竞争力。而在此过程中，新希望也形成了自己的战略原则和模式。

和任何企业一样，刘永好一直在追求领先。但是，和其他企业不同的是，新希望所秉承的是只领先半步。20多年历程中，新希望对风险管理的强调伴随发展始终，也因而在决策上花费了巨大的心思。因为小心谨慎，他们曾在1990年代初的海南房地产热中成功地拒绝了诱惑，当然，也避免了此后被卷入旋涡的命运。但是，怎样才能使远离风险成为一种常态？

新希望的摸索经验，是把只领先半步的理念落脚到三否定战略模式上——集团的决策形成一套严密的体系，企业战略家、战略管理委员会、战略落实部门三层把关，充分发挥下一层级的自主性和能动性，同时强化上一层级对下一层级的"否定权"，避免决策在执行过程中所可能出现的偏离。

在新希望，战略决策须经由投资决策委员会共同讨论，并由投资发展部聘请专家进行咨询，经营管理部做详尽的市场调查，领导小组再来进行价值分析和风险分析。在投资决策委员会中，刘永好有一票否决权，但没有一票赞成权。这最大限度地保证了企业对创始人智慧和经验的利用，也同时避免了个人头脑发热的风险。要知道，在中国的许多民营企业中，"一言堂"是很重要的一种决策模式，而新希望的这种"一言堂"模式却很好地规避了风险，却又保证了决策效率。

有人说，从做产品到做企业再到做品牌，是企业经营的第一次进化；而从做品牌到做产业再到做产业链，是企业经营的第二次进化。刘永好的不同就在于：别人做产品时，他已经做品牌了；别人做品牌时，他已经开始做产业链了，而别人也瞄向产业链时，他在做的是打通横向产业链。

新希望依靠独特的三否定战略决策模式，现在新希望正在做的，构建三链一网(猪产业链、禽产业链、奶产业链和网络信息平台)的格局。刘永好称之为"打造世界级的可追溯的完整的农牧产业链"。

2005年之后，新希望集团成功地联盟了国内第三大饲料企业山东六合集团，成为全国第一、亚洲第二的农牧企业；收购北京千禧鹤公司和石羊集团，使农牧产业链更趋于完整和形成规模效应。

刘永好是个学习型的企业家，他随身都携带着小本子，把有用的东西随手记录下来。在他看来，善于学习，始终保持清醒的头脑，这正是新希望做出正确决策，保持可持续增长的原因之一。

思考题：

1. 试概括新希望发展的战略决策模式，刘永好民主的"一言堂"怎样理解？
2. 对决策起到了哪些重要的作用？

训练六：课外调研与实践

1. 你在报考大学时考虑了哪些因素作为决策的依据？与父母、亲戚和朋友做了哪些理性分析？非理性分析占有多大的比重？学习决策理论后，如果让你再做决策，是否有新的选择，为什么？

2. 运用决策理论研究一家新创企业，或是你亲朋好友的企业，进行管理咨询。分析选定企业的外部环境和内部条件，寻找商业机会，提出新的经营目标和方案，并进行评价，提出实施建议。写下这次决策分析的过程，与同学进行交流心得体会。

【阿里巴巴集团案例分析研究与思考】

阿里巴巴集团由马云于1999年创立提供多元化的互联网业务，涵盖B2B贸易、个人零售、支付、企业管理软件和生活分类信息等服务范畴。阿里巴巴是全球企业间(B2B)电子商务品牌，是目前全球最大的网上交易市场和商务交流社区。阿里巴巴总部设在杭州，并在美国硅谷、英国伦敦等设立分支机构。阿里巴巴两次入选哈佛大学商学院MBA案例，在美国学术界掀起研究热潮；连续5次被美国权威财经杂志《福布斯》选为全球最佳B2B站点之一；多次被相关机构评为全球最受欢迎的B2B网站、中国商务类优秀网站、中国百家优秀网站、中国最佳贸易网，被国内外媒体和国外风险投资家誉为与Yahoo、Amazon、eBay、AOL比肩的全球五大互联网商务模式之一。

一、阿里巴巴集团发展历程

(一) 从创办海博翻译社开始，到与银行合作进行无障碍电子商务运营

1996年初，马云在杭州创办海博翻译社，希望通过网上寻找业务。

1997年，海博翻译社加盟外经贸部中国国际电子商务中心——诚商网，开发外经贸部官方站点及网上中国商品交易市场。

1998年12月，马云和其他17位创建人在中国杭州发布了首个网上贸易市场，名为"阿里巴巴在线"。

1999年6月，阿里巴巴集团成立并正式运营，为中小型制造商提供了一个销售产品的网上贸易平台。其后，阿里巴巴茁壮成长，成了主要的网上交易市场，让全球的中小企业通过互联网平台寻求潜在贸易伙伴，并且彼此沟通和达成交易。

2000年10月，推出"中国供应商"服务以促进中国卖家出口贸易。

2001年8月，为国际卖家推出国际站"诚信通"会员服务。

2002年3月，为从事中国国内贸易的卖家和买家推出中国站"诚信通"服务。2002年先后在国际交易市场推出了"关键词"服务。

2003年11月，推出通信软件"贸易通"，让买方和卖方通过网络进行实时沟通交流。

2005年3月，中国交易市场推出"关键词竞价"服务。

2007年3月，中国交易市场推出客户品牌推广展位服务，在香港地区推出"中国供应商"会员服务，在中国市场推出黄金展位服务。与中国的几家主要银行合作为中小企业提供商业贷款。

(二) 在香港地区的香港交易所上市，成为国际化企业

2007年11月6日，阿里巴巴成功在香港地区的香港联合交易所主板上市。同年12月，推出更新版阿里巴巴日本网站。

2008年，阿里巴巴成为恒生综合指数及恒生流通指数成分股，中国交易市场推出"Winport旺铺"服务，为中小企业提供企业建站，帮助中小企业迈开网上生意第一步。与软件银行在日本成立合资公司(alibaba.co.jp)，经营阿里巴巴在日本市场的业务。"诚

信通个人会员"服务正式上线，帮助企业发展中国国内贸易。中国交易市场推出"出口到中国(ETC)"服务，帮助国外中小企业出口到中国。

2008年11月，国际交易市场推出新一代出口产品——"出口通"。

2009年，在中国市场推出按效果付费关键词竞价系统"网销宝"。阿里巴巴旗下公司阿里妈妈成功与返还网合作，作为返还行业的老大，返还网也因此走向了一个更加光明的坦途，人们通过返还网到淘宝上买东西，返还网会返还人们最高50%的现金，因此，返还网受到广大网友的青睐。

2010年4月，在中国淘宝网站推出1688体验版诚信通，阿里巴巴中国站发行诚信通限量版(同期推出精准营销试运行)。受付费会员及增值服务收入增长带动，2010年上半年总营业收入达25.9亿人民币，较同期增长49%，增值业务在会员中的普及率和使用度明显提升并且空间广阔。

(三) 收购扩张，提高国际竞争力

2010年8月25日，阿里巴巴收购一家美国电子商务服务提供商Auctiva，是阿里巴巴成立10年来的首起海外收购案。同年12月，成功收购已经破产了的汇通快递，使阿里巴巴进入物流行业。

2011年5月26日，支付宝经中国人民银行批准，获得第三方支付牌照，成为首批通过的27家企业之一。同年6月16日，阿里巴巴集团将拆分为3个独立的公司：沿袭原C2C业务的淘宝网、平台型B2C电子商务服务商——淘宝商城和一站式购物搜索引擎—一淘网。

2012年2月21日，阿里巴巴集团将向旗下香港地区上市公司阿里巴巴网络有限公司提出私有化要约，其最终回购价格为13.5港元，与2007年底上市招股价持平，该价格较2月9日停牌前的最后60个交易日的平均收盘价格溢价60.4%。 根据相关核算，如私有化成功，预计将耗资190亿港币左右。而在其2007年上市期间，其总募资金额仅为约130亿港币。而在过去几年，为回馈股东，阿里巴巴先后两次分红共计21.1亿港币，创造了互联网史上规模最大的股票分红。

(四) 进行组织结构调整，引进国际风险投资者

2012年7月23日，阿里巴巴集团宣布，调整淘宝、一淘、天猫、聚划算、阿里国际业务、阿里小企业业务和阿里云为七大事业群，组成集团CBBS(消费者、渠道商、制造商、电子商务服务提供商)大市场，加速推动One Company的目标。同年9月18日，阿里巴巴集团宣布对雅虎76亿美元的股份回购计划全部完成了。阿里巴巴还将一次性支付雅虎技术和知识产权许可费5.5亿美元现金。在未来公司上市时，阿里巴巴集团有权优先购买雅虎剩余持有股份的50%。作为交易的一部分，雅虎将放弃委任第二名董事会成员的权力，同时也放弃了一系列对阿里巴巴集团战略和经营决策相关的否决权。阿里巴巴集团董事会将维持2：1：1(阿里巴巴集团、雅虎、软银)的比例。尽管阿里巴巴集团董事会席位表面上没有变化，但阿里巴巴管理层的实际控制权得到了进一步强化。关键时刻阿里管理层的投票权将超过50%，牢牢把握公司控制权。

2013年1月10日，阿里巴巴宣布了一项重大的结构调整决策：整个阿里巴巴集团除支付宝、阿里金融、阿里云等业务外，整个集团被拆分为25个事业部。在新的阿里巴巴集团中，已经没有"淘宝事业部"，而是根据淘宝上的各个重点领域被拆分为了物流事业部、商家业务事业部、航旅事业部等众多小部门。在此次架构调整中，阿里巴巴成立

了专门的无线事业部，再加上此前阿里巴巴在云计算、阿里云操作系统等方面的布局，阿里巴巴正在探索无线互联网的发展之路。

(五) 在美国上市，成为国际有影响力的电子商务集团

2014年3月，阿里巴巴集团宣布启动在美国的上市事宜。

2014年5月7日，中国最大的电子商务公司阿里巴巴，正式向美国证券交易委员会(SEC)提交招股说明书，计划通过IPO募集10亿美元资金。招股书显示，以阿里财年(从2013年4月1日至2014年3月31日)计算，阿里巴巴2012财年(截至2012年3月31日)总营业收入为人民币200.25亿元，2013财年(截至2013年3月31日)总营业收入为人民币345.17亿元。日本软银集团(风投)持股797，742，980股，持股比例为34.4%，是阿里巴巴最大股东。

2014年9月8日，阿里巴巴集团在美国纽约华尔道夫酒店开始上市的首战路演。该公司提交的招股书显示，股票的定价区间为60～66美元，最高融资243亿美元，这成为美国历史上也是全球资本市场上融资规模最大的IPO。

2014年9月19日，阿里巴巴正式在纽约证券交易所挂牌交易，股票代码BABA，集团确定IPO发行价为68美元，位于66美元至68美元发行价区间的上限。此次上市募集资金217.6亿美元，最高募集资金250.2亿美元。按照阿里巴巴集团的IPO发行价计算，阿里巴巴的市值将达1680亿美元，这将使其成为美国市场上市值最高的公司之一，这也超过了亚马逊的1500亿美元。

2014年9月20日(北京时间)凌晨，阿里巴巴集团成功在美国纽约证券交易所挂牌上市，上市首日报收于93.89美元，较发行价上涨25.89美元，涨幅38.07%。当日最低价89.95美元，最高价99.70美元。以收盘价计算，其市值达2314亿美元。

2014年10月29日，开盘的阿里巴巴股价盘中首次突破100美元，创上市以来历史新高，最终该股收报99.68美元，较上个交易日上涨约2%。按收盘价计算，阿里目前市值为2457亿美元，直逼全球零售业霸主沃尔玛的2468亿美元。这标志着阿里巴巴集团成为具有国际竞争力和影响力的跨国企业集团。

2014年11月4日晚，阿里巴巴集团公布的上市以来首份季度财报显示，2014年第三季度，阿里巴巴收入达到168.29亿元人民币，同比增长53.7%；核心业务运营利润达84.93亿元人民币；调整后的净利润为68.08亿元人民币。经调整摊薄后每股盈利为2.79元人民币。

2015年11月12日，阿里巴巴入选MSCI中国指数。

2016年4月6日，阿里巴巴正式宣布已经成为全球最大的零售交易平台。

2016年7月5日，第三方应用商店"豌豆荚"宣布，其应用分发业务并入阿里巴巴移动事业群，双方已正式签订并购协议。

2016年8月，阿里巴巴集团在"2016中国企业500强"中排名第148位。

2017年1月19日，国际奥林匹克委员会与阿里巴巴集团在瑞士达沃斯联合宣布，双方达成期限直至2028年的长期合作。阿里巴巴将加入奥林匹克全球合作伙伴(The Olympic Partner、"TOP")赞助计划，成为"云服务"及"电子商务平台服务"的官方合作伙伴，以及奥林匹克频道的创始合作伙伴。

2017年2月，阿里巴巴成立澳大利亚、新西兰总部。

二、阿里巴巴集团的核心竞争力

阿里巴巴集团的核心竞争力是阿里巴巴集团长期形成并融于其内质中支撑其竞争优势的、超越具体产品和技术的持续竞争力。它支持阿里巴巴集团在产品和技术上不断创新发展，使其在竞争中获得可持续的生存和发展的能力。它包括对不断变化的竞争环境的洞察力、反应力、组织力和创新力，是四力的优化组合。其中洞察力、反应力、组织力是阿里巴巴集团的"软核心能力"；创新力是阿里巴巴集团的"硬核心竞争力"。没有"硬核心竞争力"，阿里巴巴集团就不可能获得创新发展。

(一) 洞察力

洞察力是阿里巴巴集团的首要的核心竞争力。1998年底，马云以50万元人民币起步，在杭州一家民房里创办阿里巴巴网站。他认为占全球企业总数90%的中小企业才是互联网商务服务的主体，并一直坚持阿里巴巴的发展方向是为中小企业和商人建立一个全球最大的、平等便捷的网上商业机会站点。在许多人看来是不可能的商业机会，马云洞察到并抓住机会，做出良好的商业定位，坚持下去是阿里巴巴获得成功的基础。

(二) 反应力

阿里巴巴集团面对市场需求、国际国内经济形势以及竞争对手的经营战略等因素的外部环境变化，能做出最敏捷、最准确的反应，没有这种快捷准确的反应能力，阿里巴巴集团就将失去很多发展机会。在众多不确定因素的竞争环境中，只有做出最及时、最准确的决策以适应形势的变化，才能抢占市场的制高点。

随着网络使用的逐渐普及，2003年5月，阿里巴巴投资1亿人民币推出个人网上交易平台淘宝网(Taobao.com)，致力于打造全球最大的个人交易网站，2004年7月，追加投资3.5亿人民币。2005年10月再次追加投资10亿元。淘宝网在线商品数量、网页日浏览量、注册会员数、网上成交额均在中国个人电子商务市场排名第一。2005年8月，阿里巴巴和全球最大门户网站雅虎达成战略合作，阿里巴巴兼并雅虎中国所有资产，阿里巴巴由此成为中国最大的互联网公司，销售网络遍及全世界，同时雅虎全球在24个国家的销售渠道也将成为阿里巴巴的辅助渠道。这些都是马云看到市场潜力而做出果断的决策。

(三) 决策与组织力

阿里巴巴集团的决策与组织力表现为科学的决策选择和对资源的合理配置，做出B2B电子商务模式是创业成功的根本保障，对各类人才积极性的调动以及对员工的培训与提高，确保了管理运营的效率与效果。阿里巴巴具有较好的管理体制和管理运行机制，打造出能坚持使命目标和管理准则高效稳定的管理团队。马云是阿里巴巴的创始人与首席执行官，他被著名的"世界经济论坛"选为"未来领袖"，是50年来第一位成为《福布斯》封面人物的中国企业家。他一直倡导要讲究团队合作创新精神，平凡的人在一起做一些不平凡的事。他的决策能力、组织能力、沟通协调能力是阿里巴巴集团最重要的核心竞争力。

(四) 创新力

创新力是阿里巴巴集团的"硬核心竞争力"。以中小企业作为其发展的根基，这是阿里巴巴最主要的创新，也是中国电子商务领域的创新。2003年10月，阿里巴巴创建了独立的第三方支付平台——支付宝，进军电子支付领域。目前，支付宝已经和国内的工商银行、建设银行、农业银行和招商银行，国际的VISA国际组织等各大金融机构建立战略合作关系，成为全国最大的独立第三方电子支付平台。阿里巴巴是世界范围内最早介入电子商务的互联网公司，自成立以来，从无到有带动了中国整个电子窗体、电子商务的发展。目前，阿里巴巴被《福布斯》评为全球"最受欢迎的B2B网站"。

三、阿里巴巴集团的独特价值及发展给我们的启示

阿里巴巴集团之所以能获取巨大的成功，关键在于其最高决策者能深入了解网络市场的基本特点及发展规律，明确信息流对网络市场营销的重要性，为企业和商人提供了贸易平台，构筑了新型的贸易发展模式。阿里巴巴集团服务的体验性、高效性、不受时间和空间的限制性，满足了企业和商人对网络产品个性化及专业化的服务需求，为网络消费者提供了快速、便利的购买途径。目前，我国电子商务发展过程中还存在着如网络安全、诚信机制的构建、电子商务法的制定等诸多瓶颈因素，这些因素制约了电子商务的快速发展。阿里巴巴集团成功之路，为我国电子商务发展提供了科学的依据，相信在政府的规范和引导下，通过做好电子商务的发展规划和宏观指导，加强对电子商务基础设施的建设及人才的培养，大力开展及推广电子商务活动，我国电子商务必将有更好、更广阔的发展之路。阿里巴巴集团的成功案例为我国企业电子商务的发展起到了示范、引领作用，必将迎来企业电子商务发展的新时代。

思考：

1. 试评价马云在阿里巴巴关键年的决策，这些决策对企业发展起到了哪些重要影响？
2. 马云在决策时考虑了哪些因素？
3. 试概括阿里巴巴集团发展的基本经验与启示。

第四章

计 划

【教学目标】
1. 掌握计划的含义与性质
2. 理解计划与决策的关系
3. 熟悉计划的类型
4. 掌握计划的编制过程
5. 掌握目标管理的基本程序
6. 了解滚动计划法和网络计划技术

【理论应用】
1. 编制一份个人学习计划。
2. 编制一份班级年度计划，并运用目标管理知识实施计划方案。

【案例导入】

"百信鞋业"生于忧患，死于无计划盲目扩张

李忠文是一个渔民的儿子，从小吃不饱穿不暖。19岁时被人推荐到天津当学徒，学习做鞋。由于为人勤恳，吃得了苦，很受师傅器重，学了一身做鞋的好手艺。李忠文心很大，看见自己的温州老乡都在外面当老板，而自己只能当一个打工仔，很不甘心。1994年，羽翼渐丰的李忠文辞别原来的老板，借了4000块钱，和哥哥两人开始在天津打江山。1996年他打出了"百信鞋业"的旗号，以"平民化，低成本，低价格"为号召，搞起"鞋业超市"，并引进连锁概念，对外号称"中国第一家鞋业连锁企业"。全新的经营模式、超低的商品价格，引来社会上好评如潮，慕名而来的顾客整天挤满了店堂，为李忠文带来了丰厚的收益。2000年，就在李忠文宣称他的"百信鞋业"要在5年内跻身世界500强的时候，灾难开始了。

"百信鞋业"采取的是家电经销的那一套模式，即由厂家先垫款，待一定时间之后，再由商家给厂家结款。这种运作模式，可以很好地解决商家资金紧张的局面，但同时也潜伏着巨大的危险。在"百信"起步的时候，李忠文的信誉非常好，说好给厂家10天结款的就是10天结款，最多不会超过15天。但是随着李忠文的信心爆棚，短时间内一下子开出几十家店，而且单店面积越来越大，最大的超过1万平方米。这些店铺占压了大量的

资金，这使"百信"的资金始终处于极度紧缺的状态。"百信"开始对厂家失信，结款的日期越来越长。与此同时，"百信"在短时间内急剧膨胀，老板自身的知识积累和知识结构跟不上企业的发展，管理混乱不可避免。当"百信"内外交困、岌岌可危之时，"百信"一直存在的"偷逃税"事件被揭发出来，成了压垮骆驼的最后一根稻草。随着由工商、税务、公安等部门联合组成的调查组进驻"百信东北分公司"，被"百信"拖欠着上亿元的巨额货款的各地供应商闻风而动，李忠文的"百信"帝国几乎是在一夜之间土崩瓦解。李忠文的最后一件事就是，许下一大堆诺言，开出一大堆空头支票，然后逃之夭夭。许多企业家都是因为过于乐观而盲目扩张，导致了企业的悲剧。

思考：从计划管理角度，分析"百信"衰亡的原因？怎样避免这类创业悲剧的发生？

第一节　计划的概念及其性质

一、计划的概念

在管理学中，计划具有两重含义，其一是计划工作，是指根据对组织外部环境与内部条件的分析，提出在未来一定时期内要达到的组织目标以及实现目标的方案途径。其二是计划形式，是指用文字和指标等形式所表述的组织以及组织内不同部门和不同成员，在未来一定时期内关于行动方向、内容和方式安排的管理文件。无论是计划工作还是计划形式，计划都是根据社会的需要以及组织的自身能力，通过计划的编制、执行和检查，确定组织在一定时期内的奋斗目标，有效地利用组织的人力、物力、财力等资源，协调安排好组织的各项活动，取得最佳的经济效益和社会效益。

一份完整的计划包括8个方面的内容，即"5W2H1E"。

What——做什么？

即要明确计划工作的具体任务和要求，明确每一个时期的中心任务和工作要点。例如，企业生产计划的任务主要是确定生产哪些产品，生产多少，合理安排产品投入和产出的数量和进度，在保证按期、按质和按量完成订单合同的前提下，使得生产能力得到尽可能充分的利用。

Why——为什么做？

即要明确计划工作的宗旨、目标和战略，并论证可行性。实践证明，计划工作人员对组织的宗旨、目标和战略了解的越清楚，认识的越深刻，就越有助于他们在计划工作中发挥主动性和创造性。正如通常所说的"要我做"和"我要做"的结果是大不一样的，其道理就在于此。

When——何时做？

即规定计划中各项工作的开始和完成的进度，以便进行有效的控制和对能力及资源进行平衡。

Where——何地做？

即规定计划的实施地点和场所，了解计划实施的环境条件和限制，以便合理安排计划实施的空间组织和布局。

Who——谁去做？

即计划不仅要明确规定目标、任务、地点和进度，还应规定由哪个主管部门负责。例如，开发一种新产品，要经过产品设计、样机试制、小批试制和正式投产几个阶段。在计划中要明确规定每个阶段由哪个部门负主要责任，哪些部门协助，各阶段交接时，由哪些部门和哪些人员参加鉴定和审核等。

How——怎样做？

即制定实施计划的措施，以及相应的政策和规则，对资源进行合理分配和集中使用，对人力、生产能力进行平衡，对各种派生计划进行综合平衡等。

How much——多少？

即要用数字的形式表示计划中的投入与产出的数量、时间、方向等。

Effect——效果

即要明确表示计划实施后给组织带来的经济效益和社会效益。

从以上内容可以看出，计划工作既是一项认识工作，又是一项统筹工作。作为一项管理意义上的认识工作，要求对社会化生产过程、社会分工、协作关系、影响社会生产的各因素，积极和主动地做出正确的反应；作为一项统筹工作，要求对整个组织以及组织各部门、各岗位的活动，做出精确和高效的合理安排，对组织的各项资源做出最优配置。

二、计划与决策的关系

计划与决策是两个既相互区别又相互联系的概念。

(一) 计划与决策的区别

计划与决策是相互区别的，因为这两项工作解决的问题不同。

决策是关于组织活动方向、内容以及方式的选择；计划则是对组织内部不同部门和不同成员在一定时期内具体任务的安排，是对组织内部不同部门和成员在该时期内从事活动的具体内容和要求。

(二) 计划与决策的联系

决策是计划的前提，计划是决策的逻辑延续；在实际工作中，决策与计划相互渗透，有时甚至是不可分割地交织在一起。

三、计划的性质

任何事物都有其特性。理解事物的性质是为了更好地把握事物发展的未来。计划工作的性质可以概括为目的性、首位性、普遍性、效率性和创新性5个主要方面。

(一) 目的性

任何组织和个人制订计划都是为了有效地达到某种目标。然而在计划工作开始之前，这种目标可能还不具体，计划工作就是让这些目标具体化，以便执行和完成。在计划工作过程的初始阶段，制定具体的、明确的目标是其首要任务，其后的所有工作都是围绕目标进行的。例如，某家百货公司的经理希望明年的销售额和利润额有较大幅度的增长，这就是一种不明确的目标，为此需要制订计划，根据过去的情况和现在的条件确定一个可行的目标，比如销售额增长20%，利润额增长15%。这种具体的、明确的目标不是单凭主观愿望能确定的，它要符合实际情况，是以科学预测和分析工作为基础的。

计划的目的性主要体现在以下3个方面：

第一，计划是一种协调过程，它给管理者和非管理者指明了方向，当所有人明确目标后，可协调他们的活动，使他们团结协作。

第二，计划工作促使管理者预测未来，考虑变化因素的冲击，制定相应对策，可以降低不确定性。

第三，计划工作设定的目标和标准便于进行控制，通过计划设立目标，在实际管理过程中可以将实际情况与目标进行比较，及时发现偏差和问题，采取必要的措施进行调整。

(二) 首位性

计划工作在管理职能中处于首要地位，一方面主要是由于管理过程中的其他职能都是为了支持、保证目标的实现，计划职能在时间顺序上处在计划、组织、领导、控制四大管理职能的首位。因此，这些职能只有在计划工作确定了目标之后才能进行。一位厂长只有在明确目标之后才能确定合适的组织结构、下级的任务和权力、伴随权力的责任，以及怎样控制组织和个人的行为不偏离计划等。所有这些组织、领导、控制职能都是用计划作标准的。没有计划工作，其他工作就无从谈起。另一方面，有些情况下，计划可能是唯一需要完成的管理工作。计划工作的最终结果可能导致一种结论，即没有必要采取进一步的行动。比如，原打算在某地建立一个新的钢铁厂，首先要做的工作是进行可行性分析，如果分析的结果表明在此地建立钢铁厂是不合适的，那么所有工作也就结束了，无须实行其他的管理职能。

(三) 普遍性

与计划的概念相对应，计划的普遍性也有两层含义：一是指社会各部门、各环节、各单位、各岗位，为有效实现管理目标，都必须具有相应的计划。上至国家，下至一个班组，甚至个人，无不如此。二是指所有管理者，从最高管理人员到第一线的基层管理人员都必须从事计划工作。计划是任何管理人员的一个基本职能，也许他们各自计划工作的范围不同、特点不同。但凡是管理者都要做计划工作，都必须在上级规定的政策许可的范围内做好自己的计划工作。如果管理人员没有做出计划，管理工作一定是无序的、混乱的。在管理科学研究中，人们发现基层管理者责任感的最重要因素，就是他们有从事计划工作的能力。

(四) 效率性

计划的经济效益可用计划的效率来衡量。计划的效率是指实现目标所获得的利益与执行计划过程中所有耗损总和的比率。换句话说，计划效率是指制订计划与执行计划时所有的产出与所有的投入之比。如果一个计划能够达到目标，但它需要的代价太大，这个计划的效率就很低，因此不是一份好的计划。在制订计划时要时时考虑计划的效率，不但要考虑经济方面的利益和耗损，还要考虑非经济方面的利益和耗损。

计划的效率性主要体现在以下3个方面：

第一，有效地实现组织与外部环境的协调，最大限度地减少由于这方面不协调给组织带来损失的可能性。

第二，有效地实现组织内部的协调，使投入产出比率最佳。

第三，有效地实现组织目标与组织成员个人目标的协调。

因此，计划工作的任务不仅要确保实现目标，而且要从众多的计划方案中选择满意的，以求资源的合理利用和提高效率。

(五) 创新性

计划工作总是针对需要解决的新问题和可能发生的新机会而做出安排的，因而它是一个创造性的管理过程。计划是对管理活动的创新设计。正如一种新产品的成功在于创新一样，成功的计划也依赖于创新和再设计。

综上所述，计划工作是一个指导性、预测性、科学性和创造性很强的管理活动，但同时又是一项复杂而又困难的工作。提高管理水平首先提高计划管理水平，而提高计划工作的科学性是全面提高管理水平的前提和关键。

【案例】

节日联欢活动计划

某班级决定组织一次节日联欢活动，班长拟订了一份活动计划：12月31日晚上7点开始联欢，全班同学出席，邀请班主任和任课老师参加，内容有唱歌(卡拉OK)、猜谜、跳迪斯科，由文艺委员主持，买一箱可乐和若干水果，招待出席者和老师，买一些文具作为奖品奖励演出者和猜谜成功者，晚上11点结束活动。

思考：该计划可行吗？

第二节　计划的类型

计划的种类很多，按照不同的标准可将计划分为不同的类型，如表4-1所示。

表 4-1 计划的类型

分类标准	类型
时间界限	长期计划、中期计划和短期计划
综合性	战略性计划和战术性计划
职能	业务计划、财务计划和人事计划
明确性	指令性计划和指导性计划
组织活动	程序性计划和非程序性计划
表现形式	使命、目标、战略、政策、程序、规则、方案、预算

一、按计划的时期界限划分为长期计划、中期计划和短期计划

管理人员常采用长期、中期和短期来描述计划。长期通常指5年以上，短期一般指1年以内，中期则介于两者之间。

长期计划描述了组织在较长时期(通常5年以上)的发展方向和方针，规定了组织的各个部门在较长时期内从事某种活动应达到的目标和要求，绘制了组织长期发展的蓝图。

短期计划具体地规定了组织的各个部门在目前到未来的各个较短的时期阶段，特别是最近的时段中，应该从事何种活动，从事该种活动应达到何种要求，因而为各组织成员在近期内的行动提供了依据。

二、按计划的综合性划分为战略计划和战术计划

战略计划与战术计划在时间框架上、在范围上和在是否包含已知的一套组织目标上都是不同的。

战略计划趋向于包含持久的时间间隔，通常为5年甚至更长，它覆盖较宽的领域和不规定具体的细节。它是应用于整体组织，为组织设立总体目标和寻求组织在环境中的地位的计划,体现其长期性、整体性、全面性和综合性。

战术计划是在战略计划的指导下，具体规定总体目标如何实现的细节的计划，其需要解决的是组织的具体部门或职能在未来各个较短时期内的行动方案，体现其短期性、局部性、技术性和可操作性。

三、按计划的企业职能划分为业务计划、财务计划和人事计划

企业职能按管理活动的类型分为生产、设备、技术、销售、财务和人事等。企业各职能部门的计划一般是根据总体计划来制定的，并考虑各部门的相互关系。业务计划是组织的主要计划，包括产品开发、物资采购、仓储后勤、生产作业以及销售促进等内容；财务计划是研究如何从资本的提供和利用上促进业务活动的有效进行；人事计划是分析如何为业务规模的维持或扩大提供人力资源的保证。

四、按计划的内容明确性划分为指令性计划和指导性计划

指令性计划具有明确规定的计划目标，不存在模棱两可，而且必须完成。比如，企业销售部经理决定使企业销售额在未来6个月中增长15%，他会制定明确的程序、预算方案以及日程进度表，要求下属人员必须完成，这便是指令性计划。

指导性计划只规定某些一般的方针和行动原则，给予行动者较大自由处置权，它指出重点但不把行动者限定在具体的目标上或特定的行动方案上。比如，一个增加销售额的指导性计划只规定未来6个月内销售额要增加12%～16%。相对于指导性计划而言，指令性计划虽然更易于执行、考核及控制，但缺少灵活性，它要求的明确性和可预见性条件往往很难满足。我国在改革开放前就是实行指令性计划，叫"统一计划、统一生产、统一分配"，从财务角度上讲叫"统收统支计划"。

五、按计划的组织活动划分为程序性计划与非程序性计划

程序性计划是对经常重复出现的工作或问题而按既定的程序来制订的计划。比如，每年企业都进行计划制定、检查等项工作，这就是程序性计划；而非程序性计划是对不经常重复出现的非例行活动所做的计划。比如，企业应对突发的事件所做的计划就是非程序性计划。

六、按计划的表现形式分类

哈罗德·孔茨和海因·韦里克从抽象到具体，把计划划分为使命、目标、战略、政策、程序、规则、方案(或规划)及预算，如图4-1所示。

图4-1　计划的层次体系

(一) 使命

它指明一定的组织机构在社会上应起的作用和所处的地位。它决定组织的性质，决定此组织区别于彼组织的标志。各种有组织的活动，如果要使它有意义的话，至少应该有自己的使命。比如，大学的使命是教书育人和科学研究，研究院所的使命是科学研究，

医院的使命是治病救人，法院的使命是解释和执行法律，企业的使命是生产和销售商品和服务。

(二) 目标

组织的目的或使命往往太抽象，太原则化，它需要进一步具体为组织一定时期的目标和各部门的目标。组织的使命支配着组织各个时期的目标和各个部门的目标。而且，组织各个时期的目标和各部门的目标都是围绕组织存在的使命所制定的，并为完成组织使命而努力的。虽然教书育人和科学研究是一所大学的使命，但一所大学在完成自己使命时会进一步具体化不同时期的目标和各院系的目标，比如最近3年培养多少人才，发表多少论文等。

(三) 战略

战略是为了达到组织总目标而采取的行动和利用资源的总计划，其目的是通过一系列的主要目标和政策去决定和传达一个组织期望自己成为什么样的组织。它是从全局、宏观上规定组织的发展方向和总目标。实现或完成战略目标由具体的各方面支持性计划的实施。

(四) 政策

政策是指导或沟通决策思想的全面的陈述书或理解书。在一定条件下，政策决定组织的生死存亡。政策一旦制定并发布，组织中的各个部门及人员必须执行。但外部环境发生了变化，也可做适当的调整，在授权的条件下，执行政策可以灵活，但必须受上级的监控，不可以随心所欲的滥用政策。

(五) 程序

程序是制定处理管理活动的必需的步骤，往往表现为组织的规章制度。程序一般需要列出必须完成某类活动的行为方式，并按时间顺序对必要的活动进行排列。比如，一家制造企业的处理定单程序、财务部门批准给客户信用的程序、会计部门记载往来业务的程序等。组织中每个部门都有程序，并且在基层，程序更加具体化、数量更多。

(六) 规则

规则是详细阐明了管理活动必须坚持的原则。规则没有酌情处理的余地。它详细、明确地阐明了必需的行动或不必要的行动，其本质是一种管理决策。规则通常是最简单形式的计划。

1. 规则不同于程序

其一，规则指导行动但不说明时间顺序；其二，可以把程序看作一系列的规则。但是，一条规则可能是也可能不是程序的组成部分。比如，"禁止吸烟"是一条规则，但和程序没有任何联系；而一个规定为顾客服务的程序可能表现为一些规则，如在接到顾客需要服务的信息后30分钟内必须给予答复。

2. 规则也不等于政策

政策的目的是指导行动，并给执行人员留有酌情处理的余地；而规则虽然也发挥着指导作用，但是在运用规则时，执行人员没有自行处理权。必须注意的是，就其性质而言，规则和程序均旨在约束思想行为；因此，只有在不需要组织成员使用自行处理权时，才使用规则和程序。

(七) 方案(或规划)

方案是一个综合的计划，它包括目标、政策、程序、规则、任务分配、要采取的步骤、要使用的资源以及为完成既定行动方针所需要的其他因素。一项方案可能很大，也可能很小。通常情况下，一个主要方案(规划)可能需要若干具体支持计划。所有这些计划都必须加以协调和统筹安排，以保证方案能落到实处。

(八) 预算

预算是用数字来表示预期结果的一种报告书或报表，它以数字的形式来表现计划中的投入与产出的数量、时间、方向等。简单地说，预算就是数字化的计划。同时，预算也是检查计划、实现控制的重要手段。因而，通过预算可以考核管理工作的成效及对预算目标的偏离情况，从而实现控制的目的。

【案例】

"鹰号"太空飞船成功着陆

"休斯顿，川奎特基地，'鹰号'已经着陆了。"这句话永远铭刻在全世界所有在1969年7月20日观看第一次人类登月的人们的记忆里。这一成功盛举背后的场面是令人难以置信的。因为看起来十分理想的顺利飞行，实际上，几乎面临着一场巨大的灾难。

把三个宇航员送入太空，其中两个驾驶太空飞船，然后着陆在月球上，这需要非常详细而周密的计划。从能量巨大的Slaturn V火箭倒计时和起飞，到太空飞船的精密操作，每个细节都做了周密计划，技术专家和飞行控制人员都是这样考虑的。当尼尔·阿姆斯特朗和巴兹·阿尔顿开始驾驶小型极易损坏的'鹰号'太空飞船向月球表面降落的时候出了差错。突然警报响了——一个'1202'报警声音。在指挥中心从地球上监控'鹰号'下降的一个人回忆说，"我不太清楚'1202'到底是什么。"离月球表面着陆只剩下8分钟的时候，除了史蒂夫·比尔斯，一个26岁的技术专家，指挥中心没有一个人知道"1202"意味着什么。整个太空项目组只能等待，看比尔斯是否放弃月球着陆。比尔斯最后决定，问题是由于飞船上的计算机信息太多不能处理而引起的，只要计算机不完全关闭，他们就能成功地在月球上着陆。尽管响了警报，指挥中心还是按计划向'鹰号'发出了继续着陆的信号。

当"Eagle"离月球表面只有5000英尺，且以100英尺/秒的速度飞向月球时，另一个问题发生了。指挥中心的计算机引导飞船进入着陆区，但是当尼尔·阿姆斯特朗从飞船窗口看月球表面的时候，他没有看到任何事先研究月球表面时所能认出的东西。计算机制导系统正引导他们进入一个岩石地带——与事先计划的完全不同。着陆在像大众汽车那么大的岩石上，精密的月球着陆器将会粉身碎骨。在离月球表面350英尺时，尼尔·阿姆斯特朗没有与休斯顿指挥部说一句话，就直接手动操纵飞船寻找着陆地点。指挥中心的工程师和技术人员只是坐着而不能给予任何帮助。当尼尔·阿姆斯特朗离月球越来越近时，他能看到的还是岩石。

同时，在休斯顿，计算机显示"鹰号"油箱里的燃料已经很少了。那天指挥中心的一个成员回忆说，"从那时起，我们什么忙也帮不上。我们能做的只是告诉他们还剩下多少燃料。"指挥中心的决定是如果'鹰号'不能在60秒之内着陆，登月行动即告失败。25秒，20秒，尼尔·阿姆斯特朗离月球表面只有100英尺了，这时他找到了一个着陆地点，如果他能及时降落到那里的话似乎是安全的。那时，指挥中心异常的寂静，什么声音都听不到。紧接着，通信系统中传来尼尔·阿姆斯特朗平静、镇定和冷静的声音："休斯顿，川奎特基地，'鹰号'已经着陆了。"事实证明，即使在太空行动中，最聪明的管理者和技术人员已经做了最出色的计划，也不能总是按照计划行事。

思考：在计划登月任务时，指令性计划和指导性计划都起了什么样的作用？

第三节　计划编制过程

虽然计划的类型和表现形式各种各样，但科学地编制计划所遵循的步骤却具有普遍性。管理者在编制各类计划时，都可遵循如下步骤。即使在编制一些简单计划的时候，也应按照如下完整的思路去构想整个计划过程。

一、确定目标

人们在旅行之前都必须明确自己的目的地，同样计划工作的第一个步骤就是为整个计划确立目标，也就是计划预期的成果。除此之外，还要确定为达到这一目标，需要做哪些工作，重点在哪里，如何运用战略、程序、规章、预算等计划形式去完成计划工作的任务等。目标的选择是计划工作极为关键的内容，很难想象一份成功的计划会在选定的目标上存在偏差。

在目标的制定上，首先要注意目标的价值。计划设立的目标应对组织的总目标有明确的价值并与之相一致，这是对计划目标的基本要求。

其次要注意目标的内容及其优先顺序。在一定的时间和条件下，几个共存的目标各自的重要性可能是不同的，不同目标的优先顺序将导致不同的行动内容和资源分配的先后顺序。因此，恰当地确定哪些成果应首先取得，即哪些是优先的目标，这是目标选择过程中的重要工作。

最后，目标应有其明确的衡量指标，不能含糊不清。目标应该尽可能地量化，以便度量和控制。有些工商企业把诸如"我们的工作要取得突破性的进展"，"我们的工作要再上一个新的台阶"等这样一些口号性的标语作为计划的目标，结果这些模棱两可的目标不能实施，无法衡量，计划目标的导向作用发挥不了。目标有其层次性，组织的总目标要为组织内的所有计划指明方向，而这些计划又要规定一些部门的具体目标，部门目标又控制着其下属部门的目标，如此等等，从而形成目标体系，使得整个组织的全部计划内容都纳入在企业的总目标体系之内。

二、确定前提条件

确定前提条件是计划工作的一个重要内容。选定目标是确定计划的预期成果，而确定前提条件则是要确定整个计划活动所处的环境。计划是对未来条件的一种"情景模拟"，计划的这个工作步骤就是要确定这种"情景"所处的状态和环境。这种"情景模拟"能够在多大程度上贴近现实，取决于对它将要处的环境和状态的预测能够多大程度地贴近未来的现实。人们从来都不可能百分之百地预见未来的环境，而只能通过对现有事实的理性分析来预测计划涉及的未来环境。未来环境的内容多种多样，错综复杂，管理者不可能也没有必要对它的每个方面、每个环节都做出预测。组织通常只要对计划内容有重大影响的主要因素做出预测便可满足需要了。一般来说，对以下几个方面的环境因素的预测是必不可少的：

第一，宏观的社会经济环境，包括其总体环境以及与计划内容密切相关的那部分环境因素。

第二，政府政策，包括政府的税收、价格、信贷、能源、进出口、技术、教育等等与计划的内容密切相关的政策。

第三，组织面临的市场，包括市场环境的变化、供货商、批发商、零售商及消费者的变化。

第四，组织的竞争者，包括国内外的竞争者，潜在的竞争者等。

第五，组织的资源，包括未来为完成计划目标而向外部获取所需的各项资源，如资金、原料、设备、人员、技术、管理等。

上述环境因素，有的可控，有的不可控。一般来说，不可控的因素越多，预测工作的难度越大。同时，对以上各环境因素的预测同样应遵循"重要性"原则，即与计划工作关系最为密切的那些因素应给予高度重视。

三、拟订和选择可行性行动计划

几乎每次活动都有"异途"存在。所谓异途，就是不同的途径、不同的解决方式和方法。因此，计划的下一步工作就是要找出一种可行性行动计划。拟订和选择行动计划包括3个内容：拟订可行性行动计划、评价行动计划和选定行动计划。

(一) 拟订可行性行动计划

拟定可行性行动计划要求拟订尽可能多的计划。可供选择的行动计划数量越多，被选计划的相对满意程度就越高，行动就越有效，因此，在可行性行动计划的拟订阶段，要发掘出多个高质量的行动计划必须集思广益、开拓思路、大胆创新，但同样重要的是要进行初步筛选，减少备选行动计划的数量，以便集中对一些最有希望的行动计划进行仔细的分析比较。

(二) 评价行动计划

确定了备选行动计划后就要根据活动的目标和前提条件，通过考察、分析来对各种备选行动计划进行评价。评价备选行动计划的尺度有两个方面：一是评价标准；二是各个标准的相对重要性。显然，计划前期工作的质量直接影响行动计划评估的质量。

(三) 选定行动计划

这无疑是整个计划流程中的关键一步。这一步的工作完全建立在前三步的工作基础上。为了保持计划的灵活性，选择的结果往往可能会选择两个甚至两个以上的行动计划，并且决定首先采取哪个行动计划，并将其余的行动计划进行细化和完善，作为后备行动计划。

四、拟订派生计划

完成选择之后，计划工作并没有结束，还必须帮助涉及计划内容的各个下属部门制订支持总计划的派生计划。几乎所有的总计划都需要派生计划的支持保证，完成派生计划是实施总计划的基础。

五、编制预算，使计划数字化

计划的最后一步工作就是将计划转变为预算，使之数字化。这主要有两个目标：第一，计划必然要涉及资源的分配，只有将其数量化后才能汇总和平衡各类计划，分配好资源；第二，预算可以成为衡量计划是否完成的标准。

六、执行与检查

计划工作最后还包括实施计划，以及观察计划实施过程是否正常，有无障碍出现，为了按照计划要求执行方案，管理人员必须进行一系列的决策。执行方案需要组织中所有成员相互协调与配合。实现有效协调的途径是鼓励参与编制计划。实施计划还需要制定时间表并对其进行分段，以利于计划的实施。

为了有效地实施计划，还必须制定后续程序和控制机制。这些程序和控制机制能够发现操作中的偏差，有助于采取纠正措施。在计划的每一阶段，都应将实际产出结果与计划进行比较。许多项目和计划失败的原因就在于它们缺少有效的控制反馈程序。

第四节 计划的实施

在计划工作中，组织实施计划的方法有目标管理、滚动计划法和网络计划技术等。

【案例】

老马和驴

唐太宗贞观年间，有一头马和一头驴子，它们是好朋友。贞观三年，这匹马被玄奘选中，前往印度取经。17年后，这匹马驮着佛经回到长安，便到磨坊会见它的朋友驴子。老马谈起这次旅途的经历：浩瀚无边的沙漠、高耸入云的山峰、炽热的火山、奇幻的波澜……神话般的境界，让驴子听了大为惊异。

驴子感叹道："你有多么丰富的见闻呀！那么遥远的路途，我连想都不敢想。"

老马说："其实，我们跨过的距离大体是相同的，当我向印度前进的时候，你也一刻没有停步。不同的是，我同玄奘大师有一个遥远的目标，按照始终如一的方向前行，所以我们走进了一个广阔的世界。而你被蒙住了眼睛，一直围着磨盘打转，所以永远也走不出狭隘的天地……"

马和驴子最大的差别就在于目标的不同，最终导致了不同的结果。这则寓言启示我们：企业或团队有目标不等于有好目标。好目标一定要结合企业的长远发展和员工的特点来制定。彼得·德鲁克说："目标并非命运，而是方向。目标并非命令，而是承诺。目标并不决定未来，而是动员企业的资源与能源以便塑造未来的那种手段。"

从上述案例可以看出，职业经理在授权过程中，应用了计划及订立目标的重要性，明白"好目标"具有的特征，知道如何在日常工作中订立"聪明"的目标。我们必须通过科学的制度和程序，制定明确的目标，确立责任，通过正确、合理的方法达到目标，而不是通过管理者的随意性或某种妥协来达到目标。

一、目标管理

"目标管理"的概念是管理专家彼得·德鲁克(Peter Drucker)于1954年在其名著《管理实践》中最先提出的，其后他又提出"目标管理和自我控制"的主张。德鲁克认为，并不是有了工作才有目标，而是相反，有了目标才能确定每个人的工作。所以"企业的使命和任务，必须转化为目标"，如果一个领域没有目标，这个领域的工作必然被忽视。因此，管理者应该通过目标对下级进行管理，当组织最高层管理者确定了组织目标后，必须对其进行有效分解，转变成各个部门以及各个人的分目标，管理者根据分目标的完成情况对下级进行考核、评价和奖惩。

目标管理提出以后，便在美国迅速推广。当时是第二次世界大战后西方经济由恢复转向迅速发展的时期，企业急需采用新的方法调动员工的积极性以提高竞争能力，目标管理的出现可谓应运而生，遂被广泛应用，并很快为日本、西欧国家的企业所仿效，在世界管理界大行其道。

(一) 目标管理的含义

所谓目标管理乃是一种程序或过程，它使组织中的上级和下级一起协商，根据组织的使命确定一定时期内组织的总目标，由此决定上、下级的责任和分目标，并把这些目标作为组织经营、评估和奖励每个单位和个人贡献的标准。

目标管理与传统管理方式相比具有鲜明的特点，可概括为以下3个方面。

1. 重视人的因素

目标管理是一种参与的、民主的、自我控制的管理制度，也是一种把个人需求与组织目标结合起来的管理制度。在这一制度下，上级与下级的关系是平等的、尊重的、依赖的、支持的，下级在承诺目标和被授权之后是自觉的、自主的和自治的。

2. 建立目标管理体系

目标管理通过专门设计的过程，将组织的整体目标逐级分解，转换为各单位、各员工的分目标。从组织目标到经营单位目标，再到部门目标，最后到个人目标。在目标分解过程中，权、责、利三者已经明确，而且相互对称。这些目标方向一致，环环相扣，相互配合，形成协调统一的目标管理体系。只有每个人员完成了自己的分目标，整个企业的总目标才有完成的希望。

3. 重视成果

目标管理以制定目标为起点，以目标完成情况的考核为终结。工作成果是评定目标完成程度的标准，也是人事考核和奖评的依据，成为评价管理工作绩效的唯一标志。至于完成目标的具体过程、途径和方法，上级并不过多干预。所以，在目标管理制度下，监督的成分很少，而控制目标实现的能力却很强。

(二) 目标管理的特点

作为任务分配、自我管理、业绩考核和奖惩实施的目标管理具有如下几个特点。

1. 目标的层次性

组织目标形成一个有层次的体系，范围从广泛的组织战略性目标到特定的个人目标。这个体系的顶层包含组织的远景和使命陈述。第二层次是组织的任务。在任何情况下，组织的使命和任务必须要转化为组织总目标和战略，总目标和战略更多地指向组织较远的未来，并且为组织的未来提供行动框架。这些行动框架必须要进一步地细化为更多的具体的行动目标和行动方案，这样，在目标管理体系的基层，有分公司的目标、部门和单位的目标、个人目标等。

在组织的层次体系中的不同层次的主管人员参与不同类型目标的建立。董事会和最高层主管人员主要参与确定企业的使命和任务目标，也参与在关键成果领域中更多的具体的总目标。中层主管人员如副总经理、营销经理或生产经理，主要是建立关键成果领域的目标、分公司的和部门的目标。基层主管人员主要关心的是部门和单位的目标以及他们的下级人员目标的制定。

2. 目标的网络性

如果说目标体系是从整个组织的整体观来考察组织目标的话，那么，目标网络则是从某一具体目标的实施规划的整体协调方面来进行工作。目标与计划方案，通常均形成所希望的结果和结局的一种网络。如果各种目标不互相关联，不相互协调，也不相互支持，则组织成员往往出于自利而采取对本部门看来可能有利而对整个公司却是不利的途径。目标网络的内涵表现为以下4点：

(1) 目标和计划很少是线性的。即并非一个目标实现后接着去实现另一个目标，如此等等。目标和规划形成一个互相联系着的网络。

(2) 主管人员必须确保目标网络中的每个组成部分要相互协调。不仅执行各种规划要协调，而且完成这些规划在时间上也要协调。

(3) 组织中的各个部门在制定自己部门的目标时，必须要与其他部门相协调。有人研究得出结论，一家公司的一个部门似乎很容易制定完全适合于它的目标，但这个目标却在经营上与另一个部门的目标相矛盾。

(4) 组织制定各种目标时，必须要与许多约束因素相协调。企业的各个目标互相联系构成一个庞大的网络，所以要注意各目标之间的互相协调，还要注意与制约各个目标的其他因素的协调。

3. 目标的多样性

企业任务的主要目标，通常是多种多样的，但一定有一个关系全局的主要目标。同样，在目标层次体系中的每个层次的具体目标，也可能是多种多样的。有人认为，一位主管人员不可能有效地追求更多的目标，以2～5个为宜。其理由是，过多的目标会使主管人员应接不暇从而顾此失彼，更为可怕的是，可能会使主管人员过多注重于小目标而有损于主要目标的实现。也有人认为，即使排除了日常的事务性工作，似乎也没有目标的限定数目，主管人员可能同时追求多达10～15个重要目标。但这个结论是值得怀疑的，如果目标的数目过多，其中无论哪一个都没有受到足够的注意，则计划工作是无效的。因此，在考虑追求多个目标同时，必须对各目标的相对重要程度进行区分。

4. 目标的可考核性

目标考核的途径是将目标量化。目标量化往往也会损失组织运行的一些效率，但是对组织活动的控制、成员的奖惩会带来很多方便。目标可考核表达的是这样一个意思：人们必须能够回答这样一个问题，"在期末，我如何知道目标已经完成了？"比如，获取合理利润的目标，可以最好地指出公司是赢利的还是亏损的。但它并不能说明应该取得多少利润。因为在不同人的思想里，"合理"的解释是不同的，对于下属人员是合理的东西，可能完全不被上级领导人接受。如果意见不合，下属人员一般无法争辩。如果我们将此目标明确地定量为"在本会计年度终了实现投资收益率10%",那么它对"多少?""什么?""何时?"等问题都做出了明确回答。在目标管理过程中,只要有可能,我们就规定明确的、可考核的量化目标。

5. 目标的可接受性

根据美国管理心理学家维克多·弗鲁姆的期望理论,人们在工作中的积极性或努力程度(激发力量)是效价和期望值的乘积,其中效价指一个人对某项工作及其结果(可实现的目标)能够给自己带来满足程度的评价,即对工作目标有用性(价值)的评价;期望值指人们对自己能够顺利完成这项工作可能性的估计,即对工作目标能够实现概率的估计。因此,一个目标对其接受者如果要产生激发作用的话,那么对于接受者来说,这个目标必须是可接受的,可以完成的。对一个目标完成者来说,如果目标是超过其能力所及的范围,则该目标对其是没有激励作用的。

6. 目标的挑战性

同样根据弗鲁姆的期望理论,如果一项工作完成所达到的目的对接受者没有多大意义的话,接受者也是没有动力去完成该项工作的;如果一项工作很容易完成,对接受者来说是件轻而易举的事件,那么接受者也没有动力去完成该项工作。所谓"跳一跳,摘桃子",说的就是经过努力才能够完成的目标。目标的可接受性和挑战性是对立统一的关系,但在实际工作中,我们必须把它们统一起来。

7. 目标的反馈性

信息反馈是把目标管理过程中,目标的设置、目标实施情况不断反馈给目标设置和实施的参与者,让人员时时知道组织对自己的要求、自己的贡献情况。如果建立了目标再加上反馈,就能更进一步加强员工自我激励和自我控制。

(三) 目标管理的原则

企业实施目标管理必须遵循以下几项基本原则。

1. 以人为本

尊重员工,尊重下属。坚持"以人为本,实现人的价值为本",而不是把"人"当成工具。强化员工的自主工作、自我管理、自我监控和自我激励。

2. 责权利相统一

(1) 责任。每人承担明确的责任,每人有自己明确的工作目标。

(2) 权力。权力与责任相匹配,授予下属履行职责基本权力,让下属拥有做好工作的自主权。

(3) 利益。员工利益与自身工作直接挂钩,依绩效论功过、论赏罚。

3. 员工参与

员工参与拟定自我工作目标，对工作自我进行过程监控(上司也进行监控)，参与对自己工作绩效的考评。

(四) 目标管理的内容

目标管理包括目标设定、目标执行、绩效考评和奖惩激励四大核心内容。这四大核心内容也是目标管理的四大关键控制点，它们相辅相成，形成一个整体。

1. 目标设定

目标表示最后结果。企业在对内外经营环境进行分析的基础上，制定一段时间内的工作目标或工作标准，并按时段向下逐级分解，形成各部门及每个岗位的工作目标，最终形成整个企业的目标管理体系；同时根据各自的工作目标拟订相应的行动计划。

设定目标，一般要求目标的数量不宜太大(多样性)，要尽可能地说明必须完成什么和何时完成，也应明示所期望的质量和为实现目标的计划成本(可考核性)。此外，目标能促进个人和职业上的成长和发展，对员工具有挑战性(可接受性、挑战性)，并适时地向员工反馈目标完成情况。

2. 目标执行

目标责任人以自我管理为原则，将行动方案付诸实施，变他控为自控，经常自我检讨工作进度，并依情况需要采取各种补救措施。而其主管则应以例外管理为原则，给下属以充分的授权并提供必要的指导和资源支持。这一阶段包括目标实施、过程管制和目标修正3个关键环节。

3. 绩效考评

在目标实施过程中或终了时，或一个工作项目完成后，由目标执行人、主管及专门的绩效考评机构，根据责任人的工作实绩，对目标实施过程、目标达成结果及责任人本身做出客观、公正的评价。

4. 奖惩激励

将考评结果同员工薪酬挂钩，实行按绩效分配的政策；将工作绩效同职务升降联系，体现能者上、庸者下的原则。

(五) 目标管理的基本程序

1. 计划阶段

(1) 制定高层管理目标。领导必须根据组织的使命和长远战略，估计客观环境带来的机遇和挑战，充分讨论研究。

(2) 重新审议组织结构和职责分工。总目标制定后，要重新审查现有的组织结构，做出若干改变，以明确目标责任者和协调关系。

(3) 确定下级和个人的分目标。在制定分目标时应注意：①由责任人参与协商分解组织目标，以明确确定和认可个人的职责。②目标应具体、可测量、有时间规定，便于考核。③目标方向正确，目标值恰当，既切合实际又有挑战性。④协议授权，上下级就实现目标所需的条件及目标实现后的奖惩达成协议，并授予下级相应的资源配置权力。双方协商后，由下级写成书面协议。

2. 执行阶段

(1) 咨询指导。根据各级目标需要，加强目标实施过程各环节的指导，帮助解决目标实施过程中存在的问题、并提供各方面的支持。

(2) 调节平衡。在目标实施过程中，对人、财、物、信息、技术等做横向协调，合理使用，为目标管理活动的正常开展创造条件。

(3) 反馈控制。建立信息反馈制度，掌握目标实施情况，及时发现问题及偏差，尽快进行处理。

3. 检查评价阶段

(1) 考评成果。预定期限达到后，对照目标项目及目标值及时检查评价。

(2) 奖惩兑现。按照协商好的目标成果及奖惩条件，对目标责任单位、部门及个人实施奖励和处罚，以达到激励先进、鞭策后进的目的。

(3) 总结经验。对目标管理中的经验及教训进行总结，提出存在的问题，再次制定下一轮目标，开始新的目标管理循环。

(六) 目标管理的评价

目标管理是以相信人的积极性和能力为基础的，企业各级领导者对下属人员的领导，不是简单地依靠行政命令强迫他们去干，而是运用激励理论，引导职工自己制定工作目标，自主进行自我控制，自觉采取措施完成目标，自动进行自我评价。目标管理的最大特征是通过诱导启发职工自觉地去干，激发员工的创新潜能，提高员工的工作效率，来促进企业总体目标的实现。

目标管理与其他任何事物一样具有两个方面，既有优点，又有本身的局限性。

1. 目标管理的优点

(1) 管理强化，水平提高。目标管理能够导致管理水平的提高。以最终结果为导向的目标管理，它迫使各级管理人员去认真思考计划的效果，而不仅仅是考虑计划的活动。为了保证目标的实现，各级管理人员必然要深思熟虑实现目标的方法和途径，考虑相应的组织机构和人选，以及需要怎样的资源和哪些帮助。许多经理认为，有一套目标体系、有一套评价标准，就激励和控制来讲，没有比这更能推动有效管理了。

(2) 成果导向，结构优化。目标管理能够促使管理人员根据目标去确定组织的任务和结构。目标作为一个体系，规定了各层次的分目标和任务，那么，在允许的范围内，组织机构要按照实现目标的要求来设置和调整，各个职位也应当围绕所期望的成果来建立，这就会使组织结构更趋合理与有效。为了取得成果，各级管理人员必须根据他们期望的成果授予下属人员相应的权力，使其与组织的任务和岗位的责任相对应。

(3) 任务承诺，责任明确。目标管理是由各级管理人员和工作人员去承担完成任务的责任，从而让各级管理者和工作人员不再只是执行指标和等待指导，而成为专心致志于自己目标的人。他们参与自己目标的拟定，将自己的思想纳入计划之中，他们了解自己在计划中所拥有的自主处置的权限，能从上级领导那里得到多少帮助，自己应承担多大的责任，他们就会把管理工作做得更好。

(4) 监督加强，控制有效。目标管理能使责任更明确，由此就不难推理，它会使控制活动更有效。控制就是采取措施纠正计划在实施中出现与目标的偏离，确保任务的完成。有了一套可考核的目标评价体系，监督就有了依据，控制就有了准绳，也就解决了控制活动最主要的问题。

2. 目标管理的局限性

目标管理有许多优点，但它也有缺陷，这是一个事物的两个方面。有些缺陷是方式本身存在的，有些缺陷是在实施过程中因工作没到位而引起的。

(1) 目标难确定。真正可考核的目标是很难确定的，尤其是要让各级管理人员的目标都具有正常的"紧张"和"费力"程度，即"不跳够不到""跳一跳够得到"的合理程度，是非常困难的。而这个问题恰恰是目标管理能否取得成效的关键。为此，目标设置要比展开工作和拟订计划做更多的研究。

根据先进性、可行性、可量化、可考核等要求确定目标管理体系，会对各级管理人员产生一定的压力。为了达到目标，各级管理人员有可能会出现不择手段的行为。为了防止选择不道德手段去实现目标的可能性，高层管理人员一方面要确定合理的目标，另一方面还要明确表示对行为的期望，给道德的行为予以奖励，给不道德的行为予以惩罚。

(2) 目标短期化。几乎在所有实行目标管理的组织中，确定的目标一般都是短期的，很少有超过一年的。其原因是组织外部环境的不断变化，各级管理人员难以做出长期承诺所致。短期目标的弊端在管理活动中是显而易见的，短期目标会导致短期行为，以损害长期利益为代价，换取短期目标的实现。为防止这种现象的发生，高层管理人员必须从长远利益来设置各级管理目标，并对可能出现的短期行为做出某种限制性规定。

(3) 目标修正不灵活。目标管理要取得成效，就必须保持目标的明确性和肯定性，如果目标经常改变，说明计划没有深思熟虑，所确定的目标是没有意义的。但是，如果目标管理过程中，环境发生了重大变化，特别是上级部门的目标已经修改，计划的前提条件或政策已变化的情况下，还要求各级管理人员继续为原有的目标而奋斗，显然是愚蠢的。然而，由于目标是经过多方磋商确定，要改变它就不是轻而易举的事，常常修订一个目标体系与制定一个目标体系所花费的精力和时间是差不多的，结果很可能不得不中途停止目标管理的进程。

综上所述，目标管理可能看起来简单，但要把它付诸实施，管理者必须对它有很好的领会和理解。

首先，管理者必须知道什么是目标管理，为什么要实行目标管理。如果管理者本身不能很好地理解和掌握目标管理的原理，那么，由其来组织实施目标管理也是一件不可能的事。

其次，管理者必须知道组织的总目标是什么，以及他们自己的活动怎样适应这些组织的目标。如果组织的一些目标含糊不清、不现实、不协调、不一致，那么主管人员想同这些目标协调一致，实际上也是不可能的。

第三，目标管理所设置的目标必须是正确的、合理的。所谓正确的，是指目标的设定应符合组织的长远利益，和组织的目的相一致，而不能是短期的。所谓合理的，是指设置目标的数量和标准应当是科学的，因为过于强调工作成果会给人的行为带来压力，导致不择手段的行为产生。为了减少选择不道德手段去达到这些效果的可能性，管理者必须确定合理的目标，明确表示行为的期望，使得员工始终具有正常的"紧张"和"费力"程度。

第四，所设目标无论在数量或质量方面都具备可考核性，是目标管理成功的关键。任何目标都应该在数量上或质量上具有可考核性。有些目标，如"时刻注意顾客的需求并很好地为他们服务"，或"使信用损失达到最小"，或"改进提高人事部门的效率"，等等，都没多大意义，因为在将来某一特定时间没有人能准确地回答他们是否实现了这些目标。如果目标管理不可考核，就无益于对管理工作或工作效果进行评价。

正因为目标管理对管理者的要求相对较高，且在目标的设定中总是存在这样、那样的问题，使得目标管理在付诸实施的过程中，往往流于形式，在实践过程中有很大的局限性。于是，管理学者们顺应管理学的不断发展，根据不同发展时期对人性的不同认识，提出了相应的管理方式。

【案例】

成本为什么会大幅度超支？

王勇曾经在一家有名的外商独资企业中担任过销售部经理，成绩卓著。几年前，他离开了这家企业，自己开了个建材贸易公司，由于有以前的底子，所以生意一直很不错。年初，他准备进一步扩大业务，在若干个县级市中设立经销处，同时扩大经营范围，增加花色品种。面对众多要处理的事情，王勇决定将部分权力授予下属的各部门经理。他逐一与经理们谈话，一一落实要达到的目标。其中，王勇给采购部经理定下的目标是保证每一个经销处销售所需货物的及时供应；所采购到的货物的产品合格率须保持在98%以上；采购成本须保持在采购额的5%以内。采购部经理当即提出异议，认为有的指标不合理。王勇说："可能吧，你尽力而为就是了。"到年终考核时发现，采购部达到了王勇给他们规定的前两个目标，但采购成本大大超出，约占当年采购额的8%。王勇问采购部经理怎么会这样时，采购部经理解释说："有的事情也只能如此，就目前而言，我认为，保证及时供应和货物质量比我们在采购时花掉多少钱更重要。"

思考：你认为王勇在实施目标管理过程中有问题吗？他应如何改进？

二、滚动计划法

由于环境的不断变化，在计划执行过程中现实情况和预想的情况往往会有较大的出入，这就需要定期地对计划做出必要的修正。滚动计划法是一种定期修订未来计划的方法。

(一) 滚动计划法的基本思想

滚动计划法是按照"近细远粗"的原则制订一定时期内的计划，然后根据变化了的环境条件和计划的实际执行情况，从确保实现计划目标出发调整和修订未来的计划，并逐期向前移动，把短期计划和中长期计划结合起来的一种计划方法。

(二) 滚动计划法的制作流程

滚动计划法的制作流程如图4-2所示，某企业在2012年底制定了2013—2017年的"五年计划"，如采用滚动计划法，到2013年底，根据当年计划完成的实际情况和客观条件的变化，对原定的"五年计划"进行必要的调整，在此基础上再编制2014—2018年的"五年计划"，其后以此类推。可见，滚动计划法能够根据变化了的组织内外环境及时调整和修正组织计划，体现了计划的动态适应性。而且，它可使中长期计划与年度计划紧紧地衔接起来。

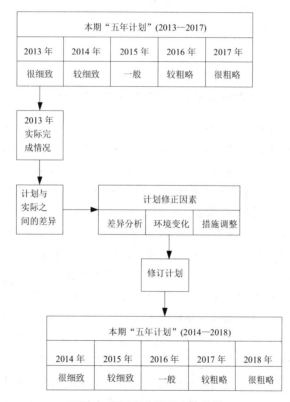

图4-2 滚动计划法的制作流程

(三) 滚动计划法的评价

1. 优点

滚动计划法虽然使得编制计划的工作量加大，但随着计算机技术的发展，计划的制订或修改变得简便容易，大大提高了滚动计划法的推广应用，其优点十分明显。

(1) 把计划期内各阶段以及下一个时期的预先安排有机地衔接起来，而且定期调整补充，从而从方法上解决了各阶段计划的衔接和符合实际的问题。

(2) 较好地解决了计划的相对稳定性和实际情况的多变性这一矛盾,使计划更好地发挥其指导生产实际的作用。

(3) 采用滚动计划法,使企业的生产活动能够灵活地适应市场需求,把供产销密切结合起来,从而有利于实现企业预期的目标。

2. 缺点

一年一滚动的方法影响了"五年计划"中年度计划的协调性,并且难以区分每个"五年计划"的方针和任务。

需要指出的是,滚动间隔期的选择,要适应企业的具体情况,如果滚动间隔期偏短,则计划调整较频繁,好处是有利于计划符合实际,缺点是降低了计划的严肃性。一般情况是,生产比较稳定的大量大批生产的企业宜采用较长的滚动间隔期,生产不太稳定的单件小批生产的企业则可考虑采用较短的间隔期。

【案例】

滚动计划让 S 公司插上成功的翅膀

S公司是中国东部地区一家知名企业,原有的计划管理水平低下,粗放管理特征显著,计划管理与公司实际运营情况长期脱节。为实现企业计划制订与计划执行的良性互动,在管理咨询公司顾问的参与下,S公司逐步开始推行全面滚动计划管理。

首先,S公司以全面协同量化指标为基础,将各年度分解为4个独立的、相对完整的季度计划,并将其与年度紧密衔接。在企业计划偏离和调整工作中,S公司充分运用了动态管理的方法。所谓动态管理,就是S公司年度计划执行过程中要对计划本身进行3次定期调整:第一季度的计划执行完毕后,就立即对该季度的计划执行情况与原计划进行比较分析,同时研究、判断企业近期内外环境的变化情况。根据统一得出的结论对后3个季度计划和全年计划进行相应调整。第二季度的计划执行完毕后,使用同样的方法对后两个季度的计划和全年计划执行相应调整。第三季度的计划执行完毕后,仍然采取同样方法对最后一个季度的计划和全年计划进行调整。S公司各季度计划的制订是根据近细远粗、依次滚动的原则开展的。这就是说,每年年初都要制定一套繁简不一的四季度计划:第一季度的计划率先做到完全量化,计划的执行者只要拿到计划文本就可以一一遵照执行,毫无困难或异议;第二季度的计划要至少做到50%的内容实现量化;第三季度的计划也要至少使20%的内容实现量化;第四季度的计划只要做到定性即可。同时,在计划的具体执行过程中对各季度计划进行定期滚动管理——第一季度的计划执行完毕后,将第二季度的计划滚动到原第一季度计划的位置,按原第一季度计划的标准细化到完全量化的水平;第三季度的计划则滚动到原第二季度计划的位置并细化到至少量化50%内容的水平,依次类推。第二季度或第三季度计划执行完毕时,按照相同原则将后续季度计划向前滚动一个阶段并予以相应细化。本年度4个季度计划全部都执行完毕后,下年度计划的周期即时开始,如此周而复始,循环往复。

其次,S公司以全面协同量化指标为基础建立了3年期的跨年度计划管理模式,并将其与年度计划紧密对接。跨年度计划的执行和季度滚动计划的思路一致。S公司每年都要对计划本身进行一次定期调整：第一年度的计划执行完毕后，就立即对该年度的计划执行情况与原计划进行比较分析，同时研究、判断企业近期内外环境的变化情况，根据统一得出的结论对后3年的计划和整个跨年度计划进行相应调整；当第二年的计划执行完毕后，使用同样的方法对后3年的计划和整个跨年度计划进行相应调整，依此类推。S公司立足于企业长期、稳定、健康地发展，将季度计划、年度计划和跨年度计划环环相扣，前后呼应，形成了独具特色的企业计划管理体系，极大地促进了企业计划制订和计划执行相辅相成的功效，明显提升了企业计划管理、分析预测和管理咨询的水平，为企业整体效益的提高奠定了坚实的基础。

　　思考：分析 S 公司滚动计划的制订过程中，其成功的原因？

三、网络计划技术

　　网络计划技术是指用于工程项目的计划与控制的一项管理技术。它是20世纪50年代末发展起来的，依其起源有关键路径法(CPM)与计划评审法之分。1956年，美国杜邦公司在制定企业不同业务部门的系统规划时，制订了第一套网络计划。这种计划借助于网络表示各项工作与所需要的时间，以及各项工作的相互关系。通过网络分析研究工程费用与工期的相互关系，并找出在编制计划及计划执行过程中的关键路线。这种方法称为关键路径法(CPM)。1958年美国海军武器部，在制订研制"北极星"导弹计划时，同样地应用了网络分析方法与网络计划，但它注重于对各项工作安排的评价和审查，这种计划称为计划评审法(PERT)。鉴于这两种方法的差别，CPM主要应用于以往在类似工程中已取得一定经验的承包工程，PERT更多地应用于研究与开发项目。

(一) 基本原理

　　利用网络图表达计划任务的进度安排及其中各项工作或工序之间的相互关系；在此基础上进行网络分析，计算网络时间，确定关键工序和关键线路；并利用时差，不断改善网络计划，求得工期、资源与成本的优化方案。在计划执行过程中，通过信息反馈进行监督和控制，保证合理地利用资源，力求以最少的消耗获取最佳的管理效益，从而实现预定的计划目标。

(二) 基本内容

　　网络计划技术包括以下几个基本内容。

1. 网络图

　　网络图是指网络计划技术的图解模型，它是网络计划技术的基础。任何一项任务都可分解成许多步骤的工作，根据这些工作在时间上的衔接关系，用箭线表示它们的先后顺序，画出一个由各项工作相互联系、并注明所需时间的箭线图，这个箭线图就称作网络图。如图4-3所示。

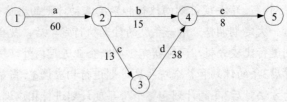

图4-3　网络图

(1) "→"，作业。即一项工作的过程，有人力、物力参加，经过一段时间才能完成。图中箭线下的数字是完成该项作业所需的时间。此外，还有一些作业既不占用时间，也不消耗资源，是虚设的，叫虚作业，在图中用 "┈┈▶" 表示。网络图中应用作业的目的也是为避免作业之间关系的含混不清，以正确表明作业之间先后衔接的逻辑关系。

(2) "○"，事项。即两个作业间的连接点。事项既不消耗资源，也不占用时间，只表示前道作业结束、后道作业开始的瞬间。一个网络图中只有一个始点事项和一个终点事项。

(3) 路线。网络图中由始点事项出发，沿箭线方向前进，连续不断到达终点事项为止的一条通道。一个网络图中往往存在多条路线，例如图4-3中从始点①连续不断走到终点⑤的路线有2条，即①→②→④→⑤和①→②→③→④→⑤。

2. 时间参数

在实现整个工程任务过程中，包括人、事、物的运动状态。这种运动状态都是通过转化为时间函数来反映的。反映人、事、物的运动状态的时间参数包括各项工作的作业时间、开工与完工的时间、工作之间的衔接时间、完成任务的机动时间及工程范围和总工期等。

3. 关键路线

通过计算网络图中的时间参数，求出工程工期并找出关键路径。在关键路线上的作业称为关键作业，这些作业完成的快慢直接影响着整个计划的工期。在计划执行过程中关键作业是管理的重点，在时间和费用方面则要严格控制。

4. 网络优化

网络优化是指根据关键路线法，通过利用时差，不断改善网络计划的初始方案，在满足一定的约束条件下，寻求管理目标达到最优化的计划方案。网络优化是网络计划技术的主要内容之一，也是较之其他计划方法优越的主要方面。

(三) 应用步骤

网络计划技术的应用主要遵循以下几个步骤。

1. 确定目标

确定目标是指决定将网络计划技术应用于哪一个工程项目，并提出对工程项目和有关技术经济指标的具体要求。如在工期、成本费用方面要达到什么要求。依据企业现有的管理基础，掌握各方面的信息和情况，利用网络计划技术为实现工程项目，寻求最合适的方案。

2. 分解工程项目，列出作业明细表

一个工程项目是由许多作业组成的，在绘制网络图前就要将工程项目分解成各项作业。作业项目划分的粗细程度视工程内容以及不同单位要求而定，通常情况下，作业所包含的内容多、范围大可分粗些，反之细些。作业项目分得细，网络图的结点和箭线就多。对于上层领导机关，网络图可绘制的粗些，主要是通观全局、分析矛盾、掌握关键、协调工作、进行决策；对于基层单位，网络图就可绘制得细一些，以便具体组织和指导工作。

在工程项目分解成作业的基础上，还要进行作业分析，以便明确先行作业(紧前作业)、平行作业和后续作业(紧后作业)。即在该作业开始前，哪些作业必须先期完成，哪些作业可以同时平行进行，哪些作业必须后期完成，或者在该作业进行的过程中，哪些作业可以与之平行交叉进行。

在划分作业项目后便可计算和确定作业时间。一般采用单点估计或三点估计法，然后一并填入明细表中。明细表的格式如表4-2所示。

表4-2 作业时间明细表

作业名称	作业代号	作业时间	先行(紧前)作业	后续(紧后)作业

3. 绘制网络图，进行结点编号

根据作业时间明细表，可绘制网络图。网络图的绘制方法有顺推法和逆推法。

(1) 顺推法。即从始点时间开始根据每项作业的直接紧后作业，顺序依次绘出各项作业的箭线，直至终点事件为止。

(2) 逆推法。即从终点事件开始，根据每项作业的紧前作业逆箭头前进方向逐一绘出各项作业的箭线，直至始点事件为止。

同一项任务，用上述两种方法画出的网络图是相同的。一般习惯于按反工艺顺序安排计划的企业，如机器制造企业，采用逆推较方便，而建筑安装等企业，则大多采用顺推法。按照各项作业之间的关系绘制网络图后，要进行结点的编号。

4. 计算网络时间，确定关键路线

根据网络图和各项活动的作业时间，就可以计算出全部网络时间和时差，并确定关键线路。具体计算网络时间并不太难，但比较烦琐。在实际工作中影响计划的因素很多，要耗费很多的人力和时间。因此，只有采用电子计算机才能对计划进行局部或全部调整，这也是为推广应用网络计划技术提出了新内容和新要求。

5. 网络计划方案的优化

找出关键路径，也就初步确定了完成整个计划任务所需要的工期。这个总工期，是否符合合同或计划规定的时间要求，是否与计划期的劳动力、物资供应、成本费用等计划指标相适应，需要进一步综合平衡，通过优化，择取最优方案。然后正式绘制网络图，编制各种进度表，以及工程预算等各种计划文件。

6. 网络计划的贯彻执行

编制网络计划仅仅是计划工作的开始。计划工作不仅要正确地编制计划，更重要的是组织计划的实施。网络计划的贯彻执行，要发动群众讨论计划，加强生产管理工作，采取切实有效的措施，保证计划任务的完成。在应用电子计算机的情况下，可以利用计算机对网络计划的执行进行监督、控制和调整，只要将网络计划及执行情况输入计算机，它就能自动运算、调整，并输出结果，以指导生产。

(四) 网络计划技术的评价

1. 网络计划技术的优点

(1) 编制网络图的过程，实际上就是对工程或任务进行整体把握和深入调查研究的过程。

(2) 网络图能够正确反映出组成工程或任务的各项作业之间的相互制约和相互依赖关系，有利于管理者从全局出发、统筹安排，有利于职工间相互协调、紧密配合，保证完成计划任务。

(3) 从网络图中可以找出哪些作业是关键性的、必须保证按期完成；哪些作业是非关键性的，有时间、人力、物力资源潜力，应该挖掘出来或充分利用。

(4) 从网络图中能够找出多种优化工程或任务的可行方案、决策者可联系实际选择，并在总体上控制工程达到最优管理状态。

(5) 网络计划技术提供的网络模型，为采用电子计算机，实现管理手段现代化，数据处理自动化创造了有利条件。

2. 网络计划技术的缺点

在网络计划编制过程中，各项时间参数计算比较烦琐，绘制劳动力和资源需要量曲线比较困难。

【本章小结】

计划是根据社会的需要以及组织的自身能力，通过计划的编制、执行和检查，确定组织在一定时期内的奋斗目标，有效地利用组织的人力、物力、财力等资源，协调安排好组织的各项活动，取得最佳的经济效益和社会效益。

一份完整的计划包括做什么、为什么做、何时做、何地做、谁去做、怎样做、多少、效果8个方面的内容，即"5W2H1E"。

计划与决策既相互联系又相互区别。决策是计划的前提，计划是决策的逻辑延续，两者相互渗透，不可分割；但是决策与计划解决的问题不同：决策是关于组织活动方向、内容以及方式的选择；计划则是对组织内部不同部门和不同成员在一定时期内具体任务的安排。

计划工作的性质可以概括为目的性、首位性、普遍性、效率性和创新性5个主要方面。

计划的种类很多，按照不同的标准可将计划分为不同的类型。按计划的时期界限划分为长期计划、中期计划和短期计划；按计划的综合性划分为战略计划和战术计划；按企业职能划分为业务计划、财务计划和人事计划；按计划的内容明确性划分为指令性计划和指导性计划;按计划的组织活动划分为程序性计划与非程序性计划;按计划的表现形式划分为目的或使命、目标、战略、政策、程序、规则、方案以及预算。

计划工作是一项动态的完整的过程,一般包括确定目标;确定前提条件;拟订和选择可行性行动计划;拟订派生计划;编制预算,使计划数字化;执行与检查6个阶段。

计划组织实施的方法有目标管理、滚动计划法和网络计划技术等。目标管理使组织中的上级和下级一起协商,根据组织的使命确定一定时期内组织的总目标,由此决定上、下级的责任和分目标,并把这些目标作为组织经营、评估和奖励每个单位和个人贡献的标准。滚动计划法是按照"近细远粗"的原则制订一定时期内的计划,然后根据变化了的环境条件和计划的实际执行情况,从确保实现计划目标出发调整和修订未来的计划,并逐期向前移动,把短期计划和中期计划结合起来的一种计划方法。网络计划技术是利用网络图表达计划任务的进度安排及其中各项工作或工序之间的相互关系;在此基础上进行网络分析,计算网络时间,确定关键工序和关键线路;并利用时差,不断改善网络计划,求得工期、资源与成本的优化方案。在计划执行过程中,通过信息反馈进行监督和控制,保证合理地利用资源,力求以最少的消耗获取最佳的管理效益,从而实现预定的计划目标。

【复习思考题】

1. 简述计划的概念及其性质。
2. 简述计划和决策的关系。
3. 简述计划的类型。
4. 计划编制包括哪几个阶段的工作?
5. 如何理解目标管理?
6. 简述滚动计划法的基本思想。
7. 如何应用网络计划技术编制计划?

【技能训练与实践】

训练一:单项选择题

1. 按计划的综合性将计划划分为( )。
   A. 战略计划和战术计划　　　　　　B. 业务计划、财务计划和人事计划
   C. 具体性计划和指导性计划　　　　D. 程序性计划与非程序性计划

2. 计划具有面向行动和( )两大特征。
   A. 面向过去　　　　B. 面向现在　　　　C. 面向将来

3. 在计划工作中,( )不是组织实施计划的方法。
   A. 目标管理　　　B. 滚动计划法　　　C. 网络计划技术　　　D. 决策树法

4. 下列选项中不属于目标管理的优点的是( )。
   A. 管理强化,水平提高　　　　　　B. 成果导向,结构优化
   C. 任务承诺,责任明确　　　　　　D. 目标难确定
   E. 监督加强,控制有效

5. 按计划的内容明确性将计划划分为(   )。

    A. 战略计划和战术计划   B. 业务计划、财务计划和人事计划

    C. 指令性计划和指导性计划   D. 程序性计划与非程序性计划

6. 计划工作的第一个步骤就是(   )。

    A. 编制预算，使计划数字化   B. 确定目标

    C. 确定前提条件   D. 拟订和选择可行性行动计划

7. "跳一跳，摘桃子"。说的就是(   )。

    A. 目标的多样性   B. 目标的可考核性

    C. 目标的挑战性   D. 目标的可接受性

8. 滚动计划法能够根据变化了的组织环境及时调整和修正组织计划，体现了计划的(   )。

    A. 计划的动态适应性   B. 计划的长期性

    C. 计划的未来性   D. 计划的普遍性

9. 在计划执行过程中(   )是管理的重点，在时间和费用方面则要严格控制。

    A. 关键作业   B. 虚作业   C. 紧前作业   D. 紧后作业

10. (   )是网络计划技术的基础。

    A. 时间参数   B. 网络图   C. 网络优化   D. 关键路线

训练二：多项选择题

1. 目标管理与传统管理方式相比有鲜明的特点，可概括为(   )。

    A. 重视人的因素   B. 建立目标锁链与目标体系

    C. 重视成果   D. 每个人独立确定工作目标

2. 企业实施目标管理必须遵循的基本原则包括(   )。

    A. 以人为本   B. 责权利相统一

    C. 员工参与   D. 以任务为中心

3. 目标管理的核心内容包括(   )。

    A. 目标设定   B. 目标执行   C. 绩效考评   D. 奖惩激励

4. 目标管理的局限性表现在(   )。

    A. 目标难确定   B. 目标短期化

    C. 目标修正不灵活   D. 计划调整较频繁

5. (   )的计划是有效率的。

    A. 能得到最大的剩余   B. 能以合理的代价实现目标

    C. 成本等于收益   D. 详细

6. 滚动计划法的优点包括(   )。

    A. 解决了各阶段计划的衔接和符合实际的问题

    B. 较好地解决了计划的相对稳定性和实际情况的多变性这一矛盾

    C. 企业的生产活动能够灵活地适应市场需求

    D. 便于区分每个"五年计划"的方针和任务

7. 网络计划技术的优点包括( )。

    A. 编制网络图的过程就是对工程或任务进行整体把握和深入调查研究的过程

    B. 网络图能够正确反映组成工程或任务的各项作业之间的相互制约和相互依赖关系

    C. 从网络图中可以找出哪些作业是关键性的、必须保证按期完成

    D. 在计算劳动力、资源消耗量时，与横道图相比较为容易

8. 一份完整的计划包括( )8个方面的内容。

    A. What——做什么　　　　　　　　B. Why——为什么做

    C. When——何时做　　　　　　　　D. Where——何地做

    E. Who——谁去做　　　　　　　　　F. How——怎样做

    G. How much——多少　　　　　　　H. Effect——效果

9. 财务计划和人事计划与业务计划的关系是( )。

    A. 财务计划和人事计划是为业务计划服务的

    B. 财务计划和人事计划是围绕着业务计划展开的

    C. 财务计划研究如何从资本的提供和利用上促进业务活动的有效进行

    D. 人事计划分析如何为业务规模的维持或扩大提供人力资源的保证

10. 下列属于非例行活动的是( )。

    A. 新产品的开发　　　　　　　　　B. 品种结构的调整

    C. 工资制度的改革　　　　　　　　D. 生产规模的扩大

训练三：选择填空题

A. 目的性　　B. 目标管理　　C. 近细远粗　　D. 执行与检查

E. 计划　　　F. 规则　　　　G. 面向未来　　H. 前提

I. 长期计划　J. 可接受性

1. 决策是计划的( )，计划是决策的逻辑延续。

2. 计划工作的性质可以概括为( )、首位性、普遍性、效率性和创新性5个主要方面。

3. 按计划的时期界限将计划划分为( )、中期计划和短期计划。

4. 编制计划应遵循确定目标、确定前提条件、拟订和选择可行性行动计划、拟订派生计划、编制预算、使计划数字化和( )六大步骤。

5. "( )"的概念是管理专家彼得·德鲁克于1954年在其名著《管理实践》中最先提出的。

6. 目标具有层次性、网络性、多样性、可考核性、( )、挑战性和反馈性。

7. 面向行动和( )是计划的两大显著特征。

8. 滚动计划法是按照"( )"的原则制订一定时期内的计划。

9. ( )在管理职能中处于首要地位。

10. ( )通常是最简单形式的计划。

训练四：判断题(判断对的用 √，判断错的用 ×)

1. 建筑安装企业大多采用顺推法绘制网络图。( )

2. 关键作业完成的快慢直接影响着整个计划的工期。( )

3. 计划执行过程中关键作业是管理的重点。( )

4. 计划后期工作的质量直接影响方案评估的质量。( )

5. 计划的最后一步工作就是将计划转变为预算，使之数字化。( )

6. 一份完整的计划包括"5W2H1E"8个方面的内容。( )

7. 计划工作既是一项认识工作，又是一项统筹工作。( )

8. 计划是一种协调过程，它给管理者和非管理者指明了方向。( )

9. 长期计划绘制了组织长期发展的蓝图。( )

10. 指导性计划缺少灵活性。( )

训练五：案例分析

北京松下公司推行的"事业计划"

松下电器是世界上最大的家用电器企业，也是日本电机行业的排头兵。松下电器始终以提高人们的生活质量和为世界文化做贡献作为自身的社会使命，以生产、销售各种电器产品为中心开展业务工作。产品的范围涉及家用电器、办公用电器、产业用电器以及社会系统等广泛的领域。通过与世界各个国家开展业务合作，作为"国际性综合电子技术企业"，赢得了世界各国的高度评价。

松下电器从1978年开始向中国出口产品以来，已向中国出口了各种产品和零部件。另一方面，还提供了彩色电视机等AV家电、电冰箱等家用电器的生产设备和技术，推动了这些产品的国产化进程。1987年9月，松下电器首次在中国(北京)成立了北京松下彩色显像管有限公司(以下简称"北京松下")。自建成投产以来，北京松下以良好的经营业绩确立了在我国工业界的地位，曾经连续多次被评为全国"三资"企业中高营业额、高出口额的十大"双优"企业。

北京松下高度重视计划工作，它们常说："制订一份好的计划就意味着工作完成了一半。""什么是管理？执行计划就是管理。"公司对职员考核的5条标准中，一个重要标准就是制订计划的能力。

每年年初，公司总经理都要召开一年一次的经营方针发表会即制订计划汇报会，设定公司该年度的努力目标。根据公司的经营方针，各部门都要有该年度的活动经营方针，都要制订该年度的活动计划，设定目标。制订计划的目的在于推动以目标管理为中心的事前管理，克服无计划的随机管理。公司总经理曾经形象地说："等着了火再去泼水傻瓜都会，管理的责任在于防止火灾的发生。"

北京松下最具代表性的就是推行"事业计划"。它的编制往往始于该财政年度的前几个月，其内容包括：生产、销售、库存、设备投资、物资采购、材料消耗、人员聘用、工资基准数等一系列详细计划，并以此为前提的资金计划、利润计划和资产负债计划。"事业计划"的一个特点就是以资金形态来表现计划的严谨性，计划的详细程度大于决算的详细程度。"事业计划"来自于全体职工的集体智慧，其中的"标准成本""部门费用预算"等，使职工们看到各自的岗位与经济责任。总之，"事业计划制"的实施大大加强了企业从投入到产出经营活动的可控性，指明了全体职工为实现经营目标而协调努力的方向。

北京松下不仅注重计划的制订，更注重计划的实施情况并予以检查确认，提出改善措施环节。在北京松下它被称为"把握异常"与"防止问题再发生"，这是日常管理的基本点与着眼点。公司经常强调要有问题意识，就是说在制订计划的时候能否事前预计到种种问题的发生，问题发生时能否及时、正确处理。北京松下的口号是：问题要预防在先，一旦发生了，要努力使同样的问题不发生第二次。工作今天要比昨天好，明天要比今天强。

思考题：

1. 你对"制订一份好的计划就意味着工作完成了一半""执行计划就是管理"这两句话如何评价？

2. 说明北京松下"事业计划"的类型和内容。

3. 北京松下如何保证事业计划的实施？

训练六：课外调研与实践

1. 调查校园附近的商业机会，寻找合适的创业项目后，写出经营策划书，进行评价分析决策。

2. 与同学一起选择一家企业，在调研分析的基础上，制定一个目标管理方案，要求结构完整，有特点，具有可操作性。写出目标管理方案后，与同学交流心得体会。

【沃尔玛公司案例分析研究与思考】

2016年，沃尔玛公司以482130百万美元的销售额又一次荣登《财富》世界500强榜首。

沃尔玛的创始人山姆·沃尔顿于1945年在小镇本顿威尔开始经营零售业，经过几十年的奋斗，终于建立起全球最大的零售业王国——沃尔玛。因其卓越的企业家精神而于1992年度被布什总统授予"总统自由勋章"，这是美国公民的最高荣誉。沃尔玛是全美投资回报率最高的企业之一，其投资回报率为46%，这不能不说是世界零售业的一大奇迹。沃尔玛如今在美国、墨西哥、加拿大、波多黎各、巴西、阿根廷、南非、中国、印尼等国家建有4150家连锁店，员工数目也达到了120万人。沃尔玛年销售额相当于全美所有零售公司的总和，而且至今仍保持着强劲的发展势头。

沃尔玛何以能从一家小型的零售店，迅速发展成为大型零售集团，并成为世界第一零售品牌？

第一，沃尔玛提出了"帮顾客节省每一分钱"的宗旨，而且实现了价格最便宜的承诺。所有的大型连锁店超市，都采取低价经营策略。与众不同在于，想尽一切办法从进货渠道、分销方式以及营销费用、行政开奖等各方面节省资金，提出了"天天平价，始终如一"的口号，并努力实现价格比其他商号便宜的承诺。

第二，沃尔玛向顾客提供超值服务的享受。走进任何一家沃尔玛店，店员就会立刻出现在你的面前，笑脸相迎。店内有这样的标语"我们争取做到，每件商品都保证让您满意！""顾客在这里购买任何商品如果觉得不满意，可以在一个月内退还商店，并获得全部退款。"沃尔顿曾说："我们都是为顾客工作，你也许会觉得是在为上司工作，但事实上他也和你一样。在我们的组织之外有一个大老板，那就是顾客。"沃尔玛把超值服务看成是自己至高无上的职责。

第三，沃尔玛推行"一站式"购物新观念。顾客可以在最短的时间内以最快的速度购齐所有需要的商品。在商品结构上，他力求富有变化和特色，以满足顾客的各种喜好。另外，沃尔玛为方便顾客还设置了如免费停车等多项特殊的服务类型。

第四，对各种公益事业的捐赠上，不吝惜，广为人知。沃尔玛在活动上大量的长期投入以及活动本身所具有的独到创意，大大拓宽了品牌知名度，成功塑造了品牌在广大消费者心目中的卓越形象。

第五，沃尔玛针对不同的目标消费者，采取不同的经营零售形式，分别占领高、中、低档市场。例如：针对中层及中下层消费者的沃尔玛平价购物广场，只针对会员提供各种优惠及服务的山姆会员商店，以及深受上层消费者欢迎的沃尔玛综合性商店等。

第六，沃尔玛利用先进信息技术整合优势资源，使其经营水平远高于竞争对手。沃尔玛的全球采购战略、配送系统、商品管理、电子数据系统、天天平价战略在业界都是可圈可点的经典案例。不过沃尔玛所有的成功都是建立在其先进的管理手段基础上，沃尔玛利用信息技术整合优势资源，使其经营水平远高于竞争对手。

在信息技术的支持下，沃尔玛能够以最低的成本、最优质的服务、最快速的管理反应进行全球运作，各家商店运用计算机进行库存控制。连锁商店系统用上条形码扫描系统。专用的卫星通信系统，全球4000多家沃尔玛分店也能够通过终端与总部进行实时联系。在沃尔玛管理信息系统中最重要的一环就是它的配送管理。其独特的配送体系，大大降低了成本，加速了存货周转，成为"天天低价"的最有力支持。系统共包括三部分：

1. 高效的配送系统

沃尔玛的供应商根据各分店的订单将货品送至沃尔玛配送中心，配送中心负责完成对商品的筛选、包装和分验工作。送到此处的商品，85%的采用机械处理，大大减少了人工处理商品的费用。

2. 迅速的运输系统

沃尔玛的机动运输车队是其供货系统的另一个无可比拟的优势。在1996年沃尔玛就拥有了30个配送中心。2000多辆运货卡车，保证进货从仓库到从任何一家商店的时间不超过48小时。而其他同行业每两周补货一次，沃尔玛可以保证分店货架平均每周补货两次，从而大大节省了存贮空间和费用。其结果是沃尔玛的销售成本因此低于同行业销售成本2%~3%，成为沃尔玛全年低价策略的坚实基础。

3. 先进的卫星通信系统

沃尔玛这套系统的应用，使配送中心、供应商及每一分店的每一销售点都能形成边线作业，在短短数小时内便可完成"填妥订单——分店汇总——送出订单"的整个流程，大大提高了营业的高效性和准确性。沃尔玛有整套的有理有节的扩张策略。在业态上，沃尔玛选择了以20世纪80年代正处于业态寿命周期中成长期的折扣店，从而最有利于早期扩张；在产品和价格决策上，沃尔玛以低价销售全国性知名品牌，从而赢得了顾客的青睐；在物流管理上，沃尔玛采用配送中心扩张领先于分店扩张的策略，慎重地选择了营业区域内的最合适地点建立配送中心；在地点上，沃尔玛采用垄断当地市场后再向下一个邻近地区的基本原则和在一个配送中心周围布下大约150个分店策略；在数量上，沃尔玛始终保持了极其理智的控制。沃尔玛海外投资相当稳健，随着世界经济的全球化，沃尔玛已经加紧了其国际化的步伐。

零售业巨子沃尔玛就是采用长期战略与短期战略相结合的方法。沃尔玛的长期战略目标就是要做全球零售业的领袖；短期的战略目标是稳步推进，积极适度地扩张。短期战略与长期战略的相互配合，沃尔玛很快成为美国最大的零售企业。随着短期战略目标的实现，沃尔玛逐渐走上了向外扩张的国际化道路，成为世界第一大品牌。

第七，重视倾听最基层的声音，鼓励员工提意见。沃尔玛公司创始人山姆·沃尔顿在经营实践中，尝到了一些经验，并形成了原则。这些原则包括：竭力强调和贯彻沟通；倾听最基层的声音；将责任和职权下放给第一线的工作人员；寻求新的方法，以鼓励商店里的员工能够通过整个制度将他们的想法提上来。沃尔顿说："如果你必须将沃尔玛体制浓缩成一个思想，那可能就是沟通，因为它是我们成功的真正关键。"沃尔玛公司以许多种方式进行沟通，从星期六早晨的会议到极其简单的电话交谈，及至卫星系统，在这样一个大公司实现良好沟通的必要性，是无论如何强调也不过分的。他们将各种信息通过卫星传播系统以极快的速度传送出去，比如每月的损益报表、反映各销售店出售的最新商品的数据，以及大量经理们希望得到而公司却没办法发给他们的其他材料。

沃尔顿非常重视倾听最基层的声音，他说："电脑无法而且决非不可能替代到商店巡视和学习的功效。"地区经理人要亲自处理店内的一切事务。每个星期一早晨，他们蜂拥进公司的飞机，准入他们分管的地区视察商店。他们外出3~4天，通常会在星期四回来，他们必须至少带回一个能算是不虚此行的构想，然后他们与公司的高级经理人聚集在一起召开星期五的业务会议。告诉管理者哪些商品卖得出，哪些商品卖不出去。他们想出各种方法，以及采购人员保持对商店需求的供货反应。

沃尔顿指出："公司越大，就越有必要将责任和职权下放给第一线的工作人员，尤其是清理货架和与顾客交谈的部门经理人。"即使他们还没有上过大学或是没接受过正式的商业训练，他们仍然可以拥有——只要他们真正想要获得，只要他们努力专心工作和提高做生意的技巧。只有这样授权才能起作用。商品的权责归部门经理人，促销商品的权责归商店经理人，沃尔玛的采购人员也比其他公司人员拥有更大的权力。

　　沃尔玛公司早就决定将各种信息在公司内分享，而不是将每件事都当作机密。他们经常在星期日举行音乐会，邀请一些有真正能改善其商店经营的想法的员工来和大家分享他们的心得。"创数量商店"比赛就是沃尔玛公司如何将它实施的一个绝好的例子。各个部门经理人级别的员工都能选择一项他们愿意促销的商品，然后他们看哪项商品创造最高的销售数量。

　　沃尔玛公司从员工们那里不只是寻求零售构思，还邀请那些想出节省金钱办法的员工参加星期六早晨会议。沃尔玛公司以许多种方式进行沟通，从星期六早晨的会议到极其简单的电话交谈，乃至通过卫星传播系统联络。显然，沃尔玛公司从员工那里得到了许多很好的建议，员工也从相互之间的交流中分享了经验和智慧。

　　思考：
　　1. 沃尔玛公司的发展有哪些经验值得学习借鉴？
　　2. 试对沃尔玛公司的发展进行评价。

第五章

组　　织

【教学目标】

1. 组织及组织工作的基本流程
2. 理解管理幅度的含义、管理幅度与组织层级的关系
3. 组织结构的类型
4. 组织设计的任务与程序
5. 组织设计应坚持的原则
6. 组织设计的影响因素
7. 组织部门化
8. 理解正式组织与非正式组织的含义，以及管理者正确对待非正式组织的策略
9. 集权、分权与授权
10. 直线职权与参谋职权的关系
11. 组织变革的类型与过程
12. 组织变革的过程阻力及消除变革阻力的对策
13. 变革中的压力及消除压力的对策
14. 组织冲突的定义及类型
15. 避免和处理冲突的方法
16. 组织变革的新趋势

【理论应用】

1. 举例说明一个组织的管理结构、层级、命令链(权力链)，列出从低到高的直线管理者。
2. 举例说明一个组织的管理幅度和管理层次，这个组织是属于什么样的组织结构模式，比如是金字塔型还是扁平组织。
3. 举例说明一个组织中的某个具体任务的职权等级和权责利的规定。
4. 举例说明一个组织中的直线职权和参谋职权。
5. 举例说明一个组织中的集权与分权，在某个职权岗位上是如何授权的，列出授权障碍或授权太少的项目，怎样监控授权后的执行情况。
6. 画出一个单位的组织结构图，并说明是哪种组织部门化。
7. 举例说明一个组织解决臃肿、人浮于事、工作效率低的办法，怎样消除、合并和改变组织结构来达到精干高效的目的？

【案例导入】

责任在俄罗斯?

在某企业的季度考评会上,营销部门的经理A说: "最近销售做得不好,我们部门有一定责任,但是最主要的责任不在我们,而是竞争对手纷纷推出新产品,比我们的产品好,所以我们很不好做,研发部门要认真总结。"

研发部经理B说: "A经理说的没错,我们最近推出的新产品的确是少了些,但是我们也有困难呀,因为我们的预算很少,可就是这少得可怜的预算,也被财务部门给消减了。"

财务经理C说: "是,我是削减了你的预算,但是你要知道,公司的采购成本也在不断上升,我们当然没有多少钱。"

采购经理D忍不住跳起来说: "不错,我们的采购成本是上升了10%,可是为什么,你知道吗? 俄罗斯一个生产铬的矿山爆炸了,导致了不锈钢价格的上升,责任在俄罗斯。"

思考:为什么会出现这样互相推诿、不承担责任的现象? 怎样解决?

第一节　组织概述

一、组织的含义与特点

(一) 组织的含义

对于组织的定义,我们可以从名词词意和动词词意两个方面进行解释。

名词意义上的组织是一种实体,是人们为了实现某一特定目的而形成的系统集合。其主要体现在3个方面:①组织是由一群人组成的社会实体。组织目标与人的世界观、价值观密不可分,组织行为主体的行为方式和组织目标之间就会出现多层次化、多元化的差异,为了弥补这种差异,组织必须对组织行为主体的行为进行管理。②这群人有一个共同的目标。组织是一个明确目标导向的实体。企业战略管理的目的就是要确定组织目标,并决定通过怎么样的战术管理来实现目标。③组织有一个精心设计和有意识协调的系统化的结构。结构管理关注的是如何建立并协调组织目标的各种手段和方法,通过组织结构把组织工作、工作关系、操作系统和操作过程联系在一起,如我们都熟悉的医院、学校、企事业单位都是组织。

动词意义上的组织是组织工作,是指为了实现组织目标对组织的资源进行有效配置的过程。它必须与外部环境形成一体,包括组织设计、部门分工协作、组织内部关系权力和责任的确定与维持、组织变革等。

我们认为,组织是两个以上的人在一起为实现某个共同目标而协同行动的集合体。组织具有以下3个内涵。

1. 具有共同目标与宗旨

共同目标与宗旨是组织存在的前提。任何组织都有共同目标与宗旨，否则就没有组织存在的必要性了。

2. 具有分工与协作的组织团体

没有分工与协作的群体不是组织，只有分工和协作结合起来才能产生较高的组织工作效率。

3. 具有不同层次的权力与责任制度

权力和责任是组织的构成要素。根据管理原理中的责任原理可知，管理者拥有多大的权力，就应当承担相应的责任，权力和责任是对等的。组织中的管理者由于在组织中的位置不同，而具有不同的权力和责任，并通过所拥有的权力和责任来开展相应的组织活动，从而保证组织工作的顺利进行。

(二) 组织的特点

1. 复杂性

分工、层级、管理层级、人员间的关系、部门间的关系、人员与部门间的关系；个人、各部门所需信息及权限，个人、各部门应该向他人和其他部门提供的信息(时间、地点、内容的详细程度)。

2. 规范性

规章制度、程序化、标准化。

3. 集权性

集权与分权的程度。

【案例】

三个和尚有水吃

从前有3座寺庙，这3座寺庙离河边都比较远，寺庙里的和尚吃水是一个非常不好解决的问题。如果一个和尚去挑水，挑好一缸水就累得不行了，于是和尚大多不愿意去挑水。3座寺庙分别采取不同的组织方式，最终都取得了良好的效果。

第一座寺庙的3个和尚商量，咱们每人挑一段路，第一个和尚从河边挑到半路停下来休息，第二个和尚继续挑，又转给第三个和尚，挑到缸里灌进去，空桶回来再接着挑，这样大家都不累，水很快就挑满了。这是协作的办法，也叫"机制创新"。

第二座寺庙，老和尚把3个徒弟都叫来，说"我们立下了新的庙规，要引进竞争机制。3个和尚都去挑水，谁挑得多，晚上吃饭加一道菜；谁水挑得少，吃白饭，没菜"。3个和尚拼命去挑，一会儿水就挑满了。这个办法叫作"管理创新"。

第三座寺庙，3个小和尚商量，天天挑水太累，咱们想想办法，山上有竹子，把竹子砍下来连在一起，竹子中心是空的，然后买了一个辘轳。第一个和尚把一桶水摇上去，第二个和尚专管倒水，第三个和尚在地上休息。三个人轮流换班，一会儿水就灌满了。这叫作"技术创新"。

思考：为何3座寺庙的管理方式不同，会取得相同的效果？

二、组织工作的基本流程

组织工作的流程可以划分为4个方面的内容，具体如图5-1所示。

图5-1　组织工作的流程

(一) 设计与建立组织结构

设计和建立组织结构的根本目的是为了保证组织任务和目标的顺利实现。管理者必须根据组织目标、组织规模、内外环境和技术特点，借鉴同类其他组织设计的经验教训，设计和建立一套组织机构和职位系统，即进行部门设置和岗位设置。

(二) 职权与职责设计

在组织结构设计的基础上，依据组织目标的要求进行工作分析，确定部门与岗位的职权关系，即确定各部门和岗位的职责、权力以及各部门、各岗位之间的相互关系。

(三) 人员配备

人员配备主要根据因事设职、因职择人、量才使用的原则，根据职务的需要，在每一个工作岗位和部门配备最适当的人力资源，以保证所设计和建立的组织结构有效运转。

(四) 组织运行与变革

当组织内外部环境发生变化时，企业必须对组织结构、岗位和人员进行调整，以适应社会发展需求，满足组织发展需要。

【案例】

凯迪公司的组织管理

凯迪公司是上海市的一家中型企业，其主要业务是为企业用户设计和制作商品目录手册，公司有两个业务中心分别设在浦东开发区和市区，即A中心和B中心。A中心内设有采购部和目录部，采购部的职责是接受用户的订单，并选择和订购制作商品目录所需要的材料，目录部则负责设计用户订制的商品目录。公司要求每个采购员都独立开展工作，而目录部的设计人员则须服从采购员提出的要求。凯迪公司的总部和B业务中心都设在市区。B中心的职责是专门负责商品目录的制作，刘利是凯迪公司负责业务经营的主管，他经常听到设计人员抱怨自己受到的约束过大，从而无法实现艺术上的创新。最近，刘利在听取有关人员的建议后，根据公司业务发展的需要，决定在B中心成立一个市场部，专门负责分析市场需求和挖掘市场潜力，并向采购员提出建议。市场部成立后不久，刘利又听到了各种不同的意见，比如：采购员和设计员强烈反映说，公司成立市场部不但多余，而且干涉了他们的工作；而市场部人员则认为，采购员和设计员太过墨守成规、缺乏远见。刘利作为公司的业务经营主管，虽然做了大量的说服工作并先后调换了有关人员，但效果仍不理想。

思考：试分析凯迪公司组织管理存在哪些问题？如果你是刘利，你应该怎么做？

第二节　组织设计

一、组织设计的基本问题

组织设计(又称为组织结构设计)，是指对一个组织结构进行规划、构造、创新或再造，以确保组织目标的有效实现。在进行组织设计之前，必须明确下面 4 个方面的问题。

(一) 管理幅度与管理层次的概念

管理幅度，是指管理者直接、有效地指挥和监督的下属的数目，即主管直接领导下属的数量。

管理层次(又称为组织层次)，是指组织内部从最高一级管理组织到最低一级管理组织的组织等级，即从高层管理者到具体工作人员的层次。

如图 5-2 所示为管理幅度与管理层次的比较图。

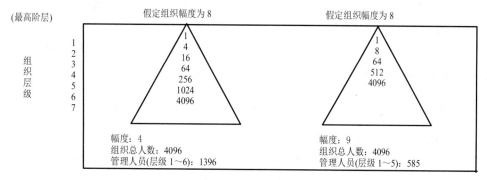

组织幅度与组织层级比较图

图 5-2　管理幅度与管理层次比较图

(二) 管理幅度与管理层次的关系

管理层次受到组织规模和管理幅度的影响，管理幅度与管理层次之间的关系用公式来表示为

$$管理幅度 \times 管理层次 = 组织规模$$

说明：

(1) 组织规模一定时，管理幅度的大小与管理层次数目的多少成反比例关系。即每个主管所能直接控制的下属数目越多，所需的组织层级就越少。

(2) 当管理幅度一定时，管理层次与组织规模呈正比例关系。即当组织规模一定时，管理幅度越宽，管理层次越少，其管理组织结构的形式呈扁平型。相反，管理幅度越窄，管理层次就越多，其管理组织结构的形式呈锥形。

(三) 组织结构的基本形态

根据管理幅度与管理层次的反比例关系,组织结构基本形态有如下两种。

1. 扁平结构

扁平结构指当组织规模一定时,管理幅度较大,管理层次较少的一种组织机构形态。现代越来越多的组织正努力扩大管理跨度,建立扁平组织。随着信息时代的来临,组织结构倾向于扁平化。

扁平结构的优点:信息沟通和传递速度比较快,信息失真度低,能增强组织的适应性;上级主管控制比较宽松,有利于发挥下属的积极性和创造性;有利于培养下级的管理能力;节省管理费用。

扁平结构的缺点:增加主管的监管和协调难度;下属缺少更多的升迁机会;信息难以充分、及时利用。

2. 锥形结构

锥形结构指当组织规模一定时,管理层次越多,管理幅度越小,从而组织会形成管理层次较多的高、尖、细的金字塔形态即锥形结构。

锥形结构的优点:有利于控制;权责关系明确;有利于增强管理者权威;为下级提供晋升机会。

锥形结构的缺点:增加管理费用;影响信息传输;不利于调动下级积极性。

(四) 影响管理幅度的因素

根据管理学家所进行的大量的实证研究,影响管理幅度的因素主要有以下几方面。

1. 主管与下属双方的素质和能力

如果管理者及其下属的工作能力强,理解能力、表达能力等综合能力较强,管理者用于指导下属花费的时间少,则管理幅度可以适度放宽,反之,管理幅度应适当缩窄。

2. 工作的性质

主管人员若经常面对的是常规、程序性的问题,则管理者的管理幅度可以适当放宽。

3. 管理活动的相似性

下属的工作和活动的内容越是相似,指导下属的时间越少,则可以适当增加管理者的管理幅度。

4. 组织沟通渠道的状况

在组织沟通渠道畅通、信息传输速度快、准确性高、企业沟通渠道建设完善的情况下可以适当放宽管理者的管理幅度。

5. 下属员工的地域分布

下属人员所在地越是集中,越是可以节省协调和沟通的时间与精力,管理幅度可以适度增加。

此外，管理者的领导风格、工作计划的完善程度、管理者所承担的非管理职责的多少等因素也会影响管理幅度的确定。

二、组织设计的任务与程序

(一) 组织设计的任务

组织设计是以权变理论做指导，把组织看成一个开放的系统，并随着外界环境和组织内部条件的改变而进行调整。组织设计的目的就是要通过创构灵活的组织，动态地反映外部环境变化的要求，并且能够在组织演化成长的过程中，有效积聚新的组织资源要素，同时协调好组织中部门与部门之间、人员与人员之间、人员与工作任务之间的关系，使员工明确自己在组织中应有的权力和应担负的责任，有效地保证组织活动的开展，最终保证组织目标的实现。

组织设计主要完成两个任务：提供组织结构系统图和编制职务说明书。

1. 组织结构系统图

组织结构系统图作为组织的框架体系，决定着组织的形状，通过结构图就能识别组织有多少个部门、多少个岗位，它标明了各种管理岗位或部门在组织结构中的地位以及它们之间的相互关系。

如图5-3所示，图中方框表示各种管理职务或相应的部门，箭线表示权力的指向。在图中标明了部门在组织中的地位及它们之间的相互关系。如制造部经理的直线上级是主管生产的副总经理，制造部经理必须服从主管生产的副总经理的指挥，并向其汇报工作。同时他又直接领导采购主管、制造主管、运输主管开展相应的工作。

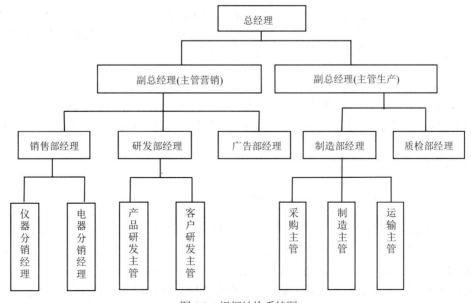

图 5-3　组织结构系统图

2. 编制职务说明书

职务说明书要求能简单、明确地指出该岗位的工作内容、职责与权力；与其他部门和职务的关系；承担该职务的员工必备的基本素质、知识背景、工作经验和能力等条件。

(二) 组织设计的程序

1. 职务分析与设计

绘制组织结构系统图是由上而下绘制，而组织设计的思路是由下而上从基层开始设计，逐层向上进行职务分析与设计。在组织设计时，首先考虑组织的基本活动，为完成这些基本活动，组织应该具备哪些职能，然后根据职能设计职位。它体现管理任务与岗位的要求，岗位数量、各岗位权力与职责相一致，明确组织宗旨、目标、组织规模、组织层级、内外环境、人力资源、发展前景，最后形成精干、高效的组织管理体系。

2. 部门设计

根据各职务所从事的工作内容、性质及职务之间的关系，按照一定的原则，划分为不同的部门。

3. 管理层次与管理幅度设计

在职务分析与设计、划分部门的基础上，还要根据组织内外所能够获取的人力资源，对初步设计的部门和职务进行调整，平衡各部门、各职务的工作，使组织结构更加合理。首先分析影响管理层次和管理幅度的各种因素，然后划分出不同的管理层次，并确定适当的管理幅度，同时要根据每项工作的工作性质和内容，规定相应的职责、权限，通过规范化的制度安排，使各个职能部门和各项职务形成一个严密的、有序的活动网络。

4. 职权设计

组织内最基本的信息沟通渠道是通过职权关系实现的。科学地确定直线职权、参谋职权和职能职权，通过职权关系上传下达，使下级按指令行事，使上级得到及时反馈的信息，进行有效的控制，从而把组织联系起来。

5. 人员设计

人员设计主要根据因事设职、因职择人、量才使用的原则。根据职务的需要，在每一个工作岗位和部门配备最适当的人选，也为每一个人找到最适合的岗位，实现人尽其才。

三、组织设计的原则

(一) 因事设职与因人设职相结合的原则

组织设计的根本目的是为了实现组织的目标，是使目标活动的每项内容都落实到具体的岗位和部门，即做到"事事有人做"。因此，组织设计首先考虑工作的特点和需要，要求因事设职、因职用人，必须把人和事相结合，既要考虑职务岗位需要，也要考虑个人的主观能动性和职业发展需要，做到因事设职和因人设职相结合。

【案例】

李佳的工作调动

　　3年以前，宏达计算机软件公司招聘录用两名刚刚毕业的计算机专业大学生张强和李佳。公司人事经理决定让他们从事市场营销工作。虽然两个人都愿意从事该项工作，但张强个性外向、热情、开朗，善于交际且主动；而李佳则与之相反。一年后，张强完全适应了销售工作，且成绩出色，被提升为部门副经理；而李佳表现一般，仅能完成上级交给的任务。过了一段时间后，李佳找人事主管谈话，说他准备辞职，对营销工作早已不感兴趣。人事主管经私下了解，得知李佳有极强的创新精神，高中时就获得过科技发明奖。人事主管和公司总经理找李佳做了一番长谈后，将李佳调到公司研究开发部工作。李佳到新的工作部门不到一年，两项发明就为公司创利20多万元。

　　思考：

　　1. 为什么张强能适应营销工作，而李佳则不能适应营销工作？

　　2. 如果你是公司管理者，你如何解决李佳提出辞职的问题？

(二) 权责对等的原则

　　职权是指由于占据组织中的职位而拥有的权力；与职权相对应的是职责，是指担当组织职位而必须履行的责任。权小于责，任务无法完成；权大于责，会导致权力滥用。

(三) 命令统一原则

　　命令统一原则就是要求每位下属应该有一个并且仅有一个上级，组织中的任何成员只能接受一个上司的领导，每个员工应当而且只能向一个上级主管直接汇报工作，要求在上下级之间形成一条清晰的指挥链。如果下属有多个上级，就会因为上级可能相互冲突的命令而无所适从。虽然有时在例外场合必须打破统一指挥原则，但是，为了避免多头领导和多头指挥，组织的各项活动应该有明确的分工，明确上下级的职权、职责以及沟通联系的具体方式等。

【案例】

一封辞职信

尊敬的王院长：

　　您好！我叫李玲，是医院妇产科的护士长，我在护士长这个岗位上已经工作半年了，但我再也无法忍受这种工作，我实在干不下去了。我有两三个上司，每个人都有不同的要求，都要求优先处理。要知道，我只是一个凡人，我已经尽最大的努力适应这种工作，但看来这是不可能的。让我给您举个例子吧。请相信我，这是一件平常的事，像这样的事情，每天都在发生。昨天早上7：45，我来到办公室就发现办公桌上留了一张纸条，是主任给我的。她告诉我，她上午10点钟需要一份床位利用情况统计报告，以供她下午在向董事会做汇报时用。我知道，这样一份报告至少要花费一个半小时的时间才能写出来。30分钟以后，直接主管(基层护士监督员)金华走进来质问我为什么我的两位护士不在班上。我告诉她，外科主任从我这要走了她们两位，说是急诊外科手术正缺人手，需要借用一下。我告诉她，我也反对过，但外科主任坚持说只能这么办。你猜直接主管说什么？她叫我立即让这些护士回到妇产科。她还说，一个小时后，她会回来检查我是否把这事办好了！我跟你说，院长，这种事情每天都要发生好几次。一家医院就只能这样运作吗？

这份工作我无法胜任，特提交此申请，请批准。

李 玲

2008.10.20

思考：

1. 李玲所在的医院的组织管理中存在什么问题？什么原因造成的？
2. 如果你是院长，你应该怎么做？

(四) 柔性经济原则

组织的柔性是指组织的各个部门、各个人员都是可以根据组织内外环境的变化而进行灵活调整和变动的。组织的结构应当保持一定的柔性，以减小组织变革所造成的冲击和震荡。组织的经济是指组织的管理层次与幅度、人员结构以及部门工作流程必须要设计合理，以达到管理的高效率。组织的柔性与经济是相辅相成的，一个柔性的组织必须符合经济的原则，同时要保持柔性。

四、影响组织设计的因素

影响组织设计的因素有环境、经营战略、技术与组织结构。

(一) 环境因素

企业组织的环境因素可以分为两个层次：宏观环境和任务环境。宏观环境是指那些对企业产生重大影响的因素，主要包括人口环境、经济环境、自然环境、政治环境、法律环境、技术环境、社会文化环境等。任务环境主要是对组织实现组织目标的能力具有直接影响的部门，包括供应商、竞争者、相关企业、顾客、社会公众等方面。

考虑到环境的不确定因素对组织结构类型的影响，可把组织结构分为如下类型。

1. 防御者型

决策者通过高度的集权和专业化分工以及程序化、标准化作业活动，使组织稳固地发展，并据此防御竞争对手。这类组织由于具有严密的层级控制系统和高度的部门分工差异性，组织的目标稳定而富有效率。

2. 探险者型

决策者需要不断开发新产品，寻找新市场，组织的目标可以灵活地加以调整，这必然要冒更大的市场风险。组织必须依靠建构更为柔性、分权化的组织结构，使各类人才和各个部门都有充分的决策自主权，最终能够对市场的最新需求做出灵活的反应。

3. 分析者型

决策者的目标比较灵活，尽可能使风险最小而收益最大。这类组织一方面要稳定现有产品的市场份额，即需要实行规范化、标准化、程序化的作业保证市场供给；另一方面又要跟踪分析更富有市场竞争力的新产品，及时跟进，这时需要通过建构柔性灵活、分权化的组织结构，随时对外在环境的变化做出反应。

4. 反应者型

限于决策者的市场判断能力、内部管理能力、主动应变能力，组织者很难及时对外在环境变化做出反应，只好采用被动反应的战略以应付环境的不确定性。这种战略很明显是低效率的，组织往往面临强大的变革压力。

(二) 经营战略因素

组织结构是实现组织目标的手段，而组织目标产生于组织战略，所以组织设计与组织战略是密不可分的。战略因素主要考虑未来发展目标的定位、发展方向以及各项组织准备工作。按照企业对竞争的方式和态度，可以把企业经营战略划分为保守型战略、风险型战略和分析型战略。

1. 保守型战略

保守型战略认为，企业面临的环境是较为稳定的、需求不再有大的增长和变化，采取保守型战略的组织，保持生产经营的稳定和提高工作效率是企业的主要任务。一般采用组织分工严格、高度集权、规范化的程序，以成本和效率为中心，以生产专家和成本控制专家为主的高层管理，以纵向为主的信息沟通的刚性结构。

2. 风险型战略

风险型战略认为，环境是复杂多变的，需求高速增长，市场变化快，企业必须不断开发新产品、新市场，实施新的经营管理方法才能维持生存与发展。一般采用规范化程度较低，分权管理，计划灵活，以市场营销专家和产品开发专家为主的高层管理，以横向为主的信息沟通的柔性结构。

3. 分析型战略

分析型战略是介于前二者之间，力求在二者之间保持适当的平衡，组织结构的设计兼有刚性和柔性的特征。组织结构具有集权和分权适当结合、计划管理有严格也有粗放、高层管理人员是由生产专家、成本专家、营销专家、产品开发专家等联合组成的，具有纵向和横向相结合的信息沟通等特点。

(三) 技术因素

技术因素包括生产批量(单件、小批、成批、大批量、流程型)和技术复杂程度(常规型技术、工艺型技术、工程型技术、非常规型技术),组织结构特征与技术类型的关系见表 5-1 所示。

表 5-1　组织结构特征与技术类型的关系

组织结构特征	技术类型		
	单件小批生产	大批大量生产	流程生产技术
管理层次数目	3	4	6
高层领导的管理幅度	4	7	10
基层领导的管理幅度	23	48	15
管理人员与一般人员的比例	1:23	1:16	1:1
技术人员的比例	高	低	高
规范化的程度	低	高	低
集权程度	低	高	低
复杂化程度	低	高	低
总体结构	有机	机械	有机

(四) 组织结构因素

组织结构因素包括组织规模与生命周期的影响。大型组织与小型组织在组织结构上的区别在于:规范化程度、集权化程度、复杂化程度和人员结构比率。同时,组织生命周期的不同阶段分为:投入或创业阶段、发展阶段、成熟或规范化阶段和衰退阶段。不同时期的组织结构对组织设计有不同的影响。

第三节　组织部门化

组织部门化也称部门设计,是指将组织中的活动按照一定的逻辑进行安排,划分为若干个管理单位的活动过程。部门划分的结果是划清主管人员的各项职责,对业务活动进行归类分组。部门设计是组织结构设计的内容之一,解决的是组织结构的横向设计问题。

一、组织部门化的原则

组织部门化的基本原则有因事设职和因人设职相结合的原则、分工与协作相结合的原则和精简高效的部门设计原则。

(一) 因事设职和因人设职相结合的原则

组织部门化设计必须考虑人员的配置情况,使得"人尽其能""人尽其用"。组织需要根据外部环境的变化进一步调整和再设计组织部门结构时,必须贯彻因事设职和因人设职相结合的原则，及时调整与组织环境不相适应的部门和人员，整合组织内的人力资源，以取得最好的经济效果。

(二) 分工与协作相结合的原则

在组织部门化过程中，必须对每一个部门和每一个岗位进行必要的工作分析，根据工作分析的结果和分工与协作的要求划分业务活动。部门设计者可以根据技能相似的归类方法来整合企业的业务活动，目的是提高工作效率。因此，在部门设计时必须遵循分工与协作相结合的原则。

(三) 精简高效的部门设计原则

部门精简高效是每一个部门设计者所追求的理想目标，因此其作为一项最基本的原则，应当贯彻于部门设计的每一个阶段和每一项活动的过程中。部门设计要力戒贪多求全，有些组织的业务还没完全开展起来，就一下子设置了许多部门，弄得自己进退维谷。部门设计时应体现局部服从整体的思想，把各部门的效率目标与组织整体效率目标有机结合起来，在保证企业组织目标的前提下，力求精简高效。

二、组织部门化的基本形式特征比较

(一) 职能部门化

把相同或相似的活动归并在一起，作为一个管理单位即为职能部门化。它是一种传统而基本的组织结构形式。其特点是，将技能相似的专业人员集合在各自专门的职能机构内，并在业务范围内分工协作，组织任务集中明确，上行下达。职能式组织常常注重内部的运行效率与员工的专业素质。组织结构如图5-4所示。

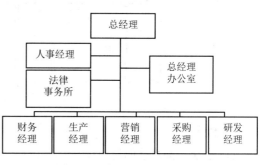

图5-4　职能部门化组织结构图

1. 优点

(1) 可以促进员工发展更高层次的专业技能；

(2) 部门主管易于规划和控制；

(3) 有利于避免重复浪费。

2. 缺点

(1) 容易出现各自为政的情况，各职能部门往往会片面追求本部门的局部利益；

(2) 部门之间缺乏交流合作渠道，且矛盾冲突会增多；

(3) 高层主管难于协调;

(4) 员工的专业化部门会使其缺乏打破常规的精神,难以培养创新型综合管理人才。

3. 适用范围

适用于环境稳定技术相对常规,部门之间的依赖程度较低,组织的目标依附于内部效率和专业特长,中小型的组织规模的企业。

(二) 产品部门化

产品部门化是指围绕产品或服务大类的活动和要求来划分部门。应用产品部门化需对特定的产品系列或服务类型有专门的需求适应,如图5-5所示。

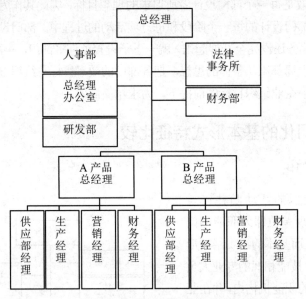

图5-5　产品部门化组织结构图

1. 优点

(1) 各类产品直接面对市场并专注于特定产品的经营,有利于提高效率水平;

(2) 提高了决策的速度和有效性;

(3) 各类产品的绩效易于客观评估;

(4) 可以培养综合管理人才。

2. 缺点

(1) 提高了培养综合管理人才的成本;

(2) 各产品部门只关心本部门的产品,对整体组织欠缺考虑;

(3) 管理成本上升。

3. 适用范围

产品部门化通常适用于大型的和多角化经营的企业。

(三) 地域部门化

为了开拓市场,按照地理区域成立专门的管理部门即为地域部门化,如图 5-6 所示。

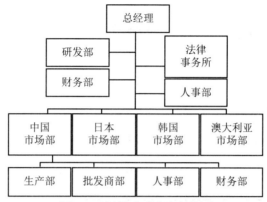

图 5-6　地域部门化组织结构图

1. 优点

(1) 可以把责任和职权下放到基层,鼓励地区主管参与决策;

(2) 对本地区的市场和问题反应迅速、灵敏;

(3) 充分利用地域资源和地区政策;

(4) 为培养综合管理人才创造了条件。

2. 缺点

(1) 需要高素质的综合管理人才的数量较大;

(2) 使高层经营管理增加了难度;

(3) 管理成本很高。

3. 适用范围

地域部门化主要适用于国际性的大公司。

(四) 顾客部门化

顾客部门化是指以顾客为中心设立的部门,如图 5-7 所示。

图 5-7　顾客部门化组织结构图

1. 优点

(1) 有利于集中顾客的需要,真正将用户放在第一位;

(2) 易发挥特定用户领域专家们的专长;

(3) 建立持久性竞争优势。

2. 缺点

(1) 顾客的需求偏好发生变化,转移成本较大;

(2) 需要更多的顾客专家。

3. 适用范围

(五) 流程部门化

流程部门化是指按照生产过程、工艺流程或设备来划分部门,如图 5-8 所示。

图 5-8　流程部门化组织结构图

1. 优点

(1) 可以充分发挥专业技术优势;

(2) 易于管理;

(3) 简化培训。

2. 缺点

(1) 部门之间的协作有困难,而流程往往又要求协作比较紧密;

(2) 只有高层对利润负责,成本管理比较困难;

(3) 不利于培养综合管理人才。

3. 适用范围

流程部门化适用于大型的制造企业。

(六) 矩阵型结构

矩阵型结构是由纵横两套管理系统组成的矩阵式组织结构,纵向的是职能管理系统，横向的是为完成某项任务而组成的项目系统，横向和纵向的职权具有平衡对等性，它打破了传统的统一指挥原则，有多重指挥线，如图 5-9 所示。

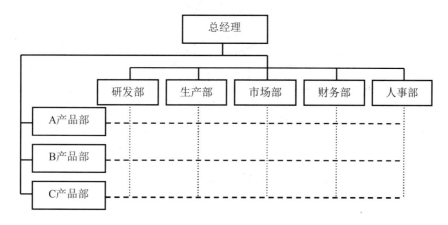

图 5-9　矩阵型结构

1. 优点

(1) 组织可以满足环境的多重要求；

(2) 资源可以在不同的产品或地区或流程之间柔性分配，具有良好的内部沟通，信息传递快，组织可及时对外部需求的变化做出反应；

(3) 员工可以依据个人兴趣获得专业或一般管理技能。

2. 缺点

(1) 有些员工接受双重命令，而且这些命令可能是矛盾和冲突的，加上纵向和横向权力不平衡的矛盾，使得组织需要良好的居中调停和解决冲突的技能，这些技能往往需要经过人际关系方面的特殊训练；

(2) 迫使管理者花费大量的时间在开会上，并且可能会提高管理成本。

3. 适用范围

矩阵式结构最适用于环境高度不确定，目标反映了多重需求的情况。双权力结构使得交流和协调可以随环境迅速的变化而变化，以及可以在产品和职能之间实现平衡。

矩阵式结构也适用于非常规技术，职能部门内部和相互之间的依赖程度很高的情况。

矩阵式结构是一个有机的结构，可以及时讨论解决不可预料的问题，在中等规模和少量产品线高新技术企业中最为有效。

(七) 动态网络型结构

动态网络型结构是一种以项目为中心，通过与其他组织建立研发、生产制造和营销等业务合同网，有效发挥业务专长的协作性组织形式，如图 5-10 所示。这种组织结构是基于信息技术的高度发达和市场竞争日益激烈而发展起来的一种临时性组织。其管理者最主要的任务是集中精力协调和控制组织的外部关系。

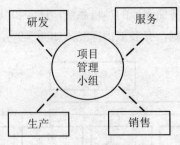

图 5-10　动态网络结构图

1. 优点

(1) 组织结构具有更大的灵活性和柔性；

(2) 组织结构简单精练，组织结构扁平化，管理效率更高。

2. 缺点

(1) 组织可控性很差；

(2) 组织风险性大；

(3) 员工的组织忠诚度低。

3. 适用范围

随着信息技术的快速发展，更多的知识型企业(以高新技术企业为主体)选择了动态网络型组织结构，或制定了虚拟运作的企业扩张的成长战略。

(八) 虚拟组织

虚拟组织是指商业伙伴和团队，通过信息技术手段跨越地理或组织界限而进行工作的组织，如图 5-11 所示。

在虚拟组织中，有 3 种基本类型。一种是通过计算机、电话、传真和视频会议，将一群有技术的人组织起来形成一家公司；第二种是适用于特定职能的一些公司(例如生产或销售公司)组合在一起；第三种是大型公司通过利用现代科技把信息传递给合作公司的方式，并将其许多业务外包给合作公司，从而使大型公司能集中在其增长的领域。

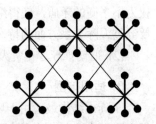

图 5-11　虚拟组织结构图

虚拟组织建立了一个合作者的网络，合作者们通过这个网络，追求一个特定的机会。实现了这个机会，合作者们通常就会解散，并且组成新的组织去寻求新的机会。因此，虚拟组织具有流动、灵活和不断变化的特点。技术在虚拟组织形成的过程中扮演了重要角色。综合的计算机和信息技术成了将不同的合作者整合在一起的工具。

为了描述一个虚拟组织是如何运作的，假定你领导了一家大公司，在圣诞节期间，你的公司需要额外增加 100 名客户服务代表。圣诞节过后，公司就不再需要这些额外增加的客户服务代表了，因此，雇佣长期员工没有意义。相反，你可以雇佣 100 个在家工作并拥有自己的电脑的人。对虚拟组织来说，地理位置并不重要。虚拟组织的员工连接到公司的数据库，就可以成为公司的扩展部分。只要有一个顾客进行呼叫，所有关于顾客的信息就会在处理电话的员工的计算机屏幕上出现，因此，广泛分散的员工也能开展工作，就像在同一个地点工作一样。圣诞节过后，就种合作就解体了。

1. 优点

(1) 提高生产率；

(2) 降低成本；

(3) 能够雇佣到最有才能的员工而不必考虑地理位置；

(4) 通过建立动态团队快速解决问题；

(5) 更简单地平衡动态员工和静态员工；

(6) 改善工作环境；

(7) 更好地平衡工作和个人事务；

(8) 提供竞争优势。

2. 缺点

(1) 领导者必须从控制模式转换到信任模式；

(2) 需要新的沟通和合作方式；

(3) 管理者必须营造一种学习型文化并愿意接受改变；

(4) 需要对员工进行再教育；

(5) 监控员工行为变得十分困难。

第四节　组织与权力

组织分为正式组织和非正式组织。正式组织是组织设计工作的结果，是由管理者通过正式的筹划，并借助组织结构系统图和职务说明书等文件予以明确规定的。而非正式组织是伴随着正式组织的运转而形成的。组织的正常运转离不开权力，权力的表现形式主要有集权与分权两种，二者存在于一个连续统一体之中。组织中的职权又可以分为直线职权(直线关系)和参谋职权(参谋关系)，本节主要从组织和权力的角度进行阐述。

一、正式组织与非正式组织

(一) 正式组织与非正式组织的含义

正式组织是组织设计工作的结果，是经由管理者通过正式的筹划，并借助组织结构系统图和职务说明书等文件予以明确规定的。正式组织有明确的目标、任务、结构、职能以及由此形成的成员间责权关系，对组织成员行为具有相当程度的强制力。它具有目的性、正规性和稳定性 3 个特征。因为正式组织一旦形成，它的目的性强，是为实现组织目标而建立起来的，所有员工的职责范围和相互关系都由书面文件加以明确规定，通常在很长一段时间维持不变。

而非正式组织是伴随着正式组织的运转而形成的。正式组织的某些成员由于工作性质相近、社会地位相当，对一些具体问题的认识基本一致、观点基本相同，或者由于个人性格、业余爱好和感情比较相投，他们就会形成一些被小群体成员所共同接受并遵守的行为规则，从而形成非正式组织。

(二) 非正式组织的作用

非正式组织对正式组织起到积极和消极两个方面的作用。

1. 积极作用

非正式组织的积极作用体现在以下 4 个方面：

(1) 可以满足职工的需要。非正式组织是组织成员自愿的，甚至是无意识地加入进来，主要是因为这类组织可以给他们带来某些需要的满足。

(2) 非正式组织中的组织成员频繁接触，相互之间的关系和谐融洽，从而更容易产生和加强合作精神。如果这种非正式的协作关系和精神能带到正式组织中来，就会有利于促进正式组织的活动协调进行。

(3) 对正式组织起到培训作用。非正式组织是一种非工作性质的关系，对于非正式组织中的工作困难者，技术不熟练者，非正式组织中的伙伴会自觉地给予指导和帮助，促进他们技术水平的提高，从而对正式组织起到一定的培训作用。

(4) 非正式组织也是在某种社会环境中存在的，对组织成员也会起到约束的作用。

2. 消极作用

非正式组织的消极作用体现在以下 3 个方面：

(1) 非正式组织的目标如果与正式组织冲突，就会对正式组织的工作产生极为不利的影响，影响组织的工作效率。

(2) 非正式组织会束缚成员的个人发展，对于有才华和有能力的人，可能不允许他冒尖，从而不能充分发挥个人的聪明才智，导致影响整个组织的工作效率。

(3) 非正式组织的压力还会影响正式组织的变革，从而会发展组织的惰性。

管理者必须正视非正式组织存在的客观必然性、必要性，应正确对待非正式组织，不能采取简单的禁止或取缔态度，应允许乃至鼓励非正式组织的存在，最大限度地发挥非正式组织的积极作用。同时，管理者需要通过建立、宣传正确的组织文化，以影响与改变非正式组织的行为规范，从而引导非正式组织为正式组织做出积极的贡献。

【案例】

A公司是一家大型的食品公司。人事主管高经理非常生气地来到总经理办公室向总经理李某汇报工作。高经理说，昨天他和公司一名资深员工进行谈话，商谈李总提出的加薪和改善公司福利的计划。这名资深员工从文件包中拿出一叠纸放在桌子上说："坦白说，公司新的五年计划不够合理，公司采取的是稳健发展战略，五年计划中公司过于重视赚取利润而忽略了公司的长远发展，这就会使得中层管理人员几乎没有升迁发展的机会"。同时他指出，如果开设新工厂、开发新市场和新产品，将可以给中层管理者提供更多的发展，也会更有利于公司的长远发展。高经理对于这位工作人员能够拿到公司机密文件，并与自己讨论公司的发展计划，惊讶得目瞪口呆！这位资深员工接着说："听说李总最近正在考虑一个新的投资计划？"关于新的投资计划，高经理也是前几天才听李总谈及，公司只有很少的人知道，普通中层管理人员根本就不能知道这个消息，高经理借口要开会终止了这次谈话。

李总听了以后问道："这些资料是怎么泄露出去的？"高经理回答说，公司半年前对公司的管理人员进行了为期三个月的脱产培训，而培训的负面影响就是参加培训的管理人员因此成立了特定的非正式组织，其成员遍及公司的所有部门和分支机构，它是导致公司重要机密文件外泄的主要因素。

思考：
1. A 公司为什么会出现重要机密文件外泄？
2. 假如你是李总，你将采取哪些措施解决这个问题？

二、集权、分权与授权

(一) 权力的含义

"权力"，是指处在某一管理岗位上的人对组织或所管辖的单位和人的一种影响力，或简称管理者影响别人的能力。在这里要能区分职权与权力的不同。职权是一种基于掌握职权的人在组织中所居职位而拥有的合法权力。职权总是与职务有关的。权力则是指一个人的影响决策的能力。权力包含职权。

权力包括个人权力和制度权力。个人权力包括个人专长权和个人影响权。个人专长权是指管理者由于具备某种专门知识或技能而产生的影响能力；个人影响权是指因个人的品质、社会背景等因素而赢得别人的尊重与服从的能力。个人权力与职位无关。而制度权与管理职务有关，是由管理者在组织中的地位所决定的影响力。制度权力也与组织中的管理职位有关，而与占据这个职位的人无关。制度权的实质是决策的权力，即决定干什么、决定如何干以及决定何时干的权力。

(二) 集权与分权

1. 集权与分权的含义

集权是指决策权在组织系统中较高层次的一定程度的集中；而分权则是指决策权在组织系统中较低管理层次的一定程度的分散。没有绝对的集权，也没有绝对的分权，两者存在于一个连续的统一体之中。如果组织是绝对的集权，就意味着没有下属管理者，组织结构将不复存在。相反，若组织是绝对的分权，即管理者把他们的权力全部下放，他们的身份与职位也就此取消，这样组织也将无法存在。我们研究集权与分权，主要是研究哪些权力宜于集中，哪些权力宜于分散，在什么样的情况下集权的成分应多一点，何时又需要较多的分权。

【案例】

刘教授到一个国有大型企业去咨询，该企业张总经理在办公室热情接待了刘教授，并向刘教授介绍企业的总体情况。张总经理讲了不到15分钟，办公室的门就开了一条缝，有人在外面叫张总经理出去一下。于是张总经理就说："对不起，我先出去一下。"10分钟后回来继续介绍情况。不到15分钟，办公室的门又开了，又有人叫张总经理出去一下，这回张总经理又去了10分钟。整个下午3小时，张总经理共出去了10次之多，使企业的情况介绍时断时续，刘教授显得很不耐烦。

思考：为什么张总经理会这样忙？

2. 集权与分权的影响因素

影响集权与分权的因素主要有以下4个方面：

(1) 组织规模。企业组织的规模越大，管理层次和管理岗位越多，信息沟通的渠道变长，这样会影响信息传递速度，组织应适当分散权力。反之则相对集权。

(2) 企业的历史。如果企业是在较小的规模的基础上发展起来的，则显示出鲜明的集权化倾向。企业较小时，大部分决策都是由最高管理者直接制定和组织实施的，决策权的独揽可能已成为习惯。

(3) 领导人的个性。最高层管理者的个性对集权和分权有重大的影响。组织中个性较强和自信的领导者往往是专制的，倾向于集权；而开明的最高层管理者往往认识到，职权的分散是使组织有活力的有效方法，通常会倾向于分权。

(4) 决策的代价。一般来说，决定采取一项行动所付出的代价大小，可能是影响集权与分权的主要因素。决策的代价越大，则决策越可能由组织较高的层次做出。

3. 过度集权的弊端

当企业刚初建的时候可以适度集权，这样能提高决策的速度与效率。但是当企业发展到一定规模时，如果高层管理者还是过度集权的话，则可能会出现以下弊端：

(1) 降低决策的质量。组织规模大，管理层次过多，信息从基层传到高层，再由高层根据信息做出决策，这样容易影响决策的正确性和及时性。与此同时，高层决策的信息从高层向基层传递的过程中容易出现信息失真的情况，或时间延误，对企业造成重大危害。

(2) 降低组织的适应能力。组织过度集权，企业的重要决策都是由企业高层做出的。随着组织规模的扩大，组织外部环境复杂化，组织需要适应环境，随外部环境的变化进行调整，而企业过度集权，可能使各部门失去自适应和自调节的能力，从而降低组织的适应能力。

(3) 降低员工的工作热情。权力过度集中，企业绝大多数的决策都是由最高主管或企业高层管理人员制定，基层管理人员和操作人员的主要任务是机械地服从命令，极大地降低了员工的工作热情。

4. 制度分权与制度授权

管理者由于精力有限而不可能亲自决定或监控所有的工作，为了顺利完成管理目标，这就必须要将组织中一部分权力授予下级，即进行分权。实现分权的途径有两种：实行制度分权和制度授权。

制度分权是制度指在组织设计中进行权力分配。根据组织规模和组织活动的特征，在工作分析和职务设计、部门设计的基础上，依据各管理岗位的工作任务和要求规定必要的职责和权限。

所谓制度授权，是指上级给予下级一定的权力和责任，使下级在一定的监督之下，拥有相当的自主权而行动。

制度分权与制度授权不同，二者的区别主要体现在以下 4 个方面。

(1) 制度分权具有必然性，而制度授权具有随机性。制度分权是在详细分析、认真论证的基础上进行的，因此具有一定的必然性；而工作中的制授权则往往与管理者个人的能力和精力、拥有的下属的特长、业务发展的情况相联系，具有很大的随机性。

(2) 制度分权是将权力分配给某个职位，而制度授权是将权力委任给下属。制度分权中的权力的性质、应用范围和程度的确定，需根据整个组织结构的要求授权委任何种权力、委任后做何种控制，不仅要考虑工作的要求，而且要依据下属的工作能力而定。

(3) 制度分权相对稳定，而制度授权是不稳定的。制度分权是分配给某个管理职位的权力，如果调整的话，不仅会影响该职位或部门，而且会影响与组织其他部门的关系，除非整个组织结构重新调整，否则制度分权不会收回。而制度授权是某个主管将自己担任的职务所拥有的权限因为某项具体工作的需要而委任给某个下属，这种委任可以是长期的，也可以是临时的。

(4) 制度分权是组织工作的基本原则，而制度授权则主要是领导者在管理工作中的一种领导艺术，一种调动下属积极性、充分发挥下属作用的方法。

三、直线职权与参谋职权

(一) 直线职权与参谋职权的关系

组织中工作的管理人员是以直线主管或参谋两类不同身份从事管理工作的人。直线主管工作的部门通常被称为直线部门，通常被认为是对实现组织目标直接做出贡献的单位。直线职权一般具有指挥命令权。参谋工作的部门称为参谋部门，通常被认为是对实现组织目标协助直线部门间接做出贡献的单位。参谋职权一般具有调研权、建议权和咨询权，没有决策指挥权。

1. 直线职权(直线关系)

直线职权是循着组织等级链发生的职权关系。组织动作中的指挥链原则就要求指挥命令和汇报请示都必须沿着一条明确而又不间断的路线逐级传递，上级不越级发号施令(但可越级检查)，下级也不越级汇报请示(但可越级告状或建议)。从关系来看，无论是在生产系统、销售系统内部，还是在辅助性的参谋部门内部，只要存在上、下级关系，就必定有直线职权的发生。例如，在 A 企业生产系统中直线关系如图 5-12 所示。

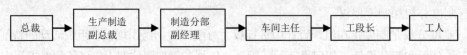

图 5-12　A 企业生产系统中直线关系

2. 参谋职权

参谋职权(参谋关系)是跨系统发生的非直线关系，以及参谋部门对直线部门提供的辅助关系。

(二) 正确发挥参谋的作用

为了正确发挥参谋的作用，作为管理者应做到以下两点。

1. 明确职权关系

直线经理需要做决策，安排所辖部门的活动，并对所辖部门活动的结果负责；而参谋人员则是在直线经理做决策的过程中，进行分析研究、提供建议、指明不同的方案可能得到的结果，以供直线经理在运用决策权力中参考。对直线经理来说，只有了解参谋工作，利用参谋的知识，认真对待参谋的建议，合理地采纳建议；参谋人员必须明确自己只有提建议、说服直线经理的权利，而不能去削弱他们的职权，在工作中不越权、不争权。

2. 授予必要的职能权力

为了让参谋人员发挥作用，必须要对参谋授予职权。参谋职权可分为如下几种：

(1) 建议权。参谋人员的权限仅限于提供建议、提案或协助，其意见可能得到有关人员欢迎和采纳，也可能被置之不理。

(2) 强制协商权。此时参谋人员的影响力在一定程度上有所提高。即有关人员在做出决定之前必须先询问和听取参谋人员的意见。处理这种关系的关键在于，要具体地规定在什么情况下参谋人员的意见得到应有的重视，而又不限制直线主管的自主决定权。

(3) 共同决定权。这时参谋人员的权限提高到了足以影响有关人员自主决定权的程度。换句话说，有关人员不仅要在做出决定前认真地听取参谋人员的意见，而且在命令采取行动时还需得到参谋人员的同意和许可。

(4) 职能职权。这是对下属直线主管人员行使决策和指挥权限的最高程度的限制。组织中的高层管理者，通常采用授予职能权力的方式来发挥参谋部门和参谋人员的作用。

第五节　组织变革

一、组织变革概述

(一) 组织变革的动因

对于组织变革，不同的专家学者对组织变革有不同的认识与看法。我们认为，组织变革是运用行为科学和相关管理方法，对组织的权力结构、组织规模、沟通渠道、角色设定、组织与其他组织之间的关系、对组织成员的观念、态度、行为等进行有目的的、系统的调整和革新，以适应企业内外环境的变化需求，提高组织的工作效率。由于组织所面临的环境变化无时不在，组织变革伴随企业发展过程的各个时期，是组织发展过程中的一项经常性的活动。组织变革是任何组织在发展过程中不可回避的问题，是衡量组织管理工作有效性的重要标志。

美国《财富》杂志的统计数据分析显示，美国62%的企业寿命不超过5年，只有2%的企业能存活50年，中小企业平均寿命不到7年，大企业平均寿命不足40年。一般跨国公司平均寿命为12年。世界500强企业平均寿命是40年。大多数美国企业的寿命比中国本土企业寿命更短些。因此，组织要想在激烈的市场竞争中生存下去，必须要对组织进行变革。

组织变革的根本目的就是提高组织的效能，促进组织发展。变革的目的是：①组织更具备环境适应性。组织在动态的环境中生存与发展，必须要顺应环境的变化，适时调整自己的任务目标、组织结构、决策程序、人员配备、管理制度等，才能更有效地把握各种机会和识别威胁，使组织具有较强的适应性。②管理者更具备环境适应性。在组织变革中，管理者必须保持清醒的头脑，不断调整自己的领导风格和决策程序，对组织进行重组和团队建设，使组织具有更好的灵活性和柔性。③提高员工环境适应性。通过组织变革，改变员工的观念、态度、行为方式等，更好地适应组织需要，以此提高工作效率。

组织变革的动因包括外部环境因素和内部环境因素两个方面。

1. 外部环境因素

外部环境因素中，最主要的有以下几个方面会导致组织的变革：

(1) 科学技术的进步；

(2) 国家有关法律、法规的颁布与修订；

(3) 国家宏观经济调控手段的改变；

(4) 国家产业政策的调整与产业结构的优化；

(5) 国际、国内经济形势的变化；

(6) 国内政治形势及政治制度的变化；

(7) 国际外交形势及本国外交政策的变化；

(8) 国际、国内市场需求的变化及市场竞争激烈程度的加剧。

2. 内部环境因素

内部环境因素导致组织变革主要体现在下面几个方面:

(1) 管理技术条件的改变;

(2) 提高组织整体管理水平的要求;

(3) 组织运行政策与目标的改变;

(4) 组织规模的扩张与业务的迅速发展;

(5) 组织内部运行机制的优化;

(6) 组织成员对工作的期望与个人价值观念的变化等。

(二) 组织变革的类型与目标

1. 组织变革的类型

组织变革的类型有以下几种。

(1) 战略性变革。组织对其长期发展战略或使命所做的变革。

(2) 结构性变革。组织需要根据环境的变化适时对组织的机构进行变革,并重新在组织中进行权力和责任的分配,使组织变得更为柔性灵活、易于合作。

(3) 业务性变革。组织紧密围绕其关键目标和核心能力,充分应用现代信息技术对业务流程进行重新构造。

(4) 以人为中心的变革。组织通过对员工的培训、教育等引导,使他们能够在观念、态度和行为方面与组织保持一致。

2. 组织变革的内容

组织变革的内容表现在以下 3 个方面:

(1) 人员的变革。对人员的变革指员工在态度,技能、期望、认知和行为上的改变。在组织变革中,人既是变革的推动力量,也可能是变革阻力。组织变革是对组织成员之间权力和利益等资源方面的重新分配,必须重视人的因素,注重改善人际关系并提高实际沟通的质量。

(2) 组织结构的调整。对组织结构的变革包括权力关系、协调机制、集权程度、职务与工作再设计等其他结构参数的变化,管理者应该根据实际情况灵活改变其中的某些要素组成。

(3) 技术与任务的变革。对技术与任务的变革包括对作业流程与方法的重新设计、修正和组合,包括更换机器设备,采用新工艺、新技术和新方法等。管理者处在当今的信息时代,必须注重对技术与任务的变革,注重在流程再造中利用最先进的计算机技术进行技术改造,利用现代的信息技术对企业各部门的工作任务、业务流程进行重组,以提高组织的工作效率。

(三) 组织变革的过程

组织变革的过程包括解冻—变革—再冻结 3 个阶段。

1. 解冻阶段

解冻阶段指改革前的心理准备阶段,鼓励员工改变原有的行为模式和工作态度,采取新的适应组织战略发展的行为与态度。组织在解冻期间的中心任务是改变员工原有的观念和态度，组织必须通过积极的引导，激励员工更新观念，接受改革并参与到改革中来。管理者应注意创造一种变革的氛围和心理上的安全感，减少变革的心理障碍，提高改革成功的信心。

2. 变革阶段

变革阶段指变革过程中的行为转换阶段。组织上下已对变革做好了充分的准备，要能运用一些策略和技巧减少员工对变革的抵制，进一步调动员工参与变革的积极性，使变革成为全体员工的共同事业。这是一个学习过程，需要给员工提供新信息、新的行为模式和新的视角，指明变革的方向，实施变革，进而形成新的行为和态度。

3. 再冻结阶段

再冻结阶段指变革后的行为强化阶段，巩固变革成果。目的是要通过对变革驱动力和约束力的平衡，利用必要的强化手段使新的态度与行为固定下来，使新的组织状态保持相对的稳定。改革措施顺利实施后，还应采取各种手段进一步巩固和强化员工的心理状态、行为规范和行为方式等，达到固化改革成果的目的。

【案例】

中兴通讯全面进行组织变革

中兴通讯是全球领先的综合通信解决方案提供商，通过为全球160多个国家和地区的电信运营商和企业网客户提供创新技术与产品解决方案，让全世界用户享有语音、数据、多媒体和无线宽带等全方位沟通。中兴通讯拥有通信业界最完整的、端到端的产品线和融合解决方案，通过全系列的无线、有线、业务、终端产品和专业通信服务，灵活满足全球不同运营商和企业网客户的差异化需求以及快速创新的追求。2014年中兴通讯实现营业收入814.7亿元人民币，净利润26.3亿元人民币，同比增长94%。目前，中兴通讯已全面服务于全球主流运营商及企业网客户，并被誉为"智慧城市的标杆企业"。

2013年，中兴通讯继续立足于全面检视、深入分析的基础上，聚焦提效，从管理、产品、市场等多个维度全面进行变革，采取四大改革举措：

第一，认清困难，迅速行动。公司董事会从战略角度出发，以业绩表现为基础，在年初对管理层进行了调整，在努力提高收入的同时，内部秉持一切从紧的原则，继续加强内部费用管控，严格控制总人数增长，降低管理损耗，并以此为契机，提升组织效率。

第二，聚焦、提效、创新。公司将聚焦于主流客户与主流产品，在资源投入保障上向战略和主流倾斜，在方法上鼓励各单位聚焦于主业的局部创新。

第三，优化结构，提升运作效率。公司将取消体系和区域层级，形成公司总部—事业部—代表处的三级架构，同时加强商务、法务等专业能力从总部至一线的贯通，切实提升一线作战和风险防控能力。

第四，强化执行力。公司将加强干部队伍的文化训导与业绩问责，在薪酬奖励上激活整个员工干部的主动性。

中兴通讯CEO史立荣说，"这里只能是快鱼吃掉慢鱼，这里只能是高效率的消灭低效率的，这里只能是高壁垒的战胜低壁垒的。为此，我们必须适时、果断地进行战略变革、组织变革、文化变革。公司的管理层、机制和文化要变得更加年轻，公司需要重新唤起创业激情，把自己的未来抓在自己的手中。"

思考：
1. 中兴为什么要进行组织变革？
2. 从战略变革的时机选择来看变革属于那种类型？

二、组织变革的过程阻力及其管理

(一) 组织变革的过程阻力

1. 个人阻力

个人阻力主要是个人利益上的影响和心理上的影响两个方面。由于变革未来模糊不清，组织中员工对不确定性有一种厌恶感，它会使员工感到恐慌和不安等心理状态，从而反抗和抵制变革。还有的组织成员认为变革将有可能损害他的既得利益时，他出于对自身安全的自卫，就会极力反对变革。

2. 团体阻力

团体阻力主要是组织结构变动的影响和人际关系调整的影响两个方面。组织变革后，有可能导致部分组织成员的权力缩小、在组织中的地位降低、劳动强度加大、要求重新学习新的技术和新的知识，甚至有可能需要重新调整人际关系等原因，他们会不愿变革。这些是变革中发生正面冲突的主要原因。

(二) 消除组织变革阻力的管理对策

1. 保持公开性，增加透明度

对于组织目前所处的运行环境，所面临的困难与机遇等，要开诚布公，增加透明度，从而让组织成员对变革达成共识，扩大对变革的支持力量，这是保证组织变革得以顺利进行的必要条件。

2. 加强培训，提高适应性

要通过自上而下的培训教育，使组织成员接受新观念，掌握新技术，学会用新的观点和方法来看待和处理新形势下的各种新问题，从而增强对组织变革的适应力和心理承受能力。

3. 吸收反对者参与变革

让有关人员参与变革的决策和变革的计划执行，就不容易形成阻力。因此，需要将持反对意见的人吸收到决策过程中来，他们的参与能降低阻力，促进变革。

4. 创新策略方法和手段

变革要选准好时机，把握好分寸，循序渐进，配套进行。在变革中要特别注重策略方法和手段的创新，这样才会取得理想的效果。

总之，无论是个人还是组织都有可能对变革形成阻力，变革成功的关键在于尽可能消除阻碍变革的各种因素，缩小反对变革的力量，使变革的阻力尽可能降低，必要时还应该运用行政的力量保证组织变革的顺利进行。

三、组织变革中的压力及其管理

压力是指在动态的环境条件下，个人面对种种机遇、规定以及追求的不确定性所造成的一种心理负担。压力的特征有生理上的反应，心理上的反应，行为上的反应。产生压力的起因有许多，归结起来有两大类：组织因素和个人因素。具体压力如技术进步的压力、知识爆炸的压力、产品迅速老化的压力、价值观改变的压力、生活质量的提高等。

消除组织变革压力的管理对策包括：以人为本；创造宽松、和谐的管理氛围；消除各种压力因素；调动参加变革的积极性。

表5-2给出了缓解个人压力的放松练习法。

表 5-2　缓解压力的办法——放松练习

项目	内容
肌肉放松	练习(身体不要变形，尽可能收紧你的肌肉，然后放松，根据需要多次收缩—放松)
全身	深呼吸，保持 5 秒钟，然后慢慢呼出
前额	抬起前额，使你的眉毛尽可能接触你的发际线 5 秒钟，放松
眼睛、鼻子	紧闭你的双眼 5 秒钟，放松
嘴唇、脸颊、下巴	将嘴紧紧往后拉(扮鬼脸)5 秒钟，放松
脖子	将下巴抵制胸部，然后慢慢转动头部 5 秒钟，放松
肩膀	将肩膀抬到耳部收紧 5 秒钟，放松
上臂	弯曲肘部拉紧上臂肌肉 5 秒钟，放松
前臂	对着无形的墙伸展胳膊，将手掌推向前方 5 秒钟，放松
手	把胳膊前伸，紧握拳头 5 秒钟，放松
后背	平躺在地板或床上，拱起背部，同时肩膀、臀部仍在平面上，坚持 5 秒钟，放松
胃	收紧胃部肌肉 5 秒钟，放松。每天重复做几次，可帮助你减小腰围
臀部	绷紧臀部 5 秒钟，放松
大腿	两腿并拢绷紧 5 秒钟，放松
脚、踝	将脚弯曲，脚尖尽可能朝上绷紧 5 秒钟，然后脚尖朝下绷紧 5 秒钟，放松
脚趾	抠紧脚趾 5 秒钟，然后扭动脚趾，放松

四、组织冲突及其管理

冲突指组织内部成员之间、不同部门之间、个人与组织之间，由于在工作方式、利益、性格、文化价值观等方面的不一致导致彼此相抵触、争执甚至攻击等行为。研究表明，竞争是导致团体内部或团体之间发生冲突的最直接因素。

竞争胜利使组织内部更加团结，成员对团体更加忠诚，这有利于加强和保持团体的凝聚力；组织内部气氛更为轻松，紧张的情绪有所消除，但容易失去继续奋斗的意志，滋生骄傲和得意忘形的情绪；强化组织内部的协作，组织更为关心成员的心理需求，但对于完成工作及任务的关心则有减少的趋势；组织成员容易感到满足和舒畅，不愿对其自身的不足重做估计和弥补，也不想重新反思团体是否还需要根据环境的变化做进一步的改善。

无论是竞争胜利还是竞争失败，组织冲突都会存在两种截然不同的结果：建设性冲突和破坏性冲突。

建设性冲突指组织成员从组织利益角度出发，对组织中存在的不合理之处提出意见等；破坏性冲突指由于认识上的不一致、组织资源和利益分配方面的矛盾，员工发生相互抵触、争执甚至攻击等行为，从而导致组织效率下降，并最终影响到组织的发展。

常见的组织冲突来源于组织目标不相容、资源的相对稀缺、层级结构关系的差异以及信息沟通上的失真等，几种最为典型的冲突有：正式组织与非正式组织之间的冲突，直线与参谋之间的冲突，委员会成员之间的冲突，具体见表5-3。

组织冲突的避免：把建设性冲突和破坏性冲突区分开来，促进和保护有益的建设性冲突。应当创造一种组织气氛，使成员敢于发表不同意见。要保持信息的完整性和畅通性，把组织冲突控制在一定的范围之内，要避免和改正组织中压制民主、束缚成员创新的机械式的规章制度，以保持组织旺盛的活力。

处理冲突的方法有回避、冷处理、强制解决、妥协、合作、树立更高目标。

表 5-3　冲突类型及避免方法

冲突类型	避免方法
正式组织与非正式组织之间的冲突	认识到非正式组织存在的必要性和客观性，积极引导非正式组织的积极贡献，使其目标与正式组织的目标相一致 建立良好的组织文化，规范非正式组织的行为
直线与参谋之间的冲突	明确必要的职权关系 授予参谋人员必要的职能权力 给予参谋人员必要的工作条件，使其能够及时了解直线部门的活动进展情况，并提出更具有实际价值的建议
委员会成员之间的冲突	选择勇于承担责任的合格的成员加入委员会 对委员会的规模提出限制 在追求沟通效果和代表性这两者之间要尽可能取得平衡 做好会议的准备工作，要发挥委员会主席的积极作用

五、组织变革的新趋势

随着人类社会由工业经济社会向信息社会的迈进，以信息技术为核心的高新技术革命给企业带来深刻的影响和变革，并成为决定组织形态、市场竞争力乃至企业生死存亡最重要的因素之一。现代组织的新变革体现在以下两个方面。

(一) 以信息技术为核心的高新技术革命对传统组织理念有新的突破

首先，信息网的大规模化与组织线的模糊化。信息技术发展的早期阶段，企业的信息系统往往是封闭的，而目前信息网日益大规模化，它逐步超越企业、产业、地区的服务，甚至超越了国界，这使得企业及其他组织成员容易打破企业之间、产业之间、地区之间甚至国家之间的壁垒，进行各种信息交流，共享信息资源。企业的经营活动将越来越不受时间和空间的局限，企业的组织界限不像过去传统组织结构那样清晰可辨，而是由各种要素和机能组成的系统，通过现代信息传递网，形成高层次、高效率的有机组织体系，形成新的生产力。

其次，"多对多式"的信息传递方式与组织的水平化。目前，发达国家企业组织内的信息传递方式已由单向"一对多式"向"多对多式"转变。企业内互联网上各种信息单位之间的关系不再是主从关系，而是水平对等关系。"一对多式"单向信息传递适用于自上而下的"金字塔"型阶层组织，现代"多对多式"信息传递已经不适于传统的组织形式，企业组织形态正由"阶层化"向"水平化"转变。

(二) 现代组织结构进行新的调整与创新

现代组织结构的调整与创新主要体现了以下 3 个方面的特点。

1. 信息时代的组织结构再造，变"扁"变"瘦"
变"扁"是指纵向结构正在拆除，中间管理阶层被削减，压缩中间管理层。
变"瘦"是指组织横向部门压缩，将企业中的辅助部门抽出来，组成单独的服务公司，成立共享的服务部门，使主业更加精干。

2. 组织柔性化
现代企业的新型组织网络结构由两部分组成：一是战略管理、人力资源管理、财务管理与其他功能相分离，形成由总公司统一管理和控制的中心；二是根据产品、地区、研发和生产经营业务的需要形成组织的立体网络，具有柔性化的特点。这种组织结构核心控制点的设置目的，主要是为了使管理的网络流程路径变短，有适度的集中性。这是企业组织结构发展的一个趋势。

3. 新型组织结构下的纵向管理体制转向横向管理体制
网络结构能有效地实现知识的交流和才能的发挥，组织由上下之间实行命令和控制转向以知识型专家为主的信息型组织。现代组织协作需要通过高效率的网络系统传达指令，互通信息，使组织内的协作沟通更加透明。由较多的横向关系取代纵向关系，合作更加协调密切，管理民主化程度进一步提高。这样的组织结构，既确保了总体经营战略的实施，又提高了运作的灵活性。在实现有效控制的同时，又激发了各方面的主观能动性，增强了责任感，充分体现了"分散经营、集中调控"的管理原则。

随着信息时代的来临，现代企业进入了知识管理的时代，适应多样化、差异化、柔性化生产的全球网络组织结构体系正在冲击或取代传统的金字塔型组织结构，组织的管理体制也顺应全球化和信息化的潮流，开始实施从未有过的深刻变革。

【本章小结】

组织是两个以上的人在一起为实现某个共同目标而协同行动的集合体。组织设计是对组织的结构和活动进行创构、变革和再设计。组织工作的基本流程是设计与建立组织结构、职权与职责设计、人员配备和组织运行与变革。

管理幅度是指管理者直接有效指挥和监督的下属的数目。层级是组织的管理层次，亦称组织层级。组织层级受到组织规模和管理幅度的影响，它与组织规模呈正比；在组织规模给定的条件下，组织层级与管理幅度成反比。即每个主管所能直接控制的下属数目越多，所需的组织层级就越少。管理幅度与管理层次的反比例关系，决定了两种最基本的管理组织形态：扁平结构和锥形结构。系统介绍了影响管理幅度的因素。

组织设计的任务是设计清晰的组织结构和编制职务说明书。组织设计的程序包括职务分析与设计、部门设计、管理层次与管理幅度设计、职权设计4步。组织设计的原则是因事设职与因人设职相结合的原则、权责对等的原则、命令统一的原则和柔性经济的原则。

组织设计的影响因素包括：外部环境因素和内部条件因素。外部环境是指人口环境、经济环境、自然环境、政治环境和社会文化环境等以及供应商、竞争者、相关企业、顾客和社会公众等方面。内部条件因素包括战略发展、技术复杂性程度、组织规模大小及组织生命周期的不同阶段。

组织部门化的基本原则有因事设职和因人设职相结合的原则、分工与协作相结合的原则和精简高效的部门设计原则。组织部门化包括职能部门化(把相同或相似的活动归并在一起，作为一个管理单位即职能部门化)、产品部门化(围绕产品或服务大类的活动和要求来划分部门)、地域部门化(为了开拓市场，按照地理区域成立专门的管理部门)、顾客部门化(以顾客为中心设立的部门)、流程部门化(按照生产过程、工艺流程或设备来划分部门)、矩阵型结构(由纵横两套管理系统组成的矩阵式组织结构，纵向的是职能管理系统，横向的是为完成某项任务而组成的项目系统，横向和纵向的职权具有平衡对等性，它打破了传统的统一指挥原则，有多重指挥)、动态网络型结构(一种以项目为中心，通过与其他组织建立研发、生产制造、营销等业务合同网，有效发挥业务专长的协作性组织)和虚拟组织(商业伙伴和团队通过信息技术手段跨越地理或组织界限而进行工作的组织)。

组织分为正式组织和非正式组织。正式组织是组织设计工作的结果，是由管理者通过正式的筹划，并借助组织结构系统图和职务说明书等文件予以明确规定的。而非正式组织是伴随着正式组织的运转而形成的。非正式组织的成员由于工作性质相近和社会地位相当，对一些具体问题的认识基本一致、观点基本相同，或者由于个人性格、业余爱好和感情比较相投而形成的组织。作为管理者应正确认识非正式组织的作用，并采取恰当的策略，让非正式组织为正式组织服务。

"权力"是指处在某一管理岗位上的人对组织或所管辖的单位和人的一种影响力，或简称管理者影响别人的能力。权力包括个人权力和制度权力。我们在此主要研究制度权力。集权是指决策权在组织系统中较高层次的一定程度的集中；而分权则是指决策权在组织系统中较低管理层次的程度上分散。没有绝对的集权，也没有绝对的分权，两者存在于一个连续统一体之中。实现分权的途径有两种：实行制度分权和管理者在工作中的授权。

直线职权(直线关系)是循着组织等级链发生的职权关系。参谋职权(参谋关系)是跨系统发生的非直线关系以及参谋部门对直线部门提供的辅助关系。管理者正确发挥参谋的作用应做到明确职权关系和授予必要的职能权力。

组织变革的动因包括外部环境因素和内部条件因素。组织变革的类型有战略性变革(组织对其长期发展战略或使命所做的变革)、结构性变革(组织需要根据环境的变化适时对组织的机构进行变革，并重新在组织中进行权力和责任的分配，使组织变得更为柔性灵活、易于合作)；流程主导性变革(组织紧密围绕其关键目标和核心能力，充分应用现代信息技术对业务流程进行重新构造)和以人为中心的变革(组织通过对员工的培训、教育等引导，使他们能够在观念、态度和行为方面与组织保持一致)。

组织变革的一般过程包括解冻—变革—再冻结3个阶段。组织变革的过程会有个人和团体阻力，变革成功的关键在于尽可能消除阻力，保证组织变革的顺利进行。组织变革中的压力有个人和组织因素，缓解和消除组织变革压力的关键是以人为本，创造宽松和谐的管理氛围，调动参加变革组织和个人的积极性。

冲突指组织内部成员之间、不同部门之间、个人与组织之间，由于在工作方式、利益、性格、文化价值观等方面的不一致导致彼此相抵触、争执甚至攻击等行为。处理冲突的方法有回避、冷处理、强制解决、妥协、合作、树立更高目标。

现代组织的新变革体现在两个方面：一是以信息技术为核心的高新技术革命对传统组织理念有新的突破；二是现代组织结构进行新的调整与创新。

【复习思考题】

1. 如何理解组织与组织设计的含义？
2. 组织设计的任务与原则有哪些？
3. 组织部门化有哪几种形式，以及每种形式的优缺点及适用范围？
4. 如何理解管理幅度与组织层级的含义？它们的关系是什么？
5. 什么是集权？什么是分权？过度集权的弊端是什么？
6. 管理者应如何正确对待非正式组织？
7. 组织变革的动因是什么？

8. 组织变革的过程是什么?

9. 如何理解组织变革新趋势?

10. 如何理解直线关系和参谋关系?

11. 通过调查了解,明确你所在的学校采取的是什么样的组织结构?试画出该学校的组织结构图;如果从理论的角度上去分析和看待,找出其合理与不足之处并提出改进意见。

12. 以小组为单位调查某一组织机构部门、层次设计的合理性、权力分配状况、人员配置是否有效、组织制度的约束力等,并分析调研中发现的共性问题,提出解决问题的思路。

【技能训练与实践】

训练一:单项选择题

1. 组织设计最为重要的基础工作是(　　)。

  A. 部门划分与结构形成　　　　　　　　B. 职务设计与人员调配

  C. 管理人员的素质与能力　　　　　　　D. 职务设计与分析

2. 用组织理论去分析腐败现象,可以得出的结论是(　　)。

  A. 权力和责任总是一致的　　　　　　　B. 没有责任的权力将产生腐败

  C. 责任比权力更为重要　　　　　　　　D. 集权比分权更为重要

3. 某企业总经理下设 2 个副总经理、每个副总经理下设 3 个部门经理、每个部门有 6 名员工,则该总经理和每个副总经理的管理幅度分别是(　　)。

  A. 2 人和 3 人　　　　　B. 5 人和 6 人　　　　　C. 11 人和 9 人　　　　　D. 5 人和 6 人

4. 组织结构设计的基本出发点是(　　)。

  A. 组织目标　　　　　B. 工作分析　　　　　C. 配备人员　　　　　D. 设置岗位

5. 不同的企业因为自身情况的差异可以有不同的部门化方法,以下(　　)要求企业拥有更多的通才式管理人员。

  A. 职能部门化、地区部门化、流程部门化

  B. 地区部门化、流程部门化、顾客部门化

  C. 地区部门化、顾客部门化、产品部门化

  D. 流程部门化、顾客部门化、产品部门化

6. 某总经理把产品销售的责任委派给一位主管经营的副总经理,由其负责所有地区的经销办事处,但同时总经理又要求各地区经销办事处的经理们直接向总会计师汇报每天的销售数字,而总会计师也可以直接向各经销办事处经理们下指令。总经理的这种做法违背了(　　)。

  A. 分工合理原则　　　　　　　　　　　B. 统一指挥原则

  C. 精简效能原则　　　　　　　　　　　D. 因职用人原则

7. 组织结构设计的实质是(　　)。

  A. 工作分析　　　　B. 组织分工　　　　C. 提供组织结构图　　　D. 编制职务说明

8. 戴立在改革开放初期创办了一家小型私营食品企业。由于产品口味好、价格面向一般大众，很快就确立了消费者认可的品牌，销路非常好。在此情况下，戴立企业的员工人数也随之增加，由原来的 6 名家族成员增加到现有的 120 名，工厂规模也扩大了很多。在感受成功喜悦的同时，戴立也意识到前所未有的困扰——他越来越感觉到工作力不从心。每天疲于奔命于处理各种各样的琐事。但是，尽管如此，工厂的管理还是给人以很混乱的感觉。为此，戴立请教了许多人，以下具有代表性的建议最有效的是(　　)。

A. 戴立应抽出时间去某著名商学院接受管理方面的培训

B. 应聘请一位顾问，帮他出谋划策

C. 对于企业的组织结构进行改组，在戴立和一线工人之间增加一个管理层

D. 应招聘一位能干的助理，帮助他处理各种琐事

9. 组织是集权还是分权主要取决于(　　)。

A. 基层单位管理者　　　　　　　　B. 决策的数目

C. 高层管理者权力的下放程度　　　D. 决策审批手续

10. 国际上的实践证明，项目管理是一种先进、高效的管理模式。目前，项目管理正在被国内企业界所引进，许多人认为这一管理模式应该是全新的理念和全新的组织结构形式的结合。但实际上并非如此，其组织结构形式就是我们所熟悉的，即(　　)。

A. 矩阵制　　　　B. 职能型　　　　C. 事业部制　　　　D. 网络型

训练二：多项选择题

1. 组织结构设计的主要任务有(　　)。

A. 提供组织结构图　　　　　　　　B. 配备人员

C. 进行工作分析　　　　　　　　　D. 编制职务说明书

2. 公司总经理发现公司中存在许多小团体，做法合理的是(　　)。

A. 立即宣布这些小团体为非法，予以取缔

B. 正视小团体的客观存在性

C. 只要小团体的存在不影响公司的正常运行，可以对其不闻不问

D. 深入调查，积极引导，不断规范

3. 非正式组织具有的积极作用有(　　)。

A. 可以满足职工的需要

B. 增强团队精神

C. 促进组织成员的成长

D. 维护正式组织的正常秩序，增强团队精神

4. 与传统的金字塔式的组织结构相比，扁平化的组织结构具有的特点包括(　　)。

A. 管理层次减少，管理幅度增加

B. 管理层次增加，管理幅度减少

C. 更多的授权

D. 自动化办公程度提高，信息传递速度加快

5. 以下可以降低组织变革的阻力的做法有(　　　)。

　　A. 与反对变革者进行沟通，消除心理顾虑

　　B. 与反对变革者进行谈判

　　C. 吸引反对变革者参与决策过程

　　D. "收买"反对派"头头"

6. 影响管理幅度的因素主要有以下几个方面：主管人员与其下属双方的素质和能力、管理活动的相似性、授权的状况、组织沟通渠道的状况和(　　　)。

　　A. 管理者的领导风格　　　　　　　B. 下属员工的空间分布

　　C. 所面对问题的性质　　　　　　　D. 组织规模

　　E. 组织目标

7. 参照划分部门的标准，划分部门的主要方法有(　　　)。

　　A. 职能　　　　　　B. 地区　　　　　　C. 服务对象　　　　　　D. 产品

8. 集权与分权程度的衡量取决于(　　　)。

　　A. 领导者的指导思想　　　　　　　B. 决策的数目

　　C. 决策问题的重要程度　　　　　　D. 决策审批手续的繁简

　　E. 服务对象的分布

9. 拿破仑曾分析过法国骑兵与木马留克骑兵之间作战的情形。法国骑兵骑术不精但纪律严明，木马留克骑兵骑术和剑术都很精湛，但缺乏纪律和组织性。两军对垒时，2个木马留克兵绝对能打赢3个法国兵；100个法国兵与100个木马留克兵势均力敌；300个法国兵大都能战胜300个木马留克兵；1000个法国兵则总能打败1500个木马留克兵。这个例子说明(　　　)。

　　A. 组织的集体力量大于单独个人力量的简单相加

　　B. 集体努力的结果比个人单独努力时的结果总和要大

　　C. 系统的功效大于各子系统功效之和

　　D. 上述三项都不对

10. 建立分部结构的目的是在组织内部建立更小的且更容易管理的单位，分部结构的形式包括(　　　)。

　　A. 区域结构　　　　　　　　B. 产品结构　　　　　　　　C. 地域结构

　　D. 市场结构　　　　　　　　E. 职能结构

训练三：选择填空题

　　A. 解冻—变革—再冻结　　B. 管理幅度　　　C. 正式组织　　　　D. 集权

　　E. 产品部门化　　　　　　F. 管理层次　　　G. 职务说明书　　　H. 冲突

　　I. 授权　　　　　　　　　J. 人员的变革

1. 在组织规模已定的条件下，管理幅度与(　　　)成反比。

2. 组织分为(　　　)和非正式组织。

3. ( )是指决策权在组织系统中较高层次的一定程度的集中；而分权则是指决策权在组织系统中较低管理层次的程度上分散。

4. ( )通常适用于大型的和多角化经营的企业

5. ( )是指管理者直接有效指挥和监督的下属的数目。

6. 正式组织是组织设计工作的结果，是由管理者通过正式的筹划，并借助组织结构系统图和( )等文件予以明确规定的。

7. 组织变革的一般过程包括( )3个阶段。

8. 研究表明，竞争是导致团体内部或团体之间发生( )的最直接因素。

9. 组织变革的内容表现在3个方面，即组织结构的调整、( )和技术与任务的变革。

10. 实现分权的途径有两种：实行制度分权和管理者在工作中的( )。

训练四：判断题(判断对的用√，判断错的用×)

1. 组织部门化的基本原则有因事设职的原则、分工与协作相结合的原则、精简高效的部门设计原则。( )

2. 非正式组织的成员由于工作性质相近、社会地位相当，对一些具体问题的认识基本一致、观点基本相同，或者由于个人性格、业余爱好和感情比较相投而形成的组织。( )

3. 集权是指决策权在组织系统中较高层次的一定程度的集中；而分权则是指决策权在组织系统中较低管理层次的程度上分散。集权是绝对的，分权是相对的。( )

4. 组织变革的过程包括解冻—变革—再冻结3个阶段。( )

5. 命令统一的原则就是要求每位下属应该有一个并且仅有一个上级，组织中的任何成员只能接受一个上司的领导，每个员工应当而且只能向一个上级主管直接汇报工作，要求在上下级之间形成一条清晰的指挥链。( )

6. 组织规模一定时，管理幅度的大小与层次数目多少成正比例关系。( )

7. 当管理幅度一定时，管理层次与组织规模呈正比。即当组织规模一定时，管理幅度越宽，层次越少，其管理组织结构的形式呈锥形。( )

8. 矩阵型结构是由纵横两套管理系统组成的矩阵式组织结构，纵向的是职能管理系统，横向的是为完成某项任务而组成的项目系统，横向和纵向的职权具有平衡对等性，它打破了传统的统一指挥原则，有多重指挥。( )

9. 非正式组织也是在某种社会环境中存在的，对组织成员也会起到约束的作用。( )

10. 产品部门化是指围绕产品或服务大类的活动和要求来划分部门。应用产品部门化需对特定的产品系列或服务类型有专门的需求适应，通常适用于大中型企业。( )

训练五：案例分析

王刚是一家汽车分销公司里的高级职员。后来王刚决定自己干，注册成立了自己的汽车分销公司——伦迪公司。在头5年的经营里，主要采用原公司的管理方法和程序。公司力争让下属参与管理，为具体体现民主管理，他们引进了高级小组制度，从每一个分部挑选一名非管理者，共挑出 5 人。每月与他们开一次工作例会，讨论各种问题的解决方法和执行策略。当公司规模尚小时，一切都运转正常。但随着公司的发展，公司先后又并购了一家汽车出租公司和另一家汽车代理处，企业规模的扩张急剧地加大了王刚的工作量。虽然王刚花费了大量的时间和精力，公司组织结构和管理方式没有发生变化，但是仍有一些事情不能得到很好的解决，即使大会通过的决议也没有得到有效执行，许多重要项目被拖延或推迟。

思考题：

1. 你认为王刚的公司存在哪些问题？
2. 请你帮助王刚设计一个新的组织结构，画出组织结构图，并说明理由。

训练六：课外调研与实践

1. 挑选一家新创企业和一家成熟企业，对比两家企业的组织结构有哪些不同？建立组织时考虑了哪些因素？目前有哪些特点？

2. 和同学一起研究分析某企业或学校的组织结构，分析存在的主要问题，然后设计一个新的组织结构或修改原结构，以适应企业的发展战略。

【万科股份公司案例分析研究与思考】

一、万科企业股份公司发展历程

万科企业股份有限公司(简称万科)成立于1984年5月，是目前中国最大的商业地产开发企业，居中国房地产企业前列。万科企业发展历程大致经历4个发展阶段。

(一) 多元化的经营阶段

万科企业股份公司刚成立时企业名称为"深圳现代科教仪器展销中心"，公司性质为国营企业；公司采取多元化经营模式，主要经营办公设备、视频器材(摄像机、录像机、投影仪等)的进口销售业务，同时开设服装厂、手表厂、饮料厂、印刷厂、K金首饰厂、饲料厂等，王石任公司经理。1986年，万科公司更名为"深圳现代企业公司"，为了摆脱僵化体制，筹措发展资金，公司决议在两年内完成以公开发行股票为目标的股份化改造。1988年11月，万科企业正式更名为"深圳万科企业股份公司"；同年12月，政府批准股份化改组方案，原公司的1300万元资产国家占60%、职员占40%，公开向社会发行股票2800万股，集资人民币2800万元，其中1000万元为特别人民币股，由境外投资者购买，资产及经营规模迅速扩大。万科企业股份公司借鉴香港地区企业先进的管理经验，引进国际先进的现代企业制度，完善企业管理。万科企业股份公司选择了多元化和跨地域的扩张之路，并于同年通过高价竞争投标正式介入房地产领域，是国内较早从事住宅商品房开发的企业之一。

1988年是万科发展历程上的第一个里程碑，公司完成了两件最具深远意义的事：一是进军房地产业；二是对公司进行股份制改革，公开融资。从万科1988年年底投标买地开始，万科正式开启了地产经营的新纪元，也标志着万科以地产为主、多元化发展经营阶段的开始。

（二）房地产主营业务及贸易和文化传播的全国扩张阶段

万科的第一轮扩张期指的是1988—1993年，尤其是1991年确定"综合商社"发展模式后，实施多元化和跨地域经营战略，实现急速扩张的过程。1991年，万科企业公司确定集信息、交易、融资、制造于一体的"综合商社"发展模式，募集的资金主要投向房地产开发、工业生产、进出口贸易及连锁商贸、影视文化等领域。1992年，万科确立了以房地产为核心业务的发展战略，并将居民住宅作为房产的主导开发方向。在贸易方面，公司成立贸易经营本部，万佳在武汉和乌鲁木齐开办商场，并增设大连公司、珠海公司、武汉公司、新疆公司和北海公司；在地产方面，香港银都置业、青岛银都花园、天津万兴和万华、上海万科房地产、北海万达房地产等分公司相继成立；进行股权投资的国内公司达到13家；成立万科文化传播有限公司，开展电影、广告、卡拉OK影碟等制作和发行业务。1993年，万科将大众住宅开发确定为公司的核心业务。到1993年底，万科已拥有属下36家联营和附属企业，遍布国内15个重要城市。1993年是万科历史上最具里程碑意义的一年。

（三）房地产主营业务专业化的调整阶段

专业化是万科地产最重要的特点，也是万科取得成功的重要因素。1993年，万科开始由多元化向专业化进行调整，从多元化经营转向以房地产为核心的专业化经营，将大众住宅开发确定为公司的核心业务。1993年，万科房地产也存在多元化的问题：酒店、写字楼、住宅、商场都有涉及，在全国各地的地产业务中铺得很广。为了迅速做大房地产主业，王石带领万科开始做"减法"：

（1）整体业务方面的收缩。退出与住宅无关的产业，从多元化经营向专营房地产集中。至1995年，房地产业务利润所占比重增长到75%以上，实现了多业务经营向主营业务为主导的专业化经营的过渡。

（2）投资区域的集中。收缩住宅产业战线，从13个城市削减到深、沪、京、津4个城市，开始分期转让在全国的30多家企业股份。

（3）提出以城市中档住宅为主，减少房地产业产品的品种。

（4）资金的集中。在股权投资上，从1994年起，万科把在全国30多家企业持有的股份，开始分别转让，将资金回收用于主业。以2001年8月24日出售所拥有的万佳全部股权为标志，宣告经历多年的专业化战略调整全部完成。

（四）房地产主营业务精细化的发展阶段

万科在完成"专业化"调整之后，开始第二轮的扩张战略，由专业化向精细化转型。从过去的"点—线"战略(指在重要交通干线沿线选择开发住宅的城市)，调整到现在的"点—线—片"战略(指在中心城市向周围200公里半径拓展市场)以珠三角、长三角、环渤海三大城市圈和几个内陆核心城市为重点发展区域，先后在16个城市进行项目开发，力求在一个特定的区域内实现各种资源的集约化经营，形成"全国性思维，本土化运作"的开发格局。万科企业在推行"区域化"的同时，产品还要从"专业化"过渡到"精细化"，从单纯追求开发量和结算面积的粗放式经营，转到注重品质和利润贡献率的集约化、精细化经营。万科在主要投资开发的城市均具有较高的专业优势，下属深圳地产公司连续4年荣获深圳市房地产企业资质评级第一名。此外，万科开发的楼盘还多次获得了

"国家建设部建筑设计一等奖""中国建筑工程鲁班奖"等多项荣誉，万科的物业管理率先在行业内通过1809002国际认证。凭借一贯的创新精神及专业开发优势，公司树立了住宅品牌，并获得了良好的回报。在整体市场销售量同比下降的背景下，公司坚持主流产品定位，贯彻积极的销售策略，2016年取得了良好的销售业绩。2016年万科公司累计实现销售面积2765万平方米，销售金额3647亿元。

二、万科企业股份公司发展的特点

(一) 城乡结合部战略完成品牌建设

土地资源和土地成本的限制是影响万科地产经营效益的重要因素。在万科发展初期，万科获得的可开发土地较多地来源于二级市场或公开拍卖市场的土地资源，由于来源渠道的限制，迫使万科只能走城乡结合部开发的策略。城乡结合部土地成本相对低廉，万科在避开主城区竞争的同时，还能获取更高的利润。万科利用物业管理的优势和娴熟的市场手段，开发适合中等收入消费者的商品住宅小区。万科善于"造势"，并形成了积聚效应，带动了周边市场。同时依靠物业管理优势和对周边区域市场的带动，万科逐步建立了品牌号召力。依靠在城乡结合部开发项目，万科能快速、高额地回笼资金，企业逐步发展壮大，并慢慢建立了自己的品牌影响力；然后再利用自己的品牌影响力在各中心城市获取土地，真正实现了"农村包围城市"并最后占有城市的发展道路。

(二) 布局三大经济中心

万科地产从深圳起家，进过近20年逐步发展为全国区域型企业，完成了以深圳为中心的珠三角，以上海为中心的长三角，以北京、天津为中心的环渤海，以及以成都、武汉为代表的中心城市的战略布局。截至2015年，万科已有的销售区域和城市包括：

(1) 珠三角的广、深区域，即深圳，即广州、东莞、佛山、珠海、中山、惠州、清远、厦门、漳州、泉州、福州；

(2) 长三角上海区域，即上海、杭州、苏州、无锡、昆山、嘉兴、富阳、南京、镇江、南昌、宁波、合肥、扬州、温州、芜湖、徐州、南通；

(3) 环渤海，即北京、天津、沈阳、抚顺、鞍山、营口、大连、长春、吉林、青岛、济南、烟台、太原、晋中、唐山、秦皇岛；

(4) 其他各区域中心城市，即武汉、成都、长沙等城市。

(5) 公司自2013年起开始尝试海外投资，目前已经进入新加坡、旧金山、纽约和伦敦等几个海外城市，参与数十个房地产开发项目。

(三) 万科模式与白领文化

就经营模式而言，万科的成功是美国模式的成功。万科很早就将注意力转移到美国模式，发现中国地域辽阔，房地产领域的竞争条件和市场化走向与美国相似，万科采用美国模式，选择走一条极度专业化的道路。目前万科的专业化不仅是将主业集中到房地产，更将所有产品简化为城乡结合部，面向新兴白领的成片居住社区。万科也单靠卖一种白领住宅成为产量世界领先的房地产开发商。

在采用美国房地产经营模式的同时，万科还成功地建立了以职业经理人制度为特色的现代企业制度。尊重人，为优秀的人才创造和谐、富有激情的环境，是万科成功的首要因素。职业经理人制度是万科人才理念的具体体现，是公司最宝贵的资源。万科致力于培养职业经理阶层，将教育和训练作为公司管理的重要组成部分。经理的职责是为公司的发展创造机会，同时还要创造一个适合人才成长的环境，把公司的目标、职员的理想，落实到日常活动和环境中。工作不仅是谋生的手段，工作本身应带来满足和乐趣。公司认为职员要有社会责任感，创新协作精神，能够管理自己。万科的职员不仅要满足基本的生活要求，并能够把工作和家庭、健康、物质、精神生活协调一致，公司倡导健康、丰盛的人生。

三、万科企业股份公司组织变革和组织结构的变化

(一) 多元化阶段的组织结构

鉴于万科企业股份公司经营的多元化和规模的不断扩大，万科多次变革其组织结构、组织的规章制度和职责等来满足企业发展的需要。1988年底，公司进行了股份制改造，并开始介入房地产领域，建立其多元化经营的组织结构。具体组织结构如图5-13所示。

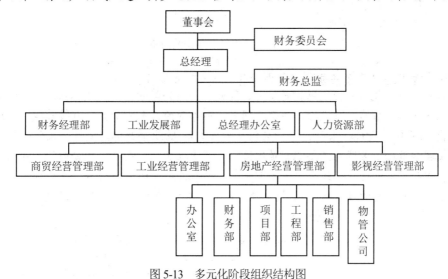

图 5-13　多元化阶段组织结构图

(二) 专业化阶段的组织结构

1993年，万科开始由多元化向专业化进行调整，从多元化经营转向以房地产为核心的专业化经营，将大众住宅开发确定为公司的核心业务。万科在2000年进行第一次专业化的过程中，在集团增设了很多的专业部门如规划设计部、工程管理部和营销管理部，集团对地区公司的管理从原来的战略型转变为操作管理型。当时的专业化主要是在万科集团建立专业化总部，由原来的类似战略型管控变为操作运营型总部，其主要举措包括规划设计部、工程管理部、营销管理部、成本管理部4条专业线，以及在总部设置一系列的专业化职能部门等。这个时期的万科组织结构是一种矩形超事业部制的混合结构。具体组织结构如图5-14所示。

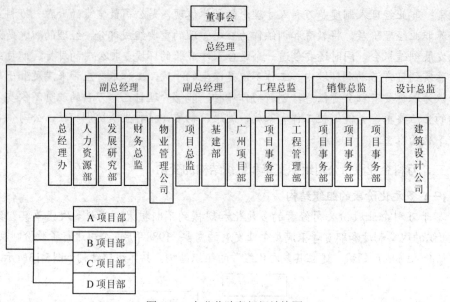

图 5-14　专业化阶段组织结构图

(三) 精细化发展阶段的组织结构

目前,万科集团的组织结构是总部、区域和一线公司的三层架构体系。总部的主要职责包括战略、布局、融投资、品牌、研发、财务资金、人力资源的直接管控、专业部门的指导(营销、设计、采购、流程与信息管理等)、物业事业部、制度、文化、标准、知识管理和审计。区域的主要职能是地区内运营管理协调、支持一线公司的产品设计、质量管理和投资评估。一线公司主要职责包括项目发展、运营、财务、人力资源、行政管理、流程与信息管理;地产项目(营销、设计、工程/采购/成本、报批报建和客户关系管理)。具体组织结构图如图5-15所示。

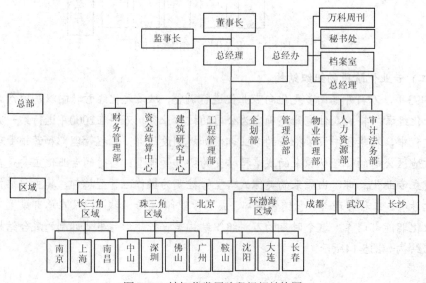

图 5-15　精细化发展阶段组织结构图

思考：

1. 万科股份公司经历了哪些发展阶段？有哪些特点？
2. 万科股份公司在不同的发展阶段采用的是哪种组织结构？它们各有什么特点？
3. 万科股份公司的组织结构对整个公司发展起到了什么作用？
4. 结合案例试说明组织变革和组织结构的关系。

第六章

员 工 管 理

【教学目标】
1. 员工配备的任务和原则
2. 员工的选聘来源、程序与方法
3. 员工绩效考评的目的和作用
4. 员工绩效考评的内容、程序与方法
5. 员工培训的目标和方法
6. 薪酬的概念与构成
7. 薪酬的功能与影响薪酬水平的因素
8. 薪酬体系与薪酬设计原则

【理论应用】
1. 为某企业制定管理人员的招聘方案。
2. 为某企业管理人员制定绩效考核方案。
3. 为某企业制定管理人员培训方案。
4. 为某企业制定人力资源规划方案。
5. 为某企业设计薪酬体系。

【案例导入】

用人之道

去过寺庙的人都知道，一进庙门，首先是弥勒佛，笑脸迎客，而在他的北面，则是黑口黑脸的韦陀。但相传在很久以前，他们并不在同一个庙里，而是分别掌管不同的庙。弥勒佛热情快乐，所以来的人非常多，但他什么都不在乎，丢三落四，财务管理能力差，入不敷出。而韦陀虽然管账是一把好手，但成天阴着个脸，太过严肃，人越来越少，最后香火断绝。

佛祖在查香火的时候发现了这个问题，就将他们俩放在同一个庙里，由弥勒佛负责公关，笑脸迎八方客，于是香火大旺。而韦陀铁面无私，锱铢必较，则让他负责财务，严格把关。在两人的分工合作中，寺庙呈现出一派欣欣向荣的景象。

思考：这个案例带来的启示是什么？

第一节 员工配备概述

组织设计为组织系统的运行提供了管理框架。但组织系统要发挥作用,还必须要进行员工配备。因此,在设计了合理的组织结构的基础上,为这些机构的不同岗位选配合适的管理人员。员工配备是组织设计的逻辑延续。

一、员工配备的含义、任务和原则

(一) 员工配备的含义

员工配备是指根据组织结构中所规定的职务数量和要求,对所需人员进行恰当而有效的选择、考评和培训。其目的是为了配备合适的人员去充实组织中的各项管理岗位,以保证组织活动的正常进行,进而实现组织既定的目标。简单地说,员工配备就是为每个岗位配备适当的人,同时要考虑满足组织成员个人的特点、爱好和需要,对组织的人力资源进行合理配置,并在使用过程中通过考评,确定人员的工作业绩和职业前途,并为其进行职业生涯发展规划。

(二) 员工配备的任务及重要性

1. 员工配备的任务

员工配备工作的任务,可从组织和个人这两个角度去考察:一是从组织需要的角度看,要通过人员配备使组织系统运转。员工配备必须能够保证组织各个岗位都有合适的人员,注意组织后备管理人员队伍的建设,建立起员工对于组织的忠诚感。二是从组织成员个人角度看,留住人才,不仅要留住其身,而且要留住其心。只有这样,才能达到维持他们对组织忠诚的效果。员工配备应力求使每个人的知识和能力得到公正的评价、承认和运用,使每个人的知识、能力和素质在工作中得到不断发展和提高。知识与技能的提高,不仅可以满足人们的心理需要,而且往往是通向职业生涯中职务晋升的阶梯。

2. 员工配备的重要性

管理人员选任工作的重要性是由于管理人员在组织中居于十分重要的地位,所以选任合适的管理人员对完成组织的任务,实现组织的目标有着十分重大的意义。正确地选任管理人员是实施有效管理的前提条件。管理是靠人来完成的,更确切地说是靠管理人员来完成的。没有管理人员的行动,管理活动就只是一个抽象、空洞的概念。管理和管理人员二者相辅相成。正确地选任管理人员是提高组织管理效率的关键。管理效率的高低受两个重要因素的影响:一是管理体制,二是管理人员的素质。当管理体制一定时,管理者素质的高低就是决定性因素。正确选任管理人员,就是要把高素质的人才选任到管理岗位上去,合理地使用他们。当然,还包括在使用中对他们进行培养、训练,不断提高他们的素质和能力。正确选任管理人员,是保证组织长期稳定发展的关键。对一个组织来说，要想获得长期稳定的发展，没有一支稳定的、素质高的、能力强的，并且不断吐故纳新、吸收新鲜血液的管理者队伍是不可想象的。一般来说，一个组织要想长期兴旺发达，必须保证长期拥有合格、优秀的管理人员。正确地选任管理人员，不断获得优秀人才，就是一个组织必须要解决好的重大课题。

【案例】

刘邦自评取得天下经验

汉高祖刘邦驰骋疆场数十年，抚秦灭楚，身经百战。在对项羽的战争中，因为力量悬殊几乎每战必败，但最后垓下取胜，一统江山。刘邦谈及夺取天下的原因时说道："夫运筹帷幄之中，决胜千里之外，吾不如子房；镇国家，抚百姓，给馈饷，不绝粮道，吾不如萧何；连百万之众，战必胜，攻必取，吾不如韩信。三者皆人杰，吾能用之，此吾所以得天下者。"刘邦认为，他能建立汉朝，关键是用了张良、萧何、韩信3人。3人分别是3个方面的重要管理者。的确，刘邦的成功在于他得到了这3个人，并且用好了这3个人，使他们各自充分发挥了自己的管理才能。

思考：你怎样认识刘邦自评取得天下的经验？

(三) 员工配备的原则

为保证组织中人与事的优化组合，在员工配备的过程中必须遵循以下原则。

1. 优化原则

优化原则是通过科学选聘，合理组合，实现人员配备的最优化。优化原则可从以下几方面着手实现。

(1) 因事择人原则。根据岗位的要求，选择具备相应知识和能力的人员到合适的岗位上工作，保证工作能够有效完成。

(2) 因才使用原则。要求根据组织成员个人的不同特点来安排工作，以使每个人的潜能可以得到充分发挥。

(3) 动态平衡原则。要求能以发展的眼光看待人与事的配合关系，能不断根据情况变化进行及时、恰当的调整，以实现人与工作的动态平衡与最佳的配合。

2. 激励原则

激励原则是通过人员配置，最大限度地调动人的积极性和创造性。一方面，通过授权，充分信任下级，使下级充分发挥自己的才华；另一方面，将奖励与贡献紧密挂钩，使物质奖励与精神奖励结合起来，调动员工的工作积极性。

3. 开发原则

开发原则要求在人员配置和使用的过程中，通过各种形式的培训与学习，不断提高员工的素质，最大限度地发挥员工的潜能。

二、员工配备的工作内容和程序

(一) 确定人员需要量

员工配备的工作首先是确定人员需要量。人员需要量的确定主要以设计出的职务数量和类型为主要依据。职位类型指出了需要什么样的人，职务数量说明了每个类型的职位需要多少人员。确定人员需要量时应考虑组织现有的规模、机构和岗位设置情况，分析企业管理人员的相对稳定性与流动率，从而最终做出人员需要量的长期规划。

(二) 选配人员

人员选聘在确定了组织内的工作职位后，就可以根据职位的任职要求，通过招聘、选拔、安置和提升来配备所需的管理人员。管理人员的来源可以从企业内部提升和调配，也可以从企业外部招聘。

(三) 制订和实施人员培训计划

人的发展是一个过程，组织成员在明天的工作中表现出的技术和能力需要在今天培训；组织发展所需的干部要求现在就开始准备。维持成员对组织忠诚的一个重要方面是使他们看到自己在组织中的发展前途。人员特别是管理人员的培训，无疑是人员配备中的一项重要工作。培训既是为了适应组织技术变革、规模扩大的需要，也是为了实现成员个人的充分发展。因此，要根据组织的成员、技术、活动、环境等的特点，有计划、有组织、有重点地进行全员培训，特别是对有发展潜力的未来管理人员的培训。

【案例】

海尔集团的"赛马机制三原则"

海尔集团总裁张瑞敏认为，中国缺的不是人才，而是出人才的机制；而最好的人才机制是"赛马"而非"相马"。海尔集团坚持公开、公正、平等用人的原则，告诉每一位员工，他们中的每一个人都是人才，都能在工作中超越自己。

要形成赛马机制需要两方面的努力：其一是创造一个公平竞争的局面，在万马奔腾中"使"千里马"脱颖而出；其二是想成为"千里马"就不能回避赛场，必须积极参与竞争并显示自己的才能。

赛马机制包含3条原则：一是公平竞争，任人唯贤；二是职适其能，人尽其才；三是合理流动，动态管理。在用工制度上，海尔集团建立了"三工并存，动态转换"的机制。"三工"指优秀员工、合格员工、试用工。优秀者为固定工，合格者为合同工，试用期为临时工。三工并存，动态转换，而且在福利、补贴、医疗费、退休养老金、出国培训、休假疗养等各方面都有明显差别。这个制度比较有效地解决了"铁饭碗"的问题，增强了员工的危机感和进取精神，使企业不断激发出新的活力。

思考：你怎样认识和评价海尔集团的"赛马机制三原则"？谈谈你的看法。

第二节　员工的选聘

一、管理人员需要量的确定

管理人员需要量的确定需要从以下几个方面去考虑。

(一) 组织现有的规模、机构和岗位

管理人员的配备首先是为了指导和协调组织活动的展开，因此需要参照组织结构系统图，根据现有组织规模、管理岗位的数量和种类，来确定企业每年平均需要的管理人员的数量。

(二) 管理人员的流动率

不管组织做出何种努力，在一个存在劳动力市场且市场机制发挥作用的社会，总会出现组织内部管理人员外流的现象。此外，由于自然力的作用，组织中现有的管理队伍会因病老残退而减少。确定未来的管理人员需要量，需求计划对这些自然或非自然的管理干部减员进行补充。

(三) 组织发展的需要

随着组织规模的不断发展，管理活动内容的日益复杂，管理工作量将会不断增加，从而对管理人员的需要也会不断增加。因此，计划组织未来的管理干部队伍，还需预测和评估组织发展与业务扩充的要求。

综合考虑上述几种因素，便可大致确定未来若干年内组织大致需要的管理干部数量，从而为管理人员的选聘和培养提供依据。

二、管理人员的来源

管理人员的来源主要是从外部招聘和内部选拔来解决。

(一) 外部招聘

外部招聘是根据一定的标准和程序，从组织外部的众多候选人中选拔符合空缺工作岗位要求的管理人员。

1. 外部招聘的优点

(1) 被聘人员具有"外来优势"。所谓"外来优势"，主要是指被聘者没有"历史包袱"，组织内部成员只知其目前的工作能力和实绩，而对其历史的失败记录知之甚少。因此，如果他确有工作能力，那么便可迅速地打开局面。相反，如果从内部提升，部下可能对新上司在成长过程中的失败教训有着非常深刻的印象，从而可能影响后者大胆地放手工作。

(2) 有利于平息和缓和内部竞争者之间的紧张关系。组织中空缺的管理职位可能有好几个内部竞争者希望得到，每个人都希望有晋升的机会。如果员工发现自己的同事，特别是原来与自己处于同一层次具有同等能力的同事提升而自己未果时，就可能产生不满情绪，懈怠工作，不听管理，甚至拆台。从外部选聘可能使这些竞争者得到某种心理上的平衡，从而利于缓和他们之间的紧张关系。

(3) 能够为组织带来"新鲜血液"。来自外部的候选人可以为组织带来新的管理方法与实验。他们没有太多的框框程序束缚，工作起来可以放开手脚，从而给组织带来较多的创新机会。此外，由于他们新近加入组织，没有与上级或下属历史上的个人恩怨关系，从而在工作中可以很少顾忌复杂的人情网络。

2. 外部招聘的局限性

(1) 外聘干部不熟悉组织的内部情况，同时也缺乏一定的人事基础，因此需要一段时期的适应才能进行有效工作。

(2) 组织对应聘者的情况不能深入了解。虽然选聘时可借鉴一定的测试、评估方法，但一个人的能力是很难通过几次短暂的会晤，几次书面测试而得到正确反映的。被聘者的实际工作能力与选聘时的评估能力可能存在很大差距，因此组织可能聘用一些不符合要求的管理干部。这种错误的选聘可能给组织造成较大的危害。

(3) 外聘干部的最大局限性莫过于对内部员工的打击。大多数员工都希望在组织中有不断发展的机会，都希望能够担任越来越重要的工作。如果组织经常从外部招聘管理人员，且形成制度和习惯，则会阻碍内部员工的升迁之路，从而会挫伤他们的工作积极性，影响他们的士气。同时，有才华、有发展潜力的外部人才在了解到这种情况后也不敢应聘，因为一旦应聘，虽然在组织中工作的起点很高，但今后提升的希望却很小。

由于这些局限性，许多成功的企业强调不应轻易地外聘管理人员，而主张采用内部培养和提升的方法。

(二) 内部选拔

内部选拔是指组织成员的能力增强并得到充分的证实后，被委以更大责任的更高职务。

1. 内部选拔的优点

(1) 利于鼓舞士气，提高工作热情，调动组织成员的积极性。内部提升制度给每个人带来希望。每个组织成员都知道，只要在工作中不断提高能力、丰富知识，就有可能被分配担任更重要的工作，这种职业生涯中的个人发展对每个人都是非常重要的。职务提升的前提是要有空缺的管理岗位，而空缺的管理岗位的产生主要取决于组织的发展，只有组织发展了，个人才可能有更多的提升机会。因此，内部晋升制度能更好地维持成员对组织的忠诚，使那些有发展潜力的员工能更自觉、更积极的工作，以促进组织的发展，从而为自己创造更多的职务提升的机会。

(2) 有利于吸引外部人才。内部提升制度表面上好像是排斥外部人才，不利于吸收外部优秀的管理人员，其实不然。真正有发展潜力的管理者知道，加入到这种组织中，担任管理职务的起点虽然低，有时甚至需要一切从头做起，但是凭借自己的知识和能力，花较少的时间便可熟悉基层的业务，从而能迅速地提升到较高的管理层次。

(3) 有利于保证选聘工作的正确性。已经在组织中工作若干时间的候选人，组织对其的了解程度必然要高于外聘者。候选人在组织中工作的经历越长，组织越有可能对其作全面、深入的考察和评估，从而选聘工作的正确程度越高。

(4) 有利于使被聘者迅速展开工作。管理人员能力的发挥要受到他们对组织文化、组织结构及其运行特点的影响。在内部成长提升上来的管理干部，由于熟悉组织中错综复杂的机构和同事关系，了解组织运行的特点，所以可能迅速地适应新的管理工作，工作起来要比外聘者显得得心应手，从而能迅速打开局面。

2. 内部选拔的局限性

(1) 引起同事的不满。在若干个内部候选人中提升一个管理人员，可能会使落选者产生不满情结，从而不利于被提拔者展开工作。避免这种现象的一个有效方法是不断改进干部考核制度和方法，正确地评价、分析、比较每一个内部候选人的条件，努力使组织得到最优秀的干部，并使每一个内部候选人都能体会到组织的选择是正确的、公正的。

(2) 可能造成"近亲繁殖"的现象。从内部提升的管理人员往往喜欢模仿上级的管理方法。这虽然可使老一辈管理人员的优秀经验得到继承，但也有可能使不良作风得以发展，从而不利于组织的管理创新，不利于管理水平的提高。要克服这种现象，必须加强对管理队伍的教育和培训，特别是要不断组织他们学习新知识。在评估候选人的管理能力时，也必须注意对他们创新能力的考察。

三、管理人员的管理素质

优秀的管理人员必须具备"士兵有权得到能干的指挥员"，这是古罗马凯撒大帝时期的一句格言。同样，组织中的每个成员都有权得到最称职的管理干部。战争中，士兵们不得不把自己的生命托付给指挥作战的长官；类似地，在现代社会生活中，组织成员不得不把自己许多需要得到满足的希望寄托于优秀的管理人员。因此，必须选择合适的管理人员来担任合适的管理工作。一般来说，管理人员应具备以下5个方面的管理素质。

(一) 管理的欲望

强烈的管理欲望是有效地进行管理工作的基本前提。对某些管理人员来说，担任管理工作意味着在组织中将取得较高的地位、名誉以及与之相应的报酬，这将产生很强的激励效用。但对更多的、成功的管理人员来说，意味着可以利用制度赋予的权利来组织他人的劳动，意味着通过他人的劳动来实现自己制定的、符合组织需要的目标，并从中获得心理上的满足。对管理不感兴趣的人，不会负责任地有效地、进行管理，从而难以获得积极的管理效果。

(二) 正直诚信的品质

正直诚信的品质是每个组织成员都应具备的基本品质，管理人员尤其如此。由于担任管理职务具有相当大的职权，而组织对权力的运用往往难以进行严密的、细致的、及时的、有效的监督，所以权力能否正确运用在很大程度上只能取决于管理人员的品德。

(三) 创新精神

管理的任务不仅在于执行上级命令，维系系统的运转，而且要在组织系统或部门的工作中不断创新。只有不断创新，组织才能充满生机，才能不断发展。创新意味着打破原有机制的束缚，做以前没有做过的事，没有现成的程序或规律可循。因此，既有成功的可能，也有失败的风险，且往往是希望取得的成功越大，需要冒的风险也越多。所以，要管理创新，就要敢于承担风险。

(四) 较高的决策能力

对管理人员来说，不仅要计划和安排好自己的工作，更重要的是要通过一系列的决策，组织和协调好各方面的工作。比如，本单位的未来发展需要做哪些管理决策？这种决策需要达到怎样的工作效果？谁去从事这些活动？如何授权？利用何种条件、在何时完成这些活动？等等。因此，在一定意义上说，管理就是做出正确的决策并落实到位。

(五) 管理沟通与协调能力

管理人员要理解别人，也需要别人理解自己。组织成员之间的相互理解是组织成功的基本保证。理解要借助信息的沟通来完成，信息沟通是在"说"和"听"的过程中实现的。管理人员要通过充分的"听"与艺术的"说"，来正确地理解上级的意图，认清组织的任务与目标，制定正确的落实措施，或巧妙地提出自己的不同意见，争取上司的赞同。同时，也要通过娴熟地运用听与说的技巧，准确地表达自己的思想，布置下属的工作，并充分聆听下属的怨诉，体察他们的苦衷，了解下属工作的进度，协调他们的管理活动。管理者的职责之一就是实现组织内部各部门、各环节的密切配合，所以管理者应有较强的组织协调能力。管理沟通与协调水平的高低直接影响管理的效率和效益。

四、管理人员的选聘程序与方法

(一) "一把手"在选聘时的重要作用

在选聘管理人员的过程中，组织"一把手"的态度对能否选到优秀的管理者的作用非常大。如果组织的"一把手"能够求贤若渴、礼贤下士，优秀的管理者就能被"一把手"所吸引，愿意追随其左右，建功立业，甚至会立下丰功伟绩。

我国历史上有许多千古流传的故事：周公吐哺，天下归心；刘邦沐浴熏香，拜韩信为大将军，终于赢得汉家天下；曹操赤脚迎许攸，大败袁绍，扬眉吐气于官渡；刘备三顾茅庐，终成三国鼎立之势。由此看来，要想吸引一流的人才，组织"一把手"的气魄、度量、胸襟和胆识是非常重要的。不论是外聘还是内部提升，为了保证新任管理人员符合工作的要求，往往需要把竞争机制引入到人员配备的工作中。通过竞争，可以使组织筛选出最合适的管理人员。竞争的结果可能是外部人员被选中，内部候选人被淘汰。

(二) 选聘程序与方法

管理人员选聘时应遵循的程序和方法如下。

1. 制订并落实招聘计划

当组织中出现需要填补的管理职位时，根据职位所在的管理层次，建立相应的选聘工作委员会或小组。选聘工作机构既可以是组织中现有的人事部门，也可以是代表所有者利益的董事会，或由各方面利益代表组成的专门的或临时性的机构。选聘工作机构要以相应的方式，通过适当的媒介，公布待聘职务的数量、性质以及对候选人的要求等信息，向企业内外公开"招聘"，鼓励那些自认为符合条件的候选人参加。

2. 对应聘者进行初选

应聘者的数量可能很多，选聘小组不可能对每一个人进行详细的研究和认识，否则所花费用过高，这时需要进行初步筛选。内部候选人的初选可以比较容易地根据组织以往的人事考察来进行。对外部应聘者则需要通过简短的初步会面、谈话，尽可能多地了解每个申请人的情况，观察他们的兴趣、观点、见解、独创性等，淘汰那些不能达到这些方面基本要求的人。在初选时，要防止第一印象占据主导地位的认识(或称首因效应)，要全面、深入地考察和认识人；也要防止因个人好恶的"成见"对他人做出认知判断，以点概面而产生的晕轮效应。

3. 对初选合格者进行知识与能力的考核

(1) 智力与知识测试。测验是要通过考试的方法测评候选人的基本素质，包括智力测验和知识测验两种基本形式。智力测验是目前流行的一种评估个人潜能的基本方法，这种方法通过候选人对某些问题的回答，来测试他的思维能力、记忆能力、思想的灵敏度和观察复杂事物的能力等。显然，管理人员必须具备中等水平以上的智力。知识测验是要了解候选人是否掌握了与待聘职务有关的基本的技术知识和管理知识，缺乏这些知识，候选人将无法进行管理工作。

(2) 竞聘演讲与答辩。这是知识与智力测验的补充，测验可能不足以完全反映一个人的基本素质，更不能表明一个人运用知识和智力的能力。发表竞聘演讲，介绍自己任职后的计划和打算，并就选聘工作人员的提问进行答辩，可以为候选人提供充分展示才华、自我表现的机会。

(3) 案例分析与候选人实际能力考核。竞聘演说使每个应聘者介绍了自己"准备怎么干"，使每个人表明了"知道如何干"。但是"知道干什么或怎么干"与"实际干什么或会怎么干"不是一回事。因此，在竞聘演说与答辩以后，还需要对每个候选人的实际操作能力进行分析。测试和评估候选人分析问题和解决问题的能力，可借助"情景模拟"或"案例分析"的方法。这种方法是将候选人置于一个模拟的工作情景中，运用多种评价技术来观测考察他的工作能力和应变能力，以判断他是否符合某项工作的要求。

4. 选定录用管理人员

在以上各项工作的基础上，利用加权的方法，算出每个候选人知识、智力和能力的综合得分，并根据待聘职务的类型和具体要求决定取舍。对于决定录用的人员，应考虑由主管再一次进行亲自面试，根据工作实际与应聘者再做双向选择，最后决定选用与否。

5. 评价和反馈招聘效果

最后对整个选聘工作的程序进行全面的检查和评价，并且对录用的员工进行追踪分析，总结出招聘过程中的成功与失败，及时反馈到招聘部门，以便改进和修正。

【案例】

索尼公司"内部跳槽制"

日本索尼公司每周出版的内部小报，经常刊登各部门的"求人广告"，职员们可以自由而且秘密地前去应聘，他们的上司无权阻止。另外，公司原则上每隔两年便让职员调换一次工作，特别是对于精力旺盛、干劲十足的职员，不是让他们被动地等待工作变动，而是主动给他们施展才华的机会。

索尼公司内部跳槽制度使得有能力的职员大都能找到自己比较中意的岗位，那些没有能力参与各种招聘的职员才会成为人事部门关注的对象，而且人事部门还可以从中发现一些部下频频外流的上司们所存在的问题，以便及时采取对策进行补救。

思考： 评价索尼公司"内部跳槽制"的优点与缺点。

第三节　绩效管理

员工的素质，特别是管理干部的素质，是企业管理效率的决定因素。美国钢铁大王卡内基曾经宣称："你可以剥夺我的一切：资本、厂房、设备，但只要留下我的组织和人员，4年以后我将又是一个钢铁大王。"管理人员对于企业成功之重要，由此可见一斑。因此，企业对人力资本也应有规律地定期"盘点"，列出"清单"，以配合组织的发展。

一、绩效考评的必要性

(一) 绩效考评为确定管理人员的工作报酬提供依据

这是许多企业进行人事评估的主要目的。工作报酬必须与工作者的能力和贡献结合起来，这是企业分配的一条基本原则。

如果报酬仅取决于工作的性质或劳动的数量一个因素，那么，从事考评也许是不太重要的。这时，企业更加关心的是工作分析。分析流水生产(作业、服务)中每道工序的作业对工人的体力和智力要求，不论谁担任此项工作，都必须付给相同的报酬，分析作业方法，制定标准的作业时间，确定合理的计件单价，使任何作业者的报酬与其工作量成某种比例关系。然而，管理人员的工作与流水线上的操作或按件计资的工人有着本质的区别：①管理人员的工作往往具有较明显的特性；②管理人员的工作效果通常难以精确地量化处理；③这种结果往往受到存在于管理人员之外的许多难以界定的因素的影响。

由于这些特点，在确定管理人员的工作报酬时，不仅要根据担任这项职务所必需的素质来确定能力工资或职务工资，而且还应根据管理人员在工作中的态度、努力程度、实际表现等因素来确定绩效工资。

(二) 绩效考评为人事调整提供依据

起初配备的管理人员并不一定与工作要求完全相符。有些管理人员在选聘时所表现出的、曾令人留下深刻印象的工作能力，在管理实践中并未能得到充分证实。相反，另一些管理人员在工作过程中素质和能力不断得到提高，表现出强烈的要担负更重要工作的欲望，并试图努力证明自己是有能力担负起更大责任的人。由于诸如此类的原因，必须根据管理人员在工作中的实际表现，对组织的人事安排适时进行调整，对前者安排到力所能及的岗位上，对后者提供晋升的机会，对另一些人则可保持现在的职位。

(三) 绩效考评为管理人员的培训提供指导

管理人员的社会阶层、文化背景、过去经历以及受教育程度等因素决定了他们在具备一定优秀素质的同时，也存在着某些方面的素质缺陷。这些素质缺陷影响了他们管理技能的提高，对他们现在的工作效率或未来的提升机会构成了不同程度的障碍。这些缺陷往往是由于缺少学习和训练的机会而形成的，因此可以通过企业的培训来消除或改善。人事考评可以帮助企业了解每个管理人员的优势、局限、内在潜力，指导企业针对管理队伍的状况和特点来制定培训和发展规划。

(四) 绩效考评有利于促进组织内部的沟通

促进沟通也许只是一种副产品，是人事考评中一种派生的有利作用。制度化的人事考评，可以使下级更加明确上级或组织对自己的工作和能力要求，从而了解努力的方向；可以使上级更加关心下属的工作问题，从而更关注他们的成长；可以使上下级经常对某些问题加以讨论，从而促进人们对组织目标与任务的理解，融洽组织成员特别是管理人员之间的关系，从而有利于组织活动的协调进行。

二、绩效考评的内容与程序

(一) 确定考评内容

管理职务不同，工作要求不同，管理人员应具备的能力和提供的贡献也不同。所以，考评管理人员，首先要根据不同岗位的工作性质，设计合理的考评表，以合理的方式提出问题，通过考评得到被考评者的原始资料和工作结果，作为评价和奖惩的依据。一般管理人员考评内容主要包括德、能、勤、绩、廉、创新6个方面。

1. 德

政治立场坚定、坚持四项基本原则，廉洁奉公、办事公道、品德高尚；大公无私、牺牲精神、相容性等；工作中原则性、事业心、责任感、政策性强。工作态度是对工作所持有的评价和行为倾向，包括主动性、敬业精神、责任感、忠诚感、团队精神等。工作态度的积极与消极能反映工作努力程度和效果，也体现道德情操。

2. 能

通过考察管理人员在一定时间内的管理工作，评估他们的现实能力和发展潜力，即分析他们是否符合现在职务所具备的要求，任现职后素质和能力是否有所提高，从而能否担任更重要的工作。由于管理人员的能力要通过日常的具体工作来表现，而处理这些工作的技术与方法又很难与那些描述管理者素质特征或能力水准的概念对上号。因此，能力考评中要将管理工作进行分类，然后用一系列具体问题来说明每项工作，来考评管理人员在做这些工作时所表现出的能力。比如，具有分析判断事物准确性、周密性、敏感性、预见性、果断性、条理性、灵活性；具有决策、用人、协调、解决问题和计划能力及创造、执行能力；具有口头表达能力、文字表达能力、说服能力、归纳能力等。

3. 勤

具有积极的工作态度和事业心；工作中是否一丝不苟；平时是否肯学肯钻、任劳任怨；是否达到了规定的出勤率等。

4. 绩

考核和评估管理人员在一定时期内担任某个职务的过程中对实现企业目标的贡献程度，即评价和对比组织要求某个管理职务及其所辖部门提供的贡献与该部门的实际贡献。贡献往往是努力程度和能力强度的函数。因此，贡献考评可以成为决定管理人员报酬的主要依据。比如，考评全面完成工作指标情况，即在履行职责、完成工作任务时质量好、数量多。这就是工作质量指标成绩和数量指标成绩。考评工作效率高低，即在完成工作任务过程中所体现出来的组织效率、管理效率的高低。考评工作效益多少，即完成工作任务的经济效益、社会效益、时间效益等方面的绩效。

绩效评估需要注意的一个问题就是尽可能地把管理人员的个人努力和部门的成就区别开来，即力求在所辖部门的贡献或问题中辨识出有多大比重应归因于主管人员的努力。这项工作可能在实践是非常困难的，但也是非常重要的。因为在个人提供的努力程度不变的情况下，外部完全有可能发生不可抗拒的、内部无能为力的，但对内部的部门目标的实现起着重要的促进或阻滞作用的变化。比如，外部环境的变化、组织结构的调整等，都会影响管理人员的绩效。因此，考评必须坚持客观标准，实事求是。

5. 廉

认真贯彻执行党和国家清正廉洁的有关规定和严格要求自己情况，无违纪现象；自身修养，爱好健康向上，能积极参加一些公益活动，自觉抵制不健康行为，遵纪守法、克己奉公、廉洁自律等。

6. 创新

管理等方面有创新，完成工作目标有新方法、新措施、新手段，创造性地完成工作目标任务。

在上述6个方面的考核中，有的可以进行量化，比如工作业绩可以用数量反映，一般称为"硬指标"；有的难以进行客观量化，比如德、能等不能用数量表示，故被称为"软指标"。

(二) 考评程序

1. 选择考评者

考评工作往往被视为人事管理部门的任务。实际上，人事部门的主要职责是组织考评工作，而非具体地填写每张考评表。考评表应该由与被考评对象将在工作上发生联系的有关部门的工作人员去填写。与被考评对象发生工作联系的人员主要有5类：考评者、被考评者、被考评者的同事、被考评者的下级和企业外部人员。由上级人员来填写考评表，主要是考核和评价下属的理解能力和组织执行能力；被考评者的同事的考评主要是评估当事人的协作精神；下属的评价则着重于管理者的领导能力和影响能力。传统的考评方法，往往是由直接上司来考评各管理人员，直接上司虽然对部属比较了解，但每个上司都不希望下属的能力和贡献评价中得到不利的结论，所以在考评时往往打分过宽。这种考评方法还有可能促成管理人员只知"唯上"的坏作风，只愿求得上司的赏识，不做扎扎实实的工作。让相关部门或部属来填写考评表，可以克服这些弊病，促进管理人员加强民主意识和协作意识。

2. 分析考评的结果，辨识误差

为了得到正确的考评结果，首先要分析考评表的可靠性，剔除那些明显不符合要求的随意乱填的表格。对表中的各个问题均答"是"或均答"否"，显然不是科学的实事求是的态度。对这些表格不加剔除，则会影响考评结论的质量。

在此基础上，要综合各考评表的打分，得出考评结论，并对考评结论的主要内容进行对照分析。比如，某管理人员的贡献考评得分颇高，而能力考评得分则偏低，或相反，这就需要检查和分析考评中有无不符事实的或不负责任的评价，检验考评结论的可信程度。

3. 反馈考评结果

考评结果应及时反馈给有关当事人。反馈的形式可以是上级主管与被考评对象的直接单独面谈，也可以用书面形式通知。有效的方法应把这两种结合起来使用。主管与被考评对象会面之前，已让后者了解考评的结论，知道组织对自己能力的评价和贡献的承认程度，以及组织所认为的自己的缺陷，从而要求改进的方向，以使得被考评者有时间认真考虑这些结论。如果认为考评存在不公正或不全面的现象，则可认真准备，在会面时有充分申辩或补充的机会。

4. 根据考评结果，建立企业的人才档案

有规律地定期考评管理干部，可以使企业了解管理干部的成长过程和特点，可以使企业建立人事档案，帮助企业根据不同的标准将管理人员分类管理，比如根据每个人的发展潜力分成：目前即可提升的；经过适当培训后便可提升的；基本胜任工作，但有缺陷需要改善的；基本不符合要求、需要更换的等几种类型，从而为企业制定人事政策，组织管理人员的培训和发展提供依据。

三、绩效考评的原则与方法

(一) 绩效考评的原则

1. 客观公正

考核的客观公正是保证考核效果的前提,是是否具有权威的保证。只有进行客观公正的考核,考评结果才有实际意义。客观公正就是"实事求是",考核标准要客观,考核人要公正,考核过程要客观,考核过程要消除主观因素的影响。

2. 全面有效

工作绩效具有多因性和多维性。员工的绩效是受多种因素的影响,不是某一个因素的影响所决定的;员工的绩效还可以从多个维度考评,不能仅从一个维度来考评决定,这会以偏概全。由于绩效考核的多因性和多维性,绩效考核的指标就包括多个方面并赋予不同的权重。绩效考核还要坚持有效性,绩效考核的结果要有利于调动职工的积极性,有利于提高经营效果,有利于促进企业的发展。

3. 差异性与一致性的整合

差异性是指组织在进行绩效考评时,应该对不同的部门、不同岗位的员工,依据不同的考评目标、考评指标及权重、不同的考评方法进行考评,不能用一样的考评指标体系进行考评所有的员工。差异性与考评的一致性要有机地结合起来。

4. 考评具有可接受性

可接受性是指绩效考评的各个环节,尤其是考评的方式、考评的指标、考评的标准、考评的时间与周期,都能让被考评者接受,只有这样才能取得被考评者的理解与支持,才能消除被考评者的阻力,使考评顺利地进行下去,考评结果才能被认可。

(二) 绩效考评的方法

绩效考评的方法常用的有以下几种方法。

1. 比较法

比较法是指在部门对员工进行相互比较得出考评结果。它具体可分为两种:①对比法。指按事先确定的指标,把每个员工与部门内其他员工进行比较,在比较时,好的员工给记"+",另一个员工记"-",所有员工都比较后,计算每个员工的"+"的个数,从而最终排出次序。②强制分布法(又称硬性分配法)。指先确定考评结果的等级,然后按"中间大,两头小"的正态分布规律,确定各个等级在总数中所占的比例,最后根据员工的绩效将其归入不同的等级中。

2. 行为锚定法

行为锚定法侧重于考评具体可衡量的工作行为,通过考评在各个绩效维度下与不同绩效水平相联系的典型工作事件或行为来判定员工的绩效水平。

3. "360度"绩效考评法

"360度"绩效考评法是指由员工自己、上级、同级、下级、外部客户等多角度、全方位地评价员工个人绩效的方法。采取匿名考评方式，需要的考评数据和信息量较大，增加了数据收集和处理的强度和成本。这种考评可以反映被考评者的全面情况。

第四节 员工培训

一、员工培训的意义与目标

(一) 员工培训的意义

开展管理人员的培训能为组织的发展准备干部，而且对管理人员自己来说也是非常重要的。通过培训，不仅可以直接丰富个人的知识，增强个人的素质，提高个人的技能，而且可以辨识个人的发展潜力，使那些在培训中表现突出的管理人员在培训后有更多的机会被提拔来担任更重要的工作。由于培训为每个人的发展和职务晋升提供了美好的前景，使每个人的未来在一定程度上有了保障，增强了管理人员在职业方面的安全感。管理队伍的稳定与组织的人员培训工作是相互促进的：培训提供了个人发展的机会，能够减少管理人员的离职；培训提高管理干部的稳定性，又能促进企业放心地进行人力投资，使企业舍得花钱培训，而不需担心为他人作嫁衣裳。

(二) 员工培训的目标

(1) 转变观念，提高素质。
(2) 全面发展能力，提高竞争力。
(3) 补充新知识，提高新技能。
(4) 交流信息，加强协作。

二、员工培训的方法

人员培训的方法多种多样，在具体培训工作中，应该因地制宜，根据组织自身的特点以及参加培训人员的具体特点来选择合适的方法。

(一) 职务轮换培训

职务轮换包括管理职务轮换与非管理职务轮换。

管理职务轮换是在提拔某个管理人员担任较高层次的职务以前，让他先在一些较低层次的部门工作，以积累不同部门的管理经验，了解各管理部门在整个公司中的地位、作用及其相互关系。该制度有助于受训人全面了解整个组织的不同职位的工作情况，积累和掌握各种不同的工作经验，从而提高他们的组织和管理协调能力，为今后的发展和升迁打好基础。

非管理职务轮换是根据受培训者的个人经历，让他们轮流在公司生产经营的不同环节工作，以帮助他们取得各种工作的知识，熟悉公司的各种业务。

(二) 提升培训

提升培训是指将人员从较低的管理层级暂时提拔到较高的管理层级上，并给予一定的试用期。这种方法可以使有潜力的管理人员获得宝贵的锻炼机会，既有助于管理人员扩大工作范围，把握机会展示其能力和才干，又能使组织全面考察其是否适应和具备领导岗位上的能力，并为今后的发展奠定良好的基础。

(三) 设置助理职务培训

在一些较高的管理层次设立助理职务，不仅可以减轻主要负责人的负担，使之从繁忙的日常管理中脱出身来，专心致力于重要问题的考虑和处理，而且具有培训待提拔管理人员的好处。比如，可以使助理开始接触较高层次的管理工作的内容与要求；可以使助理很好地观察主管的工作，学习主管处理问题的方法，吸收他的优秀管理经验，从而促进助理的成长。此外，还可使培训组织者更好地了解受训人的管理能力，通过让他单独主持某项重要工作来观察他的组织能力和领导能力，从而决定是否有必要继续培养或是否有可能予以提升。

(四) 设置临时职务培训

当组织中某个主管由于出差、生病或度假等原因而使某个职务在一定时期内空缺时(当然组织也可有意识地安排这种空缺)则可考虑让受训者临时担任这项工作。安排临时性的代理工作具有和设立助理相类似的好处，可以使受训者进一步体验高层管理工作，并在代理期内充分展示其具有的管理能力，或迅速弥补他所缺乏的管理能力。设立代理职务不仅是一种培训管理人员的方法，而且可以帮助组织进行正确地选拔、拟任管理者提升，防止"彼得现象"的产生给组织带来的不利。

【案例】

宝洁全方位、全过程的培训

宝洁公司非常重视对员工的培训。首先是新员工加入公司后,会接受短期的入职培训。其目的是让新员工了解公司的宗旨、企业文化、政策及公司各部门的职能和运作方式。

其次是技能和商业知识培训。公司内部有许多关于管理技能和商业知识的培训课程,如提高管理水平和沟通技巧、领导技能的培训等,其结合员工个人发展的需要,帮助员工成为合格的人才。公司独创了"P&G学院",通过公司高层经理讲授课程,确保公司在全球范围的管理人员参加学习,并了解他们所需要的管理策略和技术。

第三是语言培训,英语是宝洁公司的工作语言,公司在员工的不同发展阶段,根据员工的实际情况及工作的需要,聘请国际知名的英语培训机构设计并教授英语课程。

第四是专业技术的在职培训。公司为每一个新员工制订个人培训和工作发展计划,尤其是上级经理定期与员工回顾,这一做法将在职培训与日常工作实践结合在一起。

第五是海外培训及委任。公司根据工作需要,选派各部门工作表现优秀的年轻管理人员到美国、英国、日本、新加坡和菲律宾等地的P&G分支机构进行培训和工作，使他们具有在不同国家和地区工作的经验从而得到更全面的发展。

宝洁公司通过实施全方位、全过程的培训，使员工能够更好地适应公司的发展和应对市场竞争的变化。

思考： 构建员工培训体系与企业发展、创新的关系。

第五节　薪酬管理

一、全面薪酬的概念与构成

薪酬是指企业用来吸引、保留和激励员工所提供的报酬，是组织对员工贡献的回报。一般分为内在报酬和外在报酬。

内在报酬是指员工从工作本身获得的心理满足，比如工作成就感、个人成长、工作挑战性等。

外在报酬是指以物质形态存在的各种类型的报酬，分为货币性报酬和非货币性报酬。①货币性报酬的构成分为直接报酬和间接报酬。直接报酬如基本薪资(固定薪资)、奖金(变动薪资)、股权、绩效工资、津贴等；间接报酬主要指福利，由国家法定福利和企业补充福利两部分组成，如保险、公积金、带薪休假、培训等。②非货币报酬主要指来自工作本身、工作环境、身份标志、组织特征几个方面带来的心理效应。它包括：工作的乐趣、工作的挑战性、工作的成就感、工作的责任等。在人力资源管理中，一般把外在报酬称为薪酬。

所谓全面薪酬，不仅包括企业向员工提供的货币性报酬，还包括为员工创造良好的工作环境及工作本身的内在特征、组织特征等所带来的非货币性的心理效应。

全面薪酬=直接报酬+间接报酬+非货币性报酬

二、薪酬的功能

薪酬是劳动者的收入，代表组织和员工之间所形成的一种利益交换关系，主要功能有以下几点。

(一) 经济保障功能

薪酬是员工以自己的付出为企业创造价值而从企业获得的经济上的回报。对于大多数员工来说，薪酬是他们的主要收入来源，它对于劳动者及其家庭的生活所起到的保障作用，是其他任何收入保障手段所无法替代的。即使是西方发达国家，工资差距对于员工及其家庭的生存状态和生活方式所产生的影响仍然非常大。在现代经济条件下，薪酬对于员工的保障并不仅仅体现在它要满足员工在吃、穿、用、住、行等方面的基本生存需要，同时还体现在它要满足员工娱乐、教育、自我开发等方面的发展需要。

(二) 激励功能

员工对薪酬状况的感知可以影响员工的工作行为、工作态度以及工作绩效，即产生激励作用。企业员工总是期望自己所获得的薪酬与同事之间具有一种可比性，从而得到公平感。如果员工能够获得比他人更高的薪酬，就会认为是对自己的能力和所从事工作价值的肯定。当员工的低层次薪酬需求得到满足以后，通常会产生更高层次的薪酬需求，并且员工的薪酬需求往往是多层次并存的，因此，企业必须注意同时满足员工的不同层次的薪酬需求。如果员工的薪酬需要得不到满足，则很可能产生工作效率低下、人际关系紧张、缺勤率和离职率上升、组织凝聚力和员工对组织的忠诚度下降等多种不良后果。

(三) 成本控制功能

薪酬构成企业的人工成本，过高的薪酬水平会提高产品的成本，进而提高产品的价格，影响产品的竞争力。尽管劳动力成本在不同行业和不同企业的经营成本中所占的比重不同，但对于任何企业来说，薪酬都是一块不容忽视的成本支出。而且，企业支付的薪酬水平直接影响到企业在劳动力市场上的竞争力，只有那些保持相对较高薪酬水平的企业才能够吸引和保留足够多的合格员工。因此，企业为了吸引、获得和保留人才必须付出一定的代价，同时为了提高产品市场上的竞争力又必须注意对薪酬成本的控制。

(四) 改善经营绩效功能

由于薪酬决定了现有员工受到激励的状况，影响到他们的工作效率、缺勤率、对组织的归属感以及组织承诺度，从而直接影响到企业的生产能力和生产效率。通过合理的薪酬设计以及科学的绩效考核，企业向员工传递了什么样的行为、态度以及业绩是受到鼓励的，是对企业有贡献的信号。通过信号的引导，员工的工作行为和工作态度以及最终的绩效将会朝着企业期望的方向发展。相反，不合理和不公正的薪酬则会引导员工采取不符合企业利益的行为，从而导致企业经营目标难以达成。因此，如何通过充分利用薪酬这一利器来改善企业经营绩效，是企业薪酬管理的一个重大课题。

(五) 塑造企业文化功能

薪酬影响员工的工作行为和工作态度。一项薪酬制度可能促进企业塑造良好的文化氛围，也可能与企业现有的价值观形成冲突。薪酬的导向作用要求企业必须建立科学合理的并具有激励性的薪酬制度，从而对企业文化的塑造起到积极的促进作用。

(六) 劳动力资源再配置功能

薪酬作为一种信号，可以很好地反映一个人在社会流动中的市场价格和社会位置，又可以反映一个人在组织内部的价值和层次。市场薪酬信息时刻反映着劳动力的供求和流向等情况，并能自动调节薪酬的高低，使劳动力供求和流向也逐步趋向平衡。通过薪酬的调节，劳动力市场可实现资源的优化配置，并能调节人们择业的愿望和就业的流向。

三、影响薪酬水平的因素

影响员工薪酬水平的因素有外部因素和内部因素(包括企业因素和员工个体因素)。

(一) 外部因素

1. 劳动立法和市场监管

法律、法规和政策是薪酬管理的依据,是企业的薪酬管理行为的标准规范和准绳。我国政府制定了一系列政策法规,对最低薪酬水平、节假日工资、加班工资、社会保险等有强制要求,企业在为员工提供薪酬时,必须遵守相关的法规。

2. 本地区行业工资水平

企业所在地区行业的工资水平影响企业的薪酬水平,为保持企业薪酬的竞争性,企业应考虑与本地区行业地位相当的其他企业相适应的薪酬水平。

3. 劳动力市场供求状况

在市场经济环境下,劳动力的薪酬水平受市场供求状况的影响较大。如果劳动力供大于求,那么相应的薪酬水平就低,企业就可提供不高的薪酬水平,以节约人工成本;如果供小于求,则企业就必须提供较高的薪酬水平以吸引所需人员。企业在确定薪酬水平时,必须考虑不同层次、不同类型人员的市场供求状况和薪酬水平,以实现既能吸引所需人才又能节约人工成本的目的。

4. 生活费用与物价水平

物价是决定实际薪酬水平的主要因素,它会从直接和间接两方面影响实际薪酬水平。它对薪酬水平的直接影响是由货币薪酬变动率与价格指数变动率的相互关系所引起的。它对薪酬水平的间接影响是通过价格和对企业收益的影响,进而会影响到实际薪酬水平。

5. 竞争对手薪酬水平

企业竞争对手的薪酬水平对企业的薪酬水平也有较大的影响。如果企业的薪酬水平与竞争对手相比有差距,特别是与地理区域相距不远的竞争对手的薪酬水平相差较大,则将对企业现有人才的稳定和吸引造成很大的影响,从而在与竞争对手的竞争中处于不利地位。

(二) 内部因素

1. 本单位的业务性质和内容

如果是传统的劳动力密集型企业,则员工们从事的主要是简单的体力性质的劳动,而劳动力成本可能占总成本中很大的比例。但若是高技术的资本密集型企业,高级专业人员比重很大,他们从事的是复杂的、技术成分很高的脑力劳动,而相对于先进的技术设备而言,劳动力成本在总成本中的比重却不大。显然这对企业的薪酬政策有不同的重大影响。

2. 公司的经营状况与经济实力

在劳动成本增加,而生产量和其他输入量不变的情况下,生产率会降低,故企业应小心考虑如何平衡加薪与生产率的关系,同时也要考虑公司的财政能力。

3. 公司的管理哲学和企业文化

这方面的核心要素是指企业领导对员工本性的认识及态度。那种认为员工们所要的就是金钱，只有经济刺激才能让他们好好干活的企业领导，与那种认为员工们不仅从本性上有多方面的追求，钱绝非唯一的动力，他们喜爱有趣的挑战性工作，而且是有自觉性的企业领导相比，两者在薪酬政策上显然是会大相径庭的。

四、薪酬体系

(一) 职位薪酬体系(或称岗位薪酬体系)

所谓职位薪酬，是指组织依据工作说明书以及其他相关因素对职位本身的价值做出客观的评价，根据评价结果确定该职位的薪酬，无论谁承担这一职位都将得到规定的薪酬。

职位薪酬体系是传统的、被广泛使用的薪酬体系。其特点是对岗不对人，不受个人技能和绩效水平的影响。其优点是同岗同酬，按职位进行管理，操作容易，成本较低，职位晋升与工资紧密挂钩，激励员工努力工作晋升更高的职位。其缺点是不能反映个人的绩效差异，组织等级结构森严。当员工长期得不到晋升时会选择离开组织，导致组织的人员流动性大，不利于调动职工的积极性和创造性。

(二) 技能薪酬体系

所谓技能薪酬，是指组织根据员工所掌握的与工作有关的技能，以及知识的广度和深度来支付薪酬的一种薪酬体系。

技能薪酬体系的特点是员工的薪酬取决于工作技能水平的高低，而不是职位的高低。其优点是员工必须通过提高技能才能有更好发展，促进员工关注专业技能的提高，人员配置更加灵活有效。其缺点是员工技能提高则工资会增加，导致企业成本的上升；技能可能与贡献不匹配；需要对员工技能进行评价，管理难度增加。这种薪酬体系适用于从事具体的操作性强的或研发人员等。

(三) 绩效薪酬体系

所谓绩效薪酬，是指员工的薪酬随个人或组织绩效指标的变化而变化的一种薪酬体系，是对员工超额工作部分或工作绩效突出部分所支付的奖励性报酬，旨在鼓励员工提高工作效率和工作质量。

绩效薪酬体系的特点是以工作成果为中心，根据贡献确定薪酬。其优点是贡献公开可见，如果考评公正合理，能激励员工；能减少固定成本方面的开支；能够将组织目标与员工绩效结合起来。其缺点是有可能导致员工或其他部门之间的竞争；工作成果受到多方面因素的影响，有的因素作为薪酬的依据可能引起员工的不满；容易使员工产生短期行为。这种薪酬体系不适用于需要长期努力才能见效的工作，往往需要与其他付薪要素结合形成复合型薪酬体系。

(四) "宽带"薪酬体系

所谓"宽带"薪酬,是指在组织内用少数跨度较大的工资范围来代替原有数量较多的工资级别的跨度范围,将原来十几甚至二十几、三十几个薪酬等级压缩成几个级别,取消原来狭窄的工资级别所带来的工作间明显的等级差别。但同时将每一个薪酬级别所对应的薪酬浮动范围拉大,从而形成一种新的"宽带"薪酬体系。"宽带"薪酬中的"带"意指工资级别,"宽带"则指工资浮动范围比较大。与之对应的则是"窄带"薪酬管理模式,即工资浮动范围小、级别较多。一般来说,每个薪酬等级的最高值与最低值之间的区间变动比率要达到100%或100%以上。一种典型的"宽带"型薪酬结构可能只有不超过4个等级的薪酬级别,每个薪酬等级的最高值与最低值之间的区间变动比率则可能达到200%～300%。而在传统薪酬结构中,这种薪酬区间的变动比率通常只有40%～50%。目前国内很多企业实行的都是"窄带"薪酬管理模式。

"宽带"薪酬的特点是职位工资与技能工资的结合。它的重要作用是适应企业战略动态调整的需要;支持组织扁平化设计;关注员工技能和能力的提高;有利于职位轮换与员工职业生涯发展;促进绩效的改进;配合劳动力市场上的变化。

(五) 经理人员年薪制

公司制为代表的企业,通常由董事会领导下的经理阶层负责企业经营,为确保相关利益者特别是投资者的利益,必须建立经营者的激励机制和约束机制,其中一项重要方法是通过改进经营者的年薪制,使其能有效地激励和约束经营者的行为。年薪制的设计一般有5种模式可以选择:

一是准公务员型模式,即"基薪+津贴+养老金计划";

二是一揽子型模式,即"单一固定数量年薪";

三是非持股多元化型模式,即"基薪+津贴+风险收入(效益收入和奖金)+养老金计划";

四是持股多元化型模式,即"基薪+津贴+含股权、股票期权等形式的风险收入+养老金计划";

五是分配权型模式,即"基薪+津贴+'分配权'(包括期权、养老金等)形式"。

五、薪酬设计的原则

薪酬设计的原则主要包括:内部一致性、外部竞争性、激励性与管理的可行性。

(一) 内部一致性(又称内部公平性)

内部一致性主要是指员工会感觉到相对于同一组织中从事相同工作的其他员工,相对于组织中从事不同工作的其他员工,自己的工作获得了适当的薪酬,他感到了内部的一致性。

内部一致性主要是通过职位分析、建立职位描述、职位评价、建立职位等级结构来实现的。

(二) 外部竞争性(又称外部公平性)

员工跟其他组织中类似的职位进行比较。如果他认为相对于其他组织中的类似职位而言，自己的薪酬也是公平的话，他就感到了外部竞争性，也就是他所在组织的薪酬水平对于劳动力市场的其他人员来讲是具有吸引力的。

外部竞争性主要是通过外部相关劳动力市场界定、市场工资调查、建立薪酬政策线，并在此基础上调整薪酬结构来实现的。

(三) 激励性

激励性主要是将员工的报酬与业绩相挂钩，根据绩效水平的高低来对薪酬进行调整。那么，从事相同工作具有相同能力的不同员工，可能就会由于绩效考核结果的差异，导致其获得的报酬出现较大的差异。

激励性主要通过绩效考核，并依据考核结果来确定激励方案而实现的。

(四) 管理的可行性

管理的可行性主要指对薪酬体系必须进行科学的规划，以保证薪酬体系能够有效运行，确保管理目标的实现。管理的可行性主要包括计划、预算、管理、沟通等主要环节。

一个组织建立起具有内部一致性、外部竞争性、激励性和管理可行性的薪酬体系，就能够有效地吸引、激励和保留它所需要的员工，以实现组织的战略目标。

【案例】

高薪就能留住员工吗?

A公司是一家著名民营家电企业，公司老总一直对该公司在行业中颇有竞争力的薪资水平引以为豪，他认为优厚的薪水必然会吸引和留住人才并激发他们的创造力，从而依靠人才优势促进公司快速发展。但是十余名技术骨干员工突然集体跳槽，老总很迷惑，高薪为什么留不住人才? 在与离职人员面谈时，有的人提出，虽然薪酬在行业中处于较高水平，但公司经常要求加班加点，劳动强度太大;有的人提出，工作很紧张，但是似乎没有人重视自己的工作，自己的价值得不到体现;有的人则认为在公司已经学不到新东西，每天只是重复性地劳动，个人能力很难提高，发展空间有限。

A公司遇到的问题在其他的组织中也有可能存在，有竞争力的薪酬不一定能留住员工。组织在任用员工后，对员工为组织所做的工作以货币收入、商品、服务及其他形式作为回报，这就构成了员工的薪酬。对于员工个人而言，组织所给予的薪酬是生存的物质条件，并从中显示自己在组织中的地位和荣誉等，得到某种形式的满足感;对组织而言，通过良好的薪酬管理吸引优秀人才为组织服务，并以此激励员工努力工作，为组织的发展做出贡献。薪酬管理在企业的人力资源管理中占有重要的地位，是人们最关心也是议论最多的话题。

思考： 薪酬管理在企业人力资源管理中的地位和作用。

【本章小结】

本章主要介绍了人员配备概述，管理人员的选聘、考评和培训及薪酬管理。人员配备主要介绍了人员配备的含义、任务，人员配备的原则。管理人员的选聘主要介绍了管理人员需要量的确定、管理人员的来源包括内部提升和外部招聘两种主要途径。管理人员选聘的标准和管理人员选聘的程序与方法。绩效管理主要介绍了绩效考评的必要性、绩效考评的内容、考评程序和方法。管理人员的培训主要介绍了培训的意义和目标，培训的方法。薪酬管理主要介绍薪酬的概念与构成，薪酬的功能，影响薪酬水平的因素，薪酬体系，薪酬设计的原则。

【复习思考题】

1. 简述员工配备的任务与配备的原则。
2. 简述员工配备的程序和方法。
3. 员工配备要遵循哪些原则？如何确定组织管理人员的需要量？
4. 比较管理人员内部晋升和外部招聘有何优点和局限性？
5. 怎样评估现有人员的能力和素质？如何从组织外部招聘合适的管理人员？
6. 管理人员考评的目的和作用是什么？
7. 绩效考评对管理人员有何积极影响？考评的内容有哪些？
8. 绩效考评应遵循哪些原则？常用的绩效考评方法有哪些？
9. 不同层次的管理人员应具备哪些基本素质？员工培训的方法有哪几种？
10. 怎样理解薪酬的概念与构成？薪酬有哪些功能？
11. 影响薪酬的因素有哪些？薪酬设计要遵循哪些原则？
12. 基本薪酬体系有哪几种？

【技能训练与实践】

训练一：单项选择题

1. 为了确保主管人员选聘过程中能做到公开竞争原则，其大前提是(   )。
   A. 足够多的人才数量　　　　　　　　B. 足够好的人才质量
   C. 人才流动　　　　　　　　　　　　D. 主管人员培训
2. 主管人员的工作质量是通过(   )了解的。
   A. 选人　　　　　B. 用人　　　　　C. 育人　　　　　D. 评人
3. 人员配备要求采取(   )。
   A. 封闭的系统方法　　　　　　　　　B. 半封闭的系统方法
   C. 半开放的系统方法　　　　　　　　D. 开放的系统方法
4. 管理学中的人员配备，是对(   )的配备。
   A. 全体人员　　　B. 主管人员　　　C. 非主管人员　　　D. 高层管理者
5. "对主管职务及其相应人员的要求越是明确，培训和评价主管人员的方法越是完善，主管人员工作的质量也就越有保证"，这是人员配备工作的(   )原理。
   A. 用人之长　　　B. 职务要求明确　　　C. 责权利一致　　　D. 公开竞争

6. 主管人员的用人艺术之一是知人善任，这也反映了人员配备工作的(　　)原理要求。

    A. 公开竞争   B. 责权利一致   C. 不断培养   D. 用人之长

7. 把"员工视为活动主体、公司主人"是(　　)人力资源管理模式。

    A. 自我中心式、非理性化家族管理   B. 以人为中心、非理性化家族管理

    C. 以人为中心、理性化团队管理   D. 自我中心式、理性化团队管理

8. 与员工同甘共苦、同舟共济，反映了人本管理(　　)的基本内容。

    A. 人的管理第一   B. 激励为主要方式

    C. 积极开发人力资源   D. 培育和发挥团队精神

9. 人员配备的工作包括(　　)。

    A. 制定工作规范，选配、培训组织成员

    B. 确定人员需用量、选配、培训组织成员

    C. 确定人员结构、选配、培训组织成员

    D. 确定人员需用量、选配、考核、晋升组织成员

10. 每个员工都明确企业发展目标，团结协作，努力实现企业目标，反映了"以人为中心、理论化团队管理"模式的(　　)特点。

    A. 封闭式自危表现   B. 开放式的悦纳表现

    C. 封闭式的悦纳表现   D. 开放式的自危表现

训练二：多项选择题

1. 主管人员的选聘是人员配备中最关键的一个步骤。选聘的依据可以概括为(　　)。

    A. 职位的要求   B. 外部就业压力

    C. 主管人员应具备的素质和能力   D. 曾接受过培训的员工数量

2. 在主管人员选聘过程中，应当遵循(　　)原理。

    A. 公开竞争原理   B. 灵活性原理   C. 弹性结构原理   D. 用人之长原理

3. 做好主管人员的考评工作，必须做到(　　)要求。

    A. 考评指标要灵活   B. 考评指标要客观

    C. 考评方法要可行   D. 考评时间要得当

4. 员工培训的目标有(　　)三类。

    A. 增知   B. 转态   C. 育能   D. 立志

5. 外部招聘具有的优点有(　　)。

    A. 被聘干部具有外来优势，没有历史包袱

    B. 能够为组织带来新鲜空气

    C. 有利于使被聘者迅速展开工作

    D. 有利于鼓舞士气，提高工作热情

    E. 有利于平息和缓和内部竞争者之间的紧张关系

6. 下列关于工作轮换的说法正确的是( )。
    A. 工作轮换包括管理工作轮换与非管理工作轮换
    B. 工作轮换能培养员工的协作精神和系统观念
    C. 工作轮换的主要目的是更新知识
    D. 为了有效地实现工作轮换的目的,要对受轮换训练的管理人员提出明确的要求

7. 设置助理职务的好处有( )。
    A. 减轻主要负责人的负担
    B. 使助理积累高层管理经验
    C. 使培训组织者更好地了解受训人的管理能力
    D. 受训者能够学习主管的工作方式,吸取经验

8. 下列问题中可用来考核管理人员计划能力的是( )。
    A. 是否为本部门制定与公司目标有明确关系的可考核的长期和短期目标
    B. 是否理解公司政策在其他决策中的指导作用,并确保下属也这样做
    C. 是否对下属在进行工作、承担责任的过程中授予相应的职权
    D. 是否定期检查计划的执行情况,以确保部门的实际工作与计划要求一致
    E. 是否建立了必要的信息反馈制度,并明确职权系统与信息反馈系统在管理中的地位区别

9. 下列问题可以用来考核管理人员组织能力的有( )。
    A. 对下属的工作职责和任务是否有明确的要求,并确保下属能理解自己的任务
    B. 是否理解公司政策在其他决策中的指导作用,并确保下属也这样做
    C. 是否对下属在进行工作、承担责任的过程中授予相应的职权
    D. 在授权后是否能控制自己不再利用这些职权进行决策,从而干预下属工作
    E. 是否建立了必要的信息反馈制度,并明确职权系统与信息反馈系统在管理中的地位区别

10. 内部招聘的缺点是( )。
    A. 引起同事不满
    B. 有历史包袱,不能迅速展开工作
    C. 要花很长时间重新了解企业状况
    D. 知识水平可能不够高
    E. 可能造成"近亲繁殖"的现象,并抑制组织的创新力

训练三:选择填空题

A. 人员考评   B. 岗前培训   C. 用人所长原则
D. 促进企业与员工的共同提高与发展
E. 就具体的工作职位来说,应该安排最擅长该工作的人
F. 工作绩效的提高   G. 首因效应   H. 增强受训者的综合管理能力
I. 晕轮效应   J. 组织

1. 员工配备是( )工作的逻辑延续。
2. "尺有所短,寸有所长"说明在进行人员配备时( )。

3. "金无足赤，人无完人"体现在人员甄选的原则上是(　　)。

4. (　　)是培训与开发的关键所在。

5. 企业对新录用的员工进行集中的培训，这种方式叫作(　　)。

6. 绩效评估的最终目标是为了(　　)。

7. 采取工作轮换的方式来培养管理人员，其最大的优点是有助于(　　)。

8. 看了应聘者的资料就认为他不错，这是面试考官犯了(　　)的偏见。

9. 由于某人某方面的品质和特征特别明显，观察者容易产生清晰明显的错觉，忽略其他的品质和特征，从而做出片面的判断，这是(　　)带来的误差。

10. 合理安排、使用和调配人员的基本依据是(　　)。

训练四：判断题(判断对的用 √，判断错的用 ×)

1. 一般说来，当组织内有能够胜任空缺职位的人选时，应先从内部提升。(　　)

2. 各级主管人员都负有为所属机构或部门的空缺职位配备适当人员以及考评和培训下属职责。(　　)

3. 主管人员的考评可以分为自我考评、上级考评、同事考评和下级考评4种方式。(　　)

4. 选聘主管人员的途径有两种，即内升制和外求制。(　　)

5. 主管人员的选聘需要遵循公开竞争原理，用人之长原理。(　　)

6. 直接报酬包括福利。(　　)

7. 全面薪酬不仅包括企业向员工提供的货币性报酬，还包括为员工创造良好的工作环境及工作本身的内在特征、组织特征等所带来的非货币性的心理效应。(　　)

8. 影响员工薪酬水平的因素有外部因素、企业因素和员工个体因素(　　)

9. 职位薪酬体系是指组织依据工作说明书以及其他相关因素对职位本身的价值做出主观的评价。(　　)

10. 薪酬设计的原则主要包括内部一致性、外部竞争性、激励性与管理的可行性。(　　)

训练五：案例分析

天洪公司的招聘难题

天洪公司是一家发展中的公司，它在15年前创立，现拥有10多家连锁店。在过去的几年中，从公司外部招聘来的中高层管理人员中，大约有50%的人员不符合岗位的要求，工作绩效明显低于公司内部提拔起来的人员。在过去的两年中，从公司外聘的中高层管理人员中有9人不是自动离职就是被解雇。从外部招聘来的商业二部经理因年度考评不合格而被免职之后，终于促使董事长召开了一个由行政副总裁、人力资源部经理出席的专题会议，分析这些外聘的管理人员频繁被更换的原因，并试图得出一个全面的解决方案。人力资源部经理就招聘和录用的过程做了一个回顾，公司是通过职业介绍所，或者在报纸上刊登招聘广告来获得职位候选人的。人员挑选的工具包括一份申请表，三份测试(一份智力测试和两份性格测试)，有限的个人资历检查以及必要的面试。行政副总裁认为，他们在录用某些职员时,犯了判断上的错误,他们的履历表看上去挺不错,他们说起话来也头头是道,但是工作了几个星期之后,他们的不足就明显地暴露出来了。董事长认为,根本的问题在于没有根据工作岗位的要求来选择适用的人才。从表面上看,几乎所有我们录用的人都能够完成领导交办的工作,但他们很少在工作上有所作为,有所创新。人力资源经理提出了自己的观点,他认为公司在招聘时过分强调了人员的性格特征,而并不重视应聘者过去在零售业方面的记录,例如在7名被录用的部门经理中,有4人是来自与其任职无关的行业。行政副总裁指出,大部分被录用的职员都有某些共同的特征,例如他们大都在30多岁,而且经常跳槽,曾多次变换自己的工作;他们都雄心勃勃,并不十分安于现状;在加入公司后,他们中的大部分人与同事关系不是很融洽,与直属下级的关系尤为不佳。

会议结束的时候,董事长要求人力资源经理"必须彻底解决公司目前在人员招聘上存在的问题,采取有效措施从根本上提高公司人才招聘的质量"!

思考:

1. 天洪公司管理人员招聘存在什么问题?造成这些问题的原因是什么?
2. 你对该公司管理人员的招聘有哪些更好、更具体的建议?

训练六:课外调研与实践

1. 选择一家企业调查分析人员结构是否合理,选人、用人的标准存在的主要问题,提出改进的方案与建议。

2. 与同学一起调查某民营企业人员流失问题,采取怎样的措施才可以留住人才,并充分发挥他们的作用,写出调研报告,在班级交流心得体会。

【华为公司员工培训案例分析研究与思考】

华为公司经过30年的发展,从初始资本只有2万元的民营企业,到2016年以3950亿元的年营业收入,成为中国500强排名第27位,中国民营企业第一位。世界500强公司由2015年排名228位大幅度上升到129位。其电信网络设备、IT设备和解决方案以及智能终端已应用于全球170多个国家和地区。在近15万华为人中,超过45%的员工从事创新、研究与开发,已累计获得专利授权36 511件。华为坚持以客户为中心,快速响应客户需求,为客户提供有效服务。未来将是一个全联结的世界,华为与合作伙伴一起,开放合作,努力构建一个更加高效整合的数字物流系统,促进人与人、人与物、物与物的全面互联和交融,激发每个人在任何时间、任何地点的无限机遇与潜能,推动世界进步。华为在跨越式发展中,始终坚持人才第一,构建科学有效的培训体系,促进企业可持续发展。

华为专门成立了华为大学,为新员工及客户提供众多培训课程,包括新员工文化培训、上岗培训和针对客户的培训等。有专家称,华为新员工培训过程是一次再生经历。为了帮助新员工尽快适应公司文化,华为大学对新员工的培训涵盖了企业文化、产品知识、营销技巧以及产品开发标准等多个方面。针对不同的工作岗位和工作性质,培训时间从1个月到6个月不等。华为员工培训体系包括新员工培训体系、管理培训系统,技术培训系统、营销培训系统、专业培训系统、生产培训系统。华为培训员工有几种做法:

一是通过专人辅导，解决课程学习不到的知识；二是到关键岗位上锻炼；三是岗位轮换；四是分层培训管理。

华为还提供持续的开发培训，不同的职业资格、级别及员工类别会有不同培训计划，为每个员工的事业发展提供有力的帮助，实行在职培训与脱产培训相结合，自我开发与教育开发相结合的开发培训，让员工素质适应企业的发展，注重个人能力的提高。

华为每年要派遣大量的管理人员、技术人员到国外考察、学习、交流，有着很强的激励效果。华为大学还设有任职资格培训体系，从称职胜任角度出发，对员工能力进行分等分级，以任职资格标准体系规范员工的培养和选拔，建立员工职业发展通道，为晋升提供重要的依据。华为建立了一套有效的导师制度，帮助新员工尽快适应华为，在工作生活等方面进行帮助和指导，解决实际问题。

华为建立了员工培训长效机制。华为制定员工职业生涯发展规划，并形成实施方案，督促各部门和各分支机构贯彻落实。华为建立了一套任职资格管理体系，为员工的职业生涯规划设置了基本的发展跑道，并提供了制度上的保障。任职资格是针对不同职能等级所确立的能力标准和行为标准，规定了从事某一任职角色的人所必须具备的知识、经验、技能、素质与行为的综合，开展系统的培训工作。

华为建立了系统的以岗位为核心的培训体系，包括试用期考察培训、岗前培训、岗中培训和下岗培训。这一体系的建立实施，不断培养出高素质、能力强的员工，为华为的跨越式发展提供了人才支撑和保证。

选聘人员试用期考察培训：试用期是指在劳动合同期限内所规定的一个阶段的试用时间，在此期间用人单位进一步考察被录用的员工是否真正符合聘用条件，能否适应公司要求及工作需要，试用期最多不超过6个月(含培训时间)。

岗前培训：华为大学对新员工的培训涵盖了企业文化、产品知识、营销技巧以及产品开发标准等多个方面。针对不同的工作岗位和工作性质，培训时间从1个月到6个月不等，有人将其称为华为"魔鬼"训练，主要包括分军事训练、企业文化、车间实习与技术培训和营销理论与市场演习等部分。军事训练的主要目的是改变新员工的精神面貌，让员工的学习不仅达到了强身健体的作用，而且其组织性、纪律性和集体主义意识明显增强，增强了工作责任心，养成了严谨的工作作风，有不怕吃苦、迎难而上的精神。企业文化培训主要让员工了解华为，接受并溶入华为的价值观。通过这样的培训，让新进的员工完全抛弃自己原有的概念与模式，而注入了华为的理念。车间实习和技术培训对于营销人员来说，可以帮助他们了解华为的产品与开发技术，包括产品的种类、性能、开发技术的特点等；让销售人员对未来要销售的产品很了解。由于华为的新员工中想成为营销人员的人不一定是营销专业的毕业生，所以对于营销理论并不了解，营销理论与知识的培训是必需的。营销理论知识培训包括消费者行为理论、市场心理学、定位理论、整合营销传播、品牌形象理论等。理论需要与实践相结合。在理论知识培训结束后，华为还要给新员工搞一次实战演习，主要内容是让员工在深圳的繁华路段以高价卖出一些生活用品，而且规定商品的销售价格必须比公司规定的价格高，不得降价。经过以上培训的人都有一种脱胎换骨的感觉。通过培训，可以基本上驱除毕业生的书生气，为派往市场第一线做好心理和智力上的准备。

　　岗中培训：对于市场人员来说，华为的培训绝对不仅仅限于岗前培训。为了保证整个销售队伍时刻充满激情与活力，华为内部形成了一套针对个人的完整的成长计划。有计划地、持续地对员工进行充电，让员工能够及时了解通信技术的最新进展、市场营销的新方法和公司的销售策略。其主要的培训形式是实行在职培训与脱产培训相结合、自我开发与教育开发相结合的开发形式，传统教育和网络教育相结合。通过培训提升销售人员的实际能力，保证了一线的市场销售人员具备持久的战斗力。

　　下岗培训：由于种种原因，有一些销售人员不能适合本岗位，华为则会给这些员工提供下岗培训。其主要内容是岗位所需的技能与知识。要是员工经过培训还是无法适合原岗位，华为则会给这些员工提供新职位的技能与知识培训，继续帮助他们继续成长。

　　思考：
　　1. 华为公司培训的特点及成功经验是什么？
　　2. 华为在员工培训方面给我们哪些启示？

第七章

领　导

【教学目的】

1. 领导的内涵与领导活动的三要素
2. 领导的作用
3. 领导权力的5种来源
4. 领导者的5种素质
5. 领导者的6种类型
6. 领导特性论的主要特点
7. 领导行为理论
8. 领导情境理论

【理论应用】

1. 运用领导特质理论评价某位领导人的特质。
2. 举例说明6种类型的领导是如何影响他人行为的。
3. 你认为哪个类型的领导更有利于调动下属的积极性?
4. 举例说明领导方格中的5种领导类型及领导效果。
5. 举例说明领导作风对领导行为的影响。
6. 举例说明某位领导的行为及产生的后果。
7. 指出一个你喜欢的领导理论或模型,说明理由并评价。

【案例导入】

某企业经理是怎样领导的?

某企业的供销部由供应科、销售科、车队、仓库和广告制作科等组成。当刘刚调任该部的经理时,听到不少人反映广告制作科和仓库管理科迟到、早退现象严重,劳动纪律差,工作效率低。虽然经过多次批评教育,成绩不大,群众反应很强烈。为了做好领导工作,刘经理对这两个科室进行了调查分析,情况如下。

1. 文化水平及修养

广告制作科的员工全是大专以上的文化程度,平时工作认真,干劲大,但较散漫,仓库管理科的员工文化程度普遍较低,思想素质较差。

2. 工作性质

广告制作科是创造性工作，工作具有独立性，好的、坏的伸缩性也较大，难以定量考核工作量；仓库管理是程序化工作，内容固定，且必须严格按规章制度执行，工作量可以定量考核。

3. 工作时间

广告制作工作有较强的连续性，不能以8小时来衡量，有时完成一项工作只依靠上班是远远不够的；而仓库管理8小时内的工作是关键，上、下班的准时性和工作时间不能随意离开岗位是十分重要的，否则就会影响正常收发货物，有时还会直接影响到车间的正常生产。

4. 工作投入度

广告制作科的员工工作责任心强，有强烈的创新意识，有实现自我价值和获得成功的欲望，工作热情较高；仓库管理科的员工由于工作环境分散，工作单调，员工积极性不高。

思考：你认为刘经理对这两个部门应如何实施领导才能取得良好的管理效果？

第一节 领导概述

一、领导与领导的三要素

(一) 领导的含义

"领导"，从词义上讲，有动词和名词两种用法。作动词时，有"率领""引导"的意思，在一定的条件下实现某种目标的行为过程。从管理角度讲，名词意义上的"领导"，是指为实现组织目标，进行决策、计划、组织、控制和委派职责等工作而去指挥或引导下属的人，亦称领导者；动词意义上的"领导"，是指领导者利用组织所赋予的职权和个人所具有的能力，指挥、命令和引导、影响下属为完成组织目标而努力工作的过程，亦称领导工作。

领导是管理的一项重要职能，是影响群体为实现组织目标而努力的过程，与管理工作的其他职能的主要区别体现在与人相联系的特征上。

(二) 领导的三要素

领导者必须具备的三要素为：一是领导必须有部下或追随者。二是领导拥有影响追随者的能力或力量。这里所说的能力和力量包括领导者个人所具有的影响力和组织赋予领导者的职位与权力。三是领导行为具有明确的目的，可以通过影响部下来实现组织的目标。

任何一项领导活动必须具备的3个要素为：领导者、被领导者和环境。领导者首先必须要有下属，对下属进行指导和引导下属为实现组织目标而努力。在开展领导活动的过程中，领导者总是在特定环境中开展领导工作，领导活动是3个要素相互结合和作用的过程。

领导和管理不一样，二者有着本质的区别。从本质上讲，管理是建立在合法的、有报酬的和强制性权力基础上的、对下属下达命令和指挥的行为。而领导则是建立在合法的、有效的和强制性权力基础上的，也可能更多的是建立在个人影响权和专长权以及模范作用的基础上的行为。

【案例】

三只鹦鹉

一个人去买鹦鹉，看到一只鹦鹉前标着：此鹦鹉会两种语言，售价200元。另一只鹦鹉前则标着：此鹦鹉会4种语言，售价400元。到底该买哪一只呢？两只鹦鹉都是毛色光鲜，非常灵活可爱。这人转来转去拿不定主意。突然发现有一只老掉了牙的鹦鹉毛色暗淡散乱，标价800元。这人赶紧把老板叫了过来说："这只鹦鹉是不是会8种语言？"店主说："不。"这人觉得奇怪，又问："它又老又丑，又没有能力，为什么更值钱？"店主回答道："因为另外两只鹦鹉管这只鹦鹉叫'老板'。"

思考：什么是领导？领导有哪些过人之处？

真正优秀的领导者并不一定是自身的能力有多强，而是他拥有一种人格力量，能知人善任、吸引和鼓励更多的有能力的人追随自己，从而形成凝聚力，提升自身的价值，完成领导目标。相反，许多能力强的人却因为不懂得谦虚、放权，喜欢事必躬亲、任人唯亲，不能任人唯贤，最后却成不了优秀的领导者。

二、领导的作用

领导的作用主要体现在3个方面。

(一) 指挥作用

在组织活动中，需要有头脑清醒、胸怀全局，能高瞻远瞩、运筹帷幄的领导者帮助组织成员认清所处的环境和形势，指明活动的目标和达到目标的路径。领导者就是一名指挥官，指挥所有组织成员朝着组织目标前进。

(二) 协调作用

组织在内外因素的干扰下，需要领导者来协调组织成员之间的关系和活动，朝着共同的目标前进。而组织成员的知识背景不同、文化背景不同、年龄结构不同，作为组织的领导者应具备较强的沟通协调能力，协调组织成员为实现组织目标而努力工作。

(三) 激励作用

领导者为组织成员主动创造能力发展空间和职业生涯发展空间。领导者在组织中起着"领头羊"的作用，即调动组织成员的积极性，协调并引导他们自觉、自愿地为实现组织的目标而努力工作。一个人如果没有受到激励，其能力发挥仅有20%～30%；如果受到应有的激励，其能力发挥可达80%～90%或更高。领导者应认识和掌握组织群体行为的规律性，运用激励的手段和方式激发员工的创造性和积极性，进而提高组织的工作效率。

【案例】

联想的分层激励之道

联想集团董事长柳传志提出员工分层激励之道，他说：我们面临的难题是如何调动每个截然不同的群体的积极性：经理班子成员、中层管理人员以及流水线上的雇员。我们对每个群体有不同的期望，他们也各自需要不同的激励方式。我们的经理班子需要有一种主人翁意识。中国的许多国有企业面临一个特殊的难题：它们无法给高级管理人员分配股份。我们采取了一种不同寻常的方式：我们改革了所有权结构，使联想成为一家合资企业，这样就可以给所有的经理班子成员分配股份。另外，高级经理需要得到承认，所以我们为他们提供对媒体讲话的机会。一直到今天，我们没有一位高级经理跳槽到别的公司。中层管理人员希望升职，成为高级经理，所以他们往往会最积极地应对挑战，抓住机会展示和锻炼自己的才能。我们给中层管理人员确立了很高的标准，并允许他们自己做出决策并予以执行。如果他们工作出色，就会得到非常好的回报。流水线上的工人需要稳定感。如果他们工作认真、勤勉，就可以得到提前制定的奖金。我们还把小组的工作成绩与公司或部门挂钩，把个人的工作成绩与小组挂钩。例如，我们有时会让小组来决定如何分配全组得到的奖金，公司只提供总的指导方针。

思考：联想的激励之道有何特点？你怎样评价？

三、领导的权力

领导的核心在权力。领导的权力通常就是指影响他人的能力，在组织中就是指排除各种障碍完成任务达到目标的能力。根据法兰西和雷温等人的研究，领导权力有5种来源，具体如图7-1所示。

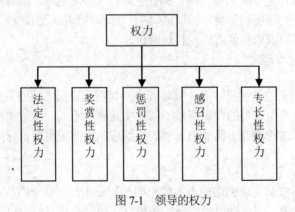

图7-1　领导的权力

(一) 法定性权力

法定性权力是由个人在组织中的职位决定。领导者在组织中担任的职务，则下属认为领导者拥有的职务权力是合理的、合法的，下属必须接受领导者的影响和指挥。

(二) 奖赏性权力

奖赏性权力是指提供奖金、提薪、表扬、升职和其他任何令人愉悦的东西的权力，是个人控制着对方所重视的资源而对其施加影响的能力。

(三) 惩罚性权力

惩罚性权力也称强制权，通过强制性的处罚或剥夺而影响他人的能力。下属如果不按照领导者的指示办事，就会受到领导者的惩罚，如扣发工资奖金、批评、降职乃至开除等。

(四) 感召性权力

感召性权力也称为模范权。由于领导者拥有的个性、品德、作风而引起人们自愿追随和服从。一个拥有独特的个人特质、超凡魅力和思想品德的人，会使你认同他、敬仰他和崇拜他，以致达到你要模仿他的行为和态度的地步，这就是感召性权力。

(五) 专长性权力

专长性权力是指由个人的特殊技能或某些专业知识而产生的权力。一个人由于具有某种专业知识、特殊技能或经验知识的权力，从而在某一领域所特有的专长而影响他人的权力。

四、领导者素质与技能

(一) 领导者素质

素质原本是心理概念，意指人体神经系统及其他各器官的先天特点，是构成后天获得知识、掌握技能的基础。领导者素质则是在先天赋予的生理素质基础上，通过后天的实践锻炼和学习形成的，在领导工作中经常发挥作用的各个内在要素的总和。它是领导者进行领导活动的自身基础条件，是潜在的领导能力。如上所述，领导者是领导的能动主体，因此，领导者素质的优劣直接关系到领导业绩。领导者素质主要包括以下5个方面。

1. 政治思想素质

政治素质是对领导者的政治作风和思想品德方面的要求，是其他素质得以正确发挥的前提条件。领导者是国家方针和政策的宣传者、贯彻者和实施者，因此要有坚定的政治立场和政治信念，保证自己思想、行为的大方向不错，并且在管理实践中讲学习、讲政治、讲正气。

思想素质是指领导者不仅会处事和处人，还要善于思考，能够对未来经济、政策的走势有一定的预见性。

2. 综合知识素质

合理的知识结构是领导干部必备的基本条件。领导者的政治素质和业务能力的高低，在很大程度上都与其综合知识水平的高低有着密切的联系。领导现代化事业，领导者必须有较广博的科学文化知识、专业知识和合理的知识结构。专业知识是管理者知识结构中不可或缺的组成部分，只有懂专业的管理者，才能在管理过程中有的放矢、灵活机动，遵循事物发展规律，按客观规律办事。

3. 管理创新能力素质。

领导活动是一种综合性的实践活动，因而对领导者的管理能力素质的要求较高。领导者要适应现代化建设的需要，就必须具备现代管理的能力、创新创业能力、统筹兼顾的筹划能力、多谋善断的决断能力、调兵遣将的组织能力、循循善诱的协调能力、正确交流的表达能力、管理创新能力等。

4. 身体素质

领导者的身体素质及身体状况。先天的身体条件，是人的身体素质的基础，而后天的锻炼和发育则是一个人身体素质好坏的决定因素。人要想更好地工作，需要有较好的身体素质，领导者更是如此。

5. 心理素质

心理素质是人的整体素质的组成部分。以自然素质为基础，在后天环境、教育、实践活动等因素的影响下逐步发生、发展起来的。心理素质是先天和后天的合金。在一定条件下，领导者心理素质的高低将决定工作成果。领导者的心理素质包括：有主见，但不主观武断；有勇气，但不鲁莽蛮干；有毅力，但不顽固不化；有豁达的胸怀，但不是看破红尘。

作为领导者，应不断提高自己的心理素质。提高心理素质的方法有自我肯定、抛弃自卑、增强自信、心理调节和情绪调节。

领导者的素质很多不是天生的，而是后天在学习和实践中养成的。领导者为提高工作效率，应不断提高领导者的领导素质。提高领导者素质的基本方法有读书学习、实践锻炼、总结经验和自我批评。真正做到自我批评是不容易的。唐太宗李世民的"三镜说"，被后人传为佳话。魏征去世后，李世民思念不止，跟左右大臣说："人以铜为镜，可正衣冠，以古为镜，可以见兴替，以人为镜，可以知得失；魏征没，朕亡一镜矣！"

【案例】

丁磊的创新创业特质

丁磊生于1971年10月10日，浙江宁波奉化人，中国IT业著名企业家，网易公司创始人，网易公司首席架构师。2003年丁磊成为中国双榜首富(福布斯，胡润)，与王志东、张朝阳被称为"网络三剑客"。丁磊于1997年6月创立网易公司，凭借敏锐的市场洞察力和扎扎实实的工作风格，将网易从一个十几个人的私企发展到今天拥有超过1500多名员工在美国公开上市的知名互联网技术企业。网易公司为推动中国互联网的发展做出了重要贡献。

网易公司成立后的最初两年，丁磊先生把资金和精力主要放在开发互联网应用软件上，特别是1997年11月推出了中国第一个双语电子邮件系统，它极大地推动了中国互联网的普及和发展，并先后被多家互联网公司采用。丁磊先生2000年3月辞去首席执行官，出任网易公司联合首席技术执行官；2001年3月担任首席架构设计师，专注于公司远景战略的设计与规划；同年9月担任代理首席执行官和代理首席营运官；2005年11月再次出任网易首席执行官。

从丁磊创业经历看，他之所以能够成功创业与他的优秀个人特性分不开。丁磊的个性特质主要体现在以下几个方面：①个人兴趣。丁磊受父亲影响从小喜欢无线电，梦想成为一名优秀的电子工程师，高考时报考了成都电子科技大学。②善于思考，自学能力强。丁磊自我总结说大学四年最大的收获是学会了思考，自学能力强。他看书速度极快，学习能力强。丁磊的学习方法与常人不同，他在看书时一般是从后面向前面看，看不懂的就去前面看关键字的描述，一门功课自学两三个星期就能掌握。后来接触Internet的时候，这种思考技巧对掌握理论发挥了重要的作用。③个性叛逆。丁磊大学毕业后去宁波市电信局工作，1995年从电信局辞职，一心想要出去闯一闯。他曾经这样描述："这是我第一次开除自己，人的一生总会面临很多机遇，但机遇是有代价的。没有勇气迈出第一步，是不可能创业取得成功的。"④战略眼光。在Sybase广州分公司工作了一年后，丁磊又一次萌发了离开那里和别人一起创立一家与Internet有关的公司的念头。在当时他已经可以熟练地使用Internet，而且已经成为国内最早的一批上网用户。1997年5月，丁磊决定创办网易公司，尽管当时中国很少有人听过上网，但他深信Internet会有非常巨大的前景。⑤拼命。从创业开始，丁磊每天都关注新技术，密切跟踪Internet新的发展，每天工作16小时以上，其中有10个小时是在网上，他的信箱有数十个，每天都要收到上百封电子邮件。⑥坚强。丁磊性格坚强，面对困难与压力心理承受能力强。丁磊最苦的日子是在2001年9月4日，网易因为误报2000年收入，违反美国证券法而涉嫌财务欺诈，被纳斯达克股市宣布从即时起暂停交易，股票沦为"垃圾股"，随后企业又出现人事动荡，当时的丁磊年仅30岁，承受巨大的压力，但他没有被压垮。⑦果断。面对生存压力，丁磊果断地从两个方面入手：一是压缩经营成本，二是跳出传统业务，率先投入短信业务和网络游戏业务，带领网易走出低谷，甚至对以后股价飙升起到决定性的作用。⑧为人低调。在个人财富急剧膨胀的时候，丁磊一直保持低调。丁磊曾经说过，网络首富只是自己创业过程中的副产品。在他看来，只有亲身感受生活，才能触摸到普通人的快乐。

思考：丁磊创新创业过程中个人特性发挥什么作用？

(二) 领导者技能

美国管理学家博伊德提出了"改革精神"的领导者必须具备的5种新的领导技能。

(1) 预见技能。对经常不断变化的内外部环境能深谋远虑。

(2) 想象技能。运用说服和榜样诱导下属按领导者或整个组织的意图行事。

(3) 价值观综合技能。把员工在经济、安全、心理、精神、美学和物质等方面的需求综合起来，以便使人们有共同的动机、价值观和目标。

(4) 授权技能。乐意并且有效地与下属分享权力。

(5) 反思技能。既明白自己的需求与目标，也了解下属的需求和目标。

博伊德认为，上述这些新的领导技能并不是生来就具备的，而是要在实践中锻炼、培养、学习和提高的结果。

拉姆·查兰是当代最具影响力的管理咨询大师，他通过解析通用电气、惠普、杜邦、IBM、戴尔电脑和福特汽车等经典案例，总结并提出了一流领导者必须具备的"八项管理技能"。只有拥有了这些技能，才能让企业在新的竞争环境中立于不败之地。"八项管理技能"分别为：

(1) 准确定位业务。定位能力是领导者必备的第一能力。领导者必须能积极乐观，善于自我观察，及时发现变化的信号，抓住变化的本质，形成新的商业定位。

(2) 预见引领变革。要保持心态的积极和认知的开放，不要过多地用过去的经验来预测未来趋势，而是要吸收和消化各种复杂的事物，积极面对和主导变革，要应对外部变化，要对组织运作、组织行为、组织制度和组织文化等进行变革。

(3) 管理团队合作。领导者必须建立起协调员工齐心协力工作的组织社会系统，让员工相互信任、共享信息、坦诚沟通、履行承诺、协同工作，营造积极、高效的组织文化氛围。

(4) 培养领导人才。领导者要学会识别和培养各级干部，用好关键人才，建设组织持续发展的领导梯队。

(5) 打造核心团队。领导者必须在自己周围建立起一个具有高度"共识、共鸣、共振"的核心团队。领导者的成功取决于他身边的团队。

(6) 设定正确目标。这是帮助大家确定组织要到达的目的地，是一个持续递进的过程。目标应该有可行性，兼顾短期和长期。

(7) 专注工作重点，是实现目标的必由之路。领导者能够提供一个路线图，有效地组织和指导业务向目标前进；能够集中精力和资源，确保要事优先。

(8) 建立社会联盟。当前，任何一个行业的运营都处在一个错综复杂的社会和政治环境中，对领导者的要求不仅仅是利润和企业自身的成功，还必须关注企业外部的特殊利益团体的需求，建立广泛的社会联盟，承担起必要的社会责任，才能领导企业走得更远，赢得更广泛的支持。

第二节　领导者风格类型

领导者在面对任务工作时以不同的方式表现他们的领导角色，领导者开展领导工作过程中会形成自己独特的领导风格，这些不同的领导风格对团体成员的工作绩效和工作满意度有着不同的影响。领导者风格类型概括起来有6种，即集权式领导者、民主式领导者、魅力型领导者、变革型领导者、事务型领导者和战略型领导者。

一、领导者类型划分标准

按不同的标准划分可以有不同类型的领导者，见表7-1所示。

表 7-1　不同类型的领导

划分标准	类型
权力运用方式	集权式领导者、民主式领导者
创新方式	魅力型领导者、变革型领导者
思维方式	事务型领导者、战略型领导者

二、领导者风格类型

(一) 集权式领导者

所谓集权式领导者，就是把管理的制度权力相对牢固地进行集中控制的领导者。它的优势在于通过完全的行政命令，使管理的组织成本在其他条件不变的情况下，低于在组织边界以外的交易成本，可能获得较高的管理效率和良好的绩效。其缺点是长期将下属视为某种可控制的工具，不利于他们职业生涯的良性发展。

(二) 民主式领导者

民主式领导者的特征是向被领导者授权，鼓励下属的参与，并且主要依赖于其个人专长权和模范权影响下属。通过激励下属的需要，发展所需的知识，尤其是意会性或隐性知识，员工的能力结构也会得到长足提高。权力的分散性使得组织内部资源的流动速度减缓，进而增大组织内部的资源配置成本。

(三) 魅力型领导者

魅力型领导者以身作则，鼓励下属并影响下属产生忠诚、热情和高水平绩效，鼓励下属超越他们预期绩效水平的能力。他们的影响力来自以下几个方面：有能力陈述一种下属可以识别的、富有想象力的未来远景；有能力提炼出一种每个人都坚定不移赞同的组织价值观系统；善于调动下属工作的积极性，激励他们为了部门或组织利益而超越自身的利益。

(四) 变革型领导者

变革型领导者鼓励下属为了组织的利益而超越自身利益，致力于不断学习，对现状进行改变、调整和创新，并能对下属产生深远而不同寻常的影响；关心每个下属的日常生活和发展需要，帮助下属用新观念分析老问题，进而改变他们对问题的看法；能够激励、唤醒和鼓舞下属为达到组织或群体目标而付出加倍的努力。

【案例】

杰克·韦尔奇的改革创新精神

杰克·韦尔奇1935年11月19日出生于马萨诸塞州塞勒姆市，1960年毕业于伊利诺斯州大学，获取化学博士学位，毕业后加入通用电气塑胶事业部。1971年底，韦尔奇成为通用化学与冶金事业部总经理。1979年8月，韦尔奇成为通用公司副董事长。1981年4月，年仅45岁的杰克·韦尔奇成为通用电气历史上最年轻的董事长和CEO。这家已经有117年历史的公司机构臃肿，等级森严，对市场反应迟钝，在全球竞争中正走下坡路。韦尔奇从入主通用电气起，在20年间，他将一个弥漫着官僚主义气息的公司，打造成一个充满朝气、富有生机的企业巨头。在他的领导下，通用电气的市值由他上任时的130亿美元上升到了4800亿美元，也从全美上市公司盈利能力排名第十位发展至位列全球第一，成为世界第二的世界级大公司。2001年9月退休。他被誉为"最受尊敬的CEO""全球第一CEO""美国当代最成功、最伟大的企业家"。如今，通用电气旗下已有12个事业部成为其各自的市场上的领先者，有9个事业部能入选《财富》500强。韦尔奇带领通用电气，从一家制造业巨头转变为以服务业和电子商务为导向的企业巨人，使百年历史的通用电气成为真正的业界领袖级企业。他在领导企业改革创新的过程中，总结提出新的管理理论。

1. 韦尔奇的"数一数二"理论

按照韦尔奇的理念，在全球竞争激烈的市场中，只有在市场上领先对手的企业，才能立于不败之地。韦尔奇的经营理念是"数一数二市场原则"，即韦尔奇重整结构的衡量标准是：这个企业能否跻身于同行业的前两名，即任何事业部门存在的条件是在市场上"数一数二"，否则就要被砍掉——整顿、关闭或出售。

于是韦尔奇首先着手改革内部管理体制，减少管理层次和冗员，将原来8个层次减到4个层次甚至3个层次，并撤换了部分高层管理人员。此后的几年间，砍掉了25%的企业，削减了10多万份工作，将350个经营单位裁减合并成13个主要的业务部门，卖掉了价值近100亿美元的资产，并新添置了180亿美元的资产。正是由于不为所动的铁腕裁员行动，韦尔奇还得了个"中子弹杰克"的绰号。

2. 竞争是每天持续不断的工作状态

竞争，对杰克而言，已不只是获取成功的必由之路，它更是一种每天持续不断的工作状态。竞争越激烈，他的生活就越是充实。他认为："我们每天都在全球竞争战场的刀光剑影中工作。而且在每一回合的打斗之间，甚至没有片刻时间休息。"

3. 韦尔奇认为领导激励作用至关重要

韦尔奇十分重视企业领导人的表率作用，他总是不失时机地让人感觉到他的存在。他向从直接的汇报者到小时工等几乎所有的员工发出的手写便条具有很大的影响力，因为这些便条给人以亲切和自然感。韦尔奇的笔刚刚放下，他的便条便通过传真机直接发给他的员工了。两天之后，当事人就会收到他手写的原件。他手写的便条主要是为了鼓励和鞭策员工，还经常是为了促使和要求部下做什么事。

4. 韦尔奇的"活力曲线"

韦尔奇认为，挑选最好的人才是领导者最重要的职责。他说："领导者的工作，就是每天把全世界各地最优秀的人才揽过来。他们必须热爱自己的员工，拥抱自己的员工，激励自己的员工。"作为一个过来人，韦尔奇给公司领导者传授的用人秘诀是他自创的"活力曲线"：一个组织中，必有20%的人是最好的，70%的人是中间状态的，10%的人是最差的。这是一个动态的曲线，即每个部分所包含的具体人一定是不断变化的。但一个合格的领导者，必须随时掌握那20%和10%里边的人的姓名和职位，以便做出准确的奖惩措施。最好的应该马上得到激励或升迁，最差的就必须马上走人。

1989年美国《财富》杂志介绍韦尔奇的人格特征和经营理念时，归纳了以下6点：第一，掌握自己的命运，否则将受人掌握；第二，面对现实，不要生活在过去或幻想之中；第三，坦诚待人；第四，不要只是管理，要学会领导；第五，在被迫改革之前就进行改革；第六，若无竞争优势，切勿与之竞争。韦尔奇的这些内在思想深深影响着通用电气的经营理念，同时也影响着通用电气的命运。

对于21世纪的领导人，通用电气提出了"A级人才标准"并向各个业务部门和全球推广。这种领导人需要具有4E品质：充沛的精力(Energy)；激发别人的能力(Energizer)；敢于提出强硬要求——要有棱角(Edge)；执行的能力(Execute)——不断将远见变为实绩的能力。为了使企业更具有竞争力，在"硬件"上韦尔奇通过他的著名的"数一数二"原则来裁减规模，进而构建扁平化结构，重组通用电气的产业；在"软件"上，则尽力试图改变整个企业的文化及员工的思考模式。

思考：

1. 杰克·韦尔奇是一个什么类型的领导？
2. 你认为杰克·韦尔奇的优秀领导才能体现在哪里？
3. 你是如何评价杰克·韦尔奇的？

(五) 事务型领导者

事务型领导者也可称为维持型领导者。通过明确角色和任务要求，激励下属向着既定的目标活动，尽量考虑和满足下属的社会需要，通过协作活动提高下属的生产率水平，对组织的管理职能和程序推崇备至，勤奋、谦和而且公正，以将事情理顺、工作有条不紊地进行引以为豪，重视非人格的绩效内容，如计划、日程和预算，对组织有使命感，并且严格遵守组织的规范和价值观。

(六) 战略型领导者

战略型领导者的特征是用战略思维进行决策，将领导的权力与全面调动组织的内外资源相结合，实现组织长远目标。战略型领导行为系指拥有预见、洞察、保持灵活性并向他人授权，以创造所必需的战略变革能力。战略型领导者是多功能的，管理人力资本的能力是战略领导者最重要的技能。

【案例】

马云的领导风格

马云与他的团队创立发展了阿里巴巴集团，构建了一个全新的商业模式，成为国际上有巨大影响力的电子商务跨国公司。马云的领导风格促进了公司的跨越式发展。

马云是典型的孔雀型性格，在塑造品牌、自我宣传、鼓舞人心方面有天生的优势。马云的自信心指数，是一个优秀的商业领袖所需的最佳水平——充满自信但绝不至于自负。马云是一个真正经历了风雨的人，在最寒冷的冬天，当他们用自己的左手握住右手相互温暖时，其信心便由生铁炼成了钢。成功之后，马云还是这样说："如果我马云能够创业成功，那么我相信中国80%的年轻人都能创业成功。"这句话当然是谦虚之言，却表明他已经非常成熟。

孔雀型的人把愉悦、快乐、被团队成员和社会认可看得非常重要。在这一方面，马云运用自身的这一优势营造出一个热情、快乐、充满激情的企业文化，有一句歌词唱得极有意思："阿里巴巴是个快乐的青年。"

孔雀型的人说服力强。马云不仅能够说服创业时期的"十八罗汉"与他共同熬过寒冬，甚至在寒冬时还能吸引外部的优秀人才加入阿里巴巴。我国台湾人蔡崇信是一家全球著名的风险投资公司驻亚洲代表，他赴杭州洽谈投资，推心置腹交谈之后，蔡崇信放下70万美元年薪的德国投资公司工作，千里迢迢来投奔马云，每月只拿500元人民币的薪水，加入阿里巴巴，成为阿里巴巴的CFO。后来蔡崇信的妻子告诉马云："如果我不同意他加入，他一辈子都不会原谅我。"

孔雀型领导者，社交能力极强。他们通过"朋友遍天下"来促进事业的发展，"西湖论剑"和"网商大会"就是这种能力的体现。2000年，马云请金庸穿针引线，广发英雄帖，中国互联网的风云人物——新浪王志东、网易丁磊、搜狐张朝阳等人纷纷赴约，在如诗如画的西湖边共商互联网的发展对策，这就是日后互联网界一年一度的"西湖论剑"。除了这一行业顶级人物的聚会以外，马云又发起了"网商大会"，将各路江湖英雄每年聚拢在阿里巴巴的周围。2013年马云辞任阿里巴巴集团CEO，继续担任阿里集团董事局主席。2015年，马云当选全球互联网治理联盟理事会联合主席。《2016胡润全球富豪榜》发布，中国富豪中，马云家族以1400亿位居第二。

思考：运用所学的管理理论中的领导者风格的类型，分析马云的领导风格应属于哪一类？请说明理由。

第三节　领导理论

领导理论的发展大致经历了3个阶段：第一阶段为领导特性理论阶段；第二阶段是领导行为理论阶段；第三阶段是领导情境理论阶段。

一、领导特性理论

领导特性理论是一种最古老的传统理论，研究的重点是对领导者的特质进行分析论证。所谓"特质"，是指领导者先天具备的诸如身体、性格、气质、智力等基本特性。

领导特性理论认为，伟大的领导者都具有某些共同的特性，例如：运用管理职能督导他人完成工作的能力；情商高；努力进取、渴望成功；追求知识和信息；强烈的职业成就欲望；充满自信果敢；品德高尚、正直诚实、表里如一、言行一致等。特别需要提出的是，优秀领导者与一般领导者的显著区别有近90%的差异是由于情商，而不是智商。当然，智商是很重要的，但要取得成功一定是智商与情商的结合，还要有胆商。有的专家把情商称为"软技能"。优秀领导者有5大情商，即自我情绪认识能力、情绪控制能力、自我激励能力、认知他人情绪能力和处理人际关系能力。但实践证明这种理论具有历史局限性：①领导者的成败不仅与个人特质相关，也与其所处的领导环境有关。②从成功的领导者身上鉴别出来的特质很多，但并不能找到完全一致的特质。

二、领导行为理论

领导行为理论认为，领导者的行为是领导效果的决定因素。研究的主要切入点是以工作任务为中心和以人文关怀为中心的两种领导风格应该如何互相结合以取得好的领导效果。领导风格是管理者用于影响员工的特质、技能和行为的总称。领导行为理论从领导者的行为特点与绩效的关系来寻找最有效的领导风格，试图确定有效的领导者所使用的与众不同的行为风格。学者主要从领导者更关心工作绩效，还是更关心群体关系以及是否让下属参与决策等3个方面来研究领导行为。

(一) 领导四分图理论

较为著名的研究有密执安大学的研究，由R. 李克特及其同事在1947年开始进行，试图比较群体效率如何随领导者行为的变化而变化。他们主要研究以下两种不同的领导方式：

(1) 工作导向型——关心工作的过程和结果，下属只是实现目标或任务绩效的工具。

(2) 员工导向型——关心员工，有意识地培养与高绩效工作群体相关的人文因素，重视人际关系。

密执安大学(密歇根大学)研究的结论是一维中的两个端点，把员工导向型和工作导向型作为一体的两个方面。员工导向型的领导行为重视人际关系，领导者总会考虑下属的需要，并承认人与人之间的不同。工作导向型的领导行为更强调工作的技术或任务，主要关心下属任务的完成情况，其领导理念强调下属成员是达成组织目标的手段。他们研究的结论是员工导向型的领导者与高的群体生产率和高满意度正相关；而工作导向型的领导者则与低的群体生产率和低满意度正相关。

俄亥俄州立大学的研究人员在1945年开始研究领导行为，并提出领导行为四分图理论。他们通过大量调查研究表明，不同的领导方式对工作效率和职工的情绪有直接的影响。他们提出两个维度：

(1) 关怀维度。领导者希望与下属建立一种相互依赖及关心下属感觉和尊重下属想法的工作关系的程度。领导者对员工以及领导者与追随者之间的关系，对相互信任、尊重和友谊的关心。倾向关怀的领导者愿意帮助下属解决个人问题，友善且平易近人，公平对待每一个下属并对下属的生活、健康、地位和满意度等问题十分关心，体现了"以人为本"的领导理念。

(2) 定规维度。为了实现组织目标，领导者构建任务、明察群体之间的关系和明晰沟通渠道的倾向。领导者更愿意界定和建构自己与下属的角色，以达成组织目标，包括设立工作、工作关系和目标的行为。

根据上述两个维度提出了以下4种领导者类型，如图7-2所示。一般而言，定规维度和关怀维度都高的领导者往往比低关怀或低定规的领导者更容易使下属达到高绩效和高满意度。

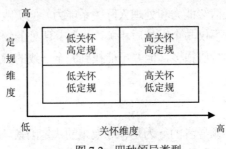

图 7-2　四种领导类型

思考：举例说明在你认识的领导中，他们属于四种类型中的哪种？试评价他们的领导行为的效果。

(二) 管理方格领导理论

美国的德克萨斯大学的布莱克(Blake)和穆顿(Mouton)于1964年提出管理方格理论，将管理人员按他们的绩效导向行为(称为对生产的关心)和维护导向行为(称为对人员的关心)进行评估，给出等级分值；以此为基础，把分值标注在两个维度坐标界面上，并在这两个维度坐标轴上分别划出9个等级，从而生成81种管理方格。他们由此提出了5种领导风格类型(见图7-3所示)。

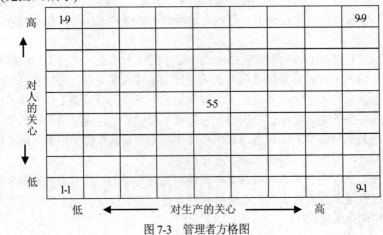

图 7-3　管理者方格图

1. 贫乏型(1-1)

贫乏型的领导者既不关心生产又不关心人的情感与福利等，缺乏主见，逃避责任，与世无争、最低限度地完成任务。

2. 乡村俱乐部型(1-9)

乡村俱乐部型的领导者只关心人，而不大关心生产。他们高度关心人，与下属建立良好的人际关系，以期通过多方面满足人们的需要来换取人们的支持和拥戴。但这种领导行为在竞争激烈的现代社会生活中很难立足，因为它不利于提高生产效率。

3. 中庸之道型(5-5)

中庸之道型的领导者推崇"折中"，他们既关心人也关心生产，在二者之间寻找平衡。这种领导行为既要求完成必要的任务，又要求保持必要的士气，但工作效率与人们的积极性都有较大的局限性。

4. 任务型(9-1)

任务型的领导者非常关心生产，但不大关心人。他们主要借助权力等组织人们完成任务，独断专行，压制不同意见。这种领导者在短期内可能提高生产效率，但是由于不关心人，不注意提高职工的士气，因而生产效率不能持久。

5. 团队型(9-9)

团队型的领导者既关心生产，又十分关心人的因素。他们总是努力寻找解决问题的优化方法，使关心生产与关心人协调一致，统筹解决。他们的目标是使组织不断得到改善，组织中的人不断发展。这种领导类型是我们理想中的领导类型，能够极大地提高组织的工作效率。

管理方格理论认为，9-9型的管理是最理想、最有效的领导方式，应该是组织所有管理者努力的方向。

三、领导情境理论

领导情境论认为，并不存在具有普遍适用的领导特性和领导行为，有效的领导者能因自己当时所处情境的不同而变化自己的领导行为和领导方式。其主要有路径—目标理论和领导生命周期理论两种领导情境理论。

(一) 路径—目标理论

20世纪70年代初，加拿大多伦多大学豪斯教授提出了路径—目标理论。该理论的基本前提是：某些领导行为之所以有效，是因为在该情境之中，这种行为有助于下属人员达成和工作有关的目标。豪斯等人认为：领导是一种激励部下的过程，领导方式只有适用于不同的部下和环境时，才是有效的。所谓"路径—目标"是指有效的领导者既要帮助下属充分理解工作目标，又要指明实现目标所应遵循的路径。豪斯提出以下4种领导行为。

1. 指令型领导

领导者发布指令,决策时没有下级参与。相对于具有高度结构化和安排完好的任务来说,如果下属是教条的和乐于服从的,任务不明或压力过大时,指令型领导产生更高的满意度。指令型领导不太适合知觉能力强或经验丰富的下属。

2. 支持型领导

领导者对下级友善关心,从各方面予以支持。对于结构层次清晰,或者令人不满意,或者是令人感到灰心的工作,领导者应该使用支持型方式。当下属执行结构化任务时,支持型领导导致员工高绩效和高满意度。组织中的正式权力关系越明确、越层级化,领导者越应表现出支持性行为,降低指令性行为。

3. 参与型领导

领导决策时,征求并采纳下级的建议。当任务不明确时,参与型领导效果最佳。因为参与活动可以澄清达到目标的道路,帮助下属懂得通过什么道路去实现什么目标。另外,如果下属具有独立性,具有强烈的控制欲,参与型领导方式也具有积极影响。

4. 成就导向型领导

领导给下级提出挑战性的目标,并相信他们能达到目标。如果组织要求下属履行模棱两可的任务,成就导向型领导方式效果最好。在这种情境中,激发挑战性和设置高标准的领导者,能够提高下属对自己有能力达到目标的自信心。当任务结构不清时,成就导向型领导将会提高下属的努力水平,从而达到高绩效的预期。

根据豪斯的路径—目标理论,领导者应根据下属的情况和环境的特点,采用不同的领导方式,以实现有效的领导。领导者要有效激励下属应做到:①让下属明确实现目标所能获得的利益。②提高下属对实现目标的期望值,明确要求下属做什么,帮助下属掌握实现目标的方法,使其明确通向目标的途径。③使下属的需要在实现过程中得到满足,对其进行激励。

【案例】

阿里巴巴路径—目标

阿里巴巴创始人马云第一次接触互联网时,就提出一个目标,即如何利用互联网让天下没有难做的生意,帮助别人成功是自己最大的成功。通过建立网上交易平台,实现了自己追求的目标,成为世界最大的电子商务运营集团,助推中小企业创业发展成功。

思考:如果是你会提出怎样的路径—目标,你有路径—目标吗?

(二) 领导生命周期理论

领导生命周期理论由俄亥俄州立大学的卡曼创立,后由保罗·赫西和肯尼斯·布兰查德予以发展的。这一理论把下属的成熟度作为情境因素,认为依据下属的成熟度选择正确的领导方式,决定着领导者的成功。成熟度指个体对自己的直接行为负责任的能力和意愿,包括工作成熟度和心理成熟度,见图7-4所示。

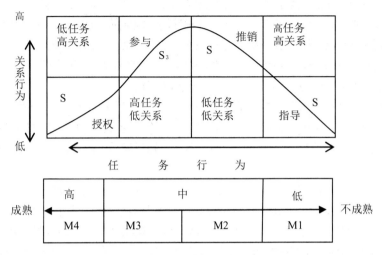

图 7-4　下属的成熟度

生命周期论提出任务行为和关系行为两种领导维度，并且将每种维度进行了细化，从而组合成以下4种具体的领导方式。

1. 指导型领导：高任务—低关系

当员工的平均成熟度处于不成熟阶段时，领导应采取"高任务、低关系"的行为，即命令式领导者以单向沟通方式向部属规定任务：干什么，怎样干。

2. 推销型领导：高任务—高关系

面对处于初步成熟阶段的员工，领导者应采取任务行为和关系行为均高的领导方式，即推销型领导。领导者与部属通过双向沟通，互通信息，达到彼此支持。

3. 参与型领导：低任务—高关系

当员工进入比较成熟阶段时，领导者的任务行为要适当放松，关系行为要加强，即形成参与型领导。

参与型与推销型有一定相似之处，一方面领导者与部属相互沟通，另一方面领导鼓励部属积极参与管理。

4. 授权型领导：低任务—低关系

当员工发展到成熟阶段时，领导者应采取低任务—低关系的领导方式，即授权型领导。授权型领导是领导者给部属以权力，让他们有一定自主权，"八仙过海，各显神通"，而领导者只起到检查监督作用。

【本章小结】

从管理角度讲，领导是指为实现组织目标，进行决策、计划、组织、控制和委派职责等工作而去指挥或引导下属的人，亦称领导者。领导是管理的一项重要职能，与管理工作的其他职能的区别主要体现在与人相联系。

领导者必须具备三要素,即有部下或追随者、拥有影响追随者的能力和有明确的目的。领导活动的三要素指领导者、被领导者和环境。领导的作用体现在3个方面:指挥作用、协调作用和激励作用。领导的核心在权力,就是影响他人并能排除各种障碍完成任务达到目标的能力。根据法兰西和雷温等人的研究,领导权力有5种来源,即法定性权力、奖赏性权力、惩罚性权力、感召性权力和专长性权力。

领导者素质是在先天赋予的生理素质基础上,通过后天的实践锻炼和学习形成的,在领导工作中经常起作用的诸项内在要素的总和。领导者素质的优劣直接关系到领导绩效。领导者素质主要包括以下5个方面:政治素质、知识素质、能力素质、身体素质和心理素质。

领导者类型概括起来有6种:集权式领导者、民主式领导者、魅力型领导者、变革型领导者、事务型领导者和战略型领导者。美国管理学家博伊德提出了领导者必须具备的5种新的领导技能,即预见技能、想象技能、价值观综合技能、授权技能和反思技能。

领导特性理论强调,有效领导者有六大共同特性,包括:运用管理职能督导他人完成工作能力;情商高;追求知识和信息;职业成就欲望强烈;充满自信、果敢;品德高尚。优秀领导者与一般领导者的差异不在智商而在于情商。优秀领导者有五大情商,即自我情绪认识能力、情绪控制能力、自我激励能力、认知他人情绪能力和处理人际关系能力。

领导行为理论从领导者的行为特点与绩效的关系,来寻找最有效的领导风格,试图确定有效领导者使用的与众不同的行为风格。领导风格是指领导者用于影响员工的特质、技能和行为的总称。领导方格理论从领导行为以绩效为导向和维护人际关系导向两个维度进行评价,从而得出乡村俱乐部型(1-9)、任务型(9-1)、贫乏型(1-1)、中庸型(5-5)和团队型(9-9)5种不同的领导类型。领导方格理论认为,理想的领导方格是关心人又关心生产(9-9)。

领导情境理论认为,并不存在具有普遍适用的领导特性和领导行为,有效的领导者能因自己当时所处情境的不同而变化自己的领导行为和领导方式。豪斯提出路径—目标领导模型,强调要确定员工的目标,并明确采用什么领导风格帮助员工达到目标。首先确定领导的情境,如员工对领导认可度、完成任务的条件、能力、工作复杂程度和工作满意度等。根据上述情况,领导可选择的风格有指令型领导、支持型领导、参与型领导和成就导向型领导。领导寿命周期理论认为,把下属的成熟度作为关键的情境因素,根据下属成熟度选择领导方式。领导方式有4种,即指导型领导、推销型领导、参与型领导和授权型领导。

【复习思考题】

1. 何谓领导?领导在管理中的作用具体表现在哪些方面?
2. 如何根据不同标准分析和研究不同类型领导的特点?
3. 领导者的技能有哪些? 怎样运用这些技能?
4. 管理方格理论的主要内容是什么?
5. 路径—目标理论的主要观点是什么?该理论对管理者有何启示?
6. 领导生命周期理论的主要观点是什么?该理论对管理者有何启示?

【技能训练与实践】

训练一：单项选择题

1. 都说人们不能用设计一个汽车公司的组织机构的办法来设计一个小杂货店，不能用激励一个没有受过教育的搬运工的方法来激励一个大学教授。可是一个军事指挥家却奇迹般地领导美国科学家完成了轰动世界的曼哈顿计划，成功地将人类送上了月球。那么，以下更具有典型性的结论是(　　)。

    A. 现实中存在某种共同性的管理原理和方法，只是这原理和方法需要在具体实践中加以灵活应用，而这种应用能力的高低就反映了组织领导者素质的差别

    B. 现实中确实存在某种普遍适用、放之四海而皆准的最好的管理原理与方法

    C. 现实中并不存在适用于多种管理实践的一般性管理原理和方法，曼哈顿计划取得成功只是一个特例

    D. 组织领导者需要培养自己灵活处理各种问题的能力，这点的重要性远远超过掌握一般性的管理理论

2. 管理方格理论认为，最有效的领导方式是(　　)。

    A. (1-1)型   B.(1-9)型   C.(9-1)型   D.(9-9)型

3. 按照领导者生命周期理论，对那些有能力但积极性不高的被管理者，宜采用(　　)。

    A. 参与式管理   B. 授权式管理   C. 说服式管理   D. 命令式管理

4. 按照领导者生命周期理论，对那些既没有能力又缺乏积极性的被管理者，宜采用(　　)。

    A. 参与式管理   B. 授权式管理   C. 说服式管理   D. 命令式管理

5. 根据路径—目标理论，对那些喜欢把所发生的事情看作由外在环境的力量控制和影响的员工，合适的领导方式应该是(　　)。

    A. 指令型   B. 支持型   C. 参与型   D. 成就导向型

6. 在带领、引导和鼓舞部下为实现组织目标而努力的过程中，领导者的具体作用有(　　)。

    A. 指导作用   B. 协调作用   C. 激励作用   D. 凝聚作用

7. 南方某厂订立有严格的上、下班制度并一直遵照制度严格执行。一天深夜突降大雪，给交通带来极大不便，第二天早晨便有许多同志上班迟到了，厂长决定对此日的迟到者免于惩罚。对此，企业内部职工议论纷纷。在下列议论中，你认为下列说法最有道理的是(　　)。

    A. 厂长滥用职权

    B. 厂长执行管理制度应征询大部分职工的意见

    C. 治厂制度又不是厂长一人制定的，厂长无权随便变动

    D. 规章制度应有一定的灵活性，特殊情况可以特殊处理

8. 田力是某大型企业集团的总裁助理,年富力强,在助理岗位上工作得十分出色,他最近被任命为集团销售总公司的总经理,从而由一个参谋人员变成了独立部门的负责人。下面是田力最近参与的几项活动,你认为这其中几乎与他的领导职能无关的是( )。

    A. 向下属传达他对销售工作目标的认识

    B. 与某用户谈判以期达成一项长期销售协议

    C. 召集各地分公司经理讨论和协调销售计划的落实情况

    D. 召集公司有关部门的职能人员开联谊会,鼓励他们克服困难

9. 某公司总经理安排助手去洽谈一个重要的工程项目合同,结果由于助手工作中的考虑欠周全,致使合同最终被另一家公司接走。由于此合同对公司经营关系重大,董事会在讨论其中失误的责任时,存在以下几种说法,你认为说法最为合理的是( )。

    A. 总经理至少应该承担领导用人不当与督促检查失职的责任

    B. 总经理的助手既然承接了该谈判的任务,就应对谈判承担完全的责任

    C. 若总经理助手又进一步将任务委托给其下属,则也可不必承担谈判失败责任

    D. 公司总经理已将此事委托给助手,所以对谈判的失败完全没有责任

10. 王先生是某公司的一名年轻技术人员,一年前被调到公司企划部任经理,考虑到自己的资历和经验等,他采取了较为宽松的管理方式,试分析在( )情况下,王先生的领导风格最有助于产生较好的管理效果。

    A. 企划部任务明确,王先生与下属关系好但职位权力弱

    B. 企划部任务明确,王先生与下属关系差但职位权力强

    C. 企划部任务不明确,王先生与下属关系差且职位权力弱

    D. 企划部任务不明确,王先生与下属关系好且职位权力强

训练二: 多项选择题

1. 领导的制度权包括( )。

    A. 强制权   B. 奖赏权   C. 专家权

    D. 法定权   E. 感召权

2. 以下属于领导行为理论的是( )。

    A. 领导系统模式   B. 领导生命周期理论   C. 管理方格理论

    D. 领导行为四分图   E. 道路—目标理论

3. 领导生命周期理论中列出的领导方式有( )。

    A. 命令式   B. 说服式   C. 任务式

    D. 参与式   E. 授权式

4. 路径—目标理论提出的领导方式有( )。

    A. 指令型   B. 支持型   C. 参与型

    D. 说服型   E. 成就导向型

5. 管理方格理论具有典型的领导类型,包括( )。

    A. 任务型   B. 乡村俱乐部型   C. 民主型

    D. 团队型   E. 贫乏型

6. 下列不属于推销型领导的特征的是(　　)。

    A. 高任务—高关系　　　　　B. 低任务—低关系

    C. 低任务—高关系　　　　　D. 高任务—低关系

7. 按照创新方式来划分，领导者风格类型有(　　)。

    A. 集权式领导者　　　　B. 民主式领导者　　　　C. 魅力型领导者

    D. 变革型领导者　　　　E. 事务型领导者　　　　F. 战略型领导者

8. 下列(　　)管理学家提出了管理方格理论。

    A. 布莱克　　　　　　　B. 保罗·赫西

    C. 肯尼斯·布兰查德　　D. 穆顿

9. 根据法兰西和雷温等人的研究，领导权力来源于(　　)。

    A. 法定性权力　　　　　B. 奖赏性权力　　　　　C. 惩罚性权力

    D. 感召性权力　　　　　E. 专长性权力

10. 美国管理学家博伊德提出了领导者必须具备的5种新的领导技能是(　　)。

    A. 预见技能　　　　　　B. 想象技能　　　　　C. 价值观综合技能

    D. 授权技能　　　　　　E. 反思技能

训练三：选择填空题

A. 领导生命周期理论　　B. 任务型管理　　　C. 路径—目标理论

D. 八项　　　　　　　　E. 团队型管理　　　F. 管理方格理论

G. 魅力型领导者　　　　H. 变革型领导者　　I. 被领导者的追随与服从

J. 领导

1. 领导的本质是(　　)。

2. 从本质上讲，管理是建立在合法的、有报酬的和强制性权力基础上的对下属命令指挥的行为。而(　　)则是可能建立在合法的、有效的和强制性的权力基础上，也可能更多是建立在个人影响权和专长权以及模范作用的基础上。

3. 拉姆·查兰通过解析通用电气、惠普、杜邦、IBM、戴尔电脑、福特汽车等众多世界500强企业的经典案例，认为领导者必须具备(　　)的管理技能。

4. (　　)鼓励下属为了组织的利益而超越自身利益，致力于不断学习，对现状进行改变、调整和创新，并能对下属产生深远而不同寻常的影响。

5. (　　)领导者以身作则，鼓励下属并影响下属产生忠诚、热情和高水平绩效的领导风格。

6. 美国的德克萨斯大学的布莱克(Blake)和穆顿(Mouton)于1964年提出(　　)。

7. (　　)类型的领导者既关心生产，又十分关心人的因素。他们总是努力寻找解决问题的优化方法，使关心生产与关心人协调一致，统筹解决。

8. (　　)的领导者非常关心生产，但不大关心人。他们主要借助权力等组织人们完成任务，独断专行，压制不同意见。

9. 20世纪70年代初，加拿大多伦多大学豪斯教授提出了(　　)。

10. 俄亥俄州立大学的卡曼创立，后由保罗·赫西和肯尼斯·布兰查德予以发展的领导理论是(　　)。

训练四：判断题(判断对的用√，判断错的用×)

1. 优秀领导者与一般领导者的差异不在智商而在于情商。(　　)

2. 从管理角度讲，领导是指为实现组织目标，进行决策、计划、组织、控制和委派职责等工作而去指挥或引导下属的人，亦称领导者。所以，领导与管理没有本质的区别。(　　)

3. 领导和管理是一回事，没有什么本质上的区别。(　　)

4. 感召性权力是指提供奖金、提薪、表扬、升职和其他任何令人愉悦的东西的权力，是个人控制着对方所重视的资源而对其施加影响的能力。(　　)

5. 集权式领导者向被领导者授权，鼓励下属的参与，并且主要依赖于其个人专长权和模范权影响下属。(　　)

6. 领导行为理论从领导者的行为特点与绩效的关系，来寻找最有效的领导风格，试图确定有效领导者使用的与众不同的行为风格。(　　)

7. 领导方格理论认为理想的领导方格是(1-9)型。(　　)

8. 领导情境理论认为，并不存在具有普遍适用的领导特性和领导行为，有效的领导者能因自己当时所处情境的不同而变化自己的领导行为和领导方式。(　　)

9. 领导理论的发展大致经历了3个阶段：领导特性理论阶段、路径—目标领导理论阶段、领导权变理论阶段。(　　)

10. 领导的作用主要体现在3个方面：指挥作用、协调作用和激励作用。(　　)

训练五：案例分析题

三个厂长的管理风格

案例A：任厂长

某汽车公司装配厂的任厂长，从一上任开始，就不同意公司裁员的做法，他给厂里每个人机会以充分证明自己的价值。在他任期内，全厂5000名职工中只有极少数人被解雇。他首先为职工们建造了供职工们使用的餐厅和卫生间。午餐时，他还亲自上餐厅，跟职工们打成一片。他倾听他们的抱怨，征求他们的意见和合理化建议，鼓励班组定期开会来解决共同的问题。通过"一日厂长制"等活动，创造一切可能的机会让职工们参与全厂的长远规划。任厂长不仅坚持每日2小时在现场走动办公，而且还为管理人员和一线工人安排了不断解决问题的对话。通过对话，他希望管理人员知道他们为一线工人提供的服务是怎样的"不到位"，从而激发职工对企业的忠诚。

他对下属关怀备至，下属人员遇到什么难处都愿意和他说，只要厂里该办的，他总是很痛快地给予解决。职工私下说他特别会笼络人。当然，任厂长也承认装配厂生产率暂时不如其他同类企业，但他坚信只要他的职工们有高昂的士气，定会取得好的绩效。

案例B：严厂长

某钢厂严厂长认为对下属人员采取敬而远之的态度对一个厂长来说是最好的领导方式，所谓的"亲密无间"只会松懈纪律。他一天到晚绷着脸，下属人员从未见他和他们谈过任何工作以外的事情，更不用说和下属人员开玩笑了。他到哪个部门谈工作，一进门大家的神情都变得严肃起来，犹如"一鸟入林，百鸟压音"，大家都不愿和他接近。严厂长把全厂的工作任务始终放在首位，在他看来，作为一个好的领导者，无暇去握紧每一个职工的手，告诉他们正在从事一项伟大的工作。所以他总是强调对生产过程、产量控制的重要性，坚持下级必须很好地理解生产任务目标，并且保质保量地完成。他经常直接找下属布置工作，中层管理人员常常抱怨其越级指挥，使他们无所适从。严厂长手下的几员"大将"被"架空"已成家常便饭。职工们有困难想找厂里帮助时，严厂长一般不予过问，职工们说他"缺少人情味"。久而久之，严厂长感到在管理中最大的问题就是下级不愿意承担责任，他们对工作并非很努力地去做，全厂的工作也只是推推动动，维持现有局面而已。

案例C：赵厂长

赵厂长是一位经验丰富的企业家。当某市齿轮厂严重亏损、濒临倒闭时，他开始出任该厂的厂长。他的管理哲学是："管理既是无情的，又是有情的。对工人既要把'螺丝'拧得紧紧的，又要给予其温暖。"赵厂长对下属完全信赖，倾听下情并酌情采用。通过职工参与制，让下属参与生产与决策并给予物质奖励。所形成的全厂长远规划，请职工们"评头论足"，厂里上下级信息沟通快。鼓励下级自己做出相应决定。他认为：生产率的提高，不在于什么奥秘，而在于职工及其领导人之间的那种充满人情味的关系。同时他为员工做出了表率，赵厂长深有感触地说："走得正，行得端，领导才有威信，说话才有影响，群众才能信服，才能对我行使权力颁发通行证。"他到该厂上任后不久采取了一系列措施，诸如：树立效益、以人为本的观念；推行融效率与人于一体的目标管理法，通过每个管理人员和职工为各自的部门和个人设置目标并负责完成，想方设法提高工厂的生产率；遵循系统管理和专业化分工的原则，综合考虑管理幅度和层次的合理划分以及职权划分，建立了责权明确、分工合理的组织结构体系；突出了产品质量和降低成本两个重点。在赵厂长上任后的一年里，齿轮厂的生产绩效有了显著提高。

思考题：请根据管理方格论中提出的领导行为方式类型来分析案例中的任厂长、严厂长和赵厂长的领导类型，并说明理由。

训练六：课外调研与实践

1. 选择一个具有魅力型或变革型领导者，分析他有哪些特殊的性格特征？他平时领导工作的行为方式是怎样的？他展示的综合素质对领导工作的效果产生怎样的作用？你从他的身上学到了什么？写出分析报告与同学交流分享。

2. 与同学一起观察分析你在学习工作中了解的领导或老师及某个项目的管理者。写出他的性格特征、行为方式、领导风格，如果要提高领导效能，需要加强哪些方面的学习和能力训练。写出你的认识评价，与同学交流观察分析的心得体会。也可以分组写出报告，制作PPT，进行课堂讨论交流，老师点评，给出成绩。

【蒙牛集团案例分析研究与思考】

一、蒙牛集团发展历程简述

蒙牛集团由牛根生等自然人出资，采取发起人设立方式于1999年8月成立。目前，公司属于中外合资股份制企业。集团总部设在呼和浩特市和林格尔盛乐经济园区。占地面积 55万平方米、建筑面积14万平方米、绿化面积11万平方米，拥有总资产近40亿元，员工3万余人。蒙牛生产基地在自治区境内以总部呼和浩特为轴心，向西延伸，进入包头、巴盟等地区；向东延伸，进入兴安盟、通辽等地区；向外省市延伸，进入北京、天津、山西、山东、湖北、河南、安徽、兰州、新疆、浙江、黑龙江等地区。

开发的产品有液态奶、冰淇淋、奶粉及奶片等系列 100多个品种。目前，从利乐枕牛奶市场占有率来看，蒙牛位居世界第一；从液态奶市场占有率来看，蒙牛居全国第一；从冰淇淋市场占有率来看，蒙牛居全国第二。先用5年时间，业务收入在全国乳制品企业中的排名由第1116位上升至第2位，创造了在诞生之初1000余天里平均一天超越一个竞争对手的草原传奇；再用5年时间实现跨越式发展。第一个与国际一流大投行合作，通过对赌协议实现融资上市的中国企业。

10多年来，蒙牛坚持"奶农的利益是产业基础"的信念，在生产基地的周边地区建立奶站3000多个，大规模发动农民，运用农民的力量，联结奶农300万人，累计收购鲜奶超过1500万吨，创造就业机会100多万个，为农牧民累计发放奶款近400亿元，累计创造产值1000亿元，缴纳税款40多亿元，被誉为西部大开发以来最大的"造饭碗企业"。蒙牛已经在全国建立了40多个生产基地，拥有近3万多名员工，日均收奶量过万吨，乳制品年生产能力超过500万吨。

蒙牛集团在成长过程中获得了多项荣誉：蒙牛被全球乳业"奥斯卡"的IDF世界乳业创新大奖，为中国乳业赢得首枚世界金牌；"第五届中国成长企业百强之冠"；被利乐公司授予"利乐枕无菌包装使用量全球第一"奖；被自治区列为"二十户重点大企业"之一、"亿元工程企业"和"重点保护单位"；市委、市政府授予企业"纳税状元单位"称号，"经济快速发展突出贡献奖"等。创业10多年来，正是上至国家领导人、下到每一个消费者的关心和呵护，让蒙牛得以快速成长。而牛奶产业一手引领13亿人健康，一手联结千百万奶农的特殊责任，更让蒙牛时刻警醒，不舍昼夜，努力让蒙牛成长的每一天，都能够承担起乳品企业独特的历史责任，都能够竭尽所能、实现强壮中国的梦想。

二、蒙牛总裁牛根生的性格特征

牛根生是内蒙古人，蒙牛乳业集团的创始人，学历为中国社会科学院研究生院工商管理硕士。1999年离开伊利集团同年创立蒙牛集团，之后用短短8年的时间使蒙牛成为全球液态奶冠军，中国乳液总冠军。蒙牛集团被全世界视作中国企业顽强崛起的标杆。蒙牛集团产业链上联系着百万奶农、千万股民，数亿产品消费者，被誉为西部大开发以来"中国最大的造饭碗企业"，同时被评为首届中国企业社会责任调查最具社会责任感的企业。2002年中国十大创业风云人物之一，评为"中国民营工业行业领袖"；在"2003年中国企业领袖年会"上，和张瑞敏、柳传志等商业泰斗同时成为25位企业"新领袖"；CCTV 2003"中国经济年度人物"对牛根生的颁奖词是"他是一头牛，却跑出了火箭的速度"。2004年底,牛根生捐出全部个人股份成立"老牛专项基金",成为"中国捐股第一人""全球华人捐股第一人"。2011年6月10日,牛根生辞去中国蒙牛董事局主席一职。蒙牛乳业公告称:牛根生计划将大部分时间投入慈善工作,实现数年来之夙愿,故辞任董事局主席,但仍任非执行董事,并继续参与本集团之策略规划。

牛根生1958年出生,还没满月被父母以50元价格卖给一户姓牛的人家。养父给这个苦命的孩子取名为"根生"。养父的职业是养牛,牛根生跟着养父一起养牛。从小生活在贫穷家境中,备尝世间冷暖,养成了吃苦耐劳、独立坚强、迎难而上、不屈不挠、勇往直前的优秀品质。养父死后继承父业进入了养牛场工作,成为一名洗瓶工。牛根生不惧困难,坚持不懈,他凭着任劳任怨、务实肯干的"牛"的精神,获得"呼和浩特市特等劳动模范"称号。

在伊利集团工作期间,他用6年的时间从一名工人逐渐成长为车间主任、厂长和伊利集团副总裁。牛根生的人格魅力受到职工的赞扬,他靠人格魅力吸引人才,干出了一番事业。他为人低调,从不居功自傲,赢得众人的尊重。牛根生的养母一直告诫他一句话"吃亏是福",他把这一理念融会贯通到生活中。牛根生被伊利集团免除职位后,并没有因为失败而感觉到失望,而是更加有动力,回到北大进修。他说"我必须首先化解掉内心的委屈和痛苦,方才可能静下心来融入陌生的校园环境中去"。牛根生在心里告诫自己在北大进修的那段时间里,他重修审视自己在伊利集团的各种经验和教训,让原本在企业中形成的应激反应模式转换成理性的思维模式,建设蒙牛的宏图就在他的心里展开。他推崇一句话:"超乎常人想象的关怀,是明智;超乎常人想象的冒险,是安全;超乎常人想象的梦想,是务实;超乎常人想象的期望,是可能。"他与人为善,经常对身边的人倾囊相助,这为他赢得了宝贵的声誉。他相信和为贵,和能发展,对任何人都和气相待。他说:"太阳光大,父母恩大,君子量大,小人气大。"他善解人意,不在乎吃亏,诚信为人,懂得分享,他的付出得到了回报,当他创业最困难的时候,许多人才纷纷来到他的身边,许多在伊利工作的老部下一批批地投奔而来,总计有几百人,牛根生劝过他们不要这么做,因为他自己也不知道蒙牛就会像伊利一样好,但是老部下们义无反顾地加入了蒙牛团队共同创业;有的从资金上给予支持,使他顺利地渡过了难关,才有了牛根生的这种"牛"的精神。当企业发展后,捐出全部股份,拿出3亿多资金来扶持奶农和牧民,形成了"财散人聚,财聚人散"的生活哲学,才有了"蒙牛神话"和巨大成就。

三、牛根生的领导特质分析

牛根生的领导特质与他多年从事乳业工作的丰富实践经验和复杂的个人家庭经历有密切关系,主要体现在以下5个方面。

(一) 敏锐的资本运营和品牌意识

1996年,伊利是第一批带着职工原始股上市的乳业企业,牛根生作为高层,也分得了几千股,套现时已经是十几倍的赢利了。所以,牛根生及内蒙古乳业行业的群众,都是尝过资本运作甜头的。1999年初,牛根生小团队在呼和浩特四处放风,请亲朋好友、上游合作商以几元一股的价格投资蒙牛原始股,两个月募集了1400万元现金搞起了蒙牛乳业股份有限公司,摆出了上市的架势。

在没有一头奶牛的情况下，牛根生用三分之一的启动资金即350万元，在呼和浩特路边灯箱广告进行广告宣传，灯箱上是这么写的："蒙牛乳业——创内蒙乳业第二品牌"。可惜，即便用了这么刺激眼球的广告语，人民群众还是没有注意到。于是1999年5月1日深夜，一群"不明身份的歹徒"把蒙牛竖在路边的灯箱砸了。公安侦查无果，呼和浩特满城的媒体都在指桑骂槐，为什么砸弱小的蒙牛的牌子。当月砸牌事件成了内蒙古新闻的头条。几乎在一夜之间，人们都知道了"蒙牛"。

2003年"非典"时期，一般人认为，正常的消费受到"非典"的影响，广告投入成了一种单纯的烧钱活动，很多商家因此纷纷撤下了正在播放的广告。而蒙牛却反其道而行之，不但不撤广告，甚至在央视一套及全国15家卫视联播中加大了播出密度。他们的思维是：因为"非典"将人们堵在家里，电视成为联系外界的主要窗口，正是品牌传播的好机会，别的商家都撤了广告，正好可以更加突出蒙牛品牌的宣传效果。结果也正如他们预期的那样，蒙牛品牌在全国范围内更加广泛地深入人心，蒙牛产品也得到了市场的丰厚回报。

(二) 超前的市场开发和决策能力

超前的思想意识和决策能力具有很大的内在感染力，视野宽阔、眼界高明、思维睿智的人总是受到同事和下属的敬佩，往往能够在危急时刻做出正确的决策。古今中外，有思想的伟人身后往往有成千上万的追随者。牛根生出身贫寒，早期就与牛结缘，父亲养牛送奶38年。他在伊利工作十多年，积累了丰富的工作经验，对中国乃至世界乳业的特征、内涵、竞争特点、规律摸得门清。创办蒙牛之后，牛根生又不断走访国内外几十家著名奶制品企业，对世界乳业的发展趋势、技术含量、产品性能、营养成分等均有深刻的体会和独特的理解，能够及时把握中国和世界乳制品业的发展趋势，提出对蒙牛未来发展的各种大胆设想，做出大力进行市场开发的经营战略和布局，其"大胜靠德，大智靠学，大牌靠创"的哲学思想，对蒙牛的发展起了巨大作用。1999年初在伊利把"草原概念"扔掉，品牌定位为"心灵的天然牧场"的时候，牛根生也是反其道而行之，"为人所不为"，突出蒙牛的"草原出身"，让蒙牛成为"草原品牌"的代表，在消费者心里树立了一个新的品牌形象。2003年10月15日，神舟五号发射成功，举国同庆的日子里，印有"中国航天员专用牛奶"标志的蒙牛牛奶出现在各个超市和卖场。牛根生善于抓住市场机遇，具有较强的分析判断和决策能力，最终使蒙牛进一步迈向全国。

(三) 具有较强的逆向思维创新能力

按照一般创办企业的思路，首先要建厂房、进设备、生产产品，然后打广告、做促销，产品才有了知名度，才能有市场。如果按这样的思路运作，也许蒙牛今天仍然像一头牛在慢行，绝对不会跑出"火箭"的速度。但牛根生反其道而行之，提出了"先建市场，再建工厂"的思路。蒙牛创业之初没有自己的奶牛养殖场，没有牛奶运输车，甚至没有办公室，没有工厂，蒙牛怎么做牛奶呢？牛根生的解决之道是发动农民群众干革命。他在这个行业里第一个大规模推广了企业省钱的创新模式——中国农民养牛运动。这项运动的发起人桂冠，非蒙牛莫属，为此还有了顺口溜"家有一头牛，老婆孩子热炕头；家有五头牛，比蒙牛的老牛(牛根生)还牛。"农民真的被发动起来了，纷纷赶场去买牛。中国没有那么多奶牛，创造奶牛也要养。没有运输车、没有挤奶工，牛根生开始推广"社会合作建奶站"。按照牛根生的说法，"每一个自然村庄里，每一个养牛的区域里总有有钱的，也总有有权的，有钱的和有权的加起来以后，完全可以做这个奶站。"个体户买车运奶，送到蒙牛，省了蒙牛的大钱，办了蒙牛的大事。牛根生确实成功地对农民进行了一场养奶牛"运动"，这给蒙牛创造了低成本扩张的机会。

(四) 勇于奉献和乐于承担社会责任

勇于奉献和乐于承担社会责任，散财的能力这是牛根生自己总结的第一条，也是最特别的一条领导特质。牛根生讲求的"财聚人散，财散人聚"的生活哲学。蒙牛的成长，离不开员工、奶农、股东和经销商共同构建的和谐链条。蒙牛坚信，只有消费者、股东、银行、员工、社会、合作伙伴的利益相关者的"均衡收益"，才是真正意义的"可持续收益"；只有与最大多数人民群众命运关联的事业，才是真正"可持续的事业"。心怀感恩，蒙牛用实践努力构建和谐的蒙牛。勇于奉献，乐于承担社会责任，只要是关系经济繁荣、国家民族的大事，蒙牛就一定会站在前列。

2005年，蒙牛董事长牛根生捐出自己与家人的全部股份(市值最高时超过40亿元)，创立"老牛基金会"，广泛用于资助失学女童和贫困大学生、帮扶五保户与农牧民、慰问英模人物与烈士家属等社会公益事业。企业家捐出全部股份的在全球属首例，牛根生被誉为"全球裸捐第一人"。

对蒙牛而言，一个企业如果不关心国家、民族的大事，老百姓肯定也不会关心你的事，这样的企业跑不快、走不远、跳不高。投身公益、回报社会，是一项必须坚持的善举，更是企业成长的必由之路。因此，不论是在创业之初，还是在领跑乳业的今天，蒙牛都一直把奉献社会视作企业成长的重要部分。非典时期，蒙牛捐款捐奶1200万元，是全国首家为抗击非典捐款的企业；2003年教师节前夕，蒙牛向全国16个城市125万名教师每人赠送一箱牛奶，总价值超过3000万元；2006年4月，温家宝在重庆视察奶业工作时深情留言："我有一个梦，让每个中国人，首先是孩子，每天都能喝上一斤奶。"一个多月后，蒙牛率先投入1亿多元，与中国奶业协会、中国教育发展基金会等单位共同发起了"每天一斤奶，强壮中国人"大型公益活动，按照每人每天一包的标准，免费为全国500所贫困地区小学的在校生供应一年蒙牛牛奶。2007年6月6日，国家体育总局训练局、NBA关怀行动、联想、微软、新浪、华润万家、家乐福等爱心伙伴与原来7家发起单位共同开启"中国牛奶爱心行动"，调动各自的资源，为更多的孩子带去充足的牛奶营养。蒙牛为此累计投入超过两亿。2008年，先后向遭受冰冻雨雪灾害的南方地区和遭受地震灾害的四川地区分别捐赠1000万元和1200万元……只要是关系经济繁荣、国家民族的大事，蒙牛就一定要站在前列。2008年7月28日，原十届全国人大常委会副委员长、全国妇联主席、中国儿童少年基金会理事长顾秀莲与蒙牛乳业集团总裁杨文俊在北京共同宣布：国内第一支旨在提升公众营养指标、关注全民饮奶状况的专项基金——"中国牛奶爱心基金"正式诞生。

(五) 较强的使命感

终生为了一件事情，终生就做一件事情，是包括牛根生在内的许多优秀领导者的一个特质。使命感是基于伟大的目标，而伟大的目标通常是简单的、现实的、远大的。牛根生说自己只会、只能养牛，这显然是谦虚的说法，因为他的个人经历已经可以成为MBA学习的榜样，但透过这样一个简单的目标，却能够看到他的雄心。在蒙牛的第六生产车间，工厂的墙壁上刷写着这样几个字，"聚精会神搞牛奶，一心一意做雪糕"，尽管牛根生非常重视企业文化，工厂的墙壁上也挂着很多警句，但这两句话很清晰地勾勒出牛根生的执着。很显然，当人们把一件事情当成毕生的追求时，就不是简单地把它做好，他必须考虑得更加全面、更加长远，他一定会自然摒弃那些短期行为而追求长期的可持续健康发展。

思考：
1. 蒙牛集团跨越式发展经过哪些历程？
2. 牛根生人格魅力体现在哪些方面？
3. 你是如何理解牛根生的领导特质的？请说明理由。
4. 企业家应承担哪些社会责任，我们向牛根生学习什么？

第八章

沟　　通

【案例导入】

张经理的苦恼

张峰刚刚从名校管理学专业硕士毕业，出任某大型企业的制造部门经理。张峰一上任，就对制造部门进行改造。张峰发现生产现场的数据很难及时反馈上来，于是决定从生产报表上开始改造。借鉴跨国公司的生产报表，张峰设计了一份非常完美的生产报表，从报表中可以看出生产中的任何一个细节。每天早上，所有的生产数据都会及时地放在张峰的桌子上，张峰很高兴，认为他拿到了生产的第一手数据。没过几天，出现了一次大的品质事故，但报表上根本没有反映出来，张峰这才知道，报表中的数据都是随意填写上去的。为了这件事情，张峰多次开会强调，认真填写报表的重要性，但每次开会，在开始几天可以起到一定的作用。但过不了几天又返回了原来的状态。张峰怎么也想不通。

思考：这个案例说明了什么？谈谈你对沟通的认识？举例说明你过去有哪些沟通取得了成功，有哪些体会？

第一节　沟通概述

沟通活动是使有组织的活动统一起来的重要手段之一，同时对任何性质组织信息的交流都是绝对必要的。作为领导者必须对沟通活动给予高度的重视。不少权威的管理学家经过调查分析认为，领导者的成功大部分取决于沟通和良好的人际关系，智慧、专业技术只是一小部分。从中可以看出，沟通的价值越来越被领导者认识和重视，成为领导科学和组织管理的核心要素。

一、沟通的含义

沟通是凭借一定的符号载体，在个人或群体之间从发送者到接收者进行信息传递并获取理解的过程。沟通具有目的性、信息传递性和双向交流性等特点。沟通的主体是人与人之间的信息交流，主要通过语言、文字、网络等形式，但交流的过程还伴有情感、思想、态度、心理、价值观等都对沟通产生重要的影响。

沟通一般有两种类型：人际沟通和管理沟通。人际沟通是人与人之间的沟通；管理沟通是指一定组织中的人，为达成组织目标而进行的管理信息交流的行为和过程。

【案例】

哈佛大学的一位教授有一次要求同学们以作图的方式来表示沟通，大多数同学画的都是在说话或写字的经理。有一些在其所画的人物旁，画了一个"说话框"；另外一些则画的是打字机上被不断打出的纸张。"不行，"教授对同学们说，"你们中没有一个抓住了沟通的实质。"他继续解释说，"沟通指'分享'，而不是'说'或'写'。"

思考：

1. 这个案例说明了什么问题？
2. 谈谈你对沟通内涵的理解？

二、沟通的过程

沟通过程是一个发送者把信息通过沟通渠道传递给另一个接收者的过程。沟通包括8个基本要素：发送者、接收者、信息、渠道、障碍、反馈、关系和环境。只有这些沟通要素有机地结合在一起的时候，才能构成有效沟通的体系，达到信息的传递交流。

1. 沟通是一个过程

完整的沟通过程包括沟通主体、编码、沟通渠道(媒体)、译码、沟通的客体、反应和反馈7个环节,其联络过程如图8-1所示。沟通主体就是信息的发送者,它把头脑中的想法进行编码而生成了信息;编码是指主体采取某种形式来传递信息的内容;沟通渠道也称媒体,是指传递信息的媒介物;译码是指沟通客体对收到的信息所做出的解释和理解;沟通客体就是信息的接收者;反应是沟通客体接收到信息以后所表现出来的变化,体现了把沟通的效果;反馈是沟通的最后一个环节,把信息返回给沟通主体,并对信息是否被理解进行核实。

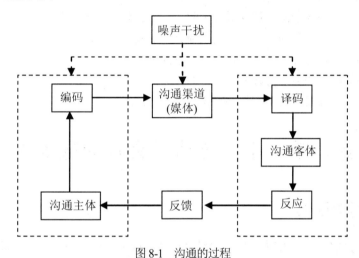

图 8-1　沟通的过程

2. 噪声干扰

在信息沟通过程中,还要不断受到噪声的干扰,这里的噪声主要指信息传递过程中的干扰因素。典型的噪声包括难以辨认的字迹、电话中的静电干扰、接收者的疏忽大意等。

噪声包括内部噪声和外部噪声。内部噪声如说话人或发送者的声音过低;外部噪声如同事在临近的桌旁高声喧哗等。噪声可能在沟通过程中的任何环节造成信息失真,特别是外部噪声,对沟通有效性的影响是显而易见的。

3. 编码、译码和沟通渠道(媒体)是沟通联络过程取得成效的关键环节

编码、译码和沟通渠道(媒体)始于主体发出信息,终于得到反应。用语言、文字表达的信息,往往含有"字里行间"和"言外之意"的内容,甚至还会造成"言者无意、听者有心"的结果。

沟通应是发送信息、获取反馈、争取理解的一个完整的动态调整过程。

三、沟通的目的与作用

(一) 沟通的目的

沟通是组织中必不可少的活动,其主要目的就是促进变革,主要表现为设置并传播

组织目标。组织目标的内容要通过沟通传达到每个成员，使其知道、理解，这样才能明确每个成员的工作方向、工作重点和工作目标。缺乏沟通特别是有效的沟通，会导致组织成员对组织目标的不了解、不理解。所以，沟通是组织的生命线、营养源。沟通能力成为企业员工选拔晋升的一个重要指标。

(二) 沟通的作用

人类进入21世纪，经济全球化和信息化使得沟通协作显得更加重要，组织的发展离不开管理沟通，沟通的作用主要体现在以下5个方面：

(1) 沟通是协调各个体、各要素使企业成为一个整体的凝聚剂；

(2) 沟通是领导者激励下属，实现领导职能的基本途径；

(3) 沟通是企业与外部环境之间建立联系的桥梁；

(4) 沟通能解决冲突，协调统一组织的行动；

(5) 沟通能提高组织效率，促进组织的变革与创新。

第二节　个人行为因素与沟通方式

一、个人行为因素

沟通涉及两人或更多的人，因此所涉及的人之间的情感、动机、精神状况和态度等都会对沟通过程产生影响。一个人的行为表现在沟通过程中起着很大的影响作用。在这里所说的一个人的行为表现主要是指其理解的接受能力和所持的态度。

(一) 理解的接受能力

理解的接受能力是指一个人从环境中接受信息情报的整个过程所表现出来的能力。一个人的理解接受过程包括听、看、感觉、视察分析和追踪等方面能力发挥的过程。为了说明此问题，让我们试着回答下列问题：你刚看到的那个人穿的上衣是什么颜色的？你今天在无线电广播中听到的最后一首歌是什么歌？你最近看的电视广告是什么？它介绍了哪些商品？

以此类推等问题，很多人恐怕都回答不上来，因为尽管你是看到了或听到了，但是你并没注意。同样在组织中，管理者每天都会收到大量的信息，包括销货预测、市场策略的实施、信件、电话、洽谈等内容。然而在这个过程中，人的知觉会起到一个过滤器的作用，它把一些琐碎的、人们不想知道的内容过滤掉了。知觉帮助人们选择和组织环境中的信息，以辨别出哪些是有价值的，哪些是没价值的，只有通过过滤，才能从众多的信息情报中获知自己真正需要的信息。只有进行观察、分析，才不至于在信息的汪洋大海中迷失自己的视线。环境提供的信息情报必须经过自己的筛选，同时要对有价值的信息情报进行很好的分析研究。

(二) 人的态度与沟通关系

这里的态度是指一个人对他所接触到的人与物所采取的接受或反对的程度。每个人都会接触到许许多多的事情或人，他对待这些事和人的态度自然也不一样。心理学家认为，人的态度包含3个基本方面。一是情感方面。每个人都有自己所喜欢的人和事，例如，在学校学习的学生，有的人喜欢这类课程，而有的人喜欢那类课程。如果你选学了一门你不喜欢的课程，自然你就要为之付出更多的精力和时间。二是知识方面。一个人对某事物或人的了解程度及由此产生的信任。例如，你不喜欢某门课，原因可能是：你对这门课不太了解，或是教师不理想，也可能是教材不好等。种种看法都影响着你对这门课的信任程度。三是行为倾向性。例如，你对那些不喜欢的课程，你就有可能在期中放弃掉，或考虑选学其他课程。对不喜欢的人，当然你也就不会与他交往过密了。

在管理的沟通过程中，管理者的态度起着很大的影响作用。例如，你是一个销售主管，下属向你要求请假去看望他生病的母亲。你采取什么态度呢？你的回答直接产生积极或消极的作用。你的回答也会直接影响下属的情感和态度。在沟通的整个过程中都有一个态度的问题，管理者必须高度重视。

二、沟通方式

有研究表明，在面对面的交流中，55%的信息来自于面部表情和身体语言，38%的信息来自于语调，只有7%的信息是真正来自于词汇。因此，恰当地使用非语言沟通形式可以提高沟通的效果。

由于沟通时所使用的媒介物不同，我们可把沟通方式分为以下几种。

(一) 口头沟通

口头沟通，即以口语为媒介的信息传递，包括面对面讨论、电话谈话、开会和演讲。其优点是：接受者能感受到发送者的真挚感情，说服力强。其缺点是，如无准备，易产生冲动性后果，且无法记录，信息经多人传递易失真。

(二) 书面沟通

书面沟通，即以文字为媒介的信息传递，包括备忘录、信件、报告、计算机文件和其他书面文件。其优点在于：信息因有充足的修改时间而更准确，且可做永久保存，信息经过多次传递也不会走样。其缺点在于：信息反馈慢，发送者不能控制阅读时间及地点，接受者可能不能完全理解信息，书面材料中必须包含对可能提出的问题的充分回答。

(三) 非语言沟通

非语言沟通，即指非口头、非书面形式的沟通，包括动作、表情、刺耳的警笛、十字路口的红绿灯、谈话的语调、演员的手势等。其优点在于，在人际沟通"表里如一"方面，它更多地反映了人的"里"，即沟通者的内在感受。其缺点在于：由于人的个性差异、国家的文化差异，有时沟通时也会造成误解；此外，非语言沟通范围有限，只能在面对面沟通中使用。

(四) 电子沟通

电子沟通，即以电子符号的形式通过电子媒介进行的沟通，如电报、电话、电子邮件、录音录像等。其优点在于：信息传输速率快、成本低。其缺点在于：对于那些需要面对面解决的复杂问题，不能采集到微妙的、情感化的非语言线索。因此，电子邮件最适合发布那些不需要大量复杂交换的日常信息，它不太适合传递机密信息、解决冲突以及谈判。

调查某大型办公设备公司电子邮件，结果发现人们用于打电话的时间减少了80%，办公室之间的信件减少了94%，复印件减少了60%，备忘录减少了50%，极大地节省了工作成本，提高了效率。

(五) 单向沟通与双向沟通

1. 单向沟通

单向沟通指没有反馈的信息传递。单向沟通比较适合下列几种情况：问题较简单，但时间较紧；下属易于接受解决问题的方案；下属没有了解问题的足够信息，在这种情况下，反馈不仅无助于澄清事实反而容易混淆视听；上级缺乏处理负反馈的能力，容易感情用事。

2. 双向沟通

双向沟通指有反馈的信息传递，是发送者和接受者相互之间进行信息交流的流通。它比较适合于下列几种情况：时间比较充裕，但问题比较棘手；下属对解决方案的接受程度至关重要；下属能对解决问题提供有价值的信息和建议；上级习惯于双向沟通，并且能够有建设性地处理负反馈。

沟通方式或手段的优缺点比较见表8-1、表8-2所示。

表8-1　各种沟通方式比较

沟通方式	举例	优点	缺点
口头	交谈、讲座、讨论会、电话	快速传递、快速反馈、信息量很大	传递中经过层次愈多、信息失真愈严重、核实愈困难
书面	报告、备忘录、信件、文件、内部期刊	持久、有形、可以核实	效率低、缺乏反馈
非语言	声、光信号、体态、语调	信息意义十分明确，内涵丰富，含义隐含灵活	传递距离有限、界限模糊、只能意会，不能言传
电子媒介	传真、闭路电视、计算机网络、电子邮件	快速传递、信息容量大、远程传递一份信息同时传递多人、廉价	单向传递，电子邮件可以交流，但看不见表情

表 8-2　单向沟通与双向沟通的比较

因素	结果
时间	双向沟通比单向沟通需要更多的时间
信息和理解的准确程度	在双向沟通中，接受者理解信息和发送者意图的准确程度大大提高
接受者和发送者的置信程度	在双向沟通中，接受者和发送者都比较相信自己对信息的理解
满意	接受者比较满意双向沟通，发送者比较满意单向沟通
噪音	由于与问题无关的信息较易进入沟通过程，双向沟通的噪音比单向沟通要大得多

三、个体间、团队、组织间的沟通

(一) 个体间沟通

组织中的个体间沟通是指组织中的个体成员间相互传递相关信息，促成行为与目标相互协调并与组织目标相一致的过程。个体间沟通在组织中是最基本的协调工作。

(二) 团队沟通

组织中以工作团队为基础单位对象进行的信息交流和传递的方式。团队的沟通结构既影响团队绩效，又影响员工的满意度。一般说来，团队沟通集权的程度和团队任务的性质影响着团队沟通的效果。

(三) 组织间沟通

组织间沟通，简单地说就是组织之间如何加强有利于实现各自组织目标的信息交流和传递的过程。组织间沟通的目的在于，通过协调共同的资源投入活动，实现各方的共同利益。组织间沟通的重要基础，一般不是建立市场交易关系基础上的契约关系，而是建立相互信任的互惠关系。

第三节　沟通渠道

信息沟通犹如河水在水渠里一样，总是按照一定的方向、沿着一定的线路、在特定的人群间流动，我们把这种信息流通途径称之为沟通渠道。

从组织系统出发，可以把沟通渠道分为正式渠道和非正式渠道两大类。正式沟通渠道是组织系统管理中的信息主渠道，主要包括：按正式组织系统发布的命令、指示，组织召开的正式会议，组织内部上下级之间或同事之间因工作需要而进行的正式接触。正式沟通渠道传播的信息又称"官方消息"。

一、正式沟通渠道

(一) 正式沟通渠道的定义

正式沟通渠道指的是由组织内部明文规定的途径进行信息传递和交流。按照信息流向的不同，正式沟通渠道又可分为上行沟通、下行沟通、平行与斜行沟通。

1. 上行沟通

上行沟通指在组织中，信息从较低层次流向较高层次的沟通，主要是下属依照规定向上级提出的正式的书面或口头报告。例如：态度调查问卷，员工座谈会及意见箱等。若无上行沟通，管理者则不可能了解职工的需求，也不知道自己的指示命令是否正确。上行沟通往往有障碍，自古就有报喜不报忧，夸大成绩，隐瞒不足，在某种程度上仍然存在，危害是极大的。产生浮夸的根源主要在上级，上级不切实际的定指标，要成绩，是虚报浮夸的根源。诚实守信是沟通的基础，讲信用的人说话才有分量，人们呼唤诚信，市场经济需要诚信。

2. 下行沟通

下行沟通指在组织中，信息从较高层次流向较低层次的沟通，一般以命令的方式来传达上级的政策、计划、规划等信息。下行沟通很多发生在管理层内部，是主要的沟通流向。

企业在沟通时有时会出现误差。某企业老板告诉其秘书："查一查我们有多少人在上海工作，星期三的会议上董事长会问到这一情况，我希望准备的详细一点。"公司秘书打电话告诉上海分公司的秘书："董事长要一份在你们公司所有工作人员的名单和档案，请准备一下，我们在两天内需要。"分公司的秘书又告诉其经理："董事长要一份在我们公司所有工作人员的名单和档案，可能还有其他材料，需要尽快送到。"结果第二天早晨，四大箱航空邮件到了公司大楼。

每一个组织中都会遇到沟通不畅的问题，从人际误解到财政、运营和生产问题，无不与沟通低效有关。沟通不良是组织低效的一个基本原因。企业中的沟通不良主要来自于两个方面：一个是从上到下的沟通障碍(从管理者到员工)；另一个是从下到上的沟通障碍(从员工到管理者)。向下沟通出现信息膨胀效应。传递环节越多，越容易出现膨胀和歪曲。向上沟通容易出现信息压缩效应。一般是好消息向上，坏消息被过滤。结果导致市场经理不了解下情，做出错误决定。企业的沟通误差存在着潜在的破坏因素，它像一张无形的大网，可以让任何人深陷其中，甚至会引发极端事件。

3. 平行与斜行沟通

平行沟通指在组织中，同一层次、不同部门间的沟通。斜行沟通指信息在不同层次、不同部门之间流动时的沟通。事实证明，平行与斜行沟通有助于提高沟通效率，可弥补信息纵向流动的不足，但跨越权限的斜行沟通必须以组织系统纵向沟通为基础。否则，斜向交叉的沟通可能会扰乱组织的管理秩序从而制造麻烦。

斜行沟通有时可在公司内部创造一种良好的民主氛围，增强员工的主人翁意识，同时也可让管理者直接掌握到第一手资料，从而减少信息自下而上逐级传递过程中因过滤造成的损耗。

(二) 正式沟通的渠道

沟通渠道主要有圆形，链形、Y形、轮形，这些都是比较常见理想的沟通渠道，实际的沟通都是它们的组合形式，如图8-2所示。

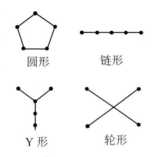

图8-2　圆形、链形、Y形和轮形沟通渠道

二、非正式沟通渠道

在组织中存在非正式沟通的渠道，某些单位中，非正式沟通的渠道异常活跃，甚至可达到50%以上的信息传递量。

(一) 非正式沟通渠道的定义

非正式沟通渠道是指以社会关系为基础，与组织内部明文规章制度无关系的沟通渠道。

(二) 非正式沟通的产生

组织有非正式沟通是客观存在的，主要是因为：①闲散人员的存在；②组织内有工作负荷不足人员；③非正式组织成员之间；④人们正当的感情交流，互相关心体贴。

(三) 非正式沟通的利弊

凡是有人群的地方就有非正式沟通存在，组织内部的非正式沟通是难以取消的，只能因势利导，利用其有利的一面，限制其不利的一面。

非正式沟通的优点在于：在某种程度上增强了组织成员之间的团结，通过非正式沟通关系，加深了了解，增强了友谊。作为一个管理者，要善于利用它的有利的一面，限制其不利的一面。下属本人或其家属病了，要打电话询问病情，或抽时间到医院看望；同事气色不对也要及时询问；知道他们的好事也要主动祝贺。总之，注意平时的非正式沟通，可有助于建立良好的人际关系。

非正式沟通的缺点在于：产生谣言，制造事端，影响组织成员之间的团结。限制的办法是，畅通正式沟通渠道，该公开的事，应尽量公开；对人事变动等人们关心的问题，动作要快，要在短时间内解决问题，在产生谣言之前就公布于众；精简机构，特别是精简上层机关工作人员，使他们忙于工作，无闲暇时间侃大山；限制不健康的非正式组织活动，组织员工参加有意义的文体活动，度假旅游等。非正式沟通渠道如图8-3所示。

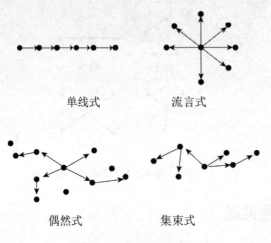

图 8-3　非正式沟通渠道

【案例】

吉列公司的沟通渠道

2001年2月，吉姆·基尔茨成为吉列公司的CEO，他建立了多种沟通渠道：每周召开一次员工大会；每周由世界各地的经理人员进行一次业务回顾；每季度召开一次为期两天的高层经理外出会议；在公司内部网上设CEO专项，任何员工都可以发帖子提问并能得到基尔茨的亲自回答；向海外分支机构的管理人员发放他的谈话录音，召开员工圆桌会议。从这样多渠道的沟通中我们会发现，吉列公司发展到今天沟通起到了重要作用。

第四节　有效沟通

从沟通中可见到，信息传递的过程不可避免地会受到外来噪音的影响而失真，这种干扰因素既包括沟通系统外在因素的影响，也包括沟通系统内部功能的干扰。这种影响沟通过程，使沟通达不到预期效果的现象就叫作沟通障碍。有数据表明，5%～20%的人存在着不同程度的沟通焦虑，他们害怕在人群中讲话，缺乏沟通技术。因此，能否正视有效沟通的困难，并能适时掌握运用良好的沟通技巧，已成为衡量领导者水平的重要尺度之一。

一、有效沟通的障碍

所谓有效沟通，简单地说就是传递和交流信息的可靠性和准确性高，它还表示组织对内外噪声的抵抗能力强。沟通的有效性和组织的智能性是连在一起的，沟通的有效性越明显，则说明组织智能性越高。

无论什么类型的信息在沟通过程中都可能因某些因素影响，或沟通系统本身存在的问题而失真或误传。造成沟通过程障碍的因素有：个人因素、技术因素、人际因素、结构因素。比如，有选择的接受，沟通技巧的差异，媒介的有效性；语言非语言暗示，信息过量；沟通双方的相互信任，信息传递链，团体规模，空间约束；发送者与接收者之间的相似程度；地位差别，信息传递链，信息来源的可靠性度等。

【案例】

挑战者号航天飞机失事

1986年1月28日，挑战者号航天飞机在外太空不幸遇难，在这一悲剧中7人全部丧生，有证据显示这一悲剧本来可以避免，问题的关键在上层管理者与下层技术工程师之间缺乏合理的沟通。当然，他们有不同的目标，工程师们顾及的是安全，技术上的问题预示着在低温低压环境中，飞机运作有可能会失灵；而另一方面，作为主要负责人，高层管理者需要的是准时发射，地位差异妨碍了交流，带着侥幸心理，人们只想听好消息，没有人想成为阻止发射的"坏家伙"。于是，工程师们在决策时被排除在外，管理者下达了发射命令，爆炸事故发生了。所以，缺少及时有效的沟通有可能带来灾难性的后果。

二、有效沟通的实现

(1) 明确沟通的重要性，正确对待沟通。管理人员十分重视计划、组织、领导和控制，对沟通常有疏忽，认为信息的上传下达有组织系统就可以了，对非正式沟通中的"小道消息"常常采取压制的态度。上述种种现象都表明沟通没有得到应有的重视，重新确立沟通的地位是刻不容缓的事情。

(2) 培养"听"的艺术。对管理人员来说，"听"绝不是件轻而易举的事情。"听"不进去一般有下列3种表现：①根本不"听"；②只"听"一部分；③不正确地"听"。如何才能较好地"听"呢？表8-3列出了一些要点。

表8-3　"听"的艺术

要：	不要：
表现出兴趣	争辩
全神贯注	打断
该沉默时必须沉默	从事与谈话无关的活动
选择安静的地方	过快地或提前做出判断

(续表)

要：	不要：
留适当的时间用于辩论	草率地给出结论
注意非语言暗示	让别人的情绪直接影响你
当你没有听清楚时，请以疑问的方式重复一遍	
当你发觉遗漏时，直截了当地问	

(3) 创造一个相互信任，有利于沟通的小环境。管理人员不仅要得到下属的信任，而且要得到上级和同事们的信任。

(4) 缩短信息传递链，拓宽沟通渠道，保证信息的畅通无阻和完整性。信息传递链过长，减慢了流通速度并造成信息失真，这是人所共知的事实。减少组织机构重叠、层次过多，确实是必须要做的事情。此外，在利用正式沟通渠道的同时，可开辟高级管理人员至低级管理人员的非正式的直通渠道，以便于信息的传递。

(5) 建立特别委员会，定期加强上下级的沟通。特别委员会由管理人员和一线的员工组成，定期讨论各种问题。国外的特别委员会通常每年碰头2~6次，并且会前有正式的会议议题，会后公开讨论结果。会中若有问题不能解决，可上报高级管理人员。

(6) 非管理工作组。当企业发生重大问题，引起上下关注时，管理人员可以授命组成非管理工作组。该工作组由一部分管理人员和一部分职工自愿参加，利用一定的工作时间，调查企业的问题，并向最高主管部门汇报。最高管理阶层也要定期公布他们的报告，就某些重大问题或"热点"问题在企业范围内进行沟通。

(7) 职工代表大会。每年一度的职工代表大会为厂长汇报工作提供了良机。厂长就企业过去一年取得的成绩、存在的问题以及未来的发展等重大问题通报全体员工，而职工也可以就自己所关心的问题与厂长进行面对面的沟通和交流。

(8) 加强平行沟通，促进横向交流。一般来说，企业内部的沟通以与命令链相符的垂直沟通居多，部门间、车间间、工作小组间的横向交流较少，而平行沟通却能加强横向的合作。具体来说，可以定期举行由各部门负责人参加的工作会议，其主题是允许他们相互汇报本部门的工作、对其他部门的要求等，以便强化横向合作。

【案例】

主持人与小朋友的沟通

美国知名主持人林克莱特一天访问一名小朋友，问他说："你长大后想要做什么呀？"小朋友天真地回答："嗯……我要当飞机的驾驶员！"林克莱特接着问："如果有一天，你的飞机飞到太平洋上空所有引擎都熄火了，你会怎么办？"小朋友想了想："我会先告诉坐在飞机上的人绑好安全带，然后我挂上我的降落伞跳出去。"当现场的观众笑得东倒西歪时，林克莱特继续注视着这孩子，想看他是不是自作聪明的家伙。没想到，接着孩子的两行热泪夺眶而出，这才使得林克莱特发觉这孩子的悲悯之情远非笔墨所能形容。于是林克莱特问他说："为什么要这么做？"小孩的答案透露出一个孩子真挚的想法："我要去拿燃料，我还要回来！"

思考：这个案例说明了什么？

第五节 组织冲突与有效谈判

一、组织冲突

(一) 组织内冲突的原因

冲突是指由于某种差异而引起的抵触、争执或争斗的对立状态。人与人之间在利益、观点、掌握的信息或对事件的理解上都可能存在差异，有差异就可能引起冲突。不管这种差异是否真实存在，只要一方感觉到有差异就会发生冲突。

产生冲突的原因主要有以下3类。

1. 沟通差异

文化和历史背景的不同、语义困难、误解及沟通过程中噪声的干扰，都可能造成人们意见不一致。沟通不良是产生冲突的重要原因，但不是主要的。

2. 结构差异

管理中经常发生的冲突绝大多数是由组织结构的差异引起的。分工造成组织结构中垂直方向和水平方向各系统、各层次、各部门、各单位、各岗位的分化。组织愈庞大、愈复杂，组织分化愈细密，组织整合就愈困难。由于信息不对称和利益不一致，人们之间在计划目标、实施方法、绩效评价、资源分配、劳动报酬、奖惩等许多问题上都会产生不同的看法，这种差异是由组织结构本身造成的。为了本单位的利益和荣誉，许多人都会理直气壮地与其他单位甚至上级组织发生冲突。不少管理者，甚至把挑起这种冲突看作自己的职责，或作为建立自己威望的手段。

3. 个体差异

每个人的社会背景、教育程度、阅历、修养，塑造了每个人各不相同的性格、价值观和作风。人们之间这种个体差异往往造成了合作和沟通的困难，从而成为某些冲突的根源。

(二) 冲突的管理

对组织冲突的管理有3种观点：一是传统观点认为，冲突对组织无益，是有害的；二是人际关系观点认为，冲突客观存在，主张接纳冲突，使冲突的存在合理化，并希望将冲突转化为有利于组织的程序；三是相互作用观点认为，冲突是组织保持活力的一种有效手段。正是由于沟通差异、结构差异和个体差异的客观存在，冲突不可避免地存在于一切组织中。我们不仅应当承认冲突是正当现象，而且要看到冲突的积极作用。任何一个组织，如果没有冲突或很少有冲突，任何事情都意见一致，这个组织必将非常冷漠、对环境变化反应迟钝、缺乏创新。所以，组织应当保持适度的冲突，养成批评与自我批评、不断创新、努力进取的风气，组织就会出现人人心情舒畅，奋发向上的局面，组织就会有旺盛的生命力。这就是管理者处理冲突的使命。处理冲突实际上是一种艺术。

冲突管理要设法消除冲突产生的负面效应，管理者要激发冲突，利用和扩大冲突对组织产生的正面效应。优秀管理者处理冲突的路径有以下几种。

1. 谨慎选择想要处理的冲突

管理者可能面临许多冲突，其中有些冲突是非常烦琐的，不值得我们花很多时间去处理；有些冲突虽很重要但不是自己力所能及的，不宜插手；有些冲突难度很大，要花很多时间和精力，未必有好的结果，不要轻易介入。管理者应当选择处理那些群众关心，影响面大，对推进工作、打开局面、增强凝聚力、建设组织文化有意义、有价值的事件。其他冲突尽可能回避，事必躬亲的管理者并不是真正优秀的管理者。

2. 仔细研究冲突双方的代表人物

研究哪些人卷入了此冲突当中？冲突双方的焦点是什么？差异在哪里？双方真正感兴趣的是什么？代表人物的人格特点、价值观、经历和资源因素如何？

3. 深入了解冲突的根源

不仅了解公开的表层的冲突原因，还要深入了解深层的、没有说出来的原因。冲突的可能是多种原因共同作用的结果，如果是这样，还要进一步分析各种原因作用的强度。

4. 妥善选择冲突的处理办法

通常处理冲突的办法有以下6种：回避、迁就、强制、妥协、合作、树立更高目标。当冲突无关紧要时，或当冲突双方情绪极为激动，需要时间恢复平静时，可采用回避策略；当维持和谐关系十分重要时，可采用迁就策略；当必须对重大事件或紧急事件进行处理时，可采用强制策略，用行政命令方式牺牲某一方利益处理后，再慢慢做安抚工作；当冲突双方势均力敌、争执不下需采取权宜之计时，只好双方都做出一些让步，实现妥协；当事件重大、双方不可能妥协时，可经过开诚布公的谈判，走向对双方均有利的合作。

二、有效谈判

谈判是双方或多方为实现某种目标就有关条件达成协议的过程。这种目标可能是为了实现某种商品或服务的交易，也可能是为了实现某种战略或策略的合作；可能是为了争取某种待遇或地位，也可能是为了减税或贷款；可能是为了弥合相互的分歧而走向联合，也可能是为了明确各自的权益而走向独立。市场经济本身就是一种契约经济，一切有目的的经济活动和一切有意义的经济关系都要通过谈判建立。管理者总要面对无数的谈判对手。优秀的管理者实现有效谈判必须坚持以下4项基本原则。

(一) 理性分析谈判的事件

抛弃历史和感情上的纠葛，理性地判别信息、依据的真伪，分析事件的是非曲直，分析双方未来的得失。

(二) 理解你的谈判对手

他的制约因素是什么？他的真实意图是什么？他的战略是什么？他的兴奋点和抑制点在哪里？

(三) 抱着诚意开始谈判

态度不卑不亢，条件合情合理，提法易于接受，必要时可以主动做出让步。尽可能寻找双赢的解决方案。

(四) 坚定与灵活相结合

对自己目标的基本要求要坚持，对双方最初的意见不必太在意，那多半只是一种试探，有极大的伸缩余地。

谈判有两种基本方法：一是零和谈判：有输有赢的谈判，一方所得就是另一方所失；二是双赢谈判，即谈判要找到一种双方都赢的方案。

【本章小结】

本章主要介绍了沟通概述、个人行为因素与沟通方式、沟通渠道、有效沟通和组织冲突与谈判。

沟通是指借助一定手段把可理解的信息、思想和情感在两个或两个以上的个人或群体中传递或交换，目的是达到相互认同或行为上的相互适应。现代社会任何个人或组织都离不开沟通，在一定意义上可以说"沟通决定成败"。

沟通方式有多种，按功能划分，有工具式沟通和感情式沟通；按行为主体划分，有个体间沟通与群体间沟通；按组织系统划分，有正式沟通和非正式沟通；按方向划分，有下行沟通、上行沟通、平行与斜行沟通；按是否进行交换反馈，有单向沟通和双向沟通。各种沟通方式的运用，取决于个人或组织的价值需要和管理目标的要求。

沟通是双方的事情，难免会出现问题，产生有效沟通障碍。影响沟通障碍的因素有个人因素、技术因素、人际因素和结构因素。

如果组织内部的矛盾解决不好，往往会引起冲突。冲突是指由于某种差异而引起的抵触、争执或争斗的对立状态。造成冲突的原因主要有沟通差异、结构差异和个体差异。要实现组织目标必须解决冲突，或进行冲突管理，为此要认真研究冲突原因，冲突双方代表人物的观点，抓住核心或具有重要影响的事件进行处理。处理冲突办法一般有6种：回避、迁就、强制、妥协、合作、树立更高目标。

对于关系组织利益的冲突，可采用谈判手段解决。谈判是双方或多方为实现某种目标就有关条件达成协议的过程。谈判有两种基本方法：零和谈判和双赢谈判。零和谈判是双方有得有失的谈判；双赢谈判是双方都能获利的有价值的方案。实现有效谈判应坚持4条原则：理性分析谈判的事件；理解你的谈判对手；抱着诚意开始谈判；坚定与灵活相结合。

【复习思考题】

1. 何谓沟通? 管理沟通的功能是什么?
2. 试比较不同沟通方式的优点和局限性。
3. 在与别人沟通的过程中，什么情况下你会想对别人说"你没有在听我讲话"?
4. 影响有效沟通的障碍有哪些? 如何克服这些障碍?
5. 导致组织冲突的原因可能有哪些? 如何有效管理组织冲突?
6. 有人说，"在企业管理中，不能越级沟通，否则会破坏信息传播渠道的稳定性"，对此你是怎样看的?

7. 正式沟通有哪些优缺点?

8. 进行有效谈判需要坚持哪 4 项基本原则?

【技能训练与实践】

训练一: 单项选择题

1. 下列情况下, 适合使用单向沟通的是(   )。

    A. 时间比较充裕, 但问题比较棘手

    B. 下属对解决方案的接受程度至关重要

    C. 上级缺乏处理负反馈的能力, 容易感情用事

    D. 下属能对解决问题提供有价值的信息和建议

2. 下列说法不正确的是(   )。

    A. 双向沟通比单向沟通需要更多的时间

    B. 接受者比较满意单向沟通, 发送者比较满意双向沟通

    C. 双向沟通的噪音比单向沟通要大得多

    D. 在双向沟通中, 接受者和发送者都比较相信自己对信息的理解

3. 下列关于非正式沟通的说法正确的是(   )。

    A. 非正式沟通传播的是小道消息, 准确率较低

    B. 非正式沟通经常将信息传递给本不需要它们的人

    C. 非正式沟通信息交流速度较快

    D. 非正式沟通可以满足职工的需要

4. 当冲突无关紧要的时候, 或当冲突双方情绪极为激动, 需要时间慢慢恢复平静时, 可采用(   )策略。

    A. 回避   B. 迁就   C. 强制   D. 妥协

5. 当必须对重大事件或紧急事件进行迅速处理时, 可采用(   )策略。

    A. 回避   B. 迁就   C. 强制   D. 妥协

6. 当维持稳定和谐关系十分重要时, 可以采用(   )策略。

    A. 回避   B. 迁就   C. 强制   D. 妥协

7. 当冲突双方势均力敌、争执不下需采取权宜之计时, 可以采用(   )策略。

    A. 回避   B. 迁就   C. 强制   D. 妥协

8. 当冲突双方势均力敌, 争执不下, 同时事件重大, 双方不可能妥协时, 可以采用(   )策略。

    A. 谈判寻双赢   B. 迁就   C. 强制   D. 妥协

9. 如果发现一个组织中小道消息很多, 而正式渠道的消息很少, 这意味着该组织(   )。

    A. 非正式沟通渠道中信息传递很通畅, 运作良好

    B. 正式沟通渠道中消息传递存在问题, 需要调整

    C. 其中有部分人特别喜欢在背后乱发议论, 传递小道消息

    D. 充分运用了非正式沟通渠道的作用, 促进了信息的传递

10. 课堂上有学生不认真听课，和其他同学在讲话，老师用严厉的目光盯着他以示警告，这属于(　　)。

    A. 书面沟通 　　　　B. 非正式沟通 　　　　C. 口头沟通 　　　　D. 非语言沟通

训练二：多项选择题

1. 非正式沟通可以满足职工的(　　)。

    A. 生理需要 　　　　B. 安全的需要 　　　　C. 尊重的需要

    D. 社交的需要 　　　　E. 自我实现的需要

2. 上行沟通的主要障碍有(　　)。

    A. 下级心存疑虑而不敢反映真实情况

    B. 中间层次层层过滤而使信息失真

    C. 上级不重视下级意见使沟通失效

    D. 意见太多而使上级无法集中

    E. 不同层次的主管人员对信息进行过滤，以去掉自己不利的信息

3. 在集权网络中，有一个或两个主要的信息发送者，最集权化的网络是(　　)和(　　)。

    A. 轮型 　　　　B. 风车型 　　　　C. 圆型 　　　　D. 星型 　　　　E. Y 型

4. (　　)的网络在完成比较简单的工作中比分权化的网络更快、更准确，也更有效。

    A. 轮型 　　　　B. 风车型 　　　　C. 圆型 　　　　D. 星型 　　　　E. Y 型

5. 员工满意度也与网络的类型有关，普通成员比较满意(　　)的网络。

    A. 轮型 　　　　B. 风车型 　　　　C. 圆型 　　　　D. 星型 　　　　E. Y 型

6. 沟通在管理中的重要意义是(　　)。

    A. 沟通就是一个传递信息的过程

    B. 在很大程度上，组织的整个管理者工作都和沟通有关

    C. 沟通是协调各个体、各要素，使企业成为一个整体的凝聚剂

    D. 沟通是领导者激励下属，实现领导职能的基本途径

    E. 沟通是企业与外部环境之间建立联系的桥梁

7. 所谓沟通，是指为了一个设定的目标，把(　　)在个人或群体间传递并且达成共同协议的过程。

    A. 信息 　　　　B. 语言 　　　　C. 情感 　　　　D. 思想 　　　　E. 行动

8. 影响有效沟通的结构因素包括(　　)。

    A. 信息来源的可靠度 　　　　B. 地位差别 　　　　C. 空间约束

    D. 信息传递链 　　　　E. 团体规模

9. 克服沟通中的障碍的准则是(　　)。

    A. 创造一个相互信任、有利于沟通的小环境

    B. 加强平行沟通，促进横向交流

    C. 明了沟通的重要性，正确对待沟通

    D. 培养"听"的艺术

    E. 缩短信息传递链，拓宽沟通渠道

10. 按沟通的方法分，沟通可分为(　　)。

    A. 口头沟通　　　　B. 书面沟通　　　　C. 非语言沟通

    D. 下行沟通　　　　E. 横向交叉沟通

训练三：选择填空题

A. 编码　　　　　　B. 书面沟通　　　　C. 领导方式和激励行为

D. 正式沟通　　　　E. 非语言沟通　　　　F. 个人因素

G. 横向沟通　　　　H. 准确性原则　　　　I. 全通道式沟通

J. Y 式

1. 持久、有形、可以核实是(　　)沟通方式的优点。

2. 沟通过程的第一个步骤是(　　)。

3. 沟通是关于如何使(　　)保持一致的问题。

4. 通过组织明文规定的渠道进行信息交流和传递的沟通方式是(　　)。

5. 课堂上有学生不认真听课，和其他同学在讲话，老师用严厉的目光盯着他以示警告，这属于(　　)。

6. "忠言逆耳"指的是影响有效沟通的障碍中的(　　)。

7. 某公司中，营销副经理与财务副经理进行有关业务的交流属于(　　)。

8. 进行有效沟通应遵循的原则是(　　)。

9. 在正式组织环境中，正式沟通可以有链式、轮式、环式、全通道式和 Y 式 5 种沟通形态，它们各有优点。其中有助于实行分权管理的沟通形态的是(　　)。

10. 某企业经理工作任务繁重，他需要有人帮助他选择信息，提供决策依据，对组织进行有效的控制。在这种情况下，最适宜的信息沟通网络的是(　　)。

训练四：判断题(判断对的用 √，判断错的用 ×)

1. 接收者比较满意双向沟通，发送者比较满意单向沟通。(　　)

2. 发送者与接收者之间的相似程度会影响沟通效果。(　　)

3. 非正式沟通就是传播小道消息，应予以杜绝。(　　)

4. 按照组织系统，沟通可分为正式沟通和非正式沟通。(　　)

5. 沟通中存在许多干扰和扭曲信息传递的因素，通常将这些因素称为噪声。(　　)

6. 影响有效沟通的个人因素包括接受的有选择性、沟通技巧的差异。(　　)

7. 人际因素主要包括沟通双方的相互信任、信息来源的可靠程度和发送者与接收者之间的相似程度。(　　)

8. 保持及时沟通，个人在组织中的地位不会形成沟通的障碍。(　　)

9. 信息量过大是沟通中的一个重要问题，应该强化有效信息的甄选。(　　)

10. 全通道式沟通是一种有利于实现高士气的沟通模式。(　　)

训练五：案例分析

52 航班惨剧

1990 年 1 月 25 日晚 7:40,阿维安卡 52 航班飞行在南新泽西海岸上空 37000 英尺的高空，飞机燃料可以维持近两个小时的航程，在正常情况下飞机降落至纽约肯尼迪机场仅需不到半小时的时间，这一缓冲保护措施可以说十分安全。然而，此后发生了一系列耽搁。首先，晚上 8:00,肯尼迪机场航空交通管理员通知 52 航班飞行员，由于严重的交通问题他们必须在机场上空盘旋待命。8:45,52 航班的副驾驶员向肯尼迪机场报告他们的"燃料快用完了"。管理员收到了这一信息，但在 9:24 之前，飞机没有被批准降落。在此之前，阿维安卡机组成员再没有向肯尼迪机场传递任何情况十分危急的信息，但飞机座舱中的机组成员却相互紧张地通知他们燃料供给出现了危机。9:24,52 航班第一次试降失败。由于飞行高度太低及能见度太差，因而无法保证安全着陆。当肯尼迪机场指示 52 航班进行第二次试降时，机组成员再次提到他们的燃料将要用尽，但飞行员却告诉管理员新分配的飞行跑道"可行"。9:32,飞机的两个引擎失灵。1 分钟后，另外两个也停止了工作，耗尽燃料的飞机于 9:34 坠毁于长岛，机上 73 名人员全部遇难。

为什么造成 52 航班惨剧？

首先，飞行员在等待降落时经常使用的一句话是"油量不足"。当被延误时，管理员认为每架飞机都存在燃料问题。一位管理员指出："如果飞行员表明情况十分危急，那么所有的规则程序都可以不顾，我们会尽可能以最快的速度引导其降落的。"遗憾的是，52 航班的飞行员从未说过"情况紧急"。所以，肯尼迪机场的管理员一直未能理解到飞行员所面对的真正困难。

其次，许多管理员接受过专门训练，可以在这种情境下捕捉到飞行员声音中极细微的语调变化，尽管 52 航班的机组成员面临油料用尽的紧急情况，但在他们向肯尼迪机场传达信息的语调中却没有表现出来。

最后，如果发现飞行员在计算飞行中需要多少油量方面疏忽大意，联邦飞行管理局就会吊销其驾驶执照。

思考：

1. 当调查人员检查了飞机座舱中的黑匣子并与当事的管理员讨论之后，他们发现导致这场悲剧的原因主要是沟通的障碍。你认为是这样吗？

2. 请就以上资料具体分析空难产生的原因。

3. 根据此案例分析有效沟通中值得注意的因素有哪些？

训练六：课外调研与实践

1. 主动同一位相关专业的陌生人士交往，交流某个专业问题，或同一位认识的人，通过沟通解决一个难题。把沟通过程的体会包括沟通的目的、沟通方式、沟通效果、沟通过程存在的问题及排除沟通障碍的方法等进行记录总结，并与同学交流心得。

2. 与同学一起组织一次文体活动，写出活动方案，其中特别写出租用场地、设备、参加人员、募集资金等方面的沟通方式和效果。总结沟通的经验和体会，在班级与同学一起交流心得体会。

【石家庄三鹿集团三氯氰胺奶粉案例分析研究与思考】

一、三氯氰胺奶粉事件的发生过程

2007 年 12 月以来，石家庄三鹿集团公司陆续接到消费者关于婴幼儿食用三鹿牌奶粉出现疾患的投诉。自 2008 年 3 月开始，南京鼓楼医院泌尿外科孙西钊教授陆续接到了南京儿童医院送来的 10 例泌尿结石样本。经国内先进的结石红外光谱自动分析系统分析，这是一种极其罕见的结石，而且都发生在尚在喝奶的婴儿身上。"三鹿"奶粉在南京地区的代理商称："我们跟医生也沟通过，医院并没有诊断这些小患者得病是因为服用了我们的奶粉。小孩子生病是有多种原因的。"7 月 16 日，甘肃省卫生厅就已开始调查部分婴儿泌尿系统结石病因。当日，当地一家医院通过电话向卫生厅报告，称今年该院收治的婴儿患泌尿系统结石病例明显增多，经了解均食用了同一品牌的配方奶粉。甘肃省卫生厅接到医院婴儿泌尿结石病例报告后，随即展开了调查，并报告卫生部。其后在湖南、山东、安徽、江西、江苏等地都有类似案例发生。

国家卫生部 9 月 11 日晚指出，近期甘肃等地报告多例婴幼儿泌尿系统结石病例——目前被称为"肾结石"事件。经调查发现，患儿多有食用三鹿集团生产的三鹿牌婴幼儿配方奶粉的历史，奶粉受到一种叫作"三聚氰胺"——在业界被称为"假蛋白"的化学品的污染。

三鹿集团 11 日晚发布产品召回声明，称经公司自检发现 2008 年 8 月 6 日前出厂的部分批次三鹿婴幼儿奶粉受到三聚氰胺的污染，市场上大约有 700 吨。为对消费者负责，三鹿集团公司决定立即对 2008 年 8 月 6 日以前生产的三鹿婴幼儿奶召回。

9 月 12 日，三鹿集团总部来"讨说法"的受害婴儿家长，前后有上百人。在厂区的另外一侧，工作人员一直在对购买三鹿产品的消费者进行退货登记工作。9 月 12 日傍晚 6 点，三鹿集团董事长田文华回到企业。13 日她接受新华社采访。田文华承认："我们在这次事件发生之前，已在内部检测出了相关的问题，我们也就检测结果跟有关部门进行过汇报。"但是，对于在内部检测之后为什么没有采取紧急的补救召回措施，田文华不愿意做进一步的解释。"这次的事情，是原料奶的收购过程中有人在谋取非法利益，我们检测非常严格。"她再三声称，自己与企业是清白的。

三鹿的奶源绝大部分由集团下属的奶场供给，这部分奶源有三鹿专门的技术人员和管理人员负责，质量可以控制；同时，三鹿还有小部分奶源来自奶农。这部分奶源有的直接由奶农交送三鹿，有的经由"奶霸"转交厂家——奶源质量无法控制的正是经由"奶霸"转交的部分。三鹿集团从生产到收购的"奶户—收奶员—奶站—生产厂"是一个链条。奶农在向收奶员卖奶的过程中，可能会添加各种物质，以增加原料奶的质量和色泽，而这两种情况中，主要还是增加重量，但是直接加水会让原料奶变得稀薄，一看就看出来了，但是水和三聚氰胺一混合，就可以调和出奶的色泽和质地，这看上去就像我们搅拌石灰粉是一个感觉。而奶户的奶交到奶站后，奶站向生产厂出售的时候，同样有可能发生此类情况。

三聚氰胺的最大特点是含氮量很高，达 66%；在植物蛋白粉和饲料中，每增加 1 个百分点的三聚氰胺，会使蛋白质测定含量虚涨 4 个多百分点，而其成本很低。有人估算过，在植物蛋白粉和饲料中使蛋白质增加 1 个百分点，用三聚氰胺的花费只有真实蛋白原料的 1/5。三聚氰胺的初端产品价钱很低廉，而其添加又能带来莫大的表面蛋白虚高效果，自然有各种渠道向农民推荐，有的农民可能知道实情，但有的可能使用过，却并不清楚有害无害。三鹿集团奶粉事业部的一位员工说，"绝对是奶源出的问题，我们收购奶源的渠道非常广，收上来的奶源质量也许会参差不齐。"

二、三氯氰胺奶粉事件的危害及后果

国务院启动了重大食品安全事故(I级)应急响应。

9月16日，三鹿集团向患儿及家属致公开信道歉。9月17日，石家庄分管农业的副市长张发旺因三鹿奶粉事故被免职；同时免去石家庄市畜牧水产局局长孙任虎的职务；鉴于对奶源质量监督不力，石家庄市食品药品监督管理局局长、党组书记张毅，石家庄市质量技术监督局局长、党组书记李志国16日也被上级主管机关免去了党内外职务。此外，河北省委常委扩大会议还同意石家庄市委的决定，责成中共石家庄市新华区委免去田文华担任的三鹿集团股份有限责任公司党委书记的职务。中共石家庄市新华区委已任命赵路新担任三鹿集团股份有限公司党委书记一职。

9月17日，国家质检总局发布公告，决定从即日起，停止所有食品类生产企业获得的国家免检产品资格，相关企业要立即停止其国家免检资格的相关宣传活动，其生产的产品和印制在包装上已使用的国家免检标志不再有效。质检总局也发出公告，鉴于石家庄三鹿集团股份有限公司发生重大食品质量安全事故，现决定撤销石家庄三鹿集团股份有限公司生产的三鹿牌婴幼儿配方乳粉、乳粉、灭菌奶免检产品资格和名牌产品称号。对全国液态奶三聚氰胺含量进行专项检查，并定期公布。同日，河北省委决定免去冀纯堂石家庄市委副书记等职。

9月17日，各地奶粉事故患儿达6244例，158人患急性肾衰竭，4人死亡。

9月17日，经过公安机关连续多日对三鹿集团婴幼儿奶粉污染事件的深入调查，根据《刑法》第144条、第150条和《刑事诉讼法》的有关规定，法院决定判处三鹿集团原董事长、总经理田文华无期徒刑，其余管理责任人分别判处5年、8年、15年。制造和销售三聚氰胺的奶农有3人被判处死刑，1人被判处无期徒刑，另外3人分别判处5年、8年、15年徒刑。三鹿集团被罚款2亿元，4个月后破产。

9月22日，鉴于河北省省委常委、石家庄市市委书记吴显国对三鹿牌奶粉事件负有领导责任，对事件未及时上报、处置不力负有直接责任，经党中央、国务院批准，免去吴显国河北省省委常委、石家庄市市委书记职务。国家质量监督检验检疫总局监管缺失，对此，局长李长江负有领导责任，同意接受李长江引咎辞去国家质量监督检验检疫总局局长职务的请求。

三聚氰胺事件给整个乳制品行业造成打击，2008年三大乳业巨头亏损接近30亿元。其中，伊利亏损16.8亿元，蒙牛亏9.5亿元，光明亏2.86亿元。

思考：

1. 三鹿有挽救危机的可能吗？如果有，请为其策划一个危机管理方案。
2. 其他企业的救市为何效果甚微？株连危机中的企业应怎样作为？
3. 政府的措施得力吗？该吸取哪些教训？
4. 该危机事件带来的启示有哪些？从企业、政府、行业协会等角度进行阐述。

第九章

控　制

【教学目标】

1. 控制的定义
2. 管理控制的特点
3. 控制类型与标准
4. 控制的基本原则
5. 控制工作的基本要求
6. 控制对象与重点
7. 制定控制标准与原则
8. 衡量绩效的基本要求与方法
9. 纠正偏差及其要求
10. 预算控制的作用与类型
11. 预算控制的方法
12. 非预算控制的方法
13. 审计控制的概念与分类
14. 审计控制的特点与原则
15. 审计控制的内容
16. 信息控制

【理论应用】

1. 举例说明控制的定义。
2. 运用学到的控制原理，画出组织系统控制图。
3. 举例说明前期控制、同期控制和反馈控制原理。
4. 模拟一个单位建立控制系统包括：设定目标和标准；衡量业绩；将业绩与标准进行比较；采取修正和强化措施(标准必须具备5个特征：数量、质量、时间、成本和行为)。
5. 举例说明你在学习、生活或工作中成功的决定性因素，把这些因素按重要程度排序，并解释重要性及控制的重大作用。

6. 举例说明因控制问题而达不到目标时，应采取哪些修正措施(步骤：分析原因、重在前期控制、反馈)。

7. 举例说明组织支出与收入来源、财务预算，特别是三种主要财务报表(损益表、资产负债表、现金流量表)的分析评估。

8. 举例说明应用非预算的方法进行控制。

9. 举例说明审计控制的作用与意义。

10. 举例说明信息控制是非常重要的，搞好信息控制需要建立哪些制度？

【案例导入】

胡适先生的"差不多先生传"(节选)

在20世纪初，胡适先生写过一篇很著名的"差不多先生传"。文章写道：

你知道中国有名的人是谁？提起此人，人人皆晓，处处闻名，他姓差，名不多，是各省各县各村人氏。你一定见过他，一定听别人谈起他。差不多先生的名字天天挂在大家的口头上。

差不多先生的相貌和你我都差不多。他的脑子也不小，但他的记性却不很精明，他的思想也不很细密。他常常说："凡事只要差不多，就好了。何必太精明呢？"

他在一个钱铺里做伙计，他会写也会算，只是总不精细，十字常常写成千字，千字常常写成十字。掌柜的生气了，常常骂他，他只是笑嘻嘻地说道："千字比十字只多一小撇，不是差不多吗？"

有一天，他忽然得一急病，赶快叫家人去请东街的汪先生。那家人急急忙忙地跑去，一时寻不着东街汪大夫，却把西街的牛医王大夫请来了。差不多先生病在床上，知道寻错了人，但病急了，身上痛苦，心里焦急，等不得了，心里想："好在王大夫同汪大夫也差不多，让他试试看吧。"于是这位牛医王大夫走近床前，用医牛的法子给差不多先生治病。不上一点钟，差不多先生就一命呜呼了。差不多先生差不多要死的时候，一口气断断续续地说道："活人同死人也差……差……差……不多……凡是只要……差……差……不多……就……好了……何……何……必……太……太认真呢？"他说完这句格言，方才绝气了。

他死后，大家都很称赞差不多先生样样事情看得破，想得通，大家都说他一生不肯认真，不肯算账，不肯计较，真是一位有德行的人，于是大家给他取个死后的法号，叫他圆通大师。后来，他的名誉越传越远，越久越大。许多人都学他的榜样，于是人人都成了一个差不多先生。

历史的车轮跃然走进21世纪，但胡适先生小说中的人物"差不多先生"，还依然有着旺盛的"活力"和"生命力"。

思考：差不多先生的故事说明了什么？怎样在学习工作中抓好计划落实与控制？

第一节 控制概述

一、控制的基本原理

(一) 控制的概念

控制是重要的管理职能之一，是计划执行的全过程行为，也是对环境变化中的管理过程监督反馈，使组织管理运行处于理想的轨道中。管理过程的控制是指根据给定的条件和目的要求，按标准监督各项管理活动以保证按计划进行并纠正各种偏差的过程。

控制的本质是在管理过程中，保证按预期的计划目标得以实现。当然，由于外部环境的变化和内部条件的改变，需要适当调整和采用不同的控制方式。一般来说，要实现管理过程的控制，必须具备3个条件：一是必须有计划、有目标。管理过程的控制是根据计划目标或科学的计划为标准的，同时也要具备一定的条件和手段。二是必须建立信息渠道来反映控制系统的运行状态，通过控制信息系统的运行状态，达到控制目标或纠正偏差保证实现计划目标。三是必须建立组织保障体系来实施。组织保障体系是实施有效控制的可靠保证。

即使同时具备以上3个控制条件，控制结果也不可能与原有的计划目标完全一致。管理学家斯蒂芬·罗宾斯指出："尽管计划可以制定出来，组织结构可以调整得非常有效，员工的积极性也可以调动起来，但是这仍然不能保证所有的行动按计划执行，不能保证管理者追求的目标一定能达到。"实际管理控制运行的结果就证明了这个结论。这是因为在执行计划过程中总是或多或少地出现与计划不一致的现象，造成这种状况主要是由内外环境的变化、管理权力的分散、管理工作能力的差异等原因造成的。因此，要想完成计划目标必须进行有效的控制。控制主要起检验、调节和纠偏反馈的作用。

(二) 控制的基本原理

任何系统都是由因果关系链联结在一起的元素的集合，元素之间的这种关系就叫耦合(控制论就是研究耦合运行系统的控制和调节的)。为了控制耦合系统的运行，必须确定系统的控制标准，通过对系统的调节来纠正系统输出与标准值之间的偏差，从而实现对系统的控制。任何系统的运行模式均为输入—转换—输出，控制就是对这一系统按标准进行落实、检验、纠偏、反馈的过程(如质量控制)。有的控制专家认为，控制过程实际上是制定标准—衡量绩效—纠正偏差的"三部曲"，从而使控制活动形成一个闭合的循环。

二、管理控制的特点

从控制理论研究系统的控制过程，无论对经济、社会、自然环境、政治等方面，其控制过程的原理都是一样的，都是对耦合系统的运行进行控制。但管理过程的控制又不同于经济、社会、自然等方面的控制，有其自身的控制特点。

(一) 管理过程控制具有全员性与全面性

组织计划目标的完成必须通过全员共同参与管理过程的控制，是全体成员共同的责任和共同的任务，任何部门和人员不参与或不能实施有效的控制，都有可能影响组织目标任务的实现。因此，在组织中无论哪个部门、哪个方面，都要求所有的人员参与管理过程的控制，要保证部门之间、单位之间、内外之间、人员之间管理工作的协调一致，及时化解各种矛盾和冲突，就必须实施有效的管理控制。

(二) 管理过程控制具有创新性与动态性

管理过程的控制是在高度的内外环境的变化中进行的，绝不是静态的、程序化的控制。任何组织总是在一定的内外环境中运行的，它必须随外部环境的变化和内部条件的改变而进行适时调整和创新，这包括控制标准、控制手段、控制方法、控制目标等方面都要改变。管理过程控制具有创新性和动态性的特点，可以提高管理过程控制的适应性和有效性。

(三) 管理过程控制是以人为动能量的，并与物的某些工具相结合的控制

人是管理过程控制的主体，是提供管理过程控制动能量的发动机。组织中的各项管理工作、各项控制活动，必须通过人来实施，也是对人的控制活动。而各项控制活动还必须有一定的手段，要与物的某些工具相结合。比如，人与计算机的结合，可以对管理过程进行有效的控制，缺少计算机的使用，人的管理过程控制就可能出现问题甚至是无法挽回的损失。当然，人在管理控制过程中，通过分析问题、查找原因、解决问题、纠正偏差，可以有效提高管理工作能力和水平，是提高职工能力的重要手段。

三、控制类型

由于管理的目标不同、管理的对象不同、管理运行系统状态不同，所采用的管理控制方式也不同，因此会形成不同的管理控制类型。管理控制类型是多样化的，各种控制类型之间具有互补性。实现有效的管理控制往往是多种类型交叉使用。从不同的角度划分有多种管理控制类型。

(一) 根据管理过程或时机、对象和目的的不同，可以将控制分为前期控制、同期控制和反馈控制

1. 前期控制(或称前馈控制、预先控制、事前控制)

前期控制是在管理运行活动开始之前进行的控制，强调的是"事前"控制，即在实际问题或错误损失没有发生之前，采取有效的管理措施解决问题，避免管理活动预期问题的产生或损失。其目的是防止问题的发生而不是当问题出现时再补救。要达到前期控制目的，需要分析预测可能产生的问题，对管理活动的各种影响因素，可能产生的管理结果，还要检查管理所需的各种资源的准备及保障情况。如果资源不能得到保障或预测结果达不到预期目标，管理者需要采取措施解决，或是对原有的计划目标做出调整。

前期控制与同期控制、反馈控制相比有许多优点。前期控制是在工作之前的控制，可以防患于未然，把可能发生的问题先解决了，避免了事后造成的错误损失。前期控制

是针对某项计划或行动所依赖的条件进行分析研究预测，不针对任何具体的个人，一般不会造成人员之间的矛盾和冲突，容易被职工接受和实施。但是，前期控制需要管理者拥有大量可靠的、准确的信息，对管理过程非常清楚，了解并掌握管理运行过程的规律性，能准确地预测出可能出现的问题，采取措施解决，否则前期控制就不能实施。前期控制适用于任何组织的管理活动。

2. 同期控制(或称现场控制、过程控制)

同期控制是指管理过程开始以后，对活动中的人和事进行指导和监督，对各种影响管理活动的因素予以控制。采用同期控制可以及早发现计划与运行的问题与偏差，能及时采取措施解决，避免在发生重大问题之前得到纠正。同期控制能够提高管理人员的工作能力和自我控制能力。因为同期控制是在现场直接指导下属的工作状态与计划要求的偏离现象，能及时采取措施纠正，避免产生损失或给组织造成的影响，这个纠错的过程可以提高职工的工作能力和水平。

同期控制也有弊端，比如，应用范围较窄，适用于生产过程控制，但对难于衡量的、问题不易识别的工作如科研工作等，就很难进行同期控制。同期控制比较容易形成控制者与被控制者之间在心理上的对立，如果工作处理不好，会影响被控制者的工作情绪和积极性。同期控制的效果取决于控制者的素质、能力和水平。

3. 反馈控制(或称成果控制、事后控制)

反馈控制是指在一个时期的管理活动已经结束以后，对本期的资源利用状况及其结果进行总结，与原有计划进行比较，总结经验与教训，为后期的计划制订提供参考与借鉴。反馈控制是企业管理工作中常用的控制类型，在生产经营的各个阶段都有广泛的应用。

反馈控制对管理结果没有任何作用，但对未来计划会产生重要的作用。反馈控制是面向未来的，是提高今后管理工作水平的基础性工作。反馈控制可以明确完成计划目标与实际效果的偏差，通过分析可以搞清楚产生偏差的原因，采取有效的措施解决问题，提出更好的符合实际的计划目标，可以调动职工的创造性和积极性。反馈控制可以了解管理结果发生的特点及规律性，为实施前期控制、同期控制创造必要的条件，提高控制效果和水平。反馈控制的弊端是管理结果或偏差已经发生，后果已经产生，不可更改了。

(二) 按照控制主体划分，可将控制分为正式组织控制、群体控制和自我控制

1. 正式组织控制

正式组织控制是通过一些组织机构或规定来进行的管理控制，比如，规划部门、预算部门、审计部门等都是正式组织的控制部门，这些组织通过规划指导组织的管理活动，通过预算控制消费，通过审计检查各部门或个人是否按规定进行管理。正式组织控制能够发现解决问题，有利于增强组织发展的能力。

2. 群体控制

群体控制是指由非正式组织基于群众的价值理念和行为准则来维系关系的，虽然群体组织没有明文规定行为规范，但群体成员都知道哪些可以做，哪些不可以做，主动遵循这些规范，获得其他成员的认可，提高在群体组织中的地位。

3. 自我控制

自我控制是指个人有意识地去按某一行为规范进行活动。自我控制能力的大小、高低取决于个人的综合素质。素质高的人，其控制能力较强。一般来说，具有高层次需求或顾全大局的人，比低层次需求或重视局部利益的人自我控制能力强。

(三) 按控制的范围划分，可将控制分为内部控制和外部控制

1. 内部控制

内部控制是指以专业管理制度为基础，以有效监管和防范风险为目的，通过建立管理过程控制体系、控制关键点和以流程形式表达管理过程而形成的行为规范。内部控制一般包括内部条件、风险评估、控制活动、信息沟通、内部监控5个要素。完成组织的计划目标，重要的是做好内部控制工作。

2. 外部控制

外部控制是指管理者通过沟通、合作、交换和并购等各种手段调整与影响适应外部环境，保证组织的计划与实际运行尽可能一致的过程。组织的外部环境包括经济环境、政治环境、自然环境、技术环境和法制环境等。对于一个经济组织来讲，政府政策的调整以及外部利益相关者的行为对外部控制影响更大。

(四) 按控制方式划分，可将控制分为集中控制、分散控制和分层控制

1. 集中控制

集中控制是指组织建立一个集中控制中心，由这个中心发出计划指令，控制所有的管理过程行动。集中控制适用于组织规模小、信息量不大，并且能够对信息进行有效加工使用的情况。集中控制有利于实现整体的优化控制，比如企业中央调度室等就是集中控制。

2. 分散控制

相对于集中控制而言，分散控制是把控制权下放，让下面有更多的控制自主权。分散控制由于环节少，反应快，效率高，对信息处理的能力要求不高。但分散控制不足也很突出，由于很难协调各部分系统的关系，可能对整体的优化产生影响，甚至导致管理过程失控。

3. 分层控制

分层控制是指集中控制与分散控制相结合的控制方式。在管理系统中分为若干层次，上一层次的控制系统对下一层次各子系统实施间接的控制。各个子系统都有能力实施有效的控制。分层控制一定要避免控制断层的问题，这会使管理控制失效。

(五) 按控制手段划分，可将控制分为直接控制和间接控制

1. 直接控制

直接控制是指管理人员应用管理理论、概念和技能，以系统的思想进行管理工作，提高管理效率和管理效益，防止因管理不善造成的不良后果。直接控制是改进管理者未

来行动的一种方法。直接控制相对于间接控制而言，主要通过提高管理者的综合素质和能力实施有效的控制。是否采用直接控制要看下属的素质、能力的高低，如果下属能力强，就不一定采取直接控制。直接控制有利于促进管理人员自我纠正偏差，减少损失，提高管理效果。

2. 间接控制

间接控制是指管理者调查发现管理过程的偏差，分析原因，追究个人责任并要求改进管理工作，提高管理能力和水平的控制行为。间接控制对程序化、规范化的工作比较有效。间接控制的缺点主要是因为管理偏差已造成了损失，经济损失较大，责任很难明晰，可能导致推卸责任等问题。

(六) 按控制性质划分，可将控制分为预防性控制和纠错性控制

1. 预防性控制

预防性控制是指为防止发生错误或偏差，而提前采取的管理行为。一般来说，为保证计划目标的实现，组织需要制定各种规章制度、管理程序等约束性、预防性的工作机制，起到预防控制的作用；同时必须建立组织监控机构，保证预防控制机制能发挥作用。

2. 纠错性控制(或称纠正性控制、纠偏性控制)

纠错性控制是指事情发生之后或发生错误偏差之后所采取的管理行动。这种控制在管理工作中经常采用。其目的是通过纠正错误偏差回到原有的计划目标上来，或回到正确的管理工作标准的轨道。比如，质检部门发现质量问题或事故，需要分析原因，解决质量问题，保证按标准生产合格的产品。

四、控制原则

要使控制计划目标得以实现，在建立管理控制系统或管理控制过程中，必须坚持以下一些原则。

(一) 控制与计划目标相一致原则

控制的目的是为了实现计划目标，控制系统的设计与运行必须反映计划目标，这样控制工作才能越有效。但各个部分的计划目标及内容不一样，就需要针对不同的计划确定不同的控制标准、参数、关键控制点、方法等，按不同的计划要求设计控制系统及运行机制。比如，质量控制与成本控制系统虽然都是一个生产系统中，但二者之间的控制要求目标是不同的，需要根据不同的管理特点来设计控制系统。

(二) 控制要适应组织结构类型原则

组织结构类型反映了组织内的部门人员的职责任务，是明确的组织规定。因此，管理控制系统的设计必须符合组织结构中的职责任务和职务的要求，明晰权责范围，这有利于纠正脱离计划目标的偏差。此外，管理控制系统的设计还要符合各级主管人员的特点，既要考虑管理者的职务，也要考虑他的个性特点。要保证控制信息的通畅，能够使信息迅速地上传下达。如果出现偏差能够做到责权明确，迅速纠正错误偏差，控制效果好。

(三) 控制关键点原则

任何组织的管理运行工作都有重要与次要的工作，整体利益与局部利益，长期利益与短期利益的区别。管理控制要突出关键点、重点控制，这可以收到事半功倍的效果。这是非常有效的控制方法，是能够提高管理效率和效益的，必须坚持这一重要原则。

(四) 控制例外偏差原则

例外管理原则强调偶然出现的超出常规的事件，进行有针对性的管理并明确今后管理的规则。执行控制例外偏差原则，会提高控制的效能和效率。比如质量控制过程中，出现明显的质量问题或异常状态，就需要立即查明原因，采取措施恢复稳定的状态。

(五) 控制趋势发展原则

趋势是较长时间内形成由各种因素共同作用的结果，对管理工作效果起着长期的引领作用。管理工作特别是对担任高层管理的人员来说，不仅要重视现在的管理控制，更为重要的是揭示和把握现状变化的发展趋势。趋势一旦形成则不易控制和扭转，且容易被现象所掩盖。因此，高层管理者要洞察管理过程的趋势变化，从形象中揭示发展变化的趋势，适时调整自己的发展战略，适应外部变化的情况。控制要面向未来，要把客观性、及时性、灵活性和精确性结合起来。

第二节 控制工作与标准

组织的控制工作一般包括3个步骤：①建立标准；②检查衡量标准的执行情况；③纠正脱离计划标准的偏差，提高控制效果。

一、控制工作的基本要求

要使控制工作取得好的效果，在坚持上述5条原则的同时，还必须尽力达到或满足控制工作的基本要求。

(一) 控制工作要将局部计划目标与整体目标结合起来

在组织系统中，各个部门与个人都从本部门的利益出发，重点考虑如何实现本部门的计划目标，而往往忽视全局或整体的总目标。如果各个部门不能有效的协调工作，计划的总目标就不能完成，因此，控制工作要将局部计划目标与整体目标结合起来。

(二) 控制工作要讲究经济效益

控制工作需要投入费用的，管理控制要讲究经济效益，以最少的投入取得最大的产出。这就要求管理者明确哪些控制工作是重点，要加大投入，哪些控制工作不是重点，要减少投入。要以最小的费用解决计划偏差等问题，实现计划工作目标。

(三) 控制工作要将原则性与灵活性结合起来

控制工作特别是直接控制，需要按标准进行严格的检查监控，没有原则性就会得过且过，偏离计划标准和发展方向，会给组织造成重大损失和危害。同时，控制工作也要随外部环境的变化或未遇见的计划变动情况，而进行灵活的调整。因此，管理控制工作要有一定的灵活性，制订计划目标要留有余地。

(四) 控制工作要将规范和创新结合起来

控制工作是执行现有组织中的各类规章制度、继承完善，体现了规范控制的要求。但仅做到这些是不够的，还必须根据新的变化了的情况有所创新和发展，把管理控制工作的创新与规范控制结合起来，在规范控制中创新，在创新中提高控制效果和水平。

二、确定控制对象与重点

(一) 确定控制对象

理论上，一般组织管理控制都是需要的，企业运营过程中所有的经营因素都应成为控制的对象，但实际上是不可能做到的，也没有必要。在控制实践中，要选择一些关键环节或重点作为控制的对象，而对其他因素进行一般性的控制。

(二) 选择控制的重点(用 ABC 分类法等)

搞好经营活动需要控制重点对象，是指影响企业在一定时期经营成果的主要因素，比如环境特点、发展趋势、资源投入、组织的活动等。怎样选择控制的重点，可采用ABC分类法等方法。比如，在采购成本中，要选择采购价值高、费用高、投入大的作为控制的重点，而对低值易耗品，作为一般性管理控制。

三、制定标准

(一) 控制标准

所谓标准，是指衡量组织的各项工作或行为是否符合组织要求的尺度，通常表现为一些具体的可衡量的指标。不同的控制对象需要有不同的控制标准。控制标准是组织人员检查和衡量实际工作及其结果的规范，是由不同的部门计划目标构成的。标准是控制的基础，是衡量绩效完成状况或纠正偏差的客观依据。

控制标准一般包括定量(数量)标准和定性(质量)标准两个部分。定量标准是能够用具体数字表示的、明确可度量的，是各种控制标准的主体部分或核心部分，这些数量数据标准最能说明问题，证实管理工作的效果。定性标准虽然不能用定量标准来表达，但是定量标准的高度概括，是反映控制工作结果的理论观点，是不可缺少的部分，是根据定量的数据或历史经验对控制工作的结果做出判断，其控制作用是不可忽视的。

控制标准一般有两种分法：一是统计性标准(也叫历史性标准)，是以分析反映企业经营在历史各个时期状况的数据为基础来为未来活动建立的标准,根据管理人员的经验、判断和评估来为之建立标准。如工程标准：机器的生产标准，工人操作标准，劳动时间定额等。二是常规标准，是从时间标准(如交货期等)、数量标准(如产品数量、合格或不合格产品数量等)、质量标准(如质量等级等)、成本标准(如产品成本、管理成本等)，根据组织控制工作目标的需要和要求，可以采取统计性标准或常规性标准，也可以两者结合起来使用。

(二) 控制标准水平确定的原则

在组织控制工作中，控制的水平即控制到什么程度需要确定下来，这是一项重要的工作。制定合理科学的控制标准有利于调动员工的积极性，促进实际工作能力的提高，有效完成计划任务目标；反之，控制工作会流于形式，达不到预期目标。

一般来说，控制标准水平的确定要坚持以下一些原则。

1. 科学合理先进原则

科学性强调要从实际情况出发，在了解掌握外部环境和内部条件的基础上，考虑历史的完成状况，科学确定控制标准；合理性强调计划控制目标要符合实际情况，工作能力基本能够完成计划控制目标；先进性强调在保证完成计划目标的情况下，力争有所前进，有所发展，有所突破和创新，达到新的水平。如果控制目标不符合实际或脱离实际，计划控制目标过高，即使经过努力也达不到，就会挫伤员工的积极性；反之，计划控制目标过低，不用努力就可以达到，起不到激励的作用。

2. 计划控制目标导向原则

控制标准水平要围绕计划目标来制定，也就是说，要从组织发展的计划目标或应达到的控制目标来考虑制定控制标准水平。组织的各个部门在总目标的指导下，从本部门的实际情况出发，制定控制标准水平，包括对重点项目、重点工作、重点部门的控制标准水平的确定。任何脱离组织总目标的控制标准都是不必要的，也是不可取的。

3. 灵活适度弹性原则

计划控制目标或标准一旦确定下来，必须严格执行，不能有丝毫的马虎松懈心理或可完成或可不完成的侥幸心理。但计划控制标准的严肃性不应成为根据实际情况进行灵活调整的限制，应允许员工在一定的条件下或幅度内灵活、适度调整，即控制标准有一定的弹性，应随条件环境的变化而适时适度调整，在特殊情况下可以进行例外处理。一般地说，弹性控制要求企业制订弹性的计划和弹性的衡量标准。控制标准也要坚持公开公平公正，在标准面前，要一视同仁，不允许搞特殊化。

第三节 衡量绩效与纠正偏差

一、衡量绩效

(一) 衡量绩效的基本要求

控制标准制定之后，要以制定的标准为依据进行各方面的实际工作检查、比较，确定工作绩效与控制标准之间的偏差，为下一步纠正偏差采取的措施提供科学依据。通过衡量成绩，检验标准的客观性和有效性，主要是要辨别并剔除这些不能为有效控制提供必需的信息、容易产生误导作用的不适宜标准。

衡量组织绩效工作的有效性，需要满足5点要求，即准确性、及时性、经济性、适度性和及时反馈。

1. 准确性

衡量绩效必须做到准确，用科学的方法和手段收集绩效信息，使绩效结果与计划控制目标进行比较，要反映出真实存在的问题，无论对定量还是定性的指标完成情况，都要做到准确无误、科学可靠，设有虚假扭曲的主观偏见因素。

2. 及时性

绩效结果的衡量应该是及时的，如果过后较长时间来衡量反映绩效结果，或不能及时地把绩效结果传递给各部门的人员，采取有效的措施防止偏差的继续扩大，其绩效信息的利用价值就会大大降低，会给组织控制工作带来损失。衡量绩效的及时性对于涉及较多变动因素的动态系统尤为重要。

3. 经济性

衡量绩效需要投入一定的费用、时间等，也就是说，需要一定的成本。因此，在保证控制工作要求的前提下，努力做到所使用的成本最低，而控制工作能做到最好，既保证控制工作的优质高效，又能使总成本达到最低。

4. 适度性

确定合适的绩效衡量频度。衡量频度是指在一段时间内对同一对象检查衡量的次数。衡量频度要适宜，衡量频度过多或过少都会影响衡量的有效性，如果过多会增加管理费用，还可能引起工作人员的不满，影响他们的工作质量；如果过少可能使一些管理问题或重要偏差发现不了，因而不能及时采取纠正措施，会造成不必要的损失。一般来说，衡量频度的多少取决于控制对象的重要程度、性质，如果控制对象非常重要，关系全局，控制要求高，运行不够稳定，就要增加衡量频度，反之，可适当减少衡量频度。

5. 及时反馈

绩效衡量结果出来后，要及时处理衡量结果。一方面，主管领导要及时采取措施纠正偏差，下面的各个部门要严格落实纠正偏差的各项措施，保证纠偏措施执行到位。另一方面，要建立信息管理反馈系统，把信息的收集、加工、处理、反馈系统建立起来，保证及时、准确、高质量地传递反馈信息，负有控制责任的管理人员，只有及时掌握了反映实际工作与预期工作绩效之间偏差的信息，才能迅速采取有效的纠正措施，提高控制工作效率和效果。

(二) 衡量绩效的方法

一般来说，衡量绩效的方法主要有6种，即亲自观察、统计材料、口头汇报、抽样调查、召开会议和书面报告。

1. 亲自观察

管理人员要到现场或工作第一线亲自观察实际情况，掌握了解获得第一手资料，通过与现场工作人员的交流调查，取得面对面的直接信息，高度关注信息的质量，及时了解工作进度及存在的问题，可以获得真实、可靠、全面的信息。但由于每个人的素质、专业能力不同，容易受个人主观判断或某些偏见的影响，也受时间和精力的限制，要求主管人员对所有工作进行亲自观察是很难做到的。

2. 统计材料

通过统计报表、统计资料、统计报告来了解、掌握工作情况也是常用的方法。这种方法直接查阅各种统计资料，直截了当，能有效显示各种数据之间的联系，能够初步判断工作情况。这种方法可节省时间，但提供的信息量有限，获取全面、准确的信息仅靠统计材料还是不够的。

3. 口头汇报

口头汇报是主管人员或领导听下面的工作人员报告工作，容易获得相关信息，可以直接听到语言的或非语言的工作反馈情况，也是经常采用的了解工作情况的方法，但受个人综合概括能力等方面的限制，信息被过滤或被扭曲，口头汇报不可以存档。

4. 抽样调查

抽样调查是相对于全面调查而言的，是从整批的调查对象中抽取部分样本进行调查研究，抽取量的多少取决于获得信息的精度、质量等要求，并把结果看作整批调查对象的近似值，这种方法可节省时间及调查成本。

5. 召开会议

召开会议也是一种了解掌握工作情况的常用方法。召开会议方式类型有多种，比如座谈会、汇报会、专题调研会等，要求参加会议的各个部门人员汇报各自的工作情况及遇到的问题，有助于管理者了解各部门的工作状况，也有利于加强各部门的联系与协作。

6. 书面报告

书面报告是了解掌握工作情况的重要方法，是正式的、全面的，是可查阅存档的。书面报告需要花较多的时间撰写，要求写作的人员有较高的理论水平，较强的专业能力，写作能力强，能够准确、及时地反映工作情况，使主管人员或领导看到真实、可靠、全面的文字材料。否则，其书面报告的信息会大打折扣。

二、纠正偏差

纠正偏差是控制过程的最后的步骤，是分析实际工作结果与计划控制标准的差距，找出偏差产生的主要原因，确定纠偏措施的实施对象，选择恰当的纠偏措施，使纠偏方案双重优化，充分考虑原先计划实施的影响，注意消除人们对纠偏措施的疑虑。

(一) 纠正偏差的过程

1. 分析产生偏差的原因

在实际工作过程中，是否纠正偏差取决于控制的幅度，如果控制的结果在合理的控制幅度内，就可以不用纠正偏差，也就是说，并不是所有的偏差都需要纠正。一般来说，是根据偏差的性质决定了纠正偏差的形式和内容。

在脱离标准的偏差中，有些偏差可能比控制计划标准更大一些，执行标准过程有严重的问题，有些偏差可能偏离计划标准小一些，可能是偶然的、暂时的、局部的因素引起的，不一定对组织的计划目标产生重要的影响。因此，需要对反映偏差的情况进行系统的分析研究与评价，要分析评价偏差的严重程度，能否对组织的总体目标或对组织活动产生重要的威胁，分析研究导致偏差产生的主要因素和次要因素，以便采取有针对性的纠偏措施，真正切实的解决问题。

2. 采取针对性的纠偏措施

一般来说，导致偏差的主要原因是两个方面，一方面是控制工作不利，因为工作没有到位，达不到计划控制标准要求而产生了偏差；另一方面是控制标准制定不够科学，脱离了实际情况，或者在执行过程中，因外部环境发生了变化，导致标准失效，实际工作不可能达到控制标准的要求。因此，对这两种情况要采取不同的解决方案。

对于控制工作的问题，管理者可以采取调整人员、调整组织结构、加强管理、做好培训工作提高人员素质等方面来解决工作中的问题，提高工作能力和水平。

对于标准问题，需要研究分析外部与内部的环境，对控制标准做出调整，可以调高也可以调低，控制标准要符合内外部环境的变化，明确控制标准调整的内容与方法，对调整后出现的后果或问题要做出估计和判断。标准的调整一定要有充分的客观依据，不可以随便调整控制标准。

(二) 纠正偏差工作的基本要求

纠偏不是目的，纠偏的根本目的是通过对偏差处理过程，保证组织控制计划目标能够得以实现，绝不可以为了纠偏而影响整个组织的正常管理活动。基于完成控制目标实现的角度，纠正偏差工作有以下3点要求。

1. 及时有效性

纠正偏差必须及时有效。纠正偏差的最理想方法是在偏差未产生以前预测偏差的产生，虽然在实践中有许多困难，但在理论上是可行的，即可以通过建立企业经营状况的预警系统来实现。如果发现了偏差不能及时得到纠正，则有可能进一步扩大偏差，向更坏的方向发展，这会造成更多更大的损失。虽然对偏差进行了纠正，但采取的措施没有针对性，不能有效解决问题，也会使偏差扩大，因此，纠正偏差要求及时有效，解决问题。

2. 适合适度性

适合性要求采取的措施切合实际，不仅解决表面问题，更重要的是要从根本上彻底解决问题，如果采取的措施不适合应解决的问题，有可能投入很大，效果很小，甚至产生副作用。

适度性是指纠偏的范围、程度和频度要恰到好处，处理好全面纠偏控制与重点控制的关系，使投入的费用得到足够的控制收益。

纠正偏差不可以过度，如果采取过度纠正偏差的措施，虽然解决了现有的问题，但可能会产生新的问题，带来新的问题或损失；纠正偏差不可以不足，如果不足就不能解决现有问题，组织控制目标不能实现。因此，纠正偏差必须要求做到适合适度。

3. 综合长期性

综合性要求在纠正偏差时，全面整体地看问题和采取综合性的措施，既要考虑产生偏差的直接原因，也要考虑间接原因和其他相关因素，不能"头痛医头，脚痛医脚"，如果不能从整体综合的系统性解决问题，那么可能还会重复原有的问题，或以不同的方式出现，还会造成资源的浪费和损失。长期性要求不能仅解决短期的问题，采取的措施要从长期的角度，使解决的问题以后不仅不会发生，而且能够保持可持续完成控制计划目标。

第四节　控制方法

由于组织控制活动涉及各个方面，管理控制活动的对象、目标、范围和重点不同，控制的方法也不同。一般来说，控制方法主要有预算控制、非预算控制、审计控制和信息控制。

一、预算控制

预算控制是比较常用的方法，也是实现控制目标的重要手段。

(一) 预算的概念与作用

1. 预算的概念

预算是指用数字编制的反映组织在未来某一时期的综合计划，通过财务形式把计划数字化，并把这些计划分解落实到组织的各个层次和各部门中去。预算和计划相联系，与组织系统相适应，能达到实施管理控制的目的。一般来说，预算必须建立在组织计划的基础之上。

2. 预算的作用

对于组织计划控制来说，预算有很好的控制评价作用，具体有以下几点。

(1) 目标具体、清晰。预算规定了组织的总目标和各个部门的具体的用数字表示的分目标，这能够使各个部门了解掌握计划控制目标和组织总目标的关系，明确职责，落实任务，努力方向清楚。完成各自的控制目标就保证了组织总目标的实现。

(2) 控制日常管理活动的依据。预算是组织管理活动的起点，也是控制日常管理活动目标的依据。在执行预算的过程中，各部门通过计量、对比、分析、评价，能够及时发现脱离预算控制目标的问题，采取措施解决问题，保证预算目标顺利完成。

(3) 协调平衡各部门的关系。预算能够把组织各方面工作纳入到统一的计划之中，协调平衡各个部门的经济关系，在保证组织总体控制目标最优的前提下，有效控制各部门的经济管理工作，及时解决各部门之间的不协调问题。

(4) 考核业绩的尺度。组织是否完成控制目标，是以预算计划指标为基本尺度来衡量的，在评价各部门工作业绩时，要根据预算的完成情况，分析偏离预算目标的原因，明确责任，实施奖惩，促进各部门为完成预算控制目标而努力工作。

(二) 预算的种类

预算从不同的角度划分有多种类型。

1. 按综合程度划分，预算有局部预算和全面预算

(1) 局部预算(或称一般预算)。局部预算是以货币及其他数量形式反映的，组织在未来一段时间内，确定的某些部门经营活动的预算计划控制目标，是实施具体预算计划的数量说明。

(2) 全面预算。全面预算是以货币及其他数量形式反映的，组织在未来一段时间内，企业确定的全部经营活动的总体预算计划控制目标，是实施全面预算计划的数量说明。全面预算突出整体性，是全面预算与局部预算的结合，是计划控制目标的前提条件，也是考核经营业绩实施奖惩的客观依据。全面预算的最终反映是一整套预计的财务报表和其他附表，主要是用来规划计划期内企业的全部经济活动及其相关财务结果。全面预算可以按其涉及的业务活动领域分为财务预算和非财务预算。其中，财务预算是关于资金筹措、收入、支出等和使用的预算；非财务预算主要是指业务预算包括销售量、生产量、原材料、直接工时等，用于预测和规划企业的基本经济行为。

2. 按企业经营管理的内容划分，预算有经营预算、投资预算和财务预算

1) 经营预算

经营预算是指企业日常发生的各项活动的预算。它主要包括销售预算、生产预算、直接材料采购预算、直接人工预算、制造费用预算、单位生产成本预算、推销及管理费用预算等。

经营预算中最基本的是销售预算，是销售预测正式的、详细的数字说明。由于销售预测是计划的基础，企业主要是靠销售产品和提供劳务所获得的收入维持经营费用的支出和获利的，因而销售预算也就成为预算控制的基础。

生产预算是根据销售预算中的预计销售量，按产品品种、数量分别编制的。生产预

算编好后，还应根据分季度的预计销售量，经过对生产能力的平衡排出分季度的生产进度日程表，或称为生产计划大纲，在生产预算和生产日程表的基础上，可以编制直接材料采购预算、直接人工预算和制造费预算。这3项预算构成企业生产成本的统计基础。对于实行标准成本控制的企业，还需要编制单位生产成本预算。

推销及管理费用预算，除生产制造业务范围以外预计发生的各种费用明细项目，例如销售费用、广告费、运输费等。

2) 投资预算(或称资本预算、建设性预算)

投资预算是指企业为了今后更好的发展，获取更大的经济效益而做出的资本支出计划。它是综合反映建设资金来源与运用的预算，其支出主要用于固定资产的购置、扩建、改造、更新等，是在可行性研究的基础上编制的预算。它具体反映了资金来源、何时投资、投资多少、获得收益、每年的现金流量多少、投资回收期等。由于对固定资产投资需要很长时间收回投资，因此，投资预算要和企业的发展战略结合起来。

3) 财务预算

财务预算是一系列专门反映企业未来一定预算期内预计财务状况和经营成果，以及现金收支等价值指标的各种预算的总称，具体包括现金预算、预计利润表、预计资产负债表和预计现金流量表等内容。财务预算是反映某一方面财务活动的预算，如反映现金收支活动的现金预算；反映销售收入的销售预算；反映成本、费用的预算等。必须指出的是，经营预算和投资预算可以折算成金额反映在财务预算中，因此，财务预算就成为各种经营业务和投资的全部计划，故称为"总预算"。

(1) 现金预算，是指计划期间预计现金收支的详细情况，主要用于预测组织在不同时点上对现金支出的需要量。现金预算还表明可用的超额现金量，并能为盈余制订营利性投资计划、为优化配置组织的现金资源提供帮助。为了有计划地安排和筹措资金，现金预算编制越短越好，我国一般企业编制是按季或按月编制，西方有些企业按周编制，甚至按天编制。

(2) 预计利润表，是综合反映企业在计划期的预计经营成果，是企业最主要的财务预算之一。编制预计利润表的依据是各业务(销售、成本、费用)预算、专门决策预算和现金预算。

(3) 预计资产负债表，是依据当前的实际资产负债表和全面预算中的其他预算所提供的资料编制而成的，反映企业预算期末财务状况的总括性预算。它的编制需要以计划期间开始日的资产负债表为基础，然后根据计划期间各项预算的有关材料进行必要的调整。预计资产负债表可以为企业提供会计期末企业预期财务状况的信息，有助于企业预测未来期间的经营状况，并采取适当的改进措施。

(4) 预计现金流量表，是反映企业一定期间现金流入与现金流出情况的一种财务预算。它是从现金的流入和流出两个方面，揭示企业一定期间经营活动、投资活动和筹资活动所产生的现金流量。预计现金流量表是按照现金流量表主要项目内容和格式编制的、反映企业预算期内一切现金收支及其结果的预算，是作为企业资金头寸调控管理的依据，也是企业能否持续经营的基本保障预算。预计现金流量表的编制可以弥补编制现金预算的不足，有利于了解计划期内企业的资金流转状况和企业经营能力，而且能突出表现一些长期的资金筹集与使用的方案对计划期内企业的影响。

此外，在财务预算中，还要注意财务比率有关指标的控制。

(1) 流动比率是指流动资产对流动负债的比率，计算公式是"流动比率=流动资产/流动负债×100%"，是检验组织偿还短期债务的能力。企业流动资产大于流动负债，一般表明企业偿还短期债务的能力强。同时，用流动比率去衡量企业资产流动性如何，一般要求企业的流动资产在清偿流动负债以后，应基本满足日常生产经营中的资金需要，但并不意味着流动比率越大越好。从企业的角度看，过大的流动比率说明经营管理不善，因为它很可能是一种不能利用的现金，超出周转需要的各种存货和造成过于扩张的应收账款的赊销经营方式的一种信号，这也就意味着企业流动资产占用较多，会影响企业经营资金周转率和获利能力，同时，企业很可能没有充分利用它当前短期信贷的能力。当然，如果比率过低，说明企业偿债能力较差。经验表明，2：1左右的流动比率对大多数企业来说是比较适合的。但各行业生产经营方式不同、生产周期不同，对资产流动性的要求并不一致，因此要根据不同具体情况确定标准比率，作为考核的尺度。

(2) 速动比率是指企业速动资产对流动负债的比率。所谓速动资产是指流动资产减去存货等非速动资产后的差额，计算公式是"速动比率=速动资产/流动负债×100%"。速动比率是衡量企业短期偿债能力的指标，反映企业流动资产中可以立即用于偿付流动负债的能力。速动资产具体来讲只包括流动资产中的现金、银行存款、应收票据、短期投资、应收账款、有价证券等能变现的资产。速动比率的目的是要测试：假设存货根本没有什么价值可以留下时，在真正的危机出现的情况下，流动负债的收集能力(偿还流动负债的能力)有多大。作为企业面临困境时对偿付能力的有效的测量，这种比率是非常有用的。一般认为这个比率低于 0.6，就说明某些事情或某些地方可能很糟糕；而低于 0.4，就已经接近了破产的边缘。在美国，一般认为这个比率在100%以上为好。但是，从经营的动态性角度来看，速动比率应为多少合适，最好还应同时分析一下企业在未来时期的经营情况。

(3) 总资产周转率是指销售额对总资产的比率，计算公式是"总资产周转率=销售额/总资产×100%"，表明利用越少的资产来实现某个既定的销售额，其利用总资产的效率越高，反之，利用总资产的效率越低。

(4) 销售利润率是指税后净利润对总销售额的比率，计算公式是"销售利润率=税后净利润/总销售额×100%"，反映并能确定组织所创造的利润。

(5) 投资回报率是指净利润对总资产的比率，计算公式是"投资回报率=税后净利润/总资产×100%"，能检查测量组织的资产创造利润的效率。

(6) 资本金利润率是指利润总额对资本金总额的比率，计算公式是"资本金利润率=利润总额/资本金总额×100%"，表明企业投入资本的获利水平。它是直接衡量企业经营成果的尺度，具有重要的现实经济意义。

(7) 资本金增值率的计算公式是"资本金增值率=(资本金年末数-资本金年初数)/资本金年初余额×100%"。国有企业为了考察一定时期资本金的增值情况，一般应用资本金增值率指标。

(8) 资产负债率是指总负债对总资产的比率，计算公式是"资产负债率=总负债/总资产×100%"，表明该比率越高，组织的杠杆比例就越高。

综上所述，企业的预算包括经营预算、投资预算、财务预算三大类，由各种不同的预算组成的预算控制体系。在财务预算中，还要注意财务比率有关指标的检查测量与控制。

(三) 预算编制的常用方法

1. 固定预算与弹性预算

1) 固定预算

固定预算又称静态预算，是以预算期内正常的、可能实现的某一业务量(如生产量、销售量)水平为固定基础，不考虑可能发生的变动因素而编制预算的方法。它是最传统的，也是最基本的预算编制方法。

固定预算法的优点是简便易行。

固定预算法其缺点主要有：一是过于机械呆板。因为编制预算的业务量基础是事先假定的某一个业务量，不论预算期内业务量水平可能发生哪些变动，都只按事先确定的某一个业务量水平作为编制预算的基础。二是可比性差。这是固定预算方法的缺点。当实际的业务量与编制预算所根据的预计业务量发生较大差异时，有关预算指标的实际数与预算数就会因业务量基础不同而失去可比性。因此，按照固定预算方法编制的预算不利于正确地控制、考核和评价企业预算的执行情况。一般来说，固定预算只适用于业务量水平较为稳定的企业或非营利组织编制预算。

2) 弹性预算

弹性预算法又称变动预算法、滑动预算法，是在变动成本法的基础上，以未来不同业务水平为基础编制预算的方法，是固定预算的对称。它是指以预算期间可能发生的多种业务量水平为基础，分别确定与之相应的费用数额而编制的、能适应多种业务量水平的费用预算。弹性预算可以分别反映在各业务量的情况下所应开支(或取得)的费用(或利润)水平。正是由于这种预算可以随着业务量的变化而反映各该业务量水平下的支出控制数，具有一定的伸缩性，因而称为"弹性预算"。

用弹性预算的方法来编制成本预算时，其关键在于把所有的成本划分为变动成本与固定成本两大部分。变动成本主要根据单位业务量来控制，固定成本则按总额控制。成本的弹性预算公式是"成本的弹性预算＝固定成本预算数＋∑(单位变动成本预算数×预计业务量)"。

弹性预算的优点：一是能够适应不同经营活动情况的变化，扩大了预算的范围，更好地发挥预算的控制作用，避免了在实际情况发生变化时对预算做频繁的修改；二是能够使预算对实际执行情况的评价与考核，建立在更加客观、可比的基础上。弹性预算适用于各项随业务量变化而变化的成本预算和利润预算。如学校的货物采购项目，由于学生的招生规模变化很大，因而可以根据预算年度计划招生人数、在校学生人数测算应添置的课桌凳、床的数量、教学楼防护维修或其他采购项目等。

2. 增量预算与零基预算

1) 增量预算

增量预算是指新的预算使用以前期间的预算或者实际业绩作为基础来编制，在此基础上增加相应的内容。资源的分配是基于以前期间的资源分配情况。这种方法并没有考虑具体情况的变化。这种预算关注财务结果，而不是定量的业绩计量，并且和员工的业绩并无联系。

增量预算的优点是预算稳定且变化是循序渐进的；相对容易操作和理解；能够避免冲突，遇到问题易于解决；容易实现协调预算。

增量预算的缺点是经营活动以及工作方式都以相同的方式继续下去；创新动力不足；没有降低成本的动力；鼓励将预算全部用光，以便明年可以保持相同或增加预算等(目前很多事业单位都是如此)。

2) 零基预算

零基预算是指在每一个新的期间必须重新判断所有的费用。零基预算开始于"零基础"，需要分析企业中每个部门的需求和成本。无论这种预算比以前的预算高还是低，都应当根据结果和当前、未来的需求编制预算。

零基预算的优点是能够识别和去除不充分或者不符合实际的费用，提高资金的利用效率；能够促进更为有效的资源分配；需要广泛的参与；能够应对环境的变化；鼓励管理层寻找创新的方法。

零基预算的缺点是过程复杂且易耗费时间；强调短期利益而忽视长期目标；管理团队可能缺乏必要的创新能力。

(四) 预算的局限性

预算是一种普遍使用的效果较好的计划控制方法，但也存在一些不足之处。局限性主要有：

(1) 注重短期目标，容易忽视长期的战略目标。预算一旦确定下来，有些主管人员把主要力量放在本部门的预算控制上，忘记或忽视组织的长期战略目标。

(2) 预算过细过死，容易导致效率低下。有些预算控制很细，也很死，严重束缚主管人员创造性工作，调整预算滞后，预算的有效性会减弱或消失。有些预算应该下调或减少，但实际申请预算的计划数却增加，预算控制效率低下。

(3) 预算编制在业绩衡量标准上局限于单一的财务指标，未考虑驱动企业价值增值的非财务因素，编制依据是销售预测或目标利润。从当今企业竞争环境来看，这是非常片面的，在实践中会给企业带来严重的不良后果，主要是可能引发短期行为，不利于企业对长期竞争优势的培育和维护。

二、非预算控制

除了预算控制之外，还有非预算控制，包括视察、报告分析、全面质量管理、标杆管理、平衡计分卡、六个西格玛管理等。

(一) 视察

视察算得上是一种最古老、最直接的控制方法，其基本作用就在于获得第一手的信息。作业层(基层)的主管人员通过视察，可以判断出产量、质量的完成情况以及设备运转情况和劳动纪律的执行情况等；职能部的主管人员通过视察，可以了解到工艺文件是否得到了认真的贯彻，生产计划是否按预定进度执行，劳动保护等规章制度是否被严格遵守，以及生产过程中存在哪些偏差和隐患等；上层主管人员通过视察，可以了解到组织方针、目标和政策是否落实，可以发现职能部门的情况报告是否属实及员工的合理化建议是否得到认真对待，还可以从与员工的交谈中了解他的情绪和士气等。所有这些都是主管人员最需要了解的，但却是正式报告中见不到的第一手信息。此外，还能够使得组织的管理者保持和不断更新自己对组织的感觉，使他们感觉到事情是否进展顺利，以及组织这个系统是否运转得正常。视察还能够使得上层主管人员发现被埋没的人才，并从下属的建议中获得不少启发和灵感。此外，亲自视察本身就有一种激励下级的作用，它使得下属感到上级在关心着他们。所以，经常亲临现场视察，有利于创造一种良好的组织合作氛围。即使是拥有计算机化的现代管理信息系统，计算机提供的实时信息，做出的各种分析，仍然代替不了主管人员视察的亲身感受，通过面对面的交流所传达的关心、理解和信任，从而推动职工积极工作从而实现组织目标。

当然，主管人员也必须注意视察可能引起的消极作用。例如，下属可能误解上司的视察，将其看作对他们工作的一种干涉和不信任，或者是看作不能充分授权的一种表现。这是需要引起注意的。

(二) 报告分析

报告分析是用来向负责实施计划的主管人员全面地、系统地阐述计划的进展情况、存在的问题及原因分析、已经采取了哪些措施、收到了什么效果、预计能出现的问题等情况的一种重要方法。其主要目的是提供一种可用作纠正措施依据的信息。对报告分析的基本要求是适时全面、突出重点、例外情况、对策措施、简明扼要。通常运用报告分析进行控制的效果，取决于主管人员对报告要求。管理实践表明，大多数主管人员对下属应当向他报告分析什么，缺乏明确要求。随着组织规模及其经营活动规模的日益扩大，管理也日益复杂，主管人员的精力和时间是有限的，从而定期的情况报告分析也就越发显得重要了。

(三) 全面质量管理

全面质量管理即TQM，就是指一个组织以质量为中心，以全员参与为基础，目的在于通过顾客满意和本组织所有成员及利益相关者受益而使组织达到长期稳定发展。在全面质量管理中，质量这个概念和全部管理目标的实现有关。全面质量管理的基本原理与其他概念的基本差别在于，它强调为了取得真正的经济效益，管理必须始于识别顾客的质量要求，终于顾客对产品和服务感到满意。全面质量管理就是为了实现这一目标而指导人、机器、信息的协调活动。

全面质量管理的主要特点是：它具有全面性，控制着产品质量的各个环节，各个阶段；是全过程的质量管理；是全员参与的质量管理；是全社会参与的质量管理。通过全面质量管理可以提高产品质量，改善产品设计，加速生产与管理流程改造，鼓舞员工的士气和增强质量意识，改进产品售后服务，提高市场的接受程度，降低经营质量成本，减少经营亏损，降低现场维修成本，减少责任事故等。

全面质量管理强调树立4个基本观点。

一是为用户服务的观点。在企业内部，凡接收上道工序的产品进行再生产的下道工序，就是上道工序的用户，"为用户服务"和"下道工序就是用户"是全面质量管理的一个基本观点。通过每道工序的质量控制，达到提高最终产品质量的目的。

二是全面管理的观点。所谓全面管理，就是进行全过程的管理、全企业的管理和全员参加的管理。全过程的管理是要求对产品生产过程进行全面控制。企业管理是强调质量管理工作不局限于质量管理部门，要求企业所属各单位、各部门都要参与质量管理工作，共同对产品质量负责。全员参加的管理是要求把质量控制工作落实到每一名员工，让每一名员工都关心产品或服务的质量。

三是以预防为主的观点。就是对产品质量进行事前控制，把事故消灭在发生之前，使每一道工序都处于控制状态。

四是用数据说话的观点。科学的质量管理，必须依据正确的数据资料进行加工、分析和处理找出规律，再结合专业技术和实际情况，对存在问题做出正确判断并采取正确有效的对策措施解决问题。

(四) 标杆管理

1. 标杆管理的概念与要素

1) 标杆管理的概念

标杆管理由美国施乐公司于1979年首创，是现代西方发达国家企业管理活动中支持企业不断改进和获得竞争优势、追求卓越的最重要的管理方式之一，西方管理学界将其与企业再造、战略联盟一起并称为20世纪90年代三大创新管理方法。标杆管理方法较好地体现了现代知识管理中追求竞争优势的本质特性，因此具有巨大的实效性和广泛的适用性。如今，标杆管理已经在市场营销、成本管理、人力资源管理、新产品开发等方面得到广泛的应用，取得了显著的管理效果。

标杆管理的概念可概括为：不断寻找和研究同行一流公司的最佳实践，并以此为基准与该企业进行比较、分析、判断，从而使自己企业得到不断改进或赶超一流公司，创造优秀业绩的良性循环过程。其核心是向业内或业外的最优秀的企业学习。通过学习，企业重新思考和改进经营实践，创造自己的最佳业绩，这实际上是模仿创新的过程。

2) 标杆管理的要素

标杆管理主要由以下3个要素组成。

(1) 标杆管理实施者，即发起和实施标杆管理的组织。

(2) 标杆伙伴，也称标杆对象，即定为"标杆"被学习借鉴的组织，是任何乐于通过与标准管理实施者进行信息和资料交换，而开展合作的内外部组织或单位。

(3) 标杆管理项目，也称标杆管理内容，即存在不足，通过标杆管理向他人学习借鉴，以谋求提高的领域。

2. 标杆管理的特点与作用

1) 标杆管理的特点

(1) 标杆管理是站在全行业甚至更广阔的全球视野上寻找基准，突破了企业的职能分工界限和企业性质与行业局限。它重视实际经验，强调具体的环节、界面和流程，因而更具有特色。同时，标杆管理也是一种直接的、中断式的、渐进的管理方法，其思想是企业的业务、流程、环节都可以解剖、分解和细化。企业可以根据需要，或者寻找整体最佳实践，或者发掘优秀"片断"进行标杆比较，或者先学习"片断"再学习"整体"，或者先从"整体"把握方向，再从"片断"具体分步实施。

(2) 标杆管理是一种有目的、有目标的学习过程。通过学习，企业重新思考和设计经营模式，借鉴先进的模式和理念，再进行本土化改造，创造出适合自己的全新最佳经营模式。通过标杆管理，企业能够明确产品、服务或流程方面的最高标准，然后做必要的改进来达到这些标准。标杆管理是一种能引发新观点、激起创新的管理工具，它对大公司或小企业都同样有用。标杆管理为组织提供了一个清楚地认识自我的工具，便于发现解决问题的途径，从而缩小自己与领先者的距离。

(3) 标杆管理具有渐进发性，对标杆管理策略的贯彻落实是一个需要长期努力的渐进过程，需要在员工交流与培训上进行投资。企业可从初级到高级分阶段确立循序渐进的改善管理。此外，企业通过标杆管理，可以在寻找差异的过程中培育组织扩展型的思维模式，引导组织的管理水平和技术水平呈螺旋式上升发展，有时甚至可以激发创新变革，向学习型组织迈进。从知识管理角度看，标杆管理要求企业敏锐地挖掘外部市场和企业自身的知识，尤其是工作流程中隐性知识，为企业提供了获取应用外界知识的工具和手段，为管理和应用知识找到目标，因此，标杆管理成为推动管理进步和组织进化的阶梯。

2) 标杆管理的作用

(1) 通过标杆管理，企业可以选择标杆，确定企业中、长期发展战略，并与竞争对手对比分析，制订战略实施计划，并选择相应的策略与措施。

(2) 标杆管理可以作为企业业绩提升与业绩评估的工具。标杆管理通过设定可达目标来改进和提高企业的经营业绩。目标有明确含义，有达到的途径，可行、可信，使企业可以坚信绩效完全有办法提高到最佳状态。而且，标杆管理是一种辨识世界上最好的企业实践并进行学习的过程。通过辨识行业内外最佳的企业业绩及其实践途径，企业可以制定业绩评估标准；然后对其业绩进行评估，同时制定相应的改善措施。企业可以明确该企业所处的地位、管理运作以及需要改进的地方，从而制定适合该企业的有效的发展战略。

(3) 标杆管理有助于企业建立学习型组织。学习型组织实质是一个能熟练地创造、获取和传递知识的组织，同时也要善于修正自身的行为，以适应新的知识和见解。而实施标杆管理后，有助于企业发现，在产品、服务、生产流程以及管理模式方面存在哪些不足，并学习"标杆企业"的成功之处，再结合实际，将其充分运用到自己的企业当中。而且这种过程是一种持续往复的过程，主要基于3点考虑：企业所在的竞争环境持续改变；"标杆企业"不断升级与更新；企业业务范围和企业规模。

3. 标杆管理的程序

一个完整的内外部标杆管理的程序通常分为以下5步。

(1) 计划。主要工作有：①组建项目小组，担当发起和管理整个标杆管理流程的责任；②明确标杆管理的目标；③通过对组织的衡量评估，确定标杆项目；④选择标杆伙伴；⑤制订数据收集计划，如设置调查问卷，安排参观访问，充分了解标杆伙伴并及时沟通；⑥开发测评方案，为标杆管理项目赋值以便于衡量比较。

(2) 内部数据。主要工作有：①收集并分析内部公开发表的信息；②遴选内部标杆管理合作伙伴；③通过内部访谈和调查，收集内部一手研究资料；④通过内部标杆管理，可以为进一步实施外部标杆管理提供资料和基础。

(3) 外部数据。主要工作有：①收集外部公开发表的信息；②通过调查和实地访问收集外部一手研究资料；③分析收集的有关最佳实践的数据，与自身绩效计量相比较，提出最终标杆管理报告；④标杆管理报告揭示标杆管理过程的关键收获，以及对最佳实践调整、转换、创新的见解和建议。

(4) 实施与调整。根据标杆管理报告，确认正确的纠正性行动方案，制订详细实施计划，在组织内部实施最佳实践，并不断对实施结果进行监控和评估，及时做出调整，以最终达到增强企业竞争优势的目的。

(5) 持续改进。标杆管理是持续的管理过程，不是一次性行为，因此，为便于以后继续实施标杆管理，企业应维护好标杆管理数据库，制订和实施持续的绩效改进计划，以不断学习和提高。

4. 标杆管理的局限性

标杆管理可以有效地提升企业(产业或国家)的竞争力，但是企业(产业或国家)实施标杆管理的实践业已证明，仅仅依赖标杆管理未必就一定能够将竞争力的提高转化为竞争优势，有的企业甚至陷入了"标杆管理陷阱"之中。这就意味着标杆管理还存在许多局限之处，主要有以下两点：

(1) 标杆管理导致企业竞争战略趋同。标杆管理鼓励企业相互学习和模仿，因此，在奉行标杆管理的行业中，可能所有的企业都企图通过采取诸如提供更广泛的产品或服务以吸引所有的顾客细分市场等类似行动来改进绩效，在竞争的某个关键方面超过竞争对手。模仿使得从整体上看企业运作效率的绝对水平大幅度提高，然而企业之间相对效率差距却日益缩小。普遍采用标杆管理的结果必然使各个企业战略趋同，各个企业的产品、质量、服务甚至供应销售渠道大同小异，市场竞争趋向于完全竞争，造成在企业运作效率上升的同时，利润率却在下降。所以说，标杆管理技术的运用越广泛，其有效性就越是受到限制。

(2) 标杆管理陷阱。由于科技的迅速发展，使得产品的科技含量和企业使用技术的复杂性日益提高，模仿障碍提高，从而对实施标杆管理的企业提出了严峻的挑战：能否通过相对简单的标杆管理活动就能获得、掌握复杂的技术和跟上技术进步的步伐？如果标杆管理活动不能使企业跨越与领先企业之间的"技术鸿沟"，单纯为赶超先进而继续推行标杆管理，则会使企业陷入繁杂的"落后—标杆—又落后—再标杆"的"标杆管理陷阱"之中。

总之，标杆管理局限性的突破方向不在于标杆管理自身的完善，而在于超越标杆，把价值创造作为企业的根本战略抉择，才能获得持久竞争优势。

(五) 平衡计分卡(简称 BSC)

1. 平衡计分卡的内容与特点

平衡计分卡(简称BSC)于1992年由哈佛大学名师罗伯·卡普兰及大卫·诺顿首度提

出，主要解决传统的绩效评价制度过于偏重财务方面的问题，但在实际运用后又发现平衡计分卡要与企业的营运策略相互结合，才能达到企业绩效衡量的目的。他们指出："在盛行的管理思想大师们的智慧中，我们很难寻找到有关全局框架的帮助……，连迈克尔·波特的竞争优势理论都没有提供一个简单、有效的描述战略的通用平台。"而平衡计分卡是一个将组织的战略落实为可操作的衡量指标和目标值的一种新型绩效管理体系，解决绩效评价和战略实施的两大问题。建立平衡计分卡的目的就是要建立"实现战略导向"的绩效管理系统，从而保证企业战略得到有效的执行。因此，人们通常称平衡计分卡是加强企业战略执行与控制的最有效的战略管理工具，被誉为近75年来世界上最重要的管理工具和方法。

1) 平衡计分卡的内容

平衡计分卡的内容以愿景战略为核心，包括财务；客户；内部业务流程；人员学习、创新与成长4个层面。根据平衡计分卡的方法，管理者应当在每一个方面都制定目标，然后监测目标能否实现。平衡计分卡能有效解决制定战略和实施战略脱节的问题，堵住了"执行漏斗"。

(1) 财务层面业绩指标可以显示企业的战略及其实施和执行是否对改善企业赢利做出贡献。财务目标通常与获利能力有关，其衡量指标有营业收入、资本报酬率、经济增加值等，也可能是销售额的迅速提高或创造现金流量。

(2) 客户层面是管理者要满足客户的哪些需求，并有具体的衡量指标。客户关心的主要有5个方面：时间、质量、性能、服务和成本。企业必须为这5个方面树立清晰的目标，然后将这些目标细化为具体的指标。客户层面指标通常包括客户满意度、客户保持率、客户获得率、客户盈利率，以及在目标市场中所占的份额。客户层面使业务单位的管理者能够阐明客户和市场战略，从而创造较高的财务回报。

(3) 内部业务流程层面管理者要确认组织关键的内部流程，哪些业务流程处于领先地位，这些流程帮助业务单位提供价值主张，以吸引和留住目标细分市场的客户，并满足股东对卓越财务回报的期望。内部运营指标涉及企业的改良/创新过程、经营过程和售后服务过程等。

(4) 人员学习、创新与成长层面管理者要创造企业长期的成长，就必须建立人员学习、创新与企业成长的机制，确立了目前和未来成功的关键因素，要取得哪些进步来适应变革和发展。

平衡记分卡的前3个层面一般会揭示企业的实际能力与实现突破性业绩所必需的能力之间的差距，为了弥补这个差距，企业必须投资于员工的学习、创新与技术的再造、组织程序和日常工作的理顺，这些都是平衡记分卡学习与成长层面追求的目标。如员工满意度、员工保持率、员工培训和技能等，以及这些指标的驱动因素。

2) 平衡计分卡的特点

平衡计分卡的特点是结合全面预算管理，将图、卡、表与年度目标管理相链接。能够实现五大平衡即财务与非财务衡量方法之间的平衡，长期目标与短期目标之间的平衡，外部和内部的平衡，结果和过程平衡，管理业绩和经营业绩(或先进指标与滞后指标比如财务指标)的平衡。它能反映组织综合经营状况，使业绩评价趋于平衡和完善，利于组织长期发展。

平衡计分卡与传统评价体系比较，具有如下特点：

(1) 平衡计分卡为企业战略管理提供强有力的支持。随着全球经济一体化进程的不断发展，市场竞争的不断加剧，战略管理对企业持续发展而言更为重要。平衡计分卡的评价内容与相关指标和企业战略目标紧密相连，企业战略的实施可以通过对平衡计分卡的全面管理来完成。

(2) 平衡计分卡可以提高企业整体管理效率。平衡计分卡所涉及的4项内容，都是企业未来发展成功的关键要素，通过平衡计分卡所提供的管理报告，将看似不相关的要素有机地结合在一起，可以大大节约企业管理者的时间，提高企业管理的整体效率，为企业未来的成功发展奠定坚实的基础。

(3) 注重团队合作，防止企业管理机能失调。团队精神是一个企业文化的集中表现，平衡计分卡通过对企业各要素的组合，让管理者能同时考虑企业各职能部门在企业整体中的不同作用与功能，使他们认识到某一领域的工作改进可能是以其他领域的退步为代价换来的，促使企业管理部门考虑决策时要从企业出发，慎重选择可行方案。

(4) 平衡计分卡可提高企业激励作用，扩大员工的参与意识。传统的业绩评价体系强调管理者希望(或要求)下属采取什么行动，然后通过评价来证实下属是否采取了行动以及行动的结果如何，整个控制系统强调的是对行为结果的控制与考核。而平衡计分卡则强调目标管理，鼓励下属创造性地(而非被动)完成目标，这一管理系统强调的是激励动力。因为在具体管理问题上，企业高层管理者并不一定会比中下层管理人员更了解情况、所做出的决策也不一定比下属更明智。所以，由企业高层管理人员规定下属的行为方式是不恰当的。另一方面，目前企业业绩评价体系大多是由财务专业人士设计并监督实施的，但是，由于专业领域的差别，财务专业人士并不清楚企业经营管理、技术创新等方面的关键性问题，因而无法对企业整体经营的业绩进行科学合理的计量与评价。

(5) 平衡计分卡可以使企业信息负担降到最少。在当今信息时代，企业很少会因为信息过少而苦恼，随着全员管理的引进，当企业员工或顾问向企业提出建议时，新的信息指标总是不断增加。这样，会导致企业高层决策者处理信息的负担大大加重。而平衡计分卡可以使企业管理者仅仅关注少数而又非常关键的相关指标，在保证满足企业管理需要的同时，尽量减少信息负担成本。

2. 平衡计分卡实施原则与步骤

一个结构严谨的平衡计分卡，应包含一连串连接在一起的目标和量度，这些量度和目标不仅前后连贯，同时互相强化。

1) 实施平衡计分卡须遵守的3个原则

(1) 因果关系原则；

(2) 成果量度与绩效驱动因素原则；

(3) 与财务结合原则。

三项原则将平衡计分卡与企业战略连接在一起，其因果关系链代表目前的流程和决策，会对未来的核心成果造成哪些正面的影响。这些量度的目的是向组织表示新的工作流程规范，并确立战略优先任务、战略成果及绩效驱动因素的逻辑过程，以进行企业创新和流程改造。

2) 平衡计分卡的实施步骤

(1) 制定愿景战略;

(2) 设定长期目标(时间范围为3年);

(3) 分析当前的形势;

(4) 描述将要采取的战略计划;

(5) 为不同层面的体系和测量程序确定指标和参数。

实施平衡计分卡需要加强沟通与信息交流,加强组织与管理系统的改善,提高对绩效考核评价的认识,只有通力合作才能取得较好的效果。

(六) 六个西格玛管理

1. 六西格玛(6σ)的内涵

六西格玛(6σ)概念于1986年由摩托罗拉公司的比尔·史密斯提出。此概念属于品质管理范畴,西格玛(σ)是希腊字母,是统计学中的标准偏差,旨在生产过程中降低产品及流程的缺陷次数,提升产品质量。

六西格玛管理是在总结了全面质量管理的成功经验,提炼了其中流程管理技巧的精华和最行之有效的方法,成为一种提高企业业绩与竞争力的管理模式。

6σ是一个目标,这个质量水平意味的是所有的过程和结果中,99.99966%是无缺陷的。也就是说,做100万件事情,其中只有3.4件是有缺陷的,这几乎趋近到人类能够达到的最为完美的境界。6σ管理关注过程,特别关注企业为市场和顾客提供价值的核心过程。因为过程能力用σ来度量后σ越大,过程的波动越小,过程以最低的成本损失、最短的时间周期、满足顾客要求的能力就越强。6σ理论认为,大多数企业在3σ至4σ间运转,也就是说,每百万次操作失误在6210至66800之间,这些缺陷要求经营者以销售额在15%至30%的资金进行事后的弥补或修正,而如果做到6σ,事后弥补的资金将降低到约为销售额的5%甚至更低。

2. 六西格玛管理的特征

(1) 树立以顾客为关注焦点的管理理念。

(2) 通过提高顾客满意度和降低资源成本促使组织的业绩提升。

(3) 强调数据和事实,使管理成为基于数据基础上的科学分析。

(4) 是一种以项目团队为突破"瓶颈"驱动力的管理方法。

(5) 能够实现对产品和流程的突破性质量改进。

(6) 有预见的积极管理。

(7) 无边界合作,消除部门及上下级间的障碍,促进组织内部横向和纵向的合作。

(8) 追求完美,容忍失误。

(9) 遵循DMAIC的改进流程模式,包括:D(Define)项目界定阶段,确定需要改进的目标及进度;M(Measure)数据收集阶段,衡量标准测量和权衡现有数据,了解质量状况;A(Analysi S)数据分析阶段,找出影响质量的关键因素;I(Improve)确立最佳项目改善方案阶段;C(Control)项目控制阶段,监控项目进展,确保达到预期的改进目标。

(10) 强调骨干队伍的建设。通用电气公司在杰克·韦尔奇的强力推动下，取得了卓越的经营业绩，国际上的一些跨国公司如惠普、西门子、索尼等的实践证明该管理是行之有效的，能够提升企业管理的能力，能够节约企业运营成本，能够增加顾客价值，能够改进服务水平，能够形成积极向上的企业文化。

3. 六西格玛管理的实施程序

(1) 辨别核心流程和关键顾客。

(2) 定义顾客需求。

(3) 针对顾客需求评估当前管理绩效。

(4) 辨别优先次序，实施流程改进。

(5) 扩展、整合6σ管理系统。

三、审计控制

(一)审计控制的概念与分类

1. 审计控制的概念

审计控制是指根据预定的审计目标和既定的环境条件，按照一定的依据审查、监督被审计单位的经济运行状态，并调整偏差，排除干扰，使被审计单位的经济活动运行在预定范围内且朝着期望的方向发展，以达到提高经济效益和社会效益的目的。

2. 审计控制的分类

审计控制主要包括财务审计和管理审计两大类。财务审计是以财务活动为中心，检查并核实账目、凭证、财物等，以判断财务报表中所列出的综合会计事项是否准确无误，报表本身是否可以信赖等。管理审计是对业务活动的审计控制，不仅要对结果进行评价，而且要对结果及其产生的机制进行分析控制，使之更加符合组织的目标，在方式上应当是事前审计控制。与检查评价式的审计不同，预防式的审计控制在发现问题(或潜在问题)之后，不是满足于问题的揭示，而是要强调建立解决问题的制机。审计控制无论对于合规性还是效益性目标的实现，无疑都有着很大的推动力。

审计还有内部审计和外部审计之分。外部审计是指由组织外部人员对组织活动进行的审计；内部审计是组织自身专门设有审计部门，审计本组织的各项活动。

(二) 审计控制的特点与原则

1. 审计控制的特点

(1) 审计控制的目标是合规性和效益性，通过审计控制使组织中纳入审计控制范围的业务活动提高合规性和效益性水平。

(2) 审计控制的内容是组织的业务活动，而不仅仅是财务活动；只要这些活动利用组织的资源，而不仅仅是资金、资产。

(3) 审计控制的方式是过程式的，包括事前、事中、事后；而不是仅仅是结果式的、事后的。

(4) 审计控制的范围不仅仅是业务活动的结果，更主要的是结果产生的机制。

(5) 审计控制的性质是一种重点控制，而不是全面控制。纳入审计控制范围的是组织的重大项目、大额资金、重要资产、资源。审计控制遵循重要性原则。

2. 审计控制的原则

(1) 独立型原则。审计部门不受任何干扰，必须独立行使职权。

(2) 政策性原则。审计必须符合国家的方针政策。

(3) 客观公正原则。审计必须实事求是，站在公正的立场，做出客观评价和结论。

(4) 群众性原则。审计要走群众路线，必须依靠群众开展审计工作。

(5) 经常性原则。审计工作要经常化、制度化。

(三) 审计工作的内容

1. 财务审计

财务审计是由专职机构和人员，依法对审计单位的财务状况及经济活动的真实性、合法性、效益进行审查评价，达到维护财经法纪，改善经营管理，提高经济效益和社会效益的目的。

财务审计有以下一些方法。

(1) 审计检查法。这是指审计项目实施过程中所采取的各种检验、查证的方法。审计检查法可分为查账法和实物检查法。查账法是对会计凭证、账簿、报表以及其他有关资料检查的方法。实物检查法是指收集书面以外的信息及其载体，证实书面各种资料的真实性、合法性的一种方法。

(2) 审计调查法。这是指审计人员通过调查，对被审计单位的会计资料和有关事实进行查证的一种方法。审计调查法包括审计查询法、观察法和专题调查法等。

(3) 审计分析法。这是指审计人员利用各种分析技术对审计对象进行比较、分析和评价的一种方法。审计分析法包括账户分析法、账龄分析法、逻辑推理法、经济分析法和数学分析法等。

(4) 抽样审计法。它是从被查总体中抽取一部分资料作为样本进行审查，然后根据审查结果来推断被审查总体正确性和合法性的一种方法。抽样审计法包括任意抽样审计法、判断抽样审计法和统计抽样审计法。

2. 管理审计

管理审计是以管理基本原理为评价准则，全面系统地检查分析和评价整个组织或部门的管理水平、管理质量和管理成效，查明问题，采取措施解决问题。管理审计一般不进行个别人员的检查评价。

管理审计方法与财务审计方法基本相同，主要内容包括以下几个方面。

(1) 熟悉被调查组织或部门的业务性质、管理制度与原则、业务工作流程、领导体制及人事等，明确需要获取的各种资料。

(2) 查明各种工作业务记录，比如单据、合同、函电、会议记录、总结报告、决策方案、执行状况、调查数据等，为管理分析提供一手资料。

(3) 详细分析所获取的各种资料，形成分析报告。

(4) 提出具体可操作性的解决方案。

3. 内部审计

内部审计是企业内部的审计人员对企业的会计、财务、各种经营活动的检查评价，即按预期的经营目标来衡量实际的成果，是有效保证达到既定目标的手段。内部审计不仅对财务方面，还要对管理方面、某些专门问题进行审计，并做出评价。

4. 外部审计

外部审计是由外部机构选派审计人员对组织的财务报表及其反映的财务状况进行独立的检查评价。外部审计有利于了解真实情况，提出有针对性的解决方案。

四、信息控制

信息对管理活动是非常重要的，反映了信息管理活动的普遍性和社会性。一切管理活动都离不开信息，一切有效的管理都离不开信息的管理。随着经济全球化，世界各国和地区之间的交往日益频繁，组织与组织之间的联系越来越广泛，组织内部各部门之间的联系越来越多，以至信息大量产生。同时，信息组织与存储技术迅速发展，使得信息储存积累可靠、便捷。

现代组织管理必须在整个管理过程中，对收集加工和输入输出的各种信息进行管理和控制。对信息的控制就是建立管理信息系统。所谓信息管理系统，是以电子计算机为主的技术设备，通过自动化通信网络，与各种信息终端相连接，利用完善的通信网，沟通各方面的联系，以保证迅速、准确、及时地收集和利用信息。它能利用信息监测控制组织的运行，检查测量组织活动的绩效，有效防止各种黑客等对信息系统的攻击，依靠信息系统可以制定合理妥善的行动方案。在大数据时代，组织建立管理信息系统的目的是通过采集分析信息并将其转换为可利用、可控制的信息，确保组织安全可靠的运行。

搞好信息控制要建立信息管理制度，包括：建立原始信息收集制度；规定信息渠道；提高信息的利用率；建立信息反馈系统。

【本章小结】

控制是重要的管理职能之一，是计划执行的全过程行为，也是对环境变化中的管理过程监督反馈，使组织管理运行处于理想的轨道中。管理过程的控制是指根据给定的条件和目的要求，按标准监督各项管理活动以保证按计划进行并纠正各种偏差的过程。控制的本质是在管理过程中，保证按预期的计划目标得以实现。

管理控制的特点是管理过程控制具有全员性与全面性；管理过程控制具有创新性与动态性；管理过程控制是以人为动能量的，并与物的某些工具相结合的控制。

根据时机、对象和目的的不同，可以将控制分为前期控制；同期控制和反馈控制。按照控制主体划分，可将控制分为正式组织控制；群体控制和自我控制。按控制的范围划分，可将控制分为内部控制和外部控制。按控制方式划分，可将控制分为集中控制；

分散控制和分层控制。按控制手段划分，可将控制分为直接控制和间接控制。按控制性质划分，可将控制分为预防性控制和纠错性控制。

在建立管理控制系统或管理控制过程中，必须坚持以下一些原则：控制与计划目标相一致原则；控制要适应组织结构类型原则；控制关键点原则；控制例外偏差原则；控制趋势发展原则。

组织的控制工作一般包括3个步骤，即建立标准；检查衡量标准的执行情况；纠正脱离计划标准的偏差，提高控制效果。

要使控制工作取得好的效果，在坚持上述5条原则的同时，还必须尽力达到或满足控制工作的基本要求。即控制工作要将局部计划目标与整体目标结合起来；控制工作要讲究经济效益；控制工作要将原则性与灵活性结合起来；控制工作要将规范和创新结合起来。

在控制实践中，要选择一些关键环节或重点作为控制的对象，而对其他因素进行一般性的控制；选择控制的重点。

要制定控制标准，控制标准是组织人员检查和衡量实际工作及其结果的规范，是由不同的部门计划目标构成的。标准是控制的前提和基础，是衡量绩效完成状况或纠正偏差的客观依据。控制标准一般包括定量(数量)标准和定性(质量)标准两个部分。控制标准水平的确定要坚持以下一些原则：科学合理先进原则；计划控制目标导向原则；灵活适度弹性原则。

衡量组织绩效工作的有效性，需要满足5点要求，即准确性、及时性、经济性、适度性和及时反馈。衡量绩效的方法主要有6种，即亲自观察、统计材料、口头汇报、抽样调查和召开会议和及时书面报告。

纠正偏差是控制过程的最后的步骤，是分析实际工作结果与计划控制标准的差距，找出偏差产生的主要原因，确定纠偏措施的实施对象，选择恰当的纠偏措施，使纠偏方案双重优化，充分考虑原先计划实施的影响，注意消除人们对纠偏措施的疑虑。纠正偏差工作有以下3点要求：及时有效性；适合适度性；综合长期性。

预算是指用数字编制的反映组织在未来某一时期的综合计划，通过财务形式把计划数字化，并把这些计划分解落实到组织的各个层次和各部门中去。预算和计划相联系，与组织系统相适应，能达到实施管理控制的目的。一般来说，预算必须建立在组织计划的基础之上。预算有很好的控制评价作用，具体有以下几点：目标具体清晰；控制日常管理活动的依据；协调平衡各部门的关系；考核业绩的尺度。

从不同的角度划分预算有多种类型，按综合程度划分，有局部预算和全面预算；按企业经营管理的内容划分，有经营预算、投资预算和财务预算3种类型。预算编制的常用方法有：固定预算与弹性预算；增量预算与零基预算。除了预算控制之外，还有非预算控制，包括视察、报告分析、全面质量管理、标杆管理、平衡计分卡、六个西格玛管理等。

审计控制是指根据预定的审计目标和既定的环境条件，按照一定的依据审查、监督被审计单位的经济运行状态，并调整偏差，排除干扰，使被审计单位的经济活动运行在预定范围内且朝着期望的方向发展，以达到提高经济效益和社会效益的目的。审计控制主要包括财务审计和管理审计两大类。审计还有内部审计和外部审计之分：外部审计是指由组织外部人员对组织活动进行的审计；内部审计是组织自身专门设有审计部门，审计本组织的各项活动。

现代组织管理必须在整个管理过程中,对收集加工和输入输出的各种信息进行管理和控制。对信息的控制需要建立管理信息系统。在大数据时代,组织建立管理信息系统的目的是通过采集分析信息并将其转换为可利用、可控制的信息,确保组织安全可靠的运行。

【复习思考题】

1. 何谓控制?为什么要进行管理控制?管理控制有哪些特点?

2. 控制有哪些类型?不同类型的控制有何特点?

3. 控制过程"三部曲"是指什么?控制的基本原则有哪些?

4. 控制工作的基本要求有哪些?怎样确定控制对象与重点?

5. 如何制定控制的标准与原则?

6. 衡量绩效有哪些基本要求?采取的方法有哪些?

7. 纠正偏差有哪些要求?

8. 什么是预算?预算控制的作用与类型有哪些?

9. 预算控制的方法有哪些?零基预算的思路是什么?利润表、现金流量表、资产负债表的含义是什么?

10. 非预算控制的方法有哪些?标杆管理、六个西格玛管理、平衡计分卡的概念与内涵怎样理解?有哪些作用?

11. 审计控制的分类、特点与原则分别是什么?

12. 审计控制的内容有哪些?

13. 信息控制的重要意义是什么?

【技能训练与实践】

训练一:单项选择题

1. 控制的本质是在管理过程中,保证按预期的(　　)得以实现。
   A. 业务计划　　　　　　　　B. 发展战略　　　　　　　　C. 计划目标

2. 控制主要起检验、调节和(　　)的作用。
   A. 保障　　　　　　　　　　B. 纠偏反馈　　　　　　　　C. 激励

3. 根据时机、对象和目的的不同,可以将控制分为前期控制、同期控制和(　　)。
   A. 直接控制　　　　　　　　B. 反馈控制　　　　　　　　C. 自我控制

4. 按照控制主体划分,可将控制分为群体控制、自我控制和(　　)。
   A. 分层控制　　　　　　　　B. 外部控制　　　　　　　　C. 正式组织控制

5. "治病不如防病"这一理念强调的是(　　)。
   A. 适时控制　　　　　　　　B. 预先控制　　　　　　　　C. 反馈控制

6. "亡羊补牢,犹未为晚"这一说法是指(　　)。
   A. 现场控制　　　　　　　　B. 反馈控制　　　　　　　　C. 直接控制

7. 组织控制工作的前提条件是(　　)。
   A. 分析偏差原因　　　　　　B. 纠正偏差　　　　　　　　C. 建立标准

8. 从财务角度看，(　　)控制方式是主要的。

    A. 审计控制　　　　　　　　B. 信息控制　　　　　　　　C. 预算控制

9. 审计控制包括财务审计、内部审计、外部审计和(　　)。

    A. 业务审计　　　　　　　　B. 管理审计　　　　　　　　C. 经济审计

10. 对信息的控制需要建立(　　)。

    A. 组织机构　　　　　　　　B. 领导体制　　　　　　　　C. 管理信息系统

训练二：多项选择题

1. 在建立管理控制系统或管理控制过程中，必须坚持的基本原则有(　　)。

    A. 控制与计划目标相一致的原则

    B. 控制要适应组织结构类型的原则

    C. 控制关键点原则

    D. 控制例外偏差原则

    E. 控制趋势发展原则

2. 要使控制工作取得好的效果，在坚持基本原则的同时，还必须满足控制工作的基本要求，包括(　　)。

    A. 控制工作要将局部计划目标与整体目标结合起来

    B. 控制工作要讲究经济效益

    C. 控制工作要将原则性与灵活性结合起来

    D. 控制工作要将规范和创新结合起来

3. 控制标准水平的确定要坚持的原则有(　　)。

    A. 科学合理先进原则　　　　　　　　　　B. 计划控制目标导向原则

    C. 灵活适度弹性原则　　　　　　　　　　D. 适度及时原则

4. 衡量组织绩效工作有效性的基本要求有(　　)。

    A. 准确性　　　　　B. 及时性　　　　　C. 经济性

    D. 适度性　　　　　E. 反馈

5. 预算概念包括(　　)。

    A. 用数字编制的反映组织在未来某一时期的综合计划，通过财务形式把计划数字化

    B. 把这些计划分解落实到组织的各个层次和各部门中去

    C. 预算和计划相联系，与组织系统相适应，能达到实施管理控制的目的

    D. 一般来说，预算必须建立在组织计划的基础之上

6. 按企业经营管理的内容划分，企业预算有(　　)。

    A. 经营预算　　　　B. 投资预算　　　　C. 财务预算　　　　D. 全面预算

7. 预算编制的常用方法有(　　)。

    A. 财务预算　　　　B. 固定预算　　　　C. 弹性预算

    D. 增量预算　　　　E. 零基预算

8. 平衡计分卡的内容包括(　　)。

    A. 财务　　　　　　　　　B. 客户　　　　　　　C. 内部业务流程

    D. 人员学习、创新与成长　　　　　　　　　E. 成本

9. 运用控制关键点的原理，指出下列说法正确的是(　　)。

    A. 人的精力是有限的

    B. 工作过程要抓各种细节

    C. 要抓影响全局的主要因素

    D. 把有限的资源用在"刀刃上"

    E. 时刻保持对主要环节的关注与控制

10. 一些组织因没有建立信息管理系统，失去很多发展的机会，建立信息系统管理制度需要(　　)。

    A. 建立原始信息收集制度

    B. 规定信息渠道

    C. 提高信息的利用率

    D. 建立信息反馈系统

训练三：选择填空题

    A. 控制　　　　　B. 标准　　　　　C. 弹性预算　　　　　D. 零基预算

    E. 标杆管理　　　F. 平衡计分卡　　G. 六个西格玛　　　H. 财务审计

    I. 管理审计　　　J. 信息控制

1. 以预算期间可能发生的多种业务量水平为基础，分别确定与之相应的费用数额而编制的、能适应多种业务量水平的费用预算称为(　　)。

2. 衡量组织的各项工作或行为是否符合组织要求的尺度，表现为一些具体的可衡量的指标称为(　　)。

3. 对某系统按标准进行落实、检验、纠偏、反馈的过程称为(　　)。

4. 在质量工作中有99.99966%是无缺陷的，也就是说，做100万件事情，其中只有3.4件是有缺陷的称为(　　)。

5. 向业内或业外的最优秀的企业学习，企业重新思考和改进经营管理，创造自己的最佳业绩称为(　　)。

6. 每一个新的期间必须重新判断制定所有的费用称为(　　)。

7. 以管理基本原理为评价准则，全面系统地检查分析和评价整个组织或部门的管理水平、管理质量和管理成效，查明问题，采取措施解决问题称为(　　)。

8. 以财务活动为中心，检查并核实账目、凭证、财物等，以判断财务报表中所列出的综合会计事项是否准确无误，报表本身是否可以信赖等称为(　　)。

9. 以愿景战略为核心，包括财务、客户、内部业务流程、人员学习、创新与成长4个层面，称为(　　)。

10. 对收集加工和输入输出的各种信息进行管理和控制称为(　　)。

训练四：判断题(判断对的用 √，判断错的用×)

1. 制定标准是控制的依据。( )

2. 事后控制是不起作用的，因为已经造成了损失，企业可以不用事后控制，而采用事前、事中控制就可以了。( )

3. 控制是监督保证按计划进行工作。( )

4. 管理控制过程的关键环节是制订计划目标。( )

5. 自我控制依赖于个人素质，因此不可靠。有效的控制系统往往不需要组织成员的自我控制。( )

6. 控制标准是衡量工作绩效的依据，所以，控制标准水平越高越好。( )

7. 财务控制是常规有效的控制，对企业管理活动效果非常重要，是企业控制的核心。( )

8. 企业多次出现严重的质量问题，组织专家分析原因，并采取纠偏措施，建立严格的责任制度，这是反馈控制。( )

9. 检查监督组织管理活动，发现问题及时解决，保证按计划完成目标，这是管理的组织职能。( )

10. 衡量绩效是控制过程的最终目标。( )

训练五：案例分析

某电机公司的预算控制

某电机公司总经理收到审计部门的报告，报告指出，本年公司已经大大超过预算，下一年度预算方案指标也很高。为解决预算指标过高问题，总经理召集有关部门领导开会共商对策措施。负责编制预算部门的领导介绍了预算编制的过程。他说，新一年的预算先由下面单位报预算，然后财务部门汇总做出财务预算。下面和财务部门的预算按照"新一年指标=本年指标+(1+变动率)"的公式计算新的预算指标。至于如何支出由部门负责，追加预算由公司高层做出决策。当问到提出追加投资预算的原因时，主要有：市场情况发生变化，原预算不够用；产品市场开发开拓需要增加预算；新的发展机会需要经费支持；为本部门财务留有余地等。审计报告还提出，公司总预算明显偏高，各部门执行预算不严，有资金浪费、工期拖后、"跑、冒、滴、漏"及质量事故等，如果加强管理，或把有些工程交给其他承包商，可节省经费预算20%，就等于提高20%经济效益。公司决定调整预算控制程序，建立新的预算控制机制。

思考题：试根据控制工作原理，分析控制工作存在的主要问题，提出新的预算控制机制。

训练六：课外调研与实践

1. 选取一家企业，调查这家企业控制系统的建立状况，分析存在的问题，是否存在隐患，采取怎样的措施解决问题，消除隐患，构建以现代技术为主的全面控制系统。

2. 与你的同学一起，采访学校附近企业的管理者，了解企业控制管理队伍的组成，控制工作是如何开展的，与其他企业有哪些不同，有无改进的余地，提出你们的建议。

【麦当劳公司案例分析研究与思考】

麦当劳服务的高效秘诀：按标准进行全面控制。当前，快餐业的"服务效率"已成为竞争的关键，为此，麦当劳通过制定一系列制度和改进设备，通过改善和控制服务流程来提高餐馆的服务效率，以满足顾客的需要。

一、点膳

在麦当劳餐厅里，收银员负责为顾客记录点膳、收银和提供食品。麦当劳在人员安排上，是将记录点膳、收银和提供食品等任务合而为一的，消除了中间信息传递环节，既节省了成本，又提高了服务效率。麦当劳的菜谱很简单，一般只有9类(而原来有25类之多)，每类按量或品类分成2～3规格；这样，顾客就不需要花很多时间去选择，节约了顾客选择的时间，无形中提高了顾客选择的效率。另外，当顾客排队等候人数较多时，麦当劳会派出服务人员给排队顾客预点食品，这样，当该顾客到达收银台前时，只要将点菜单提供给收银员即可，提高了点膳的速度；同时，让服务人员对顾客实施预点食品，还能降低排队顾客的"不耐烦"心理，提高了顾客忍耐力，可谓一举两得。

二、收银

麦当劳通过使用收银机提高了账目结算的速度，还可将所点的食品清晰地反映给备膳员，提前做好备膳的准备。麦当劳规定收银员在收银过程必须清晰地说出顾客交付的金额，找零过程中还必须清晰地说出交付给顾客的金额，这样就能减少或消除收银过程中出现的纠纷。为了提高服务的效率，麦当劳规定；当某个收银员出现空闲时，应该向在其他收银台前排队的顾客大声说"先生女士，请到这边来"，以提高顾客排队的效率。另外，如果麦当劳内突然出现高峰人群，那么，其他空闲的收银台马上就会启动。

三、供应

顾客点膳后只需要等30秒左右就能拿到所点的食品。在食品供应方面，麦当劳采取了不同的方式以提高效率。麦当劳规定员工在食品供应时都应该带小跑，以提高行动的速度。为了防止行动速度提高而影响食品滑落和外溢，麦当劳对饮料都加了塑料盖、对食品加了纸盒。除此外，麦当劳还对供应设备进行了改革。如在饮料供应方面，饮料设备提供多个饮料出口，只需要员工按一下按钮，就能保证定量的饮料流到杯中。在食品供应方面，通过工艺改进，只需要将半成品加热即可，大大地提高了食品的生产速度，而且顾客还能拿到刚出锅略微发烫的食品。在适量成品库存安排上，麦当劳还根据餐馆位置及当天的日期，参考往年餐厅不同时段的供应量，制定当天不同时段的顾客购买量和购买品种。将每小时细分为6个时间段(每个时间段10分钟)，针对不同的时间段的需求情况，提前做好下一个时间段所需要的数量，通过提前准备的成品库存量(通过保温箱保温)，来迅速满足顾客的需求。

四、消费

麦当劳所有固体食品都是通过手来抓取，饮料使用吸管(吸管的管径往往较粗)。顾客用手抓取不仅方便，而且，抓取的效率要大大高于使用筷子和叉子等工具时的效率。另外，麦当劳的座位和餐桌往往偏小，不宜久坐，如果长时间坐着往往有不舒服的感觉，这就使得顾客不愿意长时间地坐着，自然提高了餐位的使用效率。还有，麦当劳往往使用小型餐桌，最多配给2～4个座位；因此，麦当劳餐厅内不太适合较多朋友聚会。同时，麦当劳还提供外带服务，外带食品是不占用麦当劳的营业空间的；麦当劳专门为外带服务的饮料提供专门设计过的塑料袋，以方便顾客携带和使用。这在某种程度上，也鼓励了顾客外带食品。

五、清洁

首先，麦当劳大量使用纸质、塑料等一次性餐具，在清洁顾客留下的餐巾纸、吸管、可乐杯、纸杯时，只需要将这些餐具倒在垃圾桶里即可，就节省了餐具回收、餐具清洗、消毒、干燥等诸多工序。其次，使用托盘和托盘纸，不仅方便顾客携带，还能为餐厅做广告，减少了桌面被弄脏的概率，节省了桌面清洁的时间。麦当劳还制定了员工要随手清洁的规定，任何人在任何岗位都要顺手将周边的岗位用抹布抹扫干净。对于被顾客打翻的饮料，麦当劳规定要立即进行清洁，以防止污染扩大。同时，麦当劳还有多种配方的清洁液，针对不同的污渍采取不同的清洁液进行清洁，以提高清洁的针对性。

思考：运用控制理论分析这个案例并进行评价。

第十章

管理创新

【教学目标】
1. 管理创新的基本含义
2. 管理创新的特征
3. 管理创新的类型
4. 管理创新的基本内容
5. 管理创新的过程
6. 实现管理创新的条件

【理论应用】
1. 列举典型的企业事例(优秀、最差)并分析它们如何进行管理创新的，存在哪些优点和不足之处。
2. 不同产业类型的企业在进行管理创新时有哪些相同点和差异？实现管理创新需要具备哪些条件？

【案例导入】

奇瑞公司创新管理模式

随着中国汽车市场的日趋成熟，消费者对售后服务水平的要求也更加挑剔和苛刻。如何通过提高服务质量来增强自身的品牌影响力，已经成为近年来汽车厂商的营销热点。奇瑞汽车公司构建了"服务为先，监管到位"的新管理模式，大力加强售后服务建设，是汽车厂商中投入最大、效果最佳的企业之一。为全面改善服务水平，奇瑞公司很早就开始着力强化服务标准管理，加强对服务站的督导力度。这一举措不仅有效提升了客户满意度，更为奇瑞公司提升自身品牌形象起到了不可小觑的作用。

1. 确立服务督导体系

随着汽车市场保有量的快速增长，各品牌服务经销商的急剧增加，服务水平开始显得参差不齐。为了全面提升服务经销商的整体服务水平和能力，奇瑞早先一步确立了适时监控、督促整改、不断提升的服务督导宗旨。督导服务的范围涵盖了流程规范性、服务质量、维修技术规范性、备件储备充足性等服务的全过程。同时，为保证适时监控，奇瑞设计了包括技术能力评审、管理能力评审、"飞行"检查在内的多元化考核形式。其中，对服务站开展深层次的技术能力评审是奇瑞的首创。另外，奇瑞一直都定期开展"第三方调查"，创新性地将"媒体、用户及相关机构"并入到企业服务监督机制里来，这是奇瑞服务管理督导办法中一项重要的举措。奇瑞督导体系在促进奇瑞服务全面改善的同时，也体现了其做强服务的决心与信心。

2. 不断加强督导力度

为了持续提升服务站的业务技能和运营管理能力，增强奇瑞售后服务的竞争力，奇瑞更是把一项名为服务站"导"的管理工作作为工作的重点全面展开，即通过培养一批优秀的督导人员，针对新建销售服务商、业务指标异常的销售服务商、重点区域、重点服务站中运营能力较弱，经多次督导仍无明显改善的服务商进行培训指导。由督导人员依据区域的售后运营情况综合管理各弱项指标，结合区域内服务站的实际经营情况，分析出各区域内的弱项。同时，结合各区域服务站优秀的管理经验，积极探索好的服务管理方案和服务赢利模式，进行有效吸收、改善后，对服务站个别短板因子进行培训推广，并对服务站进行跟踪辅导，保障服务创新工作得到落实和执行。此外，还对需要"导"的经销商进行现场考察和辅导，对其服务弱项做到及时发现，有效整改，最终达到提升服务站的运营管理能力，提高服务站的满意度。

其实，在全球汽车市场中，奇瑞算不上是顶尖大牌，但它自诞生以来每年都有质的飞跃，其根本原因就是坚持"以提高客户满意度"为宗旨，把服务落实到每一个细小环节。相信在竞争日益白热化的汽车行业，谁能坚持不懈地把服务品牌建设落到实处，谁就能为自身品牌立足于市场增添竞争的砝码。

思考：奇瑞创新管理模式的核心是什么？谈谈你的看法。

第一节　管理创新概述

创新是当今世界的一个高频词，我国把创新提到了国家战略层面。政府官员、企业家、学者、教师以及其他普通社会成员都在谈论创新，那么，什么是创新呢？简单说来，创新就是"创造和发现新东西"。从广义的概念上来看，人类社会的每一次进步都离不开创新。

创新的本质是进取，是推动人类文明进步的激情；创新就是要淘汰旧观念、旧技术、旧体制，培育新观念、新技术、新体制；创新的本质是不做复制者。因此，创新实际上就是从观念、理论、制度到实际行动的创造、革新、进步和发展的全过程。

一、创新理论的产生与发展

现代创新理论可追溯到1912年美籍经济学家熊彼特发表的经济学世界名著《经济发展理论》。熊彼特在其著作中提出：创新是指把一种新的生产要素和生产条件的"新结合"引入到生产体系中，包括5种情况：研制或引进新产品；运用新技术；开辟新市场；采用新原料或原材料的新供给；建立新组织形式。熊彼特的创新概念包含的范围很广，如涉及技术性变化的创新及非技术性变化的组织创新。但主要是从技术与经济相结合的角度探讨技术创新在经济发展过程中的作用，以便把握经济发展的规律。他认为，企业家是创新的主体。

美国学者迈尔斯和马奎斯对技术的变革和技术创新进行了研究，在1969年的研究报告《成功的工业创新》中将创新定义为技术变革的集合。他们认为，技术创新是一个复杂的活动过程，从新思想、新概念开始，通过不断解决各种问题，最终使一个有经济价值和社会价值的新项目得到实际成功应用。他认为："技术创新是将新的或改进的产品、过程或服务引入市场。"将模仿和引入新技术知识的改进作为两类创新而划入技术创新定义范围中。

美国著名学者弗里曼从经济学的角度研究创新。他在1982年发表的《工业创新经济学》中指出，技术创新在经济学上的意义只是包括新产品、新过程、新系统和新装备等形式在内的技术向商业化实现的首次转化。

中国20世纪80年代以来开展了技术创新方面的研究，傅家骥先生从企业的角度对技术创新的定义是：企业家抓住市场的潜在赢利机会，以获取商业利益为目标，重新组织生产条件和要素，建立起效能更强、效率更高和费用更低的生产经营方法，从而推出新的产品、新的生产(工艺)方法，开辟新的市场，获得新的原材料或半成品供给来源或建立企业新的组织，包括科技、组织、商业和金融等一系列活动的综合过程。此外还有彭玉冰等专家认为，"企业技术创新是企业家对生产要素、生产条件、生产组织进行重新组合，以建立效能更好、效率更高的新生产体系，获得更大利润的过程"。

进入21世纪，在信息技术推动下，知识社会的形成及其对技术创新的影响进一步被认识，技术创新是一个科技、经济一体化的过程，知识社会条件下以需求为导向、以人为本的创新2.0模式进一步得到关注。我国学者宋刚等在《复杂性科学视野下的科技创新》一文中，通过对科技创新复杂性分析以及AIP应用创新园区的案例剖析，指出了技术创新是各创新主体、创新要素交互复杂作用下的一种复杂现象，是技术进步与应用创新的"双螺旋结构"共同演进的产物；通信技术的融合与发展推动了社会形态的变革，催生了知识社会，使得传统的实验室边界逐步"融化"，进一步推动了科技创新模式的嬗变。要完善科技创新体系，急需构建以用户为中心、以需求为驱动、以社会实践为舞台的共同创新、开放创新的应用创新平台，打造以人为本的创新2.0模式。

人类所做的一切事物都存在创新，创新遍布人类的方方面面，如观念、知识、技术的创新，政治、经济、商业、艺术的创新，工作、生活、学习、娱乐、衣、食、住、行、通信等领域的创新，而不仅仅是技术领域的创新；创新具有普遍性，存在于人类社会发展的过程中。

二、管理创新的内涵及时代特征

(一) 管理创新的内涵

管理创新可以理解为是为了更有效地运用资源以实现目标而进行的创新活动。我国学者芮明杰在《管理创新》中提出："管理创新是指创造一种新的更有效的资源整合范式。这种范式既可以是新的有效的整合资源以达到企业目标和责任的全过程式管理，也可以是新的具体资源整合及目标制度等方面的细节管理。"

管理创新就是要引入新的管理思想、方法、手段、组织方式而实现的创新。美国管理学家哈梅尔(Hamel)，将管理创新定义为"对传统管理原则、流程和实践的明显背离或对常规组织形式的背离，这种背离极大地改变了管理工作的方法"。它包括：企业要提出一种新的经营思路并加以有效实施；创设一个新的组织机构并使之有效运转；提出一个全新的管理方法；设计一种新的管理模式；进行一项制度创新。

综合以上说法，我们认为：管理创新就是指以价值增加为目标，以战略为导向，以各创新要素(如技术、组织、市场、战略、管理、文化、制度等)的协同创新为手段，以培育和增强核心能力、提高核心竞争力为中心，通过有效的创新管理机制、方法和工具，力求做到人人创新、事事创新、时时创新、处处创新的创新活动或过程。

(二) 管理创新的时代特征

管理创新活动始终伴随着经济社会的发展，但为什么今天格外强调管理创新的重要性呢？因为在当今时代，管理创新具有决定企业胜败的关键作用，创新的内涵也和过去维持性或渐进式的创新不同，具有以下鲜明的时代特征。

1. 管理创新的紧迫性

由于企业宏观生存环境和市场竞争环境的变化比以往更快，范围更广泛，对企业管理创新活动的要求因而更加紧迫，"不变革就死亡"已是企业的广泛共识。德鲁克指出："我们无法驾驭变革，我们只能走在变革之前。"如果企业在创新经营上没有空前的紧迫感，就只能永远跟在别人后边跑，直至被淘汰出局。

2. 管理创新的决定性

在知识经济时代,人的智慧资本和企业的无形资产在产品和服务中的比重越来越大,诸如互联网经济、娱乐经济、眼球经济、色彩经济等新型经济形式已经越来越受到人们的关注和重视,知识经济在一个国家国民经济中的比重也越来越大。据报道,文化创意产业已经成为北京的经济支柱产业,这些创意在过去只不过是停留在人们头脑里的一些想法,今天却支撑着一个国家或区域的经济兴衰。在市场竞争中,只有价值创新的企业和附加值高的产品才能在竞争中取胜。如果说,在以往,创新决定着一个企业是否比别人跑得更快;而在今天,创新则决定着一个企业的生死存亡。

3. 管理创新的广泛性

过去的创新主要集中体现在技术创新和产品创新领域，而在今天，企业的创新几乎涵盖了企业的一切经营管理活动，尤其是在商业模式、营销活动、企业组织、运营流程、企业文化等方面，都是传统的创新活动几乎没有关注到的领域，而这些领域的创新又恰恰是当今企业价值创新系统中最为关键的薄弱环节。现在很多企业苦于没有足够的资金和人员，以支持对新产品和新技术的开发创新，而另一些取得非凡成功和超常规发展的企业，仅靠改变一下模式、改进一个流程、改进一点服务，甚至改变一种想法，就可以在竞争中取胜。宝洁公司把微姿护肤品放到药店销售取得了非凡成功，就是靠改变了一个想法：护肤品可以当药卖。以往的企业主要是在市场游戏规则内进行创新，而在今天，能够突破旧的游戏规则进行大胆创新的企业才能出奇制胜。

4. 管理创新的不确定性

由于国内外经济、政治、社会、生态等环境的复杂多变，我们进入了一个"不确定性时代"，各种新理论、新技术、新产品、新生活方式等层出不穷，过去那些预测事物发展变化的方法也可能会在今天变得无效，就连过去信奉多年的顾客市场细分方法也受到了前所未有的挑战：只关注顾客群体的需求是不对的，更大的商机也许就潜藏在人数更多的"非顾客群体"的需求之中，像苹果公司对 iPod 产品的成功营销那样，昨天的空白市场今天也会突然成为公司的主战场。这些不连续的跳跃式的发展变化，使得管理创新的风险性也比以往大大提高了，经营环境和市场的不确定性对企业的管理创新活动提出了更高的要求：一方面需要突破传统思维方式，积极拓展开放式经营，大胆进行破坏性创新；另一方面需要加强对管理创新活动的风险评估和管理，尽可能减少意外的风险和损失。这对企业来说，无疑是考验企业家的创新灵感和经营智慧。

5. 创新平台的多层面性

以往的企业的创新活动主要是在技术平台上，即对新产品、新技术、新工艺的开发和应用。现在的企业除了运用技术平台之外，更重要的是学会在信息平台、网络平台、市场平台、服务平台、观念和概念平台上进行创新。宝洁公司让研究人员走出实验室，以消费者需求引导产品的研发创新，就是从技术创新平台走向了市场创新平台。如何整合这些新的创新平台，实现企业创新资源的有效配置和运用，是新形势下增强企业创新能力的新课题。

今天的管理创新具有鲜明的时代特征，要想应对未来的市场竞争，企业需要进行破坏性、颠覆性、跳跃性的管理变革，企业必须在创新理念、创新领域、创新方法上比过去有所突破，才是企业在未来市场竞争中取胜的"法宝"。

【案例】

王老吉"三链合一"，百年品牌逆势而上

2016 年中国饮料行业正处于行业结构的调整期。整体呈现增长率放缓，新品推广成功率偏低，大部分产品未能匹配新生代消费升级需求的现象。然而王老吉发挥自身优势，持续保持双位数增长，剑指 7 成市场份额。从 2015 年开始，王老吉就通过产业链创新、营销价值链贯通、互联网+生态链这三个链条形成王老吉未来高速发展的新引擎。

一、凉茶产业链创新

王老吉凭借 188 年深厚的凉茶文化底蕴，依托高科技提取技术在广东梅州兴建一座全球产量最大的凉茶原液提取基地，加上此前，益阳、濮阳"三位一体"创新产业基地的陆续投产，王老吉的产能横跨西南、华东、华中、华南，在全国形成了南北驱动、纵贯东西的全产业链新局面。为未来深化全国市场奠定了良好的产业基础。

二、营销价值链贯通

近两年，王老吉通过成功实施四轮驱动策略，把营销价值链进一步贯通，通过全渠道运营、品牌年轻化、品项多组合、社会化营销把竞争对手远远地抛在后面，为企业持续良性发展提供了必要的保障。

（一）全渠道运营，精耕细作

全渠道的运营一直是业内人士考量王老吉能否高速发展的重要标准。在收回王老吉商标以后，广药清楚地意识到了这个问题。经过仔细调研，王老吉采取了"先超市后餐饮"的两步走战略。一方面加大在大型餐饮连锁店方面的投入，另一方面借助有一定实力的酒水经销商，提高餐饮渠道的市场份额。有数据显示，目前，王老吉在大型商超、批发小店铺货率达 95% 以上，在餐饮渠道，王老吉打造"营销餐饮年"，渠道铺货率达 80% 以上。正因如此，在 2016 年王老吉全面超越竞争对手。

（二）品牌年轻化，拥抱消费者

2016 年 1—9 月，在中国凉茶品类市场整体销售增长放缓的情况下，王老吉却实现了超过两位数的增长率，实现这一切并非在一朝一夕之间，细心的行业人士发现王老吉在 4 个方面发力，全面实施品牌年轻化的策略。

(1) 产品媒介化。王老吉在包装设计和定制上可谓推陈出新，先后推出了吉祥罐、越热越爱态度罐，以及武侠罐，创意十足，广受消费者欢迎。

(2) 媒介传播更时尚、更年轻化。从 2012 年起，青春、靓丽的年轻人取代了中年人，内容也更符合现代年轻人的生活。

(3) 媒介年轻化。从 2012 年到 2016 年，王老吉逐渐加大在互联网上的营销预算，特别是在 2017 年春节临近之时，王老吉再次重拳出击，与浙江卫视达成战略联盟，独家冠名了浙江卫视真人秀《我们十七岁》。从王老吉春节档的多点开花，可以察觉出王老吉对于消费者需求的重视，其通过多年的全产业链积累，品牌优势有了质的飞跃。

(4) 内容更时尚、更年轻化。为迎合现代年轻的消费者，王老吉将目光转向了与热门 IP 的合作上，这些 IP 聚集了大量的年轻粉丝，通过与 IP 绑定，与年轻人之间产生共同话题。王老吉品牌年轻化策略的成功实施让新生代消费群都成为王老吉的忠实粉丝。

（三）品项多组合，单品多元化

2016 年，王老吉销量仅瓶装销售额已达近 20 亿元。特别提到的是，6 月王老吉在天津达沃斯论坛举办期间发布了无糖、低糖凉茶新品，并从 10 月开始，启动"Fun4 一刻"无糖、低糖凉茶全国新品品鉴会。这意味着，王老吉在大健康领域进行产品多元化的同时，也在凉茶单品上开启了多元化战略。不同的包装、不同的定价、不同的市场细分，王老吉新推出了两款凉茶产品，瞄准了高端饮料市场，试图打造新的增长点。就目前的市场反馈来看，王老吉新品凉茶的市场认可度极高，无糖、低糖新品在天猫上线首日销量即过万箱，双十一期间，王老吉在电商平台上的销售额达 1200 多万。据王老吉方透露，当前该新品销售额已突破 1 亿元。

（四）团队专业化

截至 2016 年，王老吉的团队规模已过万人，随着团队的实战经验的不断提升，专业技能的不断完善，王老吉打造出一支不认输的狼性团队。这也是王老吉可以实现销量从零到领导者的重要利器。

三、互联网+生态链

王老吉"超吉+"战略的实施旨在将消费者变为用户，以用户参与为核心，不断提升王老吉在产品、渠道、品牌和文化等各个方面的消费体验。随着"互联网+"成为出现频率最高的行业热词，王老吉基于"互联网+"打造了一套升级的"超吉+"战略体系，"超吉+"融合了超级媒介、超级入口、超级平台、超级联盟和庞大消费者用户群，最终将形成以凉茶消费为基础，以用户体验为核心，以参与性互动及定制化服务为支撑的超级生态圈。

另外值得关注的是，对于快消品行业来说，2017 年其面临更大的成本压力。2016年下半年以来，国内的物流费、糖价、各种包材均出现较大幅度上涨，饮料企业将面临原材料成本上涨的压力。以包装为例，近年来中国纸箱的原纸涨幅就高达 50%，导致纸箱价格直接增长 40%，铝罐涨幅也达 20%。而食品饮料所必需的白砂糖，涨幅也是达 30%左右。再者，我国正处在第三次消费升级阶段，随着可支配收入的逐步增长，不但消费结构发生改变，大众对消费品质的要求也不断提升，更加注重消费体验和产品附加值。挑战与机遇就在眼前。王老吉跳脱传统的"拼价格"的思路，主动进行产业升级，从提升产品品质及品牌附加值上下功夫，打造"优价优质"高附加值产品，不断推动"三链合一"战略体系的实施，在顺应 2016 年"涨价潮"趋势的同时，推动凉茶产业的价格升级，打造行业进入后营销时代创新的增长点！

思考： 对王老吉百年品牌的管理创新，谈谈你的认识。

三、管理创新的类型

从不同的角度研究管理创新，可以划分多种管理创新的类型。

(一) 局部创新与整体创新

从创新的规模以及创新对系统的影响程度来考察，可将其分为局部创新和整体创新。局部创新是指在系统性质和目标不变的前提下，系统活动的某些内容、某些要素的性质或其相互组合的方式，系统的社会贡献的形式或方式等发生变动；整体创新则往往改变系统的目标和使命，涉及系统的目标和运行方式，影响系统的社会贡献的性质。

(二) 消极防御型创新与积极攻击型创新

从创新与环境的关系来分析，可将其分为消极防御型创新与积极攻击型创新。消极防御型创新是指由于外部环境的变化对系统的存在和运行造成了某种程度的威胁，为了避免威胁或由此造成的系统损失扩大，系统在内部展开的局部或全局性调整；积极攻击型创新是在观察外部世界运动的过程中，敏锐地预测到未来环境可能提供的某种有利机会，从而主动地调整系统的战略和技术，以积极地开发和利用这种机会来谋求系统的发展。

(三) 初建期创新与运行中创新

从创新发生的时期来看，可将其分为系统初建期的创新和运行中的创新。系统的组建本身就是社会的一项创新活动。系统的创建者在一张白纸上绘制系统的目标、结构、运行规划等蓝图，这本身就要求有创新的思想和意识，创造一个全然不同于现有社会(经济组织)的新系统，寻找最满意的方案，取得最优秀的要素，并以最合理方式组合，使系统进行活动。但是"创业难，守业更难"，在动荡的环境中"守业"，必然要求积极地以攻为守，要求不断创新。创新活动更大量地存在于系统组建完毕开始运转以后。系统的管理者要不断在系统运行的过程中寻找、发现和利用新的创业机会，更新系统的活动内容，调整系统的结构，扩展系统的规模。

(四) 自发创新与有组织创新

从创新的组织程度上看，可分为自发创新与有组织的创新。任何社会经济组织都是在一定环境中运转的开放系统，环境的任何变化都会对系统的存在和存在方式产生一定影响，系统内部与外部直接联系的各子系统接收到环境变化的信号以后，必然会在其工作内容、工作方式、工作目标等方面进行积极或消极的调整，以应对变化或适应变化的要求。

鉴于创新的重要性和自发创新结果的不确定性，有效的管理要求有组织地进行创新。但是，有组织的创新也有可能失败，因为创新本身意味着打破旧的秩序，打破原来的平衡，因此具有一定的风险，更何况组织所处的社会环境是一个错综复杂的系统，这个系统的任何一次突发性的变化都有可能打破组织内部创新的程序。当然，有计划、有目的、有组织的创新取得成功的机会无疑要远远大于自发创新。

【案例】

泰康人寿保险公司开创养老新的商业管理模式

2012 年，面对保险业复杂严峻的发展形势，泰康人寿变革机制，创新服务，夯实管理，主动迈出了价值转型的坚定步伐，并以首创的养老商业模式成功落地为标志，实现了寿险产业链的延伸和集团业务架构的拓展。2012 年，泰康人寿实现总规模保费 754 亿元，新单价值实现正增长 5%，位居大型保险公司前列，偿付能力充足。

在价值转型方面，泰康人寿的银行保险期缴类价值型产品市场排名稳居前列；法人业务实现赢利正增长，23 家养老金分公司先后开业，基本完成全国布局；网销业务继续领跑市场，官网直销的非理财产品保费收入增幅达132%。

在服务提升方面，为满足3G时代保险服务"更便捷"的客户新需求，泰康人寿不断进行电子化、智能化、移动化服务升级，率先推出手机客户端"泰康e服务"和"泰康口袋保险"，全方位打造移动保险平台。据了解，2012年，泰康人寿通过电子化服务平台提供服务累计超过400万次，电子化投保、理赔使用率分别为93%、73%，理赔满意率达到97.2%。

在投资方面，泰康人寿积极参与基础设施投资建设。泰康人寿和泰康资产分别通过"保监会不动产投资能力和投资计划产品创新能力备案"，成为《保险资金投资不动产暂行办法》实施以来，行业内第一批取得不动产直接投资、不动产金融产品设立与发行双重资格的保险集团化公司。2012年，泰康资产共发起6只基础设施及不动产债权投资计划，总投资规模132亿元。

作为保险业首家获得养老社区试点资格的保险公司，经过5年的探索创新，于2012年4月25日推出中国首个保险产品与养老社区相衔接的综合养老计划；6月6日，泰康养老社区北京旗舰店奠基开建，正式开启泰康养老社区全面建设进程。中国第一个保险养老社区泰康养老旗舰店在北京昌平区破土动工，计划在2015年正式投入使用。而上海松江新城的养老社区也将于2016年建成。

2014年在云计算领域，泰康自行建设的业内处于领先位置的大型云数据中心在正式投入使用，在2015年春节期间，泰康人寿为了更好地配合今年的系列"摇红包"活动将携手腾讯云，在公有云服务方面建立战略合作伙伴关系。作为今年"摇红包"活动的主要商家，泰康人寿将发起微信红包活动来回馈广大用户，泰康人寿同时还策划了春运保险卡券、新年祝福、客户增值服务等系列粉丝互动活动。此次合作开启了传统保险企业与互联网企业深度合作的新纪元，双方将实现资源与能力的互补和双赢，持续推动行业创新。此次合作对于泰康意义重大，这不仅是其云计算战略落地的一个关键里程碑，意味着泰康人寿在这个创新技术领域再一次的新尝试，同时也进一步加速了传统保险企业信息技术架构向互联网架构演进的节奏，对其他保险同业未来在云计算领域的发展具有重要的借鉴和参考价值。

思考： 结合这个案例，谈谈你对大数据时代管理创新的认识。

第二节　管理创新的基本内容

管理创新涉及许多方面，我们以现代企业为例来研究管理创新的内容。

一、目标创新

企业是在一定的经济环境中从事经营活动的，特定的环境要求企业按照特定的方式提供特定的产品。一旦环境发生变化，要求企业的生产方向、经营目标以及企业在生产过程中与其他社会经济组织的关系进行相应的调整。企业的目标必须调整为："通过满足社会需要来获取利润或促进企业的发展。"每一次目标的调整都是一种创新。

二、技术与要素创新

技术创新是企业创新的主要内容，企业中出现的大量创新活动是与技术相关的，因此，有人甚至把技术创新视为企业创新的同义语。技术水平是反映企业经营实力的一个重要标志，企业要在激烈的市场竞争中处于主动地位，就必须顺应甚至引导社会技术进步，通过不断进行技术创新来实现。企业的技术创新主要表现在要素创新、要素组合方法的创新以及产品的创新。

要素创新主要是从技术角度分析了人、机、料各种结合方式的改进和更新，包括材料创新和设备创新两方面。产品创新主要包括品种创新和产品结构的创新。产品创新是企业技术创新的核心内容，它既受制于技术创新的其他方面，又影响其他技术创新效果的发挥。新的产品、产品的新的结构，往往要求企业利用新的机器设备和新的工艺方法；而新设备、新工艺的运用又为产品的创新提供了更优越的物质条件。产品与工艺的创新主要是由企业完成的。

三、制度创新

制度创新需要从社会经济角度来分析企业各成员间的正式关系的调整和变革，制度是组织运行方式的原则规定。

(一) 产权制度的创新

产权制度是决定企业其他制度的根本性制度，它规定着企业最重要的生产要素的所有者对企业的权利、利益和责任。不同的历史时期，企业各种生产要素的相对重要性是不一样的。产权制度主要指企业生产资料的所有制表现形式。目前存在两大生产资料所有制：私有制和公有制(或更准确地说是社会成员共同所有的"共有制")，这两种所有制在实践中都不是纯粹的。企业产权制度的创新也许应朝向寻求生产资料的社会成员"个人所有"与"共同所有"的最适度组合的方向发展。

(二) 经营制度的创新

经营制度是有关经营权的归属及其行使条件、范围、限制等方面的原则规定。它表明企业的经营方式，确定谁是经营者，谁来组织企业生产资料的占有权、使用权和处置权的行使，谁来确定企业的生产方向、生产内容、生产形式，谁来保证企业生产资料的完整性及其增值，谁来向企业生产资料的所有者负责以及负何种责任。经营制度的创新应是不断寻求企业生产资料最有效利用的方式。

(三) 管理制度的创新

管理制度是行使经营权、组织企业日常经营的各种具体规则的总称，包括对材料、设备、人员及资金等各种要素的取得和使用的规定。在管理制度的众多内容中，分配制度是极重要的内容之一。分配制度涉及如何正确地衡量成员对组织的贡献并在此基础上如何提供足以维持这种贡献的报酬。提供合理的报酬以激发劳动者的工作热情，对企业的经营就有着非常重要的意义。分配制度的创新在于不断追求和实现报酬与贡献的更高层次上的平衡。

产权制度、经营制度、管理制度这三者之间的关系是错综复杂的。一般来说，一定的产权制度决定着相应的经营制度。但是，在产权制度不变的情况下，企业具体的经营方式可以不断进行调整；同样，在经营制度不变时，具体的管理规则和方法也可以下断改进。而管理制度的改进一旦发展到一定程度，则会要求经营制度做相应的调整；经营制度的不断调整，则必然会引起产权制度的变革。因此，反过来，管理制度的变化会反作用于经营制度；经营制度的变化又会反作用于产权制度。

企业制度创新的方向是不断调整和优化企业所有者、经营者、劳动者三者之间的关系，使各个方面的权力和利益得到充分的体现，使组织的各种成员的作用得到充分的发挥。

四、组织形式的创新

企业系统的正常运行，既要求具有符合企业及其环境特点的运行制度，又要求具有与之相应的运行载体，即合理的组织形式。因此，企业制度创新必然要求组织形式的变革和发展。

企业组织形式可以从组织结构和机构这两个不同层次去考察。所谓机构是指企业在构建组织时，根据一定的标准，将那些类似的或为实现同一目标有密切关系的职务或岗位归并到一起，形成不同的管理部门。它主要涉及管理工作的横向分工的问题，即把对企业生产经营业务的管理活动分成不同部门的任务。而组织结构则与各管理部门之间，特别是与不同层次的管理部门之间的关系有关，它主要涉及管理工作的纵向分工问题，即所谓的集权和分权问题。不同的机构设置，要求不同的结构形式；组织机构完全相同，但机构之间的关系不一样，也会形成不同的结构形式。

由于机构设置和结构的形成要受到企业活动的内容、特点、规模、环境等因素的影响，因此，不同的企业有不同的组织形式；同一企业，在不同的时期，随着经营活动的变化，也要求组织的机构和结构不断调整。组织创新的目的在于更合理地组织管理人员的努力，提高管理工作的效率。

【案例】

苏宁集团私享家：定制智能家庭，打造互联网时代的竞争优势

近年来，智能、健康、舒适的居家理念逐步深入人心，许多家庭日益重视智能安防、空气质量、用水安全、视听娱乐等方面的投入。但目前国内提供专业咨询、设计、采购、施工、监理和售后服务整体方案解决的服务商为数不多，在这一市场背景之下，苏宁率先推出智能家庭解决方案——"苏宁私享家"。

"苏宁私享家"从产品端上看，涵盖智能系统解决方案、空气系统解决方案、水系统解决方案、影音系统解决方案4个模块，可以提供包括中央空调、中央地暖、中央新风、中央除尘、中央净水、中央热水、家庭影音、智能家居八大产品系列在内的专业咨询、设计、采购、施工、监理和售后服务的整体解决方案。从客户需求端来看，根据客

户家庭户型、偏好、预算等条件不同，"苏宁私享家"又分为"舒适型""尊贵型""豪华型"三大类，提供了 300 个基本方案，预算范围从 5 万元到 100 万元以上，面积范围从 100 m² 到 1000 m² 以上，而且还可按顾客需求进行调整，延展出上万种个性专属解决方案。同时，"苏宁私享家"还紧跟科技发展步伐、整合更多的行业资源，不断优化完善，增加新的基于苏宁云平台、云服务的产品系列，如智能体检、智能厨房、智能书房等更多服务模块，让客户及时享受前沿生活。

"苏宁私享家"的核心就是定制化的集成服务，这是苏宁未来发展方向的体现，也是继实体零售、电子商务外，苏宁新的业务增长点，首批"苏宁私享家"在北京、上海、广州、深圳、天津、南京、武汉、重庆、成都、青岛、济南、兰州、宁波全国 13 个城市的苏宁核心门店内开设。

一、创新互联网时代的竞争优势

苏宁凭借巨量采购规模、先进的 IT 系统、高效低成本的物流体系，带来了低价、优质、便捷，从而持续为消费者提供最好性价比的产品与服务。

(一) 建立 O2O 融合的、多终端互动的全渠道经营模式

苏宁首先坚持继续发展实体门店，作为互联网时代 O2O 融合零售的核心一环，苏宁在店面布局进一步优化的基础上，将会以消费者的购物体验为导向，全面建设互联网化的门店，将原先纯粹的销售功能，升级为将展示、体验、物流售后、休闲社交、灵活交易融为一体的新型实体门店，如全店开通免费 WiFi、实行全产品的电子价签、布设多媒体的电子货架，又比如利用互联网、物联网技术收集和分析各种消费行为，推进实体零售进入大数据时代，等等。苏宁于 2013 年第四季度在北上广深等一线城市推出第一批 1.0 版本互联网门店，在全国进行加速复制，并逐步开始向二三级城市推广，成为零售商与消费者之间的新型沟通、互动的桥梁；同时，苏宁将积极推进移动互联网和家庭互联网的发展，要将门店开到消费者的客厅里去，为消费者提供一个融合的全渠道购物平台。

苏宁实施双线同价，逐步得到了消费者和供应商的认可和支持，从而打破了阻碍 O2O 融合的最后一个壁垒。布局决定格局，格局决定结局。相比传统实体零售和传统电商，唯有 O2O 才能让消费者体验到"鱼和熊掌皆能兼得"的好处，这就是不可阻挡的消费趋势，是零售业者需要把握的时代机遇。在 O2O 时代，天平将重新向拥有线上线下全渠道的零售商倾斜。从美国电商发展的路径看，前十大电商，有 9 家是来自于传统零售企业，与此同时，传统电商也开始向线下布局，这说明 O2O 发展的大势是大家都有目共睹的。所以，中国的传统零售企业都要更加积极地拥抱互联网，加速自身的转型变革。

(二) 回归零售的本质，建立全资源的核心能力体系

苏宁所定义的线下，不是狭义上指的单纯门店资源，而是一个涵盖了店面、物流、服务、供应链，以及用互联网思维武装的新型销售团队在内的全资源能力体系，这是对空中的互联网经营最为有效的实体支撑体系。它解决了在传统电商形态下，消费者缺乏产品体验、品牌认知的弊端；可以将物流、服务、交流进行本地化的支撑；利用既有资源提升了供应链效率，降低运营成本，有利于形成可持续的盈利模式。进入了 O2O 的时

代，传统零售业插上了互联网的翅膀，原本认为是巨大包袱的线下资源被点石成金。

(三) 建立起开放平台的经营模式

互联网经济的重要特征是开放和共享，苏宁全面互联网化，本质上就是要按照开放平台的方式把企业资源最大限度的市场化和社会化。开放不仅是一种态度，更是一种能力。作为全国领先的零售企业，苏宁 20 多年来积累了上亿的客户资源，遍布全国的 1600 多家门店资源，以及通达全国 2800 多个区县的物流网络资源、丰富的零售运营经验和供应链管理经验，这些能力与资源都从"苏宁云台"发布之时起，对全社会开放，真正变成全社会共享的资源。其中包括把企业内部物流转型为第三方开放物流，全面加快建立从消费者到商户的端到端的金融解决方案和增值服务能力，将对大数据深度挖掘的能力向合作伙伴开放等，从而集聚品牌商、零售商和第三方服务商的资源与智慧，为消费者提供丰富的商品选择、竞争性的价格比较和个性化的服务体验，从而实现商流、物流和资金流的整合。

在发展过程中，苏宁注重企业社会责任履行，建立起了较为强大的企业社会责任竞争力：与投资者、消费者、员工、供应商、社区等利益相关方和谐相处，增强了企业可持续发展的能力。

二、高效运营，为顾客创造更大价值

(一) 节约成本，提升服务

苏宁始终尊重商业规律，积极回归零售本质。通过高效的供应商协同机制、卓越的信息化运营能力、专业系统的售后客服体系，实现成本节约，提升客服、物流、售后等方面的自营服务能力，形成企业核心竞争力，在企业发展过程中，苏宁不断优化与供应商的合作模式，逐步建立战略规划型、年度计划性厂商合作平台，以顾客为导向、以产品为核心、以供应链和效益为指标，不断深化双方合作，推进全产业的稳健快速发展。通过逐步推进明码标价、买断经营、全品类展示、全会员营销、全自营销售等措施，不断强化零售商的角色和功能，大力推进 O2O 运营模式，加强消费者研究，提升顾客购物体验满意度，提高运营效率。尤其值得注意的是，消费者可在苏宁易购可选择易付宝、网上银行、银联在线、货到付款、分期付款等支付方式，其个人金融、信息安全得到有效保障。

(二) 创建便捷化服务

依托自身 IT 能力，支撑建设高效高速的物流网络、贴心舒适的店面体验网络、便捷发达的多媒体交易网络、智慧共享的管理网络。优化工作流程管理速度、市场服务响应能力、库存商品周转速度，降低管理与交易成本，缩短产品生产周期和交易时间，从而为消费者提供更专业化、更个性化、更便捷化的服务。

(三) 优化仓储和配送系统

苏宁着力于物流基地建设和服务能力提升，不断优化仓储管理系统和配送管理系统，深化 WMS/TMS 等系统的运用，提高仓储能力和配送效率，实现高速存取、快速送达。与此同时，苏宁也在加速构建省级城市、地级城市及县级城市(含县)的三级纵向售后服务网络，全面实现"有电器销售的地方就有苏宁服务网络"的目标，售后服务、自营能力在业内都首屈一指。再者，苏宁还建设知识管理型、技术咨询型的客服体系，为消费者提供全方位资讯、预约及投诉处理服务的基础之上，建立综合功能性 Call

Center，对送、装、维修服务进行全流程监控。

上述渠道与能力的建立，使得苏宁得以形成低价、优质、便捷的优势，从而不断吸引消费者，从而持续为其提供最好性价比的产品与服务。与此同时，苏宁也得以形成可持续的盈利模式。

思考：

1. 苏宁云商的尝试包括哪些方面，阻力有哪些？

2. 从苏宁的转型中看到，影响管理创新的因素有哪些？

3. 苏宁新的市场定位是什么，属于管理创新的内容有哪些？

4. 你怎样评价苏宁的管理创新？

第三节　批判性思维与组织创新

一、树立批判性思维

(一) 批判性思维的界定

批判性思维，通俗来说，就是批判性地思考。根据恩尼斯的定义，批判性思维是指理性的、反思性的思维，其目的在于决定我们的信念和行动。创新离不开创新主体，而创新主体可以是个体、群体、民族、国家乃至整个人类。本节中所谈论的创新是一个狭义概念，强调创新的主体是个体，而创新个性、创新思维、创新能力是创新的重要构成要素。批判性思维者的态度，"指的是一种养成习惯的愿望和理智素质，它们以求真、公正、反思的精神为核心。"也有学者把批判性思维态度称为批判性思维倾向。通常认为，一个成熟的批判性思维者应具有的理智素质包括：理智的谦虚、理智的勇气、理智的自主性、理智的换位思维、理智的诚实、理智的坚持、相信理性、心灵公正等。

(二) 批判性思维与创新思维的关系

批判性思维是为决定我们的信念和行动而进行的理性的、反思性的思维过程。创新思维，有时亦称"创造性思维"，是产生新思想、新观点、新理论等新成果的思维过程。批判性思维与创新思维有着密切关联。

批判性思维过程中需要创新思维。批判性思维的核心任务是构造和判断好论证。理由、推理和结论是论证的基本要素。批判性思维通常依据如下标准来分析和评价一个论证的好坏：清晰性、准确性、精确性、相关性、重要性、充足性、深度、广度、逻辑、公正性等。一个好的论证是经过正反多方面思考、探索、比较、分析、综合之后的结果，是发散思维与聚合思维的结果。发散思维和聚合思维是创新思维的常见表现形式。批判性思维是获得新知识、发现真理的必经之路。人类发展路上的创新成果一定是进行批判性思维的结果。

创新思维过程中需要批判性思维。创新思维始于问题的提出，终于问题的解决。一般创新思维过程包含 4 个阶段，即准备阶段、酝酿阶段、明朗阶段和验证阶段。

准备阶段的主要工作是发现问题，提出创造性问题，并搜集与问题相关的信息材料，对这些信息材料进行整理和加工。发现问题、提出创造性问题需要思维者具备一种灵活、敏捷、细致、全面的发现和推理能力，需要思考者用怀疑和批判的眼光去看待已知的观点或论证，对其进行积极主动的思考，去发现理由、解释、推理中的不合理因素。可见，这里所需要的正是批判性思维的方法和技巧。

酝酿阶段是在第一阶段搜集材料、加工整理的基础上，对问题做试探性解决，提出各种解决方案。提出新的解决方案是需要批判性思维的。

明朗阶段的工作是提出新的认识成果、新的观念、新的思想。想象力、直觉、灵感、顿悟等方式在这个阶段起着非常重要的作用，对各种可能方案评价、比较、分析，并在各种方案中进行优化选择，以促进新思想、新认识的提出，这都离不开批判性思维。

验证阶段的主要任务是对第三阶段得到的初具轮廓的新思想、新认识进行检验和证明。这时，要运用批判性思维中的逻辑原理与方法，检验新成果的论证是否合乎逻辑，检验证明方法是否可行，实验结果在多大程度上会支持新成果，等等。通过检验，也可能会修正原来的部分观点，也可能会证伪以致完全抛弃原来的观点，又提出新的问题。对新思想、新认识的检验是一个复杂的批判性思维过程。要根据解决问题具体方案的不同特点提出相应的证明策略。显然，符合形式逻辑规则的论证是最为有效和可靠的论证。历史表明，只有经受了严格检验的新思想、新认识才是可靠的知识，才是真正的创新成果。

(三) 批判性思维对个体创新能力的影响

批判性思维研究认为，个体的批判性思维能力可以通过训练得到提高。创新学研究则认为，每一个体都有创新能力，个体的创新能力可以开发提高。我们认为，培养个体的批判性思维能力有助于提高个体的创新能力，有助于管理创新。

1. 有助于提高个体的认知能力

批判性思维能力是理性思维能力，它要求任何信念和行动都要建立在合理性基础上。批判性思维要求个体在学习时，不是去死记硬背知识，而是要进行合理质疑，做到真正的独立思考，不盲从和轻信他人观点。批判性思维要求学习者了解知识的来龙去脉和各个知识点之间的因果联系，了解知识的推出过程。这样习得的知识，会得到真正的消化，容易与个体已有知识、信息和理论等以新的方式加以整合，并自觉转化为创新能力。可见，培养批判性思维能力，有助于提高个体的学习能力、认知能力。

2. 有助于提高个体的创新思维能力

逻辑思维能力是创新思维能力中必不可少的要素。在创新思维过程中，经常会运用演绎推理、归纳推理、类比推理、假说演绎法等逻辑思维方法，并且任何创新成果都要经过逻辑的检验。批判性思维训练的核心内容是非形式逻辑的规则、原理与方法，而非形式逻辑的主体内容就是演绎推理、归纳推理、类比推理、假说演绎推理等。培养批判性思维能力，自然会提高个体的逻辑思维能力，进而提高其创新思维能力。

创新思维过程是由创造性地提出问题到创造性地解决问题的过程，在这个意义上，创新思维能力自然包括创造性地提出、解决问题的能力。批判性思维的目标是追求可靠知识和真理，使行动最优化。批判性思维能力是一种反思性能力，强调突破思维定式，向流行观点和权威挑战，去挖掘和发现他人论证中的不足，在综合组织论证基础上得出合理结论，这些都有助于创造性地提出和解决问题。

3. 有助于提高个体的实践能力

批判性思维通过理性的、反思性的思考，目的之一在于决定我们的行动。离开思想指导的行动是盲目的，只有在合理或正确观念指导下的行动才更有意义和价值。创新实践能否成功依赖于创新思想或观念的合理性与现实可行性。批判性思维能力的提高，会增强审查、分析和评价创新思想或观念的能力，从而做出更好的决策和行动。在创新实践过程中，也可能出现预想不到的结果，需要个体及时调整实践方案，做出最优选择。此外，批判性思维能力的提高需要在实践中反复练习、巩固和提高，锻炼批判性思维能力的过程也是提高个体实践能力的过程。批判性思维的能力决定管理创新能力和创新成果。

二、管理创新活动的组织

企业进行管理创新活动，需要提出管理创新的构想、目标及开展创新，必须建立领导创新的组织。为各级部门的创新提供条件、创造环境，有效地组织系统内部的创新。

(一) 正确理解和扮演"管理创新者"的角色

管理人员往往是保守的。他们往往以为组织雇用自己的目的，是维持组织的运行，自己的职责首先是保证预先制定的规则的执行和计划的实现，认为"系统的活动不偏离计划的要求"便是优秀管理的象征。因此，他们往往自觉或不自觉地扮演现有规章制度的守护神的角色。当然，这样来狭隘地理解管理者的角色，显然是不可能创新的。管理人员必须自觉地带头创新，并努力为组织成员提供和创造一个有利于创新的环境，积极鼓励、支持、引导组织成员进行创新活动。

(二) 创造促进创新的组织氛围

促进创新需要宣传创新和激发创新，树立"无功便是有过"的新观念，使每一个人都奋发向上、努力进取、跃跃欲试、大胆尝试。要造成一种"人人谈创新、时时想创新、无处不创新"的组织氛围，使每个人都认识到组织聘用自己的目的，不是要自己简单地用既定的方式重复那也许重复了许多次的操作，而是希望自己去探索新的方法，找出新的程序，只有不断去探索和尝试，才有继续留在组织中的基本条件。

(三) 制订有弹性的计划

创新意味着打破旧的规则，意味着时间和资源的计划外占用，因此，创新要求组织的计划必须具有弹性。创新需要思考，思考需要时间。把每个人的每个工作日都安排得非常紧凑，对每个人在每时每刻都实行"满负荷工作制"，则创新的许多机遇便不可能发现，创新的构想也无条件产生。国际优秀的企业比如 IBM、3M、奥尔一艾达等公司，都允许职工利用 5%～15%的工作时间来开发他们的兴趣和设想，从而开发出许多创新性的产品，引领这个行业的发展。要求每个部门在任何时间都严格地制定和执行严密的计划，则创新会失去基地，不可能给组织带来任何实际的效果。

(四) 正确对待失败

创新的过程是一个有可能失败的过程。只有认识到失败是正常的，甚至是必需的。要支持尝试，允许失败，但并不意味着鼓励组织成员去马马虎虎地工作，而是希望创新者在失败中取得有用的教训，学到一点东西，从而缩短下次失败到创新成功的路程。

(五) 建立合理的奖酬制度

要激发每个人的创新热情，还必须建立合理的评价和奖惩制度。创新的原始动机也许是个人的成就感、自我实现的需要，但是如果创新的努力不能得到组织或社会的承认，不能得到公正的评价和合理的奖酬，则继续创新的动力会渐渐失去。要注意物质奖励与精神奖励的结合。奖励不能视作"不犯错误的报酬"，而应是对特殊贡献甚至对希望做出特殊贡献的努力的报酬；奖励要及时。

奖励制度要既能促进内部的竞争，又能保证成员间的合作。内部的竞争与合作对创新都是重要的。竞争能激发每个人的创新欲望，从而有利于创新机会的发现、创新构想的产生；而过度的竞争则会导致内部的各自为政，互相封锁。协作能综合各种不同的知识和能力，从而可以使每个创新构想都更加完善，但没有竞争的合作难以区别个人的贡献，从而会削弱个人的创新欲望。要保证竞争与协作的结合，在奖励项目的设置上，可考虑多设集体奖，少设个人奖，多设单项奖，少设综合奖；在奖金的数额上，可考虑多设小奖，少设甚至不设大奖，以给每一个人都有成功的希望，要防止相互封锁和保密，破坏合作的现象。

第四节　我国企业管理创新的必要性及实现的条件

一、我国企业进行管理创新的必要性

(一) 企业内外环境的变化

企业的内在环境是指企业自身的各种内部因素。如果说外部环境对企业来说是一种影响作用，那么内部环境对企业来说则是一种不可替代的决定作用。同时，内部环境也处于一种不断变化的状态，这种变化同样要求企业进行管理创新。根据内部环境、条件的不同而随时采取相应的措施。

企业如同生物体的细胞，不是孤立存在的，并且，它的生存和发展还必须紧密依赖外在环境的变化。近年来，企业所处的政治、经济、科学环境发生了巨大的变化，不能再用一成不变的制度管理企业，否则企业必将被错综多变的外部环境淘汰。当前，企业面临的市场竞争更加激烈，并呈现以下几个新的特点：

第一，随着市场开放程度的加强，世界统一市场的逐步形成，任何行业均存在一两个具有顶级竞争优势的大企业，任何一个企业必须紧跟领先企业的步伐，否则会被市场淘汰。

第二，具有超前的观念、新型产品、先进的管理方式的新企业层出不穷，这种极具竞争力的企业使竞争形势变得更加严峻。

第三，彼此之间是竞争对手的企业，在某一方面又可能需要成为战略联盟。

第四，国际市场上企业之间的竞争往往会涉及国家之间的利益，因此企业之间的竞争可能转化为国家利益与实力的竞争，政府行为会介入企业竞争之中，使企业竞争环境变数增多。

(二) 员工和顾客需求的变化

现在的员工自我实现需求特别强烈。根据马斯洛的需求层次理论，人有 5 种需求，从低到高分别是生理需求、安全需求、社会需求、尊重需求和自我实现需求。如今，现代人追求的是一种自我实现的需求，并希望通过自己的努力得到周围人的认可。在现代人这种自我实现需求的影响下，企业管理制度也必须有逐渐软化的趋势。如果还是以一种硬制度强制员工的行为，员工则要么消极怠工，要么抗议，甚至跳槽，对于企业的发展是没有任何促进作用的。正是由于需求引发动机，动机又决定行为，如此看来，只有满足了员工的需求，才能促使员工真正地发挥才干，为企业服务。

随着市场细分的日益深入，主权消费意识的逐渐加强，企业与客户的关系也发生了变化，客户需要更加即时的、个性化的产品与服务。顾客在进行消费时，不会区分国企、私企或是外企。"快捷"与"顾客满意度"成为现代企业经营的重要评判标准。这必然要求企业在经营管理上进行创新，与之适应。

(三) 科技进步对企业提出的巨大挑战

在企业面临的众多变化中，科技进步的变化最有威力，因为它将导致企业产品的生命周期变短。一些企业若跟不上技术进步的步伐就会被淘汰，科技的进步对管理主体形成强有力的挑战。大部分产品的生命周期有明显缩短的趋势；技术与信息贸易的比重增大；劳动密集型产业所面临的日益加大的压力使我国劳动力费用低廉的优势逐步减弱；流通方式向更加现代化的方向演进；对社会组织的领导结构和人员素质提出了更高的要求。上述种种，都要求进行管理创新，通过创新，适应变化，迎接挑战。

二、实现管理创新的基本条件

为使管理创新能有效进行，企业还必须创造以下几个基本条件。

(一) 创新主体应具有批判性思维

创新主体应具有批判性思维，敢于对固有管理模式、传统管理理念、传统管理方式方法、传统管理规则、旧的管理手段等进行有针对性的分析研究，对不适应已经变化了的新业态、新模式要进行突破性的创新变革，没有颠覆式的破坏性创新，企业就不会有重大的创新发展。同时，创新主体还要有良好的心智模式，是实现管理创新的关键。心智模式是指由于过去的经历、习惯、知识素养、价值观等形成的基本固定的思维认识方式和行为习惯。创新主体具有的心智模式分为两种：一是远见卓识；二是具有较好的文化素质和价值观。

(二) 创新主体应具有较强的能力结构

管理创新主体必须具备一定的能力才可能完成管理创新，核心能力突出地表现为创新能力；必要能力包括将创新转化为实际操作方案的能力，从事日常管理工作的各项能力；增效能力则是控制协调加快进展的各项能力。

(三) 企业应具备较好的基础管理条件

现代企业中的基础管理主要指最基本的管理工作，如基础数据、技术档案、统计记录、信息收集归档、工作规则、岗位职责标准等。管理创新往往是在基础管理较好的基础上才有可能产生，因为基础管理好可提供许多必要的和准确的信息、资料、规则，这本身有助于管理创新的顺利进行。

(四) 企业应营造一个良好的管理创新氛围

创新主体能有创新意识，能有效发挥其创新能力，与拥有一个良好的创新氛围有关。在良好的工作氛围下，人们思想活跃，新点子产生得多而快，而不好的氛围则可能导致人们思想僵化，思路堵塞，头脑空白。

(五) 企业要制定创新目标

管理创新应结合本企业的特点，要制定创新目标。现代企业之所以要进行管理上的创新，是为了更有效地整合本企业的资源以完成本企业的目标和任务。因此，这样的创新就不可能脱离本企业和本国的特点。企业要努力构建具有中国特色或本企业特点的管理模式和创新目标，才有可能在国内外市场竞争中立于不败之地。

【案例】

小米：管理模式创新，成为有独特价值的卓越公司

2014年12月16日，有"中国商界奥斯卡"之称的中国最佳商业领袖奖(CBLA, China Business Leaders Awards)颁给了小米创始人雷军，十分巧合的是，那一天正好是雷军的生日。雷军获奖的理由有两条：一是带领小米在全球经济破冰回暖的外部环境中激流勇进，2014年以手机、电视机、平板、智能手环、空气净化器等为代表的小米产品线全线开花；二是雷军带领小米打造了"硬件+软件+互联网服务"生态圈，已成为制造企业拥抱互联网思维进行商业模式创新的成功典范。颁奖词这样评价：雷军创办的小米不

是中国的苹果，而是世界的小米。雷军从创业到估值 430 亿美元，仅仅 4 年的时间，小米创造了公司发展史上的奇迹。2014 年，小米公司智能手机销量突破 6000 万部，小米已经成为中国本土智能手机销量第一的公司，2015 年，小米智能手机销量突破 7000 万部，小米将成为中国本土市场全年智能手机销量最大的厂商之一。

小米是如何做到的？究其根本，小米的成功源于管理模式创新。

一、营销模式创新

小米手机除了运营商的定制机外，只通过电子商务平台销售，最大限度地省去中间环节。通过互联网直销，市场营销采取按效果付费模式，这样的运营成本相比传统品牌能大大降低，从而最终降低终端的销售价格。

另外，小米从未做过广告，雷军说保持产品的透明度和良好的口碑是小米初步取胜的秘诀。从 MIUI 开始，小米就牢牢扎根于公众，让公众(尤其是发烧友)参与开发，每周五发布新版本供用户使用，开发团队根据反馈的意见不断改进，此后的米聊和小米手机皆如此，而且还鼓励用户、媒体拆解手机。发烧友是一个特定的用户群，他们反馈的意见将推动小米手机不断改进用户体验。而且，数十万人的发烧友队伍是口碑营销的主要力量。小米的成功，在于依靠 MIUI、米聊用户及以发烧友为原点而带动的口碑营销。

二、商业模式创新

目前，所有手机厂商的商业模式都是靠销售手机赚钱，在商业模式上，小米也可以和传统手机厂商一样靠硬件赢利，但小米却把价格压到最低、配置做到最高。作为一家互联网公司，小米更在意用户的口碑，只要有足够多的用户，赢利自然不是问题，最后也许小米公司只卖出 100 万部手机，但是却吸引到了几千万的移动互联网用户。只要用户量足够多，以后通过终端销售内容和服务就可以赚大钱。大部分手机厂商没有经营用户的认识，特别是国产品牌，只知道单纯地卖手机，却没看到手机作为移动终端背后的庞大市场。小米是自己的手机品牌，并且自己有系统级产品服务，能让用户是自己的系统用户，这样发展起来的用户就有价值。其实从这点上说小米与苹果已经很类似了，区别是苹果的利润主要来自硬件，而小米却不靠硬件赚钱。

三、竞争战略创新

小米采用蓝海战略。小米在不靠硬件赚钱的模式上发展手机品牌，软硬件一体化，定位中档机市场 2000 元，价格向下看、配置向高端机上靠齐，甚至领先。这个产品空间以及利润空间的考虑，其他厂商不太好进入。手机与移动互联网混合的模式也使得小米没有竞争对手，小米所有 Android 开发的竞争对手都不是其做手机的竞争对手，所有做手机的竞争对手又都不是其做 Android 开发的竞争对手。而且，就算是竞争对手模仿跟进，将遇到难以想象的困难和挑战。

小米相对于一般的 Android 厂商的优势是有多个差异化竞争手段(MIUI.米聊等)。而雷军最大的优势是那些关联公司(金山软件、优视科技、多玩、拉卡拉、凡客诚品、乐淘等)。只要雷军让小米和这些公司进行服务对接，就有了其他手机厂商都不具有的优势——低成本、高效率、整合速度快和双向推动作用，可以形成一个以小米手机为纽带的移动互联网帝国。

手机是目前人们唯一不可或缺随身携带的电子设备,未来所有的信息服务和电子商务服务都要通过这个设备传递到用户手上,谁能成为这一入口的统治者,谁就是新一代的王者。而王者必须集硬件、系统软件、云服务三位于一体,雷军反复说的"铁人三项赛"就是这个。而小米正是奔着这个方向走,这就不难找出创业 4 年能取得这样辉煌成绩的原因了。

思考:

1. 小米的成功源于哪些方面?

2. 小米应该如何保持现有的领先优势?

3. 在管理模式创新方面,小米有哪些值得其他企业借鉴的经验?

【本章小结】

本章阐述了管理创新基本含义、特征、基本内容,管理创新的过程,实现管理创新的条件。管理创新就是指以价值增加为目标,以战略为导向,以各创新要素(如技术、组织、市场、战略、管理、文化、制度等)的协同创新为手段,以培育和增强核心能力、提高核心竞争力为中心,通过有效的创新管理机制、方法和工具,力求做到人人创新,事事创新,时时创新,处处创新的创新活动或过程。

管理创新的时代特征表现为管理创新的空前紧迫性,管理创新的决定性作用,管理创新的广泛性,管理创新的不确定性,创新平台的多层面性。管理创新的类型包括局部创新与整体创新,消极防御型创新与积极攻击型创新,初建期创新与运行中创新,自发创新与有组织创新。管理创新的基本内容有目标创新、技术创新、制度创新、组织形式创新。

管理创新要树立批判性思维,阐述了批判性思维与创新思维的关系及批判性思维对创新主体有效实现创新的重要性。

管理创新活动的组织要正确理解和扮演"管理创新者"的角色,创造促进创新的组织氛围,制订有弹性的计划,正确对待失败,建立合理的奖酬制度。

我国企业进行管理创新的必要性体现在企业内外环境的变化,员工和顾客需求的变化,科技进步对企业提出巨大挑战。

实现管理创新的基本条件有创新主体(企业家、管理者和企业员工)应具有批判性思维、良好的心智模式,创新主体应具有较强的能力结构,企业应具备较好的基础管理条件,企业应营造一个良好的管理创新氛围,管理创新应结合本企业的特点,管理创新应有创新目标。

【复习思考题】

1. 何谓创新?如何理解管理创新的内涵?

2. 新时代的管理创新有哪些特点?

3. 管理创新的基本内容包括什么?

4. 为什么要树立批判性思维?创新思维与批判性思维的关系?批判性思维对个体能力有怎样的影响?怎样组织管理创新?

5. 简述管理创新的实现条件。

【技能训练与实践】

训练一：单项选择题

1. 熊彼特认为，创新的主体是(　　)。
   A. 政府　　　　　　　　B. 企业家　　　　　　　C. 科学技术专家

2. 按照创新与环境的关系来划分，创新可将其分为(　　)。
   A. 自发创新与有组织创新
   B. 局部创新与整体创新
   C. 消极防御型创新与积极进攻型创新

3. 要素创新包括材料创新、(　　)创新两方面。
   A. 设备　　　　　　　　B. 产品　　　　　　　　C. 服务

4. (　　)是企业技术创新的核心内容。
   A. 产品创新　　　　　　B. 要素创新　　　　　　C. 工艺创新

5. 企业制度创新的方向是不断调整和优化企业所有者、经营者、(　　)三者之间的关系，使各个方面的权力和利益得到充分的体现，使组织的各种成员的作用得到充分的发挥。
   A. 出资人　　　　　　　B. 管理者　　　　　　　C. 劳动者

6. 下列属于内部创新环境的是(　　)。
   A. 政治环境　　　　　　B. 经济环境　　　　　　C. 库存管理制度

7. 企业营销创新可以从产品驱动到(　　)的管理创新。
   A. 顾客驱动　　　　　　B. 渠道驱动　　　　　　C. 价格驱动

8. 管理创新主体必须具备一定的能力才可能完成管理创新，创新管理主体应具有核心能力、必要能力和(　　)。
   A. 增效能力　　　　　　B. 模仿能力　　　　　　C. 工作能力

9. 管理创新的过程不包括(　　)。
   A. 寻找机会　　　　　　B. 迅速行动　　　　　　C. 建立奖惩制度

10. 要切实提高企业竞争力，这需要从以下几个方面入手：实现企业内部知识共享；增进对企业外部知识的利用；加强企业知识网络建设；提高个人在知识管理链条中的作用。上述描述属于(　　)。
    A. 企业文化创新　　　　B. 知识管理创新　　　　C. 战略管理创新

训练二：多项选择题

1. 熊彼特在其著作中提出的创新包括 5 种情况：(　　)、运用新技术、(　　)、采用新原料或原材料的新供给和(　　)。
   A. 开辟新市场　　　　　B. 组织新能源　　　　　C. 研制或引进新产品
   D. 利用新工艺　　　　　E. 建立新组织形式

2. 管理创新的时代特征包括(　　)。
   A. 紧迫性　　　　　　　B. 决定性　　　　　　　C. 广泛性
   D. 不确定性　　　　　　E. 多层面性

3. 从创新的组织程度上看，可分为( )。

    A. 自发创新   B. 有组织的创新   C. 局部创新

    D. 整体创新   E. 初建期创新

4. 下列属于技术创新的是( )。

    A. 要素创新   B. 要素组合创新   C. 品种创新

    D. 产品结构创新   E. 组织机构创新

5. 制度创新包括( )。

    A. 产权制度   B. 经营制度   C. 管理制度

    D. 组织制度   E. 结构制度

6. 管理创新需要经过的阶段有( )。

    A. 寻找机会   B. 提出构想   C. 迅速展开行动

    D. 坚持不懈   E. 积累资金

7. 就系统的外部说，有可能成为创新契机的变化的主要有( )。

    A. 技术   B. 人口   C. 宏观经济

    D. 文化   E. 地理

8. 管理创新主体必须具备一定的能力，表现为( )。

    A. 核心能力   B. 必要能力   C. 增效能力

    D. 模仿能力   E. 适应能力

9. 实现管理创新的基本条件包括( )。

    A. 创新主体应具有良好的心智模式

    B. 企业应具备较好的基础管理条件

    C. 企业应营造一个良好的管理创新氛围

    D. 管理创新应结合本企业的特点

    E. 管理创新应有创新目标

10. 我国企业在进行管理创新时可以选择的创新思路有( )。

    A. 全面创新   B. 营销创新   C. 知识管理创新

    D. 战略创新   E. 重建创新

训练三：选择填空题

    A. 经营制度   B. 攻击型创新   C. 价值增加   D. 市场创新

    E. 合作   F. 产品结构创新   G. 迅速行动   H. 人口的变化

    I. 横向分工   J. 生产工艺

1. 管理创新就是指以( )为目标的创新活动或过程。

2. ( )是一种通过在观察外部变化后主动地调整战略和技术，积极地开发和利用这种机会，谋求系统的发展的创新类型。

3. 要素组合方法创新包括( )和生产过程的时空组织两个方面。

4. 产品创新包括品种创新和( )。

5. 一般来说，一定的产权制度决定相应的( )。

6. 机构主要涉及管理劳动的(　　)的问题。

7. (　　)主要是指通过企业的活动去引导消费，创造需求。

8. (　　)能影响劳动市场的供给和产品销售市场的需求。

9. 创新成功的秘密主要在于(　　)。

10. 奖励制度要既能促进内部的竞争，又能保证成员间的(　　)。

训练四：判断题(判断对的用 √，判断错的用 ×)

1. 科技的进步将导致企业产品的生命周期变短。(　　)

2. 企业营销从产品驱动到价格驱动的管理创新。(　　)

3. 企业文化是企业的核心竞争力，文化管理则是企业管理的最高层次。(　　)

4. 核心能力包括将创新转化为实际操作方案的能力，从事日常管理工作的各项能力。(　　)

5. 创新主体能有创新意识，能有效发挥其创新能力，与良好创新氛围有关。(　　)

6. 从经济的角度来考虑，物质奖励的效益要高于精神奖励。(　　)

7. 创新要求组织的计划必须具有弹性。(　　)

8. 促进创新的最好方法是大张旗鼓地宣传创新。(　　)

9. 经济环境的变化可能改变消费者的消费偏好或劳动者对工作及其报酬的态度。(　　)

10. 经营制度是决定企业其他制度的根本性制度，它规定企业最重要的生产要素的所有者对企业的权利、利益和责任。(　　)

训练五：案例分析

创新：造就了"苹果"世界的辉煌

苹果公司 2015 年 2 月 23 日股价达 133 美元，市值突破 7700 亿美元，再创历史新高，成为世界高科技公司价值最高的公司。最新统计显示，苹果公司的产品在中国大城市的市场渗透率已达 10%左右，在北京每 9 人、上海每 11 人中就有一人拥有苹果的产品。对于苹果的成功，国内外媒体、业界乃至学术界纷纷将其归之于"创新"：屡屡超出消费者乃至业界预期的创新设计；重力感应系统、多点触摸技术以及 WiFi 等创新技术……无一不是"果粉们"追捧的技术看点。

不过，若单凭技术上的创新，或许并不足以成就今日的苹果。苹果公司的独特之处在于它的"双核"创新，即在技术创新的基础上，对商业模式进行创新。以掀起音乐播放器革命的 iPod 为例，苹果是在 2001 年推出 iPod 的，但一家名为"钻石多媒体"的公司早在 1998 年就已推出过类似的产品。由于 iPod 在功能上并无特别之处，所以它在相当长的时间内，并未受到市场的热烈追捧。直到 2003 年，苹果推出革命性产品 iTunes，成了苹果商业模式成功的一个转折点。

当 iTunes 出现后，苹果不仅可以销售硬件产品，还能通过 iTunes 出售音乐这一大众消费品。事实证明，"iPod+iTunes"的组合引起了巨大的市场反响。借助 iTunes，用户可以方便地下载和整理音乐，iTunes 下载量猛增；而 iTunes 的兼容性要求，反过来也拉动了 iPod 的销售。在随后发布的 iPod、iPhone 系列产品中，除产品设计创新之外，苹果依旧沿用了相似的商业模式，并进一步推出了 App Store。这样一来，苹果在销售终端产品和音乐的基础上，又开辟了一条应用程序的销售渠道。这一模式的发展，反过来也促进了苹果手机和平板电脑系列产品的成功。

苹果公司在系统和经营理念上完全打破了封闭的状态，受到了唱片公司和软件开发者的欢迎。他们通过 iTunes 平台出售音乐或软件，苹果则从中收取部分佣金。苹果同时还借向用户提供海量音乐以及应用程序提高了硬件产品的售价。在音乐和应用程序销售额不大的国家，苹果依赖高价硬件产品坐拥巨额利润。由于苹果手中掌握着庞大用户群，一些运营商不得不花费巨资补贴苹果，从而沦为苹果的"打工者"。

通过技术和商业模式的创新结合，苹果开辟出了一片新的市场。但在竞争激烈、创新不断的市场上，人们在讲述苹果成功故事的同时，也会思考"后乔布斯时代"的苹果如何才能延续曾经的辉煌。

思考题：

1. 试分析苹果公司成功的原因。试概括管理创新模式。

2. 从管理创新的角度分析，创新主体需要具备哪些素质？

训练六：课外调研与实践

1. 走访不同类型企业，调查了解企业管理创新的现状和发展情况以及还存在哪些问题，写出调研报告，并与同学交流调研心得，分享你的调研成果。

2. 搜集知名企业管理创新的案例并开展主题班会进行讨论。

【格力电器公司案例分析研究与思考】

2012 年对于空调行业来说可谓寒冷异常，全行业全年销量以 10%的速度下滑，近六成企业的出货量出现不同程度的下滑，一些企业的下滑幅度甚至超过 50%。为近年来少有的行业衰退，但在这样的衰退潮中，一批坚持自主创新、产品过硬的企业却迎来了逆市发展。

格力电器公布的 2012 年业绩显示，其实现营业总收入 1000.84 亿元，同比增长 19.84%，赢利创历史新高。作为几乎以空调为单一产品的制造企业而言，这样的业绩也意味着格力在以龙头的姿态创造着逆势增长的传奇。

是什么让格力能一枝独秀实现快速增长、展现强劲的发展势头呢？格力为何能成为全球首个突破千亿的专业化家电品牌呢？为何自 2008 年以来，格力电器营业总收入能每年 200 亿元的增幅持续增长呢？格力电器董事长董明珠把这样的成绩归功于"创新"。"一个没有创新的企业是没有灵魂的企业，要想作为一个有灵魂的企业，就必须要拥有创新的技术。"

是的，正是得益于自主创新，格力电器自 1995 年起连续 18 年居中国空调行业销量首位，自 2005 年起连续 8 年位居全球销量第一。

依靠自主创新，格力成了中国空调企业的技术之王。格力双级变频压缩技术，改写了空调行业百年历史，引领行业进入双级变频的新纪元；格力 1 赫兹变频技术，远远超越欧日美，实现家用空调技术在国家科技进步奖历史上零的突破；R290 环保冷媒空调，是中国企业在新冷媒技术的研究和应用上首次走在国际前列。

依靠自主创新，格力从只有一条简陋的、年产量不过 2 万台窗式空调生产线的默默无闻小厂，到全球最大的空调制造商，并获得中国空调行业第一个也是唯一的"世界名牌"的殊荣。

一、自主创新要靠自己的力量

格力电器始终将自主创新作为企业发展的必由之路，坚持认为"一个没有脊梁的人永远站不起来，一个没有核心技术企业的人永远没有脊梁"。其实在十几年前，跟中国其他空调企业一样，格力虽然拥有巨大的产能，却处于全球产业链的低端位置。

2001 年，格力电器高管远赴日本，兴致勃勃地想用钱向日方买多联式中央空调的技术。结果日本企业直接泼一盆冷水："你要买，怎么可能？"明确表示核心技术绝对不会转让给中国企业。然而正是日本企业的这种技术封锁，让格力上下员工憋了一口气：要让格力电器的研发能力超越世界空调产业的领军企业，成为世界第一。正是这种强大的愿望，促使格力从上到下不遗余力地将资源投向技术的研发上。格力人知道，要想打破国外的技术垄断，必须在研发领域做出突破和创新，并且掌握一批核心技术。一个企业、一个国家要有敢为人先的傲骨和勇气。

如今，通过技术创新，格力电器不断推出新技术新产品。比如，格力独创的 1 赫兹变频技术，压缩机最低功率仅为 15 瓦，让格力空调比其他的产品都节能；格力独创的无缝蒸发器以及新的大运动导风结构，让格力空调可以将噪音降到最低 18 分贝，相当于 10 米外 1 根针从 10 厘米处落地一般轻微，比其他的产品都更安静；其独创的导风板和扫风叶片设计，让格力空调的扫风角度最高比传统空调高 3 倍，风量增加 10%～30%，比其他产品更舒适。格力独创的无稀土技术，摆脱了对稀土的依赖；独创的 R290 环保冷媒，使格力空调能效更高，而且比其他产品更加环保，获得德国、马尔代夫等的高度赞许……业内观察家表示，格力和同行企业的最大区别，在于格力多年来一直将科技研发与产品创新置于最高战略位置，"在技术开发领域里面的投入不设最高，需要多少就投多少，是无限的。"这一点从格力多年保持中国空调行业"研发投入最大""研发人员最多"位置得到佐证。

2011—2012 年的连续两年里，格力用于空调相关技术研发的费用投入均超过 30 亿元。如今，格力电器拥有技术研发人员 5000 多人，400 多个国际一流实验室，在国内外拥有技术专利超过 8000 项，其中发明专利 2000 多项以及 9 项"国际领先"水平的科技成果，是中国空调企业中拥有技术专利最多的企业。此外，格力还创立了制冷技术研究院、家电技术研究院和机电技术研究院等多个技术研发中心，为将来的科技创新提供源源不断的技术支持。

二、创新文化孕育"国际领先"的品牌价值

每一家成功的企业都有其独有的特质。在格力内部，创新就是永恒不变的那一点。"双级变频压缩机"正是在格力的这种创新文化下所孕育出的最新技术成果。2012 年 12 月 22 日，格力自主研发的"双级变频压缩机"被鉴定为"国际领先"水平，从而又在格

力"核心科技"名录上增添了厚重的一笔。双级变频压缩机技术聚集了格力在变频空调研发领域的最新技术成果，拥有100%的自主知识产权，该技术可让空调在-30℃至54℃的超宽温度环境下实现正常制热与制冷工作，大大拓宽了空调的使用范围，开辟了全新的市场领域。而仅凭此一项技术，就为格力新增了发明专利19项，国际专利2项。

在格力双级变频压缩机诞生之前，传统的空调采用的基本上都是一次压缩过程的普通压缩机，一级压缩一旦遇到了低温或是夏天的高温就不能应用了，这个难题无论是美国还是日本，一直都没有得到解决。我国幅员辽阔，北方地区冬天气温零下十几度非常常见，很多热泵技术就不好用了，环境炎热的南方区域夏天也无法使用，热泵技术的使用存在较大的局限性。格力双级变频压缩技术，彻底解决了这一热泵领域的世界性难题。格力"双级变频压缩机"技术属国际首创，该技术能够为空调提供更强大的"心脏"，可以在不增加能耗的前提下，大大提高制冷量、制热量和能效比。严冬季节，制热量可提升40%以上；酷暑季节，制冷量能够提升35%以上。该技术先后投入1600余万元，经由20多位工程师的不懈探索，凭借300余次标准试验反复验证之后，最终研发成功。

"该项目拓宽了空调和热泵热水器的使用范围，大幅提高了能效水平，推动了变频空调和热泵热水器的普及。为国家推进低碳、节能、环保政策发挥积极的促进作用，具有重大的社会意义和经济价值。"王浚院士在宣读鉴定意见时如是谈到。如今，格力将这项行业领先技术率先应用在了格力"全能王"系列空调和空气能热水器新品中。这可以让黄河以南需要靠空调采暖的地区，冬季生活得到改善。更为重要的是，这一极具颠覆和创新的突破，同时对于清洁生产、节能减排也具有意义重大。

三、依靠创新成为业界低碳环保的领导者

前不久，中国若干地区PM 2.5浓度严重超标。公众生活受到严重影响：北京地区30%公务车暂停使用、约20%私家车主封车、58家重污染工厂停产或减产。这次的雾霾天气，也引起了大众对于环境和健康问题的普遍关切。一时间，具有空气净化功能的空调成为公众消费热点产品。

格力专卖店销售人员告诉记者，格力"全能王"产品开创了空调去除PM 2.5的先河，它搭载的"独立清新机"技术，可以通过与主机之间的独立射频通信，智能调控空气环境，PM 2.5的去除率高达99.9%。在独立运作并高效去除PM 2.5的同时，通过银离子过滤网、负离子清新保健、活性炭强力去浊等装置，能够有效净化室内空气，吸附空气中的甲醛等有害气体。业内人士表示，"全能王"的推出先于此次PM 2.5危机的爆发，可见格力作为中国制造业领袖始终走在"环保"的前列。作为全球规模最大的空调制冷企业，格力不仅要考虑到自身企业发展的利益，更重要的是要承担社会责任。为了人类的需要，格力应该走在环保、健康的前面，为全球空调制冷行业做出表率。

格力作为中国制造第一批企业代表，率先签署了HCFC淘汰协议，这意味着格力将成为该项环保工程的首要推动者。事实上，格力已在环保领域奋战多年。前不久，格力高效直流变频离心机组入选了"第五批国家汇总节能技术推广目录"。这个由国家发改委组织编写的节能技术推广目录，对节能减排具有指标性意义，也标志着格力在节能减排的技术创新上再次获得了国家级高标准的认可。

过去，格力的口号是"掌握核心科技"，而在最新的广告语中，它已经悄悄地变成

了"让天空更蓝，大地更绿"。这并不意味着格力空调不再重视技术创新，在董明珠看来，"作为全球最大的空调企业，格力电器正在努力履行有利于人类未来发展的社会责任"。

正是秉承这样的理念，格力电器如今成为堪称空调行业环保典范的先行者。有分析人士指出，由于格力在技术研发上不计成本的投入，独立掌握核心科技，为消费者带来了值得信赖的产品，为企业带来了很可观的利润，同时也为社会带来了很好的低碳环保环境。

四、瞄准未来市场进行创新创造

随着科技的进步，中央空调逐步走入人们视野，格力也看到了中央空调将在企业未来起到决定性作用。虽然格力在中央空调起步较晚，但在技术方面，格力一直在投入开发，尤其是在 2011 年 12 月，格力自主研发的高效直流变频离心式冷水机组，凭借技术领先，成为全球首台双级高效永磁同步变频离心式冷水机组，综合能效比高达 11.2，比普通离心机组节能 40%以上，成为迄今为止最节能的大型中央空调，是中国中央空调领域最有价值的重大技术突破。格力人知道，作为领先的空调企业，无论家电行业的格局如何变化，只要抓住了人们最本质的需求，并能够通过技术的不断升级和创新来满足这种需求，就能够在国际竞争中立于不败之地。

制造业是科技创新的基本载体和孕育母体，也是产业转移和分工调整的承接主体。而科技创新是从"中国制造"到"中国创造"整体素质、推进产业转型升级的关键所在。虽然现有的全球产业分工格局短时期内难以撼动，迎来"中国创造"全面突破尚需时日，但是以格力电器为代表的企业，已经挺起中国创造的创新脊梁，在不远的将来，中国一定会成为"创新创造"的强国。

思考：

1. 通过对格力案例的分析，你认为企业管理创新应该包括哪些内容？
2. 格力电器的创新历程及发展对我们有哪些启示？

第十一章

新创企业管理

【教学目标】

1. 新创企业管理的概念与特点
2. 新创企业管理的主要内容
3. 新创企业团队的组建与管理
4. 新创企业的风险与管理
5. 新创企业的组织形式与管理

【理论应用】

1. 描述你知道的国内外新创企业成功的管理经验与教训。
2. 了解新创企业国内外环境变化的内容，以及采取怎样的措施适应新的环境变化。
3. 调查了解新创企业团队的组建与管理经验。
4. 描述新创企业面临怎样的风险和挑战，及其应对方法。
5. 调查了解新创企业的组织形式，分析管理现状和发展前景。

【案例导入】

王传福：比亚迪新能源汽车的打造者

王传福出身贫寒，但家贫志不贫，1983年以优异成绩考入中南大学并于1987年毕业，同年考入北京有色金属研究院研究生，1990年研究生毕业留院工作。1993年，北京有色金属研究院在深圳成立比格电池有限公司，他被任命为总经理。1995年2月，王传福辞去总经理职务，在深圳成立比亚迪科技有限公司，快速抓住创业机会，缔造中国"电池王国"。2002年7月31日，公司在我国香港主板上市。他力排众议进军汽车市场，二次创业开发环保汽车，实现快速发展，2009年的《胡润中国百富榜》中，他以350亿身家成为中国内地首富，2008年度获得CCTV经济年度人物"年度创新奖"，2010年度评为20世纪影响中国的25位企业家之一。目前已经成为中国新能源汽车的领跑者。

思考：查阅比亚迪公司网站，简述比亚迪公司的发展历程，试概括王传福的创业务实精神，其创业发展过程有哪些管理创新点？

第一节　新创企业管理概述

2013年11月8日，习近平主席致2013年全球创业周中国站活动组委会的贺信指出："青年是国家和民族的希望，创新是社会进步的灵魂，创业是推动经济社会发展、改善民生的重要途径。希望广大青年学生把自己的人生追求同国家发展进步、人民伟大实践紧密结合起来，在创新创业中展示才华、服务社会。"习近平主席的贺信，充满了党和国家对青年创新创业成功的殷切期待，希望为实现中华民族伟大复兴的中国梦贡献力量。近些年，我国许多青年学生投入到创新创业活动中，形成了大众创业、万众创新的局面，为推动经济社会发展做出了重要贡献。如何促进新创企业可持续发展，必须要加强新创企业的管理。

一、创业的概念

创业是开创新的事业(包括企业、职业、家业、事业等)的系统性活动过程。创业是一个科学名词，现代汉语词典解释为：创，即开始、初次，如创办、创建、创举、创业等。创业一般指创办企事业。狭义理解为个人或群体在社会开展的以创造财富为主的创新性活动。广义理解为人们进行历史上从未有过的具有革命或革新性的社会运动，包括政治、经济、军事、文化、艺术等的事业。

创业的概念目前还没有统一的定义，一般包括：开创新业务，创建新组织；资源重新整合，创新；寻找机会；承担风险；价值创造；等等。我们认为，创业是指创业者运用知识或经验，以创新精神寻找并抓住商业机会，承担风险，实现社会价值和自我价值的管理活动。

二、新创企业管理的含义

新创企业管理是指创业者将商机转化为企业，以及创业者对新创企业进行规划、组织、领导、控制以促进企业成长的管理过程。这是一个系统的时间较长的组织创建和发展的过程，这个过程特别要抓好资源配置、团队建设、战略规划、管理制度建设。当然，不同类型的新创企业，在不同的发展阶段，创业活动管理的侧重点和内容是不同的，这要根据市场环境以及外部环境的变化、内部条件的改变而适时调整、把握。

三、新创企业管理的特点

新创企业管理活动涉及的因素复杂多变，更具挑战性，因此，具有不同于一般企业管理的特征。

(一) 新创企业管理与一般管理的出发点不同

一般企业管理的出发点是重内部管理，尽可能以最少的投入取得最大的经济效益。而新创企业管理首先是寻找与发展机会，积极整合各种创业资源，创建新的企事业并生存下去。

(二) 新创企业管理与一般企业管理的物质技术基础不同

一般企业管理已具备一定的物质技术基础，依托对象是已经运行的企事业。而新创企业管理基本都是从头创业，物质技术基础薄弱，企业实力较弱，资源存储不足，这种先天性的差距，使得新创企业过程管理不同于一般企业管理。

(三) 新创企业管理与一般企业的管理模式不同

一般企业管理模式相对比较成熟，其管理体制、运行机制、开发、生产、营销、服务等管理职能比较健全，按管理程序、制度进行管理，职责明确，管理模式比较稳定。而新创企业管理是在不成熟的企业管理体制下的创新型管理。需要建立新的适应新创企业的管理模式。新创企业的管理体制、运行机制、管理职能界定、发展模式等，都处在探索、磨合、调整、稳固过程中，还需要一定时期的运行期，才能逐步建立适合新创企业的管理模式。

(四) 新创企业管理与一般企业管理的不确定性和高风险性不同

一般企业已经运行较长时间，风险管控能力强，具有比较成熟的防范风险的管理措施。而新创企业始终处于外部环境动态的变化过程中，内外影响因素变数很大，使新创企业管理具有较大的不确定性。由于新创企业管理具有高风险性，尤其在高新技术领域往往创业项目成功率很低。因此，创业者必须对创业的不确定性和高风险性有十分清醒的认识，不能盲目进入创业过程管理，也不能遇到困难就放弃，勇于承担风险，做好各种防范风险的准备工作。

(五) 新创企业管理与一般企业管理的自主合作性不同

一般企业按制定的制度规则进行管理，是在制度规则框架内的合作。而新创企业管理的自主性与合作性是相伴的，创业者在寻找商机以及管理运作过程中，常常冥思苦想，需要拍板决策。虽然需要倾听各方面的意见和建议，但需要"一锤定音"时，创业者要拿定主意，自主决策。由于创业过程会遇到各种各样的矛盾、问题、困难等，需要创业者与团队成员共同承担责任，团结一致，共同完成各类工作任务。因此，创业者充分发挥团队成员的作用，搞好团队建设就显得尤为重要。

四、新创企业管理的主要内容

影响新创企业成功的有一些主要因素或主要内容，而抓住了主要因素或矛盾的主要方面，创业管理成功的概率会有较大提高。从新创企业管理能达到企业成功目标角度看，主要有以下几个特别重要的因素或主要内容值得重点把握。

(一) 新创企业资源管理

创业资源是企业成长的基础，缺少创业资源，即使有了创业机会，往往也会丢失掉。因此，成功的创业者往往能够使内外资源优化组合，不断开发、利用、积累、整合创业资源，才能实现创业机会转化为有效的新创企业发展。

创业资源是指新创企业所需要的各种要素资源和环境资源。它包括：智力和人才资源；资金资源；科技资源；组织管理资源；基础设施资源；政策资源；信息资源；文化资源；品牌资源；声誉资源等。

对于新建企业来讲，若能建立起持久竞争优势，按资源基础理论的观点，必须是具有有价值的资源、稀缺的资源、难以复制的资源、不可替代的资源和整合资源能力。

(二) 新创企业团队管理

创业团队是新创企业稳定运行与发展的基本保证。团队建设的好坏决定了创业是否成功。团队中的每个成员必须有适应的知识、能力、素质的角色定位，并与实际岗位相匹配，充分发挥每个成员的创造才能，使他们知识、能力、素质优势互补，形成统一的核心价值观。在科学的管理体制和运行机制下，创业团队的创业效率和效果达到最佳化，促进新创企业快速稳定成长。

(三) 新创企业战略规划

战略主要指方向性、全局性、长期性、全面性的规划安排，统一发展愿景的价值理念，战术往往指具体的行动计划。新创企业制定战略规划，对于新创企业发展方向，化解创业风险，明确发展定位，具有重大意义和作用。新创企业要在市场竞争中取胜，特别要形成独有特色，在差异性上下功夫，在"新、特、优、快、服务"等方面出成果，这样才能发展核心竞争力。当然，随着企业不断发展，也要根据外部环境的变化适时调整战略规划，使战略始终引领企业的发展。

(四) 新创企业组织制度建设

新创企业在开始阶段，组织制度建设还不够突出，企业规模小，人员少，管理事务较为简单，创业者能管理得很好。但是随着企业规模的扩大，人员的增多，组织制度建设自然提到议事日程上来。要明确组织结构，运行机制，各职能部门的权利、责任和利益，运用各种规范性的规章制度来管理企业。可以说，组织制度建设是新创企业得以稳定发展的必要条件和最基本的组织保障。

第二节　新创企业团队的组建与管理

一、新创企业团队的组建

创业者如何组建团队取决于共同的目标、性格、价值观等因素。创业者可以遵循一些普遍使用的步骤来组建一个良好的创业团队。

(一) 识别创业机会，明确创业目标

创业机会的识别是建立创业团队的起始点。创业者选择什么方向目标进行创业，直接关系到需要选择什么样的人共同创业。组建创业团队创业者，首先关注创业机会在人力资源方面的支持要素，另外还要明确创业目标，这是凝聚团队成员力量的融合剂。只有共同完成目标，才能使个体获得价值。

(二) 制订创业计划，选择合适的创业伙伴

在创业机会识别整合的基础上，创业者需要撰写一份创业计划书。撰写创业计划书，理清发展思路，明确自己的优势和劣势，整合利用现有资源，挖掘拓展各种发展要素，促进新创企业更好地发展。根据新创企业的人才需求，选择合适的合作伙伴，价值理念相同，优势互补，与企业共同成长。

(三) 落实合作方式，加强调整融合

在寻求到合作伙伴后，双方还需要明确合作方式，主要有合伙制和公司制两种。双方还要就创业计划、股权分配等具体合作事宜进行更加全面的协调沟通。要制定创业团队的管理规则，用制度来处理好团队成员之间的权责利关系。要把个人发展与企业成长结合起来，要把短期目标与长期目标结合起来，站在长远角度来选择和落实合作方式。

(四) 要考虑创业失败风险底线

新创企业合作伙伴的加入意味着放弃其他发展的机会，创业者必须要考虑这些创业合作伙伴的机会成本。参加创业的合作伙伴是在权衡成本与收益之后的选择，如果成功是实现了创业价值，而创业失败会有哪些后果，合作伙伴和创业者都应该认真考虑周全。创业者和创业团队成员必须理性地认识能够承受多大的创业失败的压力，要做好沟通协调工作，防止可能出现的严重分歧与矛盾而影响创业的成功。

二、新创企业团队的管理

新创企业团队的管理着重强调创业型领导者的素质与领导能力，善于运用激励机制调动团队成员的积极性，对团队成员的矛盾和问题能够妥善处理，并能传承和发扬企业家精神。

(一) 新创企业领导者的素质

新创企业领导者要具备6个方面的基本素质，即政治思想素质、创新素质、知识素质、能力素质、心理素质和身体素质。

1. 政治思想素质

政治素质包括：①能坚持把国家利益、民族利益放在首位。②能坚持把国家富强、民族振兴、人民安康幸福作为自己的政治理想，自觉按党的路线、方针、政策办事，自觉维护人民利益和国家利益。③对中国的社会福利、公共事业、慈善活动做出自己应有的贡献。④有很强的社会责任感。⑤决不做任何危害民族、国家和人民利益的事情。

良好的思想素质包括：①诚实守信的价值理念，要把企业信誉作为生命来看，这是创业者应具有的道德素质，也是创业者促进创业成长的最重要的基础。②市场竞争理念，在市场经济中创业，在创业中开拓市场。③经济效益与社会效益理念，在注重经济效益的同时，必须重视社会效益，以可持续发展的理论指导创业活动。④为用户创造价值的理念，市场竞争归根到底是争取用户的竞争，谁拥有更多的客户，谁就有更多的市场份额。用户第一，服务取胜，为用户创造价值。⑤风险理念，创业价值始终与风险共存。

不敢承担风险就不可能抓住发展机遇。创业之路不是平坦的，而是在承担和敢于冒风险的前提下，才能创业成功。因此，不经历大风大浪，创业成长是不可持续发展的。⑥法制观念，创业者必须牢固树立法制观念，以法创业，守法经营。这是创业者必须守住的"创业底线"。如果破坏这条防线，就会导致"一着犯法，满盘皆输"。

2. 创新素质

创新意味着打破旧的条条和框框。可以说，创业者的创新素质在一定程度上决定了创业成功，决定了新创企业的可持续发展。许多创业者都认为，"创新则生，守旧则亡"，创新来源于不断开拓精神，敢于走前人没走过的路，敢冒失败的风险，不断开拓出新境界和新局面，在创新中走向成功。

3. 知识素质

创业者应具备丰厚的知识储备，"知识就是力量，知识就是财富，知识就是创业资本"。一般来说，创业者应具备以下4种知识：①基础知识。主要指具备高中毕业生的知识水平，包括语文、外语、数学、物理、化学、生物、历史、地理、政治等。这是创业者最起码的知识。当然，大学生应具备更加宽厚的基础知识。②人文社会知识。指关于哲学、政治、经济、文化、道德、法律、历史等方面的知识。创业者在进行创业开发时，更应注重从宏观的政治经济等方面认识问题，从长远角度和战略高度进行规划，从哲学上进行理性思考，这对他们的人文社会知识的修养提出了更高的要求。③科学技术知识。创业者应力求在自己从事的业务领域中成为专家，成为"大家"，成为"大师"，要比一般专家有更加广博的知识面，是创业者力争必备的专业技术资源。④管理知识。创业者管理水平如何将直接影响企业成长。现代管理理论及管理技术是一切创业者必学的科目，是形成独特的管理艺术的基础。谁能在实践中灵活运用管理理论并开发新的管理模式，谁就能在市场竞争中创造出新价值。这是不言而喻的。

4. 能力素质

创业要求创业者有较强的创业能力，尤其需要具有较强的决策能力和管理能力。这包括领导能力、观察能力、认知能力、抽象思维能力、概括能力、协调能力、自我发展能力和学习能力。创业者作为高层决策者，其决策能力、执行能力、组织协调与沟通能力、整合能力、学习能力应更强一些，这对于发挥团队不同层次管理效能的作用是十分重要的。

5. 心理素质

创业者应具备良好的心理素质，这是创业成功的重要保证，也是形成独特领导风格的决定因素。创业者的心理素质体现在意志、情感、追求、风度等几个方面。

6. 身体素质

创业者的身体素质非常重要。有的创业者严重透支身体，未老先衰，心有一股热血和抱负，但因体力不支，不能完成未来事业，抱憾终生。创业者必须科学工作，科学生活，科学锻炼身体，保持充沛的精力和体力，有良好的精神状态和身体素质去面对繁重的工作任务。"人是铁，饭是钢"这句话仍然是适用的。

上述创业者应具备的6个方面素质，是创业者终生努力学习和实践的。只有这样，才能成为一个成功的永葆青春活力的创业者。

(二) 创业型领导者的角色

创业型领导者是有能力创造一个使命与愿景，确定企业发展战略规划，并能组织团队成员为完成战略目标，采用共同一致行动的领导方式。他有能力动员和号召团队成员主动、积极地创造性工作，为新创企业构建一个可持续成长的管理基础。

(三) 新创企业团队的激励机制与约束机制的建立

新创企业团队成员能否长期有效合作，需要建立科学合理的激励机制。激励机制的核心是报酬制度的建立。报酬包括股票期权计划、薪金、补贴等经济报酬以及一些非经济报酬，如考察学习、参加培训等。激励机制的建立要能更大程度地调动团队成员的积极性，把新创企业做大做强，"蛋糕"做大则收益越大，可供分配的也越多。要有利于稳定创业团队成员，特别是核心创业人员，要确保新创企业的发展与长期支付能力相适应，防止在有的创业团队成员有突出贡献时没给加薪等激励，也要防止因经营不善等问题不给团队成员发薪金，较长的期不发报酬会造成人员流失等严重问题。新创企业在运用激励机制时，要对创业团队成员按创新、德、能、勤、绩、廉进行评价，尤其对贡献比较大的员工要适时予以激励。

新创企业团队在建立激励机制的同时，也必须构建强有力的约束机制。要进行制度建设并认真执行各项规章制度。制度建设主要包括：公司章程、董事会、监事会、总经理(首席执行官)及各部门的详细的管理工作制度，任何人在制度面前一律平等，不能破坏规章制度，超越工作权限，以损害公司利益谋取私利。在创业团队工作过程中，工作及情感性的矛盾冲突是不可避免的，必须靠约束机制使这些矛盾冲突得到解决，保证公司各项工作运行都在可控制的范围内，防止约束机制缺位或执行不利给公司造成重大损失。

三、新创企业团队的社会责任与企业家精神

新创企业团队在领导企业发展的同时，还必须勇于承担社会责任。创业团队的社会责任包括：对国家的责任、对员工的责任、对消费者的责任、对投资者的责任、对环境的责任、对社区建设及教育等方面的责任。敢于担当社会责任，是评价创业团队优劣的重要标准之一。

新创企业团队要打造企业家精神，其核心是团队的创新精神，不仅仅指创业个体的企业家精神。创业团队的企业家精神，是团队成员的精神支柱，是创业成功的基石。要建设学习型组织，培养敬业务实精神，建立竞争型团队，塑造团队先进文化。创业团队尽快形成创新创业的合力，创业团队勇于进行开拓进取，支持创业团队的价值创造，共同承担创业风险，积极进行创业过程中的沟通协作，履行对组织的承诺，善于分析成功

的原因，失败的教训，能抓住创业的好机会，通过团队的共同努力，促进新创企业的可持续发展。因此，创业团队的集体创新创业，体现了企业家精神的核心，共同的价值理念与协调沟通，能有效保证战略目标的实现。

第三节 新创企业风险管理

一、创业风险的含义、基本属性与构成

(一) 风险的含义

风险是指在某一特定环境和时间段内，发生损失的不确定性或可能性。强调风险的不确定性，是说明风险产生的结果可能带来损失或是无损失也无获利。这属于广义风险，金融保险风险属于此类。强调风险表现为损失的不确定性，是说明风险只能表现出损失，没有从风险中获利的可能性，属于狭义风险。

(二) 风险的基本属性

风险的基本属性包括自然属性和社会属性。

自然属性的风险是由客观存在的自然现象所引起的，大自然是人类生存、繁衍生息的基础。自然界通过地震、洪水、雷电、暴风雨、滑坡、泥石流、海啸等运动形式给人类的生命安全和经济生活造成损失，对人类的生存发展构成风险。自然界的运动是有其规律的，人们可以发现、认识和利用这些规律，降低风险事故发生的概率，减少损失的程度。

社会属性的风险是在一定的社会环境下产生的，风险事故的发生与社会制度、技术条件、经济条件和生产力与生产关系的运动等都有一定的关系。比如，战争、冲突、经济危机、恐怖袭击等是受社会经济发展规律影响和支配的。风险的社会属性也包括经济属性，强调风险发生后所产生的经济后果，只有当灾害事故对人身安全和经济利益造成损失时，才体现出风险的经济属性。比如，股市风险、企业的生产经营风险等，都可能造成相关的经济损失。

风险与机会相伴，风险与收益共存。任何有价值的创业机会都存在风险。当创业机会表现为损失的不确定性时，这种具有损失的状态称为机会风险，比如政策变化、技术研究失败、团队分裂等。这说明创业过程总是有风险的，风险是客观存在的。

(三) 风险的构成

构成机会风险的主要因素由风险因素、风险事故和风险损失三个方面组成。

1. 风险因素

风险因素是风险事故发生的潜在原因，是造成损失的内在的或间接的原因。根据性

质不同，风险因素可分为物的风险因素和人的风险因素，物的风险因素是指有形的可预见的状态，比如技术创新风险等；人的风险因素包括道德风险因素(故意)和心理风险因素(过失、疏忽、大意)等。

2. 风险事故

风险事故是造成损失的直接的或外在的原因，是损失的媒介物，即风险只有通过风险事故的发生才能导致损失。创业风险事故是指创业风险的可能性变成了现实，造成了损失，比如市场供求关系的变化造成销售额下降等。

3. 风险损失

风险损失是指非故意的、非预期的、非计划的经济价值或利益的减少，这种减少可以用货币来衡量。风险损失包括直接损失和间接损失。创业风险损失是指由于风险事故给创业者带来的、能够用货币计算的经济损失。

上述三者关系为：风险是由风险因素、风险事故和风险损失三者构成的统一体，风险因素引起或增加风险事故，风险事故的发生可能造成风险损失。

二、新创企业风险管理的一般程序和方法

(一) 新创企业风险管理的一般程序

创业风险管理的程序包括风险识别、风险评估、风险应对3个阶段。

1. 风险识别

风险识别是创业者对可能发生的创业风险进行风险预测的过程，风险识别过程的活动是将不确定性转变为明确的风险陈述。创业者要深入调查研究创业过程中可能产生的风险，分析原因，运用风险分析流程图、建立风险因素清单和风险档案等方法进行风险识别。

2. 风险评估

风险评估是创业者进行系统地全面地对创业过程中可能发生的风险大小，可能造成的损失程度，风险发生的时间，风险事故发生的概率进行分析评价，并对造成的损失做出估算。风险评价可采用定性与定量相结合的方法，客观评价风险后果，做好风险预警工作。

3. 风险应对

风险应对是创业者选择最佳的风险管理技术，及时有效地进行风险防范和控制，以实现用最小的投入获得最大的安全保障，制定风险应对策略和风险行动步骤。风险应对策略有接受、避免、保护、减少、研究、储备和转移几种方式，风险行动步骤详细说明了所选择的风险应对途径。

(二) 新创企业风险管理的方法

风险应对的方法主要有回避风险、预防风险、自留风险和转移风险4种。

1. 回避风险

回避风险是指主动避开损失发生的可能性。虽然回避风险能从根本上消除隐患，但这种方法具有很大的局限性，因为并不是所有的风险都可以回避或应该进行回避。如因害怕出车祸就拒绝乘车，车祸这类风险虽可由此而完全避免，但将给日常生活带来极大的不便，实际上是不可行的。一般情况下，只有在风险发生的概率或造成的损失很高时，才采用回避风险的方法。

2. 预防风险

预防风险是指采取预防措施，以减小损失发生的可能性及损失程度。预防风险涉及成本与潜在损失比较的问题，若潜在损失远大于采取预防措施所支出的成本，就应采用预防风险手段。预防风险通常在损失的频率高且损失的幅度低时采用。以兴修提坝为例，虽然施工成本很高，但与洪水泛滥造成的巨大灾害相比就显得微不足道了。

3. 自留风险

自留风险是指自己非理性或理性地主动承担风险。"非理性"自留风险，是指对损失的发生存在侥幸心理或对潜在的损失程度估计不足从而暴露于风险中；"理性"自留风险，是指经正确分析，认为潜在损失在承受范围之内，而且自己承担全部或部分风险比购买保险要经济合算。创业自留风险适用于发生概率小，且损失程度低的风险。

4. 转移风险

转移风险是指为避免承担风险损失，有意识地将创业面临的风险全部或部分转移给另一方承担，通过转移风险而得到安全保障，是应用范围最广、最有效的风险管理手段。比如，保险转移、合同转移等方式。

创业者根据风险评估的结果和具体的环境，选择科学的风险应对策略。比如，对于损失小的风险采取风险自留的方式，对于损失大的风险采取风险转嫁的方式等。

第四节　新创企业组织与管理

一、新创企业组织形式的选择

创业者在创业过程中，必须选择企业组织形式。新创企业选择的组织形式有多种，各有优缺点。其主要有：个人独资企业、合伙企业、公司制企业(包括有限责任公司和股份有限公司)。新创企业选择何种组织形式，要根据国家有关法规的要求和企业的具体情况来决定。

(一) 个人独资企业

个人独资企业是指依照《中华人民共和国个人独资企业法》在中国境内设立，由一个自然人投资，财产为投资人个人所有，投资人以其个人财产对企业债务承担无限责任的经营实体。

个人独资企业的特点包括：①个人独资企业由一个自然人投资设立；②个人独资企业设立要符合国家法律法规明确规定的在场所、资金、人员等方面的条件，是一个独立的企业实体；③个人独资企业投资人的个人财产与企业财产不分离，投资人以其个人财产对企业债务承担无限责任；④个人独资企业是非法人企业；⑤个人独资企业的出资人可以自行管理企业事务，或委托聘用其他具有民事行为能力的人负责企业管理事务；⑥个人独资企业规模较小，设立条件比较宽松，设立程序比较简便，开办或退出比较灵活。

设立个人独资企业的基本条件包括：①投资人为一个自然人；②有合法的企业名称；③有投资人申报的资金；④有固定的生产经营场地和必要的生产经营条件；⑤有必要的从业人员。

(二) 合伙企业

合伙企业是指自然人、法人和其他组织依照《中华人民共和国合伙企业法》，在中国境内设立的，由2个或2个以上的自然人通过订立合伙协议，共同出资经营、共负盈亏、共担风险的企业组织形式。我国合伙组织形式仅限于私营企业。合伙企业一般无法人资格。

合伙企业包括普通合伙企业和有限合伙企业。普通合伙企业由普通合伙人(没有上限规定)组成，合伙人对合伙企业债务承担无限连带责任。有限合伙企业由2人以上50人以下的普通合伙人和有限合伙人组成。普通合伙人至少有1人，对合伙企业债务承担无限连带责任；有限合伙人以其认缴的出资额为限对合伙企业债务承担责任。

合伙企业具有以下基本特征：①合伙企业的设立主体包括自然人、法人和其他组织。②合伙人承担连带责任，即所有的合伙人对合伙企业的债务都有责任向债权人偿还，不管自己在合伙协议中所承担的比例如何，一个合伙人不能清偿对外债务时，其他合伙人都有清偿的责任，但当某一合伙人偿还合伙企业的债务超过自己所承担的数额时，有权向其他合伙人追偿。③合伙人对企业债务承担无限连带责任，即所有的合伙人不以自己投入的合伙企业的资金和合伙企业所有的全部资金为限，而以合伙人自己所有的财产对债权人承担清偿责任。④合伙企业要依法签订书面协议，订立书面协议必须由全体合伙人协商一致。⑤合伙企业解散时，合伙企业财产的清偿顺序是：合伙企业所欠招用的职工工资和劳动保险费用；合伙企业所欠税款；合伙企业的债务；返还合伙人的出资。⑥合伙企业财产按上述顺序清偿后仍有剩余的，则按协议中约定比例分配。如协议中没有约定的，则平均分配利润。

设立合伙企业的基本条件包括：①有2个以上合伙人，合伙人为自然人的，具有完全民事行为能力，并且都是依法承担无限责任者。②有书面合伙协议。③有各合伙人实际缴付的出资。④有合伙企业的名称和生产经营场所。⑤法规规定的其他必要条件。

(三) 公司制企业

公司是指依照《中华人民共和国公司法》(以下简称《公司法》)在中国境内设立的有限责任公司和股份有限公司。

1. 有限责任公司

有限责任公司是指由一定人数的股东组成的、股东只以其出资额为限对公司承担责任，公司只以其全部资产对公司债务承担责任的公司。

有限责任公司的特征包括：①有限责任公司是企业法人，有独立的法人财产，享有法人财产权。②限定的股东人数，有限责任公司的股东人数为50人以下。③有限责任公司以其全部财产对公司债务承担责任。④有限责任公司的股东以其认缴的出资额为限对公司承担责任。⑤有限责任公司股东共同制定公司章程。

设立有限责任公司的基本条件包括：①股东符合法定人数。有限责任公司由50个以下股东共同出资设立，一个自然人或者一个法人也可以单独设立有限责任公司。②股东出资达到法定资本的最低限额。特定行业的有限责任公司注册资本最低限额须高于上述所规定限额的，由法律、行政法规另行规定。③股东共同制定公司章程。④有公司名称和住所，是法定的注册地址。⑤建立符合有限公司要求的组织机构。

2. 一人有限责任公司

一人有限责任公司(简称"一人公司""独资公司"或"独股公司")，是指只有一个自然人或一个法人股东(自然人或法人)，持有公司全部出资的有限责任公司。一人有限责任公司是独立的企业法人。一人有限责任公司缴纳公司章程规定的注册资本额。一个自然人只能投资设立一个有限责任公司。一人有限责任公司的股东，不能证明公司财产独立于股东自己的财产的，应当对公司债务承担连带责任。一人有限责任公司应在公司登记中注明是自然人独资或者是法人独资，并在营业执照中载明：一人有限责任公司。一人有限责任公司有两个基本法律特征：一是股东人数的唯一性，二是股东责任的有限性。

3. 股份有限责任公司

股份有限公司是指由一定人数以上的股东组成，公司全部资本分为等额股份，股东以其所认购的股份为限对公司承担责任，公司以其全部资产对公司债务承担责任的公司。

股份有限公司的基本特征包括：①股份有限公司是独立的企业法人，有独立的法人财产，享有法人财产权。②股份有限公司的发起人数不得少于法律规定的数目，应有2人以上200人以下。③股份有限公司的股东对公司债务负有限责任，其限度是股东应缴付的股金额。④股份有限公司以全部资产对公司债务承担责任。⑤股份有限公司设立采取发起人设立或募集设立的方式，其全部的资本划分为等额的股份，可通过向社会公开发行的办法筹集资金，任何人在缴纳了股款之后，都可以成为公司股东，没有资格限制。⑥公司股份可以自由转让，但不能退股。⑦公司账目须向社会公开，以便于投资人了解公司情况，进行选择。⑧股份有限公司的股东共同制定公司章程。⑨公司设立和解散有严格的法律程序，手续比较复杂。

设立股份有限公司的基本条件包括：①发起人符合法定的资格，达到法定的人数。②发起人认缴和向社会公开募集的股本达到法定的最低限额。发起人可以用货币出资，也可以用实物、工业产权、非专利技术、土地使用权作价出资。发起人以货币出资时，应当缴付现金。发起人以货币以外的其他财产权出资时，必须进行评估作价，核实财产，并折合成股份，且应当依法办理其财产权的转移手续，将财产权转归公司所有。③采取发起方式设立的，注册资本为在公司登记机关登记的全体发起人认购的股本总额。采取募集方式设立的，注册资本为在公司登记机关登记的实收股本总额。④股份发行、筹办事项符合法律规定。⑤发起人制定公司章程，并经创立大会通过。⑥有公司名称，建立符合公司要求的组织机构。⑦有固定的生产经营场所和必要的生产经营条件。

各种组织形式没有绝对的好与坏，创业者必须分析研究各种组织形式的优缺点，根据创办企业的实际情况来选择某种合适的组织形式。各种企业组织形式优缺点对比及风险防范如表11-1所示。

表 11-1 各种企业组织形式优缺点对比及风险防范

组织形式	优点	缺点	风险防范
合伙企业	1. 组织形式简单,集中资源迅速灵活,创办手续简便且费用低; 2. 关系紧密,成员稳定,内部凝聚力强; 3. 因为承担无限责任,成员的责任心强; 4. 并非纳税主体受政府干预和法律限制较少; 5. 经营灵活,信用较好	1. 对合伙人依赖程度较高,因合伙人的意外或退出而解散; 2. 在合伙人经营管理出现分歧时,决策困难; 3. 如未在合伙协议中进行详细约定有关条款,容易出现纠纷; 4. 出资人承担无限连带责任; 5. 财产转让困难; 6. 因规模小,融资能力有限	1. 在合伙前清理自身账目,认真审查对方的资本实力,并详细拟定合伙协议; 2. 在合伙协议中详细约定利润分配、投票权和决策权、撤资的条件以及方法、合理的财务制度等; 3. 诚实履行出资义务; 4. 提高合伙人的信用度
有限公司	1. 出资人承担有限责任,风险性较低; 2. 公司所有权与经营管理权分离,有利于建立有效的治理结构,促进企业的发展; 3. 产权结构多元化,有利于促进资本集中,科学决策	1. 公司设立程序比较复杂,费用较高; 2. 产权不能充分流动,资产运作受到限制,股份转让方式须依照法定条件和程序; 3. 不能公开发行股票,筹集资金规模有限,法律监管较严格; 4. 税费比较重,存在双重纳税问题	1. 详细制定公司章程,全面履行出资义务; 2. 合理设置股权比例以及组织机构; 3. 有效行使股东权义务; 4. 加强监督管理
股份公司	1. 有利于筹集资金; 2. 股东只承担有限责任,风险较小; 3. 股份转让便捷,流通性强; 4. 治理结构完善,管理水平较高	1. 设立和管理的成本较高; 2. 公司要定期公布财务等状况,经营信息公开可能影响公司某些利益; 3. 法律法规监管严格; 4. 少数股东控制,容易损害其他小股东利益	1. 制定科学规范的公司章程,按章办事; 2. 建立完善的治理结构,合理设置股权比例以及组织机构; 3. 有效行使股东权义务; 4. 加强监督管理

(续表)

组织形式	优点	缺点	风险防范
一人有限公司	1. 设立比较便捷； 2. 经营管理费用比较低； 3. 工作效率高，决策快； 4. 能保守商业秘密,适应能力强	1. 治理结构不完善，缺乏制衡机制； 2. 不利于保护债权人的权益； 3. 公司资金筹措能力受到限制，不利于公司发展； 4. 缺乏信用体系	1. 提高出资人的综合素质； 2. 加强法律法规的学习与教育，提高执行法律法规的自觉性； 3. 提高出资人的信用度

二、创办新企业的程序

(一) 新创企业开办之前的准备工作

新创企业开办之前需要做些准备工作，明确做什么工作，有谁来做，什么时间完成。具体工作内容包括：营业地点选择，启动资金筹集落实，办理企业登记注册手续，营业场所装修，接通水电、电话，购买或租用机器设备，招聘员工，购买保险，宣传企业等。

(二) 新创企业的注册登记

新创企业注册前，创业者需要确定企业组织形式。我国法律规定，可注册的企业形式有股份有限公司、有限责任公司、合伙企业和个人独资企业。其中，股份有限公司注册资本要求较高，一般创业者较少采用，绝大多数创业者采用有限责任公司。

(三) 注册有限责任公司的程序

1. 核名

核名包括：①到工商局领取填写企业(字号)名称核准申请表；②提交资料，包括股东、法人的身份证复印件，出资比例等。

2. 租房

创业者可以租写字楼，或者购买营业场所，但民宅不能用于注册成立公司。租房后要签订租房合同，物业提供产权证明，再在设立表上盖章。

3. 入资

创业者应到工商局指定银行办理入资手续，需要携带核名通知、身份证原件、存折或银行卡。如果法人或者股东不能亲自办理，须准备委托书。

4. 验资

创业者所需材料为：设立表、公司章程、核名通知、房租合同、房产证复印件、法人股东身份证复印件。

5. 刻章

创业者去公安局指定刻章处刻公章、合同章、财务章、人名章。

6. 注册公司

创业者详细填写设立表后，连同核名通知、公司章程、房租合同、房产证复印件和验资报告一起交给工商局，经过审核领取执照。

7. 办理企业组织机构代码证

创业者凭营业执照到质量技术监督部门办理组织机构代码证。

8. 办理税务登记

创业者领取执照后，到当地税务局申请领取税务登记证。一般的公司都需要办理两种税务登记证，即国税和地税。

9. 购买印花税

创业者须携带租房合同到税务局去买印花税，按年租金的 1‰的税率购买，贴在房租合同的首页，后面凡是需要用到房租合同的地方，都需要是贴了印花税的合同复印件。

10. 去银行开公司基本账户

创业者须凭执照、组织机构代码证去银行开立公司基本账户。

11. 申请领购发票

如果你的公司是销售商品的，应该到国税局去申领发票，如果是服务性质的公司，则到地税局申领发票。发票申请分为两种：一是按定税方法，即每月不管有没有营业额都要每月缴纳相同的税额；二是根据开具发票的金额每月按税率缴税。

(四) 注册合伙企业的程序

1. 设立合伙企业应当具备下列条件

(1) 有 2 个以上合伙人，并且都是依法承担无限责任者。

(2) 有书面合伙协议。

(3) 有各合伙人实际缴付的出资。

(4) 有合伙企业的名称。

(5) 有经营场所和从事合伙经营的必要条件。

2. 申请设立合伙企业，应向企业工商登记机关提交下列文件

(1) 全体合伙人签署的设立登记申请书。

(2) 全体合伙人的身份证明。

(3) 全体合伙人指定的代表或者共同委托的代理人的委托书。

(4) 合伙协议。合伙协议应当载明下列事项：合伙企业的名称和主要经营场所的地点；合伙目的和合伙企业的经营范围；合伙人的姓名及其住所；合伙人自主约定出资的方式、数额和缴付出资的期限，记载在公司章程；利润分配和亏损分担办法；合伙企业事务的执行；入伙与退伙；合伙企业的解散与清算；违约责任；合伙企业的经营期间和合伙人争议的解决方式。

(5) 出资权属证明。

(6) 经营场所证明。

(7) 国务院工商行政管理部门规定提交的其他文件。

(8) 法律、行政法规定设立合伙企业须报经审批的，还应当提交有关批准文件。

(五) 注册个体工商户的程序

1. 登记内容

(1) 名称预先登记。

(2) 个体工商户开业、变更、注销登记。

2. 登记需要提交的文件

(1) 申请个体工商户名称预先登记应提交的文件、证件，包括：①申请人的身份证或由申请人委托的有关证明；②个体工商户名称预先登记申请书；法规、规章和政策规定应提交的其他文件、证明。

(2) 申请个体工商户开业登记应提交的文件、证件，包括：①申请人签署的个体开业登记申请书(填写个体工商户申请开业登记表)。②从业人员证明。本市人员经营的，须提交户籍证明，含居民户口簿和身份证，以及离退休等各类无业人员的有关证明；外省市人员经营的，须提交本人身份证、暂住证、劳动用工证、经商证明及初中以上学历证明；育龄妇女还须提交计划生育证明。③经营场地证明。④个人合伙经营的合伙协议书。⑤家庭经营的家庭人员的关系证明。⑥名称预先核准通知书。⑦法规、规章和政策规定应提交的有关专项证明。

【案例】

余佳文：超级课程表创始者

余佳文，广州超级周末科技有限公司创始人，90 后创业者。1990 年 7 月 5 日生于广东潮州，2013 年毕业于广州大学华软软件学院。2008 年在高中时与同学合作建立高中生社交网站，获得了人生的"第一桶金"。2009 年考入广州大学与 8 个同学创立"邮件客户端网站"，因市场不认可，经营困难，后来把这款产品卖给汕头一家网络公司。为摆脱困境，2011 年开发出"草创版"超级课程表，但只支持广州大学的学生使用。超级课程表只要输入用户名和密码，录入教务处的课程表与手机实际大小一样。课程表显示有课程名称、教室、任课教师等，还附带聊天机器人、"传纸条"等社交功能，受到大学生的欢迎。2013 年超级课程表融合了国内近 2000 多所高校的课程信息，注册用户超过 600 万，得到天使投资人的关注和认可，余佳文先后进行 A、B 轮融资，2014 年 8 月，超级课程表得到了阿里巴巴数千万美元的投资，市场价值不断得到提升，50 多人的公司进入了快速发展的轨道，未来的可持续发展必须通过不断创新和科学管理才能实现目标。

思考：你怎样认识在校大学生创业？你怎样评价余佳文的创业？如果超级课程表继续发展需要解决什么问题？谈谈你的看法。

三、新创企业的管理

(一) 选择合适的组织结构

在组建新创企业时，首先选择合适的组织结构，以精干、高效为原则，缺少合适的组织结构，新创企业会处在混乱的工作状态。随着组织规模的扩展，需要建立不同的职能部门，建立合适的组织管理体制和运行机制。在工作专门化、部门化、指挥链、管理跨度、集权和分权程度、正规化等方面，要统筹规划，科学安排，不能顾此失彼。比如，是设计扁平化组织结构还是金字塔式的组织结构，是设计机械的组织结构还是动态灵活的组织结构，既要有利于科学管理和控制，又要能够充分发挥各职能部门和各级管理人员的积极性和创造性。因此，组织结构的科学设计对创业发展是非常重要的。

(二) 人力资源管理

新创企业管理必须高度重视人力资源管理，对创业者来说，尤其重要的是招募合适的员工和留住优秀的员工。

1. 招募合适的员工，留住优秀员工

创业者必须确保有足够的人员完成各方面的管理工作，招募合适的员工是创业发展的有效保障，是取得创业成功的最重要的因素之一。创业者要千方百计地寻找能够在企业成长的各个不同阶段需要的各类人才，尤其愿意招募认同创业企业文化、能力强、专业技术水平高、综合素质好，并能够帮助企业快速发展的人员。也就是说，招募的员工能够适应或与企业的文化和价值观相匹配。

招募到合适的员工不容易，要懂得珍惜，"人才难得"。要采取多种措施，包括每年加薪、利润分享、国内外培训、带薪休假以及各种精神鼓励留住优秀员工。创业的不同阶段，都要坚持以业留人、以情留人、以利留人，给员工搭建实现自我价值和社会价值的平台，施展才干的用武之地。让他们忠于企业，为企业发展做出更多更大的贡献。

2. 加强团队建设，运用多种手段激励员工

创业企业能否健康稳定发展，取决于团队建设的水平。团队建设的核心内容是，价值观的统一，知识结构、能力结构、个性特征的互补，创业者自我素质的提高，团队成员的团结一致，发挥集体智慧，始终保持创业激情和努力拼搏的精神。创业者要善于领导团队成员一道工作，取得卓越的创业成果。

激励员工的手段有多种，有物质的、精神的，还有工作授权的激励手段。为了完成新创企业的新任务，需要给员工更多的成就感，给他们一定的权限完成某项任务。如果员工获得一定的权限，他们会有更强烈的工作积极性和创造性，有更高的工作满意度、忠诚度，更低的离职率，他们会全心全意、满腔热忱地投入工作，会产生很高的工作效率。

(三) 做好战略规划，管理企业成长

创业不是短期的，必须要有长期的发展战略规划，这是基于企业发展的使命和目标来制定指导企业发展蓝图。缺少企业发展的战略规划，企业就失去了发展的方向，直接

导致企业管理的混乱甚至衰亡。企业的战略规划是全面的、综合的、长期的、可持续发展的，为保证企业战略规划的实施，还需要制定竞争战略、创新战略、稳定战略、产品战略、客服战略、电子商务战略、差异化战略、集中战略、横向一体化战略、纵向一体化战略等。这些战略类型在不同的时期，有不同时期实施的重点，制定出可操作性的能具体实施的计划。战略不仅影响组织的绩效，而且会有利于创业者适应外部环境的变化，保障企业沿着健康稳定的方向发展。

新创企业的成长是个过程，并不是自然的、靠运气成长起来的，其要求创业者很好地应对成长过程中的各种挑战，解决各种新的问题。这需要创业者为企业的成长制定计划、组织、领导和控制。最好的成长战略需要精密的计划及实施计划的对策措施，如果没有很好的规划，企业的成长会造成灾难性的后果。

新创企业的成长还需要科学的组织管理，包括各种资源的获取、优化配置，市场的开发，产品的创新与营销，成本控制，组织结构的调整，团队建设及人力资源管理，企业文化的建设等方面。高水平的组织领导可以有效地促进新创企业的快速发展，取得很高的经营业绩。企业在成长过程中还特别需要加强控制，对现金流、负债、库存、成本、顾客服务、财务、销售等方面进行有效的控制活动，通过控制达到企业制定的规划目标，是企业实现各阶段目标的重要管理手段。

【本章小结】

本章主要介绍了创业与新创企业管理的概念，新创企业管理是指创业者将商机转化为企业，以及创业者对新创企业进行规划、组织、领导、控制，促进企业成长的过程。新创企业与一般企业管理具有 5 个不同点，即出发点不同、物质技术基础不同、管理模式不同、不确定性与高风险不同、自主合作性不同。新创企业管理的核心内容包括：资源管理、团队管理、制定战略规划、建立组织制度。新创企业团队组建取决于共同的目标、性格、价值观等因素。组建一个良好的创业团队需要识别创业机会，明确创业目标；制订创业计划，选择合适的创业伙伴；落实合作方式，加强调整融合；要考虑创业失败风险底线。新创企业领导者要具备 6 个方面的基本素质，即政治思想素质、创新素质、知识素质、能力素质、心理素质和身体素质。新创企业要建立团队的激励机制与约束机制，承担社会责任和具有创新能力的企业家精神。新创企业风险与管理，包括风险属性、风险构成、风险管理程序和方法。

【复习思考题】

1. 怎样认识当代大学生的创业活动？怎样理解新创企业管理的概念与内涵？
2. 新创企业管理与一般企业管理有哪些不同点？
3. 新创企业管理的核心内容有哪些？
4. 组建良好的创业团队需要做好哪些工作？创业领导者需要具备哪些素质？
5. 怎样建立创业团队的激励机制与约束机制？要承担哪些社会责任？
6. 新创企业有哪些风险因素？怎样管理新创企业的风险？
7. 新创企业的组织形式有哪几种？分析各种组织形式的优缺点？如何成立注册公司？
8. 新创企业的组织管理需要做好哪些工作？

【技能训练与实践】

训练一：单项选择题

1. 新创企业追求的目标是(　　)。
   A. 经济价值 　　　　　　 B. 社会价值 　　　　　　　 C. 自我价值与社会价值

2. 根据资源基础理论的观点，除稀缺的、难以复制的、不可替代的资源外，还包括(　　)。
   A. 资金资源 　　　　　　 B. 有价值的资源 　　　　　 C. 高技术资源

3. 新创企业管理过程特别要抓好团队建设、资源管理、制度建设和(　　)。
   A. 明确目标 　　　　　　 B. 资金投入 　　　　　　　 C. 战略规划

4. 新创企业风险管理方法有回避、预防、转移和(　　)。
   A. 分散 　　　　　　　　 B. 控制 　　　　　　　　　 C. 自留

5. 风险的构成包括风险因素、风险事故和(　　)。
   A. 风险分析 　　　　　　 B. 风险损失 　　　　　　　 C. 分析评价

6. 创业者的基本素质包括政治思想、知识、能力、创新、心理和(　　)。
   A. 法学 　　　　　　　　 B. 经济 　　　　　　　　　 C. 管理 　　　　 D. 身体

7. 新创企业团队在管理过程中，要建立激励机制和(　　)。
   A. 组织机制 　　　　　　 B. 领导体制
   C. 控制机制 　　　　　　 D. 约束机制

8. 新创企业的创业者与合作者要落实组织合作的方式有公司制和(　　)。
   A. 一人公司 　　 B. 股份公司 　　 C. 责任公司 　　 D. 合伙制

9. 合伙企业是共同出资经营、共负盈亏和(　　)。
   A. 共同管理 　　 B. 共同决策 　　 C. 共享成果 　　 D. 共担风险

10. 新创企业的领导者需要具备企业家精神，其核心是(　　)。
    A. 务实精神 　　 B. 敬业精神 　　 C. 创新精神

训练二：多项选择题

1. 个人独资企业是指(　　)。
   A. 在中国境内由一个自然人投资
   B. 财产为投资人个人所有
   C. 以个人财产对企业债务承担无限责任的
   D. 经营实体
   E. 法人组织

2. 合伙企业是指(　　)。
   A. 自然人、法人和其他组织依照《中华人民共和国合伙企业法》
   B. 在中国境内设立的，由2个或2个以上的自然人通过订立合伙协议
   C. 共同出资经营、共负盈亏、共担风险的企业
   D. 我国合伙组织形式仅限于私营企业
   E. 合伙企业一般有法人资格

3. 有限责任公司是指(　　)。

　　A. 由一定人数的股东组成的、股东只以其出资额为限对公司承担责任

　　B. 公司只以其全部资产对公司债务承担责任的公司

　　C. 有限责任公司是企业法人，有独立的法人财产，享有法人财产权

　　D. 有限责任公司的股东人数为 50 人以下

4. 股份有限责任公司是指(　　)。

　　A. 应有 2 人以上 200 人以下的股东组成

　　B. 公司全部资本分为等额股份，股东以其所认购的股份为限对公司承担责任

　　C. 公司以其全部资产对公司债务承担责任

　　D. 是独立的企业法人，有独立的法人财产，享有法人财产权

　　E. 公司股份可以自由转让，但不能退股

5. 新创企业风险管理的程序有(　　)。

　　A. 风险识别　　　　　B. 风险控制　　　　　C. 风险评估　　　　　D. 风险应对

6. 新创企业风险管理的方法有(　　)。

　　A. 回避风险　　　　　B. 自留风险　　　　　C. 预防风险

　　D. 转移风险　　　　　E. 风险控制

7. 新创企业管理特别要抓好(　　)。

　　A. 资源获取与整合　　B. 团队建设　　　　　C. 战略规划

　　D. 建立制度　　　　　E. 选人用人

8. 新创企业的创业者一般要具备的知识有(　　)。

　　A. 基础知识　　　　　B. 人文社会知识　　　C. 科学技术知识

　　D. 管理知识　　　　　E. 数学知识语文

9. 新创企业从管理职能角度讲，需要抓好(　　)。

　　A. 计划　　　　　　　B. 组织　　　　　　　C. 领导

　　D. 控制　　　　　　　E. 沟通　　　　　　　F. 落实

10. 从(　　)方面评价新创企业管理人员。

　　A. 德　　　　　　　　B. 能　　　　　　　　C. 勤

　　D. 绩　　　　　　　　E. 廉　　　　　　　　F. 创新

训练三：选择填空题

A. 成长　　　　　　　B. 有价值的资源　　　C. 素质　　　　　　　D. 预防

E. 风险识别　　　　　F. 风险损失　　　　　G. 创新　　　　　　　H. 约束机制

I. 合适　　　　　　　J. 有限责任公司

　　1. 新创企业管理是指创业者发现并评估商机，进而转化为企业，以及创业者对新创企业进行规划、组织、领导、控制以促进企业(　　)的过程。

　　2. 资源基础理论认为，对于新建企业来讲，若能建立起持久竞争优势，必须有以下特征的资源：稀缺资源，难以复制的资源，不可替代的资源和(　　)。

3. 新创企业从团队成员优势互补角度讲，需要成员主要在知识、能力和( )优势互补。

4. 新创企业风险管理的程序包括：( )、风险评估和风险应对 3 个阶段。

5. 创业风险的构成有：风险因素、风险事故和( )3 个方面组成。

6. 风险应对的方法主要有：回避、自留、转移和( )4 种方法。

7. 新创企业的领导者需要具备基本的素质是：政治思想、知识、能力、心理、身体和( )6 个方面。

8. 新创企业创业团队建设特别要重视建立激励机制和( )两种管理运行机制。

9. 新创企业创业选择的是( )组织形式。

10. 根据国家有关法规的规定，可供新创企业选择的组织形式有一人公司、股份有限公司和( )。

训练四：判断题(判断对的用 √，判断错的用 ×)

1. 新创企业的最终目标是追求经济效益。( )

2. 新创企业的过程管理是指创业者发现并评估商机，进而将商机转化为企业，以及创业者对新创企业进行规划、组织、领导、控制促进企业成长管理的过程。( )

3. 新创企业资源是指新创企业所需要的各种要素资源和环境资源。( )

4. 新创企业风险管理的程序有风险识别、风险评估、风险应对。( )

5. 风险是指在某一特定环境和时间段内，发生损失的不确定性或可能性。( )

6. 创业者一般应具备六大方面的素质，即政治思想素质、创新素质、知识素质、能力素质、心理素质和身体素质。

7. 创业团队的社会责任包括：对国家的责任、对员工的责任、对消费者的责任、对投资者的责任、对环境的责任、对社区建设及教育等方面的责任。( )

8. 激励员工的手段有非物质的，包括加薪、培训、带薪休假等。( )

9. 有限责任公司是指由一定人数的股东组成的、股东只以其出资额为限对公司承担责任，公司只以其全部资产对公司债务承担责任的公司。( )

10. 一人有限责任公司是指只有一个自然人或一个法人股东(自然人或法人)，持有公司全部出资的有限责任公司。( )

训练五：案例分析

某地大学毕业生王益区做保健理疗产品业务，两年时间就积累近 80 万元的财富。为了快速赚更多的钱，他借贷部分资金，转投一个新的医药产品，并招聘十几名科技开发人员。这些科技人员觉得有用武之地，可以发挥专业能力，取得科研成果，并没有强调随企业的发展应给予一定的报酬或补偿。两年后，新产品上市受到消费者的欢迎，取得很好的经济效益，但他把这些利润全部自己留下，并没有考虑或给予科技开发人员及职工应有的利益，劳资矛盾逐渐加深。王益区认为，企业是他个人的，利润理应全部归自己所有，而科技开发及职工则认为，企业发展有他们的辛勤创造和付出，理应享受企业发展的成果。结果，一些科技开发人员和职工不断离职，管理骨干人员也纷纷"跳槽"，企业发展开始停滞不前，并转入衰退阶段。

思考题：试从创业者创业的发展使命与合作精神、财与才的关系、个人利益与群体利益等方面，深度分析这个案例，有哪些教训，又给我们哪些启示？

训练六：课外调研与实践

1. 寻找你周围亲戚、朋友、同学调查他们创业成功或失败的经验教训，写下你的调研报告，有哪些启示值得思考？在班级或小组讨论时，谈谈你的认识和感想。

2. 在校内组织一次学生活动，或找出校内存在的商业机会，确定希望达成的经营目标，列出创办新企业管理的对策措施，并进行评价，看是否能够在校内进行有效的创业活动，请与你的同学分享这次活动或创业分析练习的方案和心得。

【史玉柱创业案例分析研究与思考】

一、史玉柱创业从"首富"到"首负"

史玉柱，巨人集团创办者，走过了大起大落又大起的 N 字形发展轨迹，被称为中国大学生创业的"巨人"。史玉柱 1962 年生，安徽怀远人。1980 年以怀远县全县总分第一，数学 119 分(差 1 分满分)的成绩考入浙江大学数学系。1984 年从浙江大学数学系毕业分配到安徽省统计局，这年在中国称为"中国公司元年"，柳传志、张瑞敏、王石等都在这一年下海创业，分别创办的联想、海尔、万科日后都成为中国的"标杆性企业"。统计局培养他作为第三梯队预选干部于 1986 年被保送到深圳大学读软科学专业研究生，1989 年 1 月研究生毕业，时年 27 岁。在读研究生期间，搞过勤工俭学，听过创业成功人士报告，特别是四通集团总裁万润南创办四通的讲座，对他辞职创业影响很大，从那时起有了创业的理想，做一个成功的企业家。回到省统计局，就递交辞职报告，父母、妻子全家反对，领导为他惋惜，但他已下定决心创业，并说"不让下海就跳海"！他从朋友那里借了一台电脑在家编软件，半年后即 1989 年 7 月，推出桌面中文电脑软件 M-6401，并送给原单位一套，这套软件可代替四通打字机，直接在电脑上打字，效果非常好。他决定到深圳创业，怀揣东挪西借的 4000 元及电脑软件，想把它卖出去。他承包了天津大学深圳科贸发展公司电脑部，月交 1000～2000 元，但电脑部无电脑，仅有一张营业执照，为了演示宣传产品，史玉柱以 1000 元的租金租用电脑半个月，这对史玉柱的经济压力是巨大的。如何让市场知道这个产品，他想到打广告。没钱打广告，他跑到北京，闯进《计算机世界》报社广告部，演示给广告主任贺静华看，看后答应给打三期 1/4 版广告，史玉柱以软件版权作抵押，广告费半个月后支付，最迟 1 个月后付款。直到广告见报 13 天收到 3 笔银行汇款，总额 15820 元，史玉柱第一次"豪赌"成功。2 个月后营业收入即超过 100 万元，随后推出 M-6402 汉卡。软件是暴利的，直接的成本是软盘的费用，也就是 100 多元，但卖出的价格高达 3500 元一套。

1991 年，巨人公司在珠海成立。注册资金 200 万元，员工 15 人。用"巨人"命名公司，因为 IBM 是国际公认的蓝色巨人，他要做中国的 IBM，东方巨人。推出 M-6403 是一个重要的转折点，从技术上来说，代表了当时中国桌面印刷系统的最高水平，3 个月销售 4000 套,销量稳居全国同类产品首位。巨人汉卡每套销售价格 3100 元,毛利率很高,1991 年实现利润 3500 万元。

到 1992 年,巨人集团资本超过 1 亿元,在全国民营企业中仅次于北京四通公司,跃居第二。巨人的成功吸引了新闻媒体的关注,大量报道宣传巨人公司及史玉柱的创业事迹,当时称为"巨人现象"。史玉柱总结出:"夸父逐日"的巨人精神,并提出新的发展目标,即在 2 至 3 年内超过四通,成为中国最大的计算机企业。

这里还要介绍一下改革开放的背景。1992 年,邓小平在珠海提出了"科学技术是第一生产力"的著名论断,珠海市制定了"科技兴市"的发展战略,并决定重奖科技人员。时任珠海市委书记兼市长的梁广大支持巨人集团,亲临现场办公解决问题,比如税收全免、破例审批出国、户口落户、征地减免 50% 的费用等。1993 年初,党和国家领导人先后视察巨人集团,给予指导,寄予希望。他是珠海市第一批重奖的知识分子,奖品是黑色奥迪轿车,1993 年 6 月 26 日作为第二批特等奖获得者获得 632620 元奖金,白色奥迪轿车一辆,103 平方米高级住宅一套,共计价值 135 万元人民币。此外,又获得珠海人寿保险股份有限公司专门设立的百万元"优秀科技人才康宁保险"的人身意外伤害保险。这一年,史玉柱 31 岁。

二、史玉柱盲目决策,栽了"大跟头"

随着事业的跨越式发展,史玉柱提出实现跨国集团的设想,头脑发热,心情浮躁,似乎无所不能,极度膨胀。他决定建中国第一高楼,珠海市政府积极支持,批给巨人 3 万多平方米土地,每平方米地价 125 元,市场价格每平方米 2650 元,地价只花了 1500 万元,而且售楼后再补交余下款项。1992 年计划盖 38 层的巨人大厦,后因头脑发热一改再改,从 38 层蹿至 70 层,号称当时中国第一高楼,所需资金超过 12 亿元。有人曾把巨人大厦"长高"视为史玉柱"雄心"膨胀的"标尺"。因为当时广州要盖全国最高楼,定在 63 层,史玉柱要超过广州楼层,集团几个人研究经史玉柱拍板定在 70 层。如果按原计划 38 层资金仅 2 亿,工期 2 年;而增加到 70 层预算资金需 12 亿,约 6 年完工。1993年,巨人推出 M-6405 汉卡、中文笔记本电脑、中文手写电脑等多种产品,其中仅中文手写电脑和软件的当年销售额即达到 3.6 亿元。巨人成为中国第二大民营高科技企业。同年下半年,史玉柱注册成立康元公司,投资 300 万元启动保健品项目。聘请同乡兼大学校友留美博士袁彬主持开发工作,吸收世界 DHA(二十六碳六烯酸,主要从鱼脑中提炼出来的)研究的新成果,开发出天然海洋健脑益智食品,并将产品命名为脑黄金。结果,康元公司两年先后调换 5 任经理,却给巨人集团造成 1 亿元的巨额损失。1994 年初,巨人集团花 2400 万元买下珠海香洲工业区 9 号大楼,楼高 5 层,共 1 万多平方米,又花 3000 万元搞装修,大楼标识写上"珠海巨人高科技集团总部大楼"。大楼 4 层有史玉柱豪华装修的 300 多平方米的多用途办公室,人称中国最大的私人办公室。在集团总部有巨人长廊,整齐摆放着孔子、毛泽东、邓小平、马克思、拿破仑、牛顿、居里夫人等古今中外 11 位名人的塑像,还有 1 个只有底座没有塑像的位置空着,这引起许多参观访问者的遐想。在同年 6 月 14 日，巨人集团总部大楼落成典礼上，他提出了二次创业走"多元化"扩张之路，扩张规模宏大，目标惊人。他决定：投资 12 亿兴建巨人大厦；投资 4.8 亿在黄山兴建绿谷旅游工程；在上海浦东买 3 万平方米土地建巨人集团总部；斥资 5 亿年内推出百种保健品。产值目标是：1995 年达到 10 亿，1996 年达到 50 亿，1997 年达到 100 亿。1994 年史玉柱当选中国十大改革风云人物，这年达到了事业的顶峰。

1995 年 2 月 6 日，春节后上班第一天，史玉柱提出实施"百亿计划"，打好"三大战役"，实行兵团作战。巨人将 12 种保健品、10 种药品、10 多款软件一起推向市场，投放广告 1 个亿。对于完成任务好的送奖杯，后 5 名的送黑旗，并在旗上写着：倒数第几名。广东市场因做得不好，史玉柱给送了黑旗。在保健品市场同时推出：脑黄金、巨人钙、巨不肥、巨五株、脑黄金、巨鲨软骨、巨人吃饭香、巨人胡萝卜素、巨人银杏、巨人养胃、巨人维生素、脑黄金奶粉等，同时展开全国"巨人健康大行动"，这种全方位立体式的宣传推广活动，在社会上引起了不良反响。1995 年 7 月，国家工商总局紧急通知，立即叫停"巨人健康大行动"及系列广告，巨人集团损失惨重。"三大战役"全部失败。因在广告中侵犯了娃哈哈的利益，写有"娃哈哈含有激素，造成小孩早熟"等内容，愤怒的娃哈哈集团于 1996 年 6 月 18 日向杭州市中级人民法院提起诉讼，巨人集团派人到娃哈哈集团当面道歉并协商解决，同意赔偿其 200 万元经济损失。之后，史玉柱亲自到杭州娃哈哈集团致歉，表示今后一定规范运作，至此这件事才算结束。1995 年 5 月 29 日，李鹏第三次到巨人集团视察，他向李鹏汇报了未来发展，今年销售额突破 20 亿元。7 月，他提出"二次创业整顿"，包括：思想整顿、干部整顿、管理整顿，核心是干部整顿，进行干部大调整，成立巨人干部学院，提出了四严院训，即"严谨的学风，严明的纪律，严肃的作风，严格的训练"。开展秋季战役，认为是一场生死之战，只问结果，不问过程，成则英雄，败则为寇。到年底，巨人销售额全面下降，财务吃紧，为此宣布进入"紧急状态"，迎来有史以来最寒冷的冬天。

1995 年，史玉柱被《福布斯》列为大陆富豪第 8 位。1996 年元旦，史玉柱为挽救下降趋势，展开"巨不肥会战"，在全国开展铺天盖地的广告宣传，其广告语是"请人民作证，如果巨不肥使你身材苗条，请你告诉别人，巨不肥好；如果巨不肥使你精力充沛，请你告诉别人，巨不肥好"。3 个月后，销售额达到 2600 万元，形势开始好转，但因管理不善，巨人内部有人把"巨不肥会战"当成最后的晚餐，侵吞巨人集团利益的现象集中爆发，各种违规、违法、违纪案件层出不穷，几万、几十万甚至百万资产被侵吞、流失，这场战役全线溃败，标志着巨人危机的全面爆发。1996 年 6 月，巨人大厦资金告急，巨人大厦共筹资 1.2 亿元，没向银行贷 1 分钱。原计划地基 6000 万元，后因设计方案达到 72 层，地基共打 68 根桩，最短桩 68 米，最长桩 82 米，打桩费共花费 1 亿多元。筹来的钱用完后，无钱盖楼，史玉柱决定将保健品方面的全部资金调往巨人大厦，保健品业务因资金"抽血"过量，再加上管理不善，迅速盛极而衰，巨人集团危机四伏。1997 年春节，巨人集团近 1 万名员工被遣散，巨人倒下。1997 年初，巨人大厦未按期完工，国内购楼者天天上门要求退款。只建至地面三层的巨人大厦停工。巨人集团名存实亡，史玉柱负债 2.5 亿。此后，他一直戴着墨镜，为的是减少不必要的麻烦。

三、史玉柱二次创业的成功

从策划脑白金起步，最大的目的是"还老百姓的钱"。1995 年圣诞节前后，美国人疯狂购买一种保健品，名字叫"褪黑素"，主要作用是改善睡眠。史玉柱想开发这种产品，他认为，中国保健品市场潜力巨大，具有很大的增长空间。史玉柱决定开发以"褪黑素"为主要原料的产品，并请袁彬主持开发工作，1997 年初研制配方做试验，10 月研制成功。同年 12 月国家批准生产，由胶囊和口服液两部分组成。当时，该产品主要用作送礼，体积大些，外观设计有冲击力。产品叫什么名字，进行了"头脑风暴"，提出 100 多个名字，让别人去看、去选，结果第一个都选脑白金。史玉柱认为，名字易记，有想象冲击力，神秘与科技融为一体。配方主要含两个，一个麦乐通宁(褪黑素)，一个是低血糖。卫生部审批的含有褪黑素的产品共有 63 个，名字叫"美乐通宁""眠纳多宁""眠尔康""松果体素""美乐健""康麦斯美宁"等，主要成分就是褪黑素。经过反复研究讨论，最后确定"脑白金"。这个名字在精神上具有鼓励、暗示、想象、科技、神秘、高贵、大气、易记等特点，既是符号，更是品牌。在保健品市场，如果把产品的主要成分说到名字里去，是不可能做大的。脑白金定位在礼品，突出宣传送礼要送健康的消费理念，针对子女宣传，送给老人，尽孝道。最后定价在 68 元，一般家庭是可以接受的。后来的实践证明，名字、定位、理念、定价都是正确的，是取得营销成功的重要因素。

1998 年 3 月，史玉柱开始在江阴进行调查("今年过年不送礼，送礼只送脑白金"广告语创意灵感产生的源泉)，为启动脑白金生产销售做准备，继而启动无锡、南京、常熟等市场。脑白金快速火遍全国，月销售额最高达 1 亿元，赢利达 4500 万元。1999 年 7 月 12 日，上海健特成立，从事"脑白金"研发与营销，史玉柱是策划总监。两年内脑白金成为国家著名品牌。2000 年，脑白金销售额超过 10 亿元。史玉柱一再表示："老百姓的钱，我一定要还。"他非常讲诚信，这是他人格的魅力和事业成功的基础。2001 年，脑白金销售额突破 13 亿元，在中国短时间仅一个产品年销售额就突破 13 亿元的且销售利润率高达 40%以上的是非常少的。2003 年 12 月 15 日，四通电子以 11.71 亿港元买下史玉柱旗下的脑白金与黄金搭档的一切无形资产 75%的权益，成为当时香港地区上市公司金额最高的资产并购案。

2004 年 11 月，史玉柱正式成立上海征途网络有限公司，进军网游开发领域。2005 年 9 月，《征途》完成开发。2006 年 9 月，史玉柱宣布《征途》海外上市的时间表，目标是在 2007 年第四季度上市。2006 年 10 月 11 日，在《2006 胡润百富榜》上，史玉柱以 55 亿元身家排名第 30 位。2006 年 11 月，史玉柱对外公布《征途》月赢利高达 850 万美元。2006 年 12 月 1 日起，《征途》的形象广告出现在央视节目中，业界一片哗然。2007 年 1 月 1 日，史玉柱获第三届中国游戏产业年会评选出的"最具影响力的人物"。另外，《征途》还获得许多奖项。

2007 年 5 月 20 日，《征途》的同时在线人数超过 100 万，成为世界第三款同时在线人数超过 100 万的中文网络游戏。2007 年 9 月 21 日，史玉柱宣布其征途网络更名巨人网络。2007 年 10 月 10 日，史玉柱以 280 亿元身家排在"2007 年胡润中国百名富豪排行榜"第 15 位。2007 年 11 月 1 日，巨人网络在美国纽约证券交易所成功挂牌上市，造就了 21 个亿万富翁，186 个百万与千万富翁。至此，史玉柱身价突破 500 亿元人民币，同年，史玉柱被评为中国 CCTV 最佳经济年度人物奖。

思考：

1. 史玉柱走了 N 字形的创业人生发展轨迹，他成功的最主要因素有哪些？他失败的原因有哪几条？对你有何借鉴意义？运用创业理论说明史玉柱的创业决策及效果。

2. 史玉柱做了什么错误的创业决策使企业倒下的？你怎样评价？二次创业成功给你哪些启示？谈谈你的看法。

主要参考文献

[1] 毛泽东. 毛泽东选集[M]. 北京：人民出版社，1977.

[2] 邓小平. 邓小平文选[M]. 北京：人民出版社，1993.

[3] 周三多. 管理学[M]. 北京：高等教育出版社，2013.

[4] 郭占元. 管理理论与应用(第一版)[M]. 北京：中国经济出版社，2011.

[5] 李培煊. 管理学[M]. 北京：中国铁道出版社，2011.

[6] 陈劲. 管理学[M]. 北京：中国人民大学出版社，2010.

[7] 方振邦，鲍春雷. 管理学原理[M]. 北京：中国人民大学出版社，2014.

[8] 李伟，辛云鹏. 管理学[M]. 哈尔滨：哈尔滨工业大学出版社，2011.

[9] 乔忠. 管理学[M]. 北京：机械工业出版社，2012.

[10] 康青. 管理沟通(第三版)[M]. 北京：中国人民大学出版社，2012.

[11] 李凯城. 向毛泽东学管理：中国离不开毛泽东[M]. 北京：当代中国出版社，2010.

[12] 刘纲. 中国传统文化与企业管理[M]. 北京：中国人民大学出版社，2010.

[13] 陈佳贵. 新中国管理学60年[M]. 北京：中国财政经济出版社，2009.

[14] 谢玉华. 管理沟通[M]. 大连：东北财经大学出版社，2013.

[15] 中国管理模式杰出奖理事会. 云管理时代：解码中国管理模式6[M]. 北京：机械工业出版社，2014.

[16] [美]F. W. 泰罗. 科学管理原理[M]. 胡隆昶，冼子恩，曹丽顺，译. 北京：中国社会科学出版社，1984.

[17] [法]H. 法约尔. 工业管理与一般管理[M]. 周安华，等，译. 北京：中国社会科学出版社，1982.

[18] [美]赫伯特·A. 西蒙. 管理决策新科学[M]. 李柱流，等，译. 北京：中国社会科学出版社，1985.

[19] [美]彼得·德鲁克. 创新和企业家精神[M].《世界经济科技》周刊编辑室，等，译. 北京：企业管理出版社，1989.

[20] [美]R. R. 布莱克，J. S. 穆顿. 新管理方格[M]. 孔令济，徐吉贵，译. 北京：中国社会科学出版社，1987.

[21] [美]伊查克·麦迪思. 企业生命周期[M]. 赵睿，等，译. 北京：中国社会科学出版社，1997.

[22] [美]丹尼尔·A.雷恩. 管理思想的演变[M]. 孙耀君，等，译. 北京：中国社会科学出版社，1987.

[23] [美]迈克尔·波特. 竞争优势[M]. 夏中华，译. 北京：中国财政经济出版社，1988.

[24] [美]安德鲁·吉耶尔. 真实情境中的管理学[M]. 耿云，等，译. 北京：中国人民大学出版社，2010.

[25] [美]保罗·托马斯. 执行力[M]. 源泉，译. 北京：国际文化出版公司，2004.

[26] [美]克莱顿·克里斯坦森. 创新者的窘境[M]. 胡建桥，译. 北京：中信出版社，2010.

[27] [美]罗伯特·N.卢西尔. 管理学基础：概念、应用与技能提高[M]. 高峻山，戴淑芬，译. 北京：北京大学出版社，2011.

[28] [美]吉姆·柯林斯. 从优秀到卓越[M]. 北京：中信出版社，2010.

[29] 徐沁. 现代企业管理——理论与应用[M]. 北京：清华大学出版社，2010.

[30] 焦叔斌，杨文士. 管理学[M]. 北京：中国人民大学出版社，2014.

[31] [日]大野耐一. 丰田生产方式[M]. 北京：中国铁道出版社，2006.

[32] 郭占元. 创业学理论与应用(第二版)基于互联网+创业视角[M]. 北京：清华大学出版社，2016.

[33] 海尔集团，www.haier.cn.2013.2014.

[34] 蒙牛集团，www.baike.baidu.com.2013.2014.

[35] 联想集团，www.lenovo.com.2013.2014.

[36] 万科集团，www.vanke.com.2013.2014.

[37] 阿里巴巴集团，www.baike.baidu.com.2013.2014.

[38] 沃尔玛有限公司，www.baike.baidu.com.2013.2014.

[39] 华为集团，www.baike.baidu.com.2013.2014.

[40] 格力集团，www.baike.baidu.com.2013.2014.